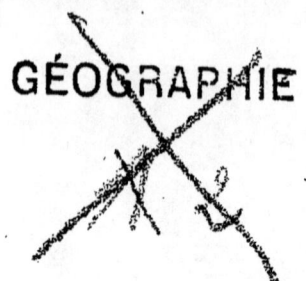

Salle des Catalogues

LISTE PROVISOIRE
DE
BIBLIOGRAPHIES GÉOGRAPHIQUES
SPÉCIALES

PARIS. — IMPRIMERIE ÉMILE MARTINET, RUE MIGNON, 2

PUBLICATION DE LA SOCIÉTÉ DE GÉOGRAPHIE

LISTE PROVISOIRE

DE

BIBLIOGRAPHIES GÉOGRAPHIQUES

SPÉCIALES

PAR

JAMES JACKSON

ARCHIVISTE-BIBLIOTHÉCAIRE DE LA SOCIÉTÉ DE GÉOGRAPHIE

> ..... A celui qui croit posséder une vérité nouvelle, la bibliographie peut apprendre qu'il s'engage dans un sentier déjà battu et qu'à peine trouvera-t-il à glaner après la moisson de ses devanciers; elle évite ainsi de funestes mécomptes à l'écrivain qui sait puiser au sources de l'érudition.
>
> Dr Eugène GRELLOIS.

PARIS

SOCIÉTÉ DE GÉOGRAPHIE

184, BOULEVARD SAINT-GERMAIN, 184

1881

SOCIÉTÉ DE GÉOGRAPHIE

184, BOULEVARD SAINT-GERMAIN, PARIS

Paris, 1ᵉʳ septembre 1881.

M

La Société de Géographie a pensé faire une œuvre utile aux personnes qui se livrent à des recherches géographiques en leur facilitant les moyens de trouver les sources de renseignements bibliographiques. Elle a songé à établir un recueil des bibliographies éparses dans lesquelles se trouvent réunis les titres des ouvrages qui ont paru sur telle contrée, sur telle région déterminée. Son espoir était de recueillir les éléments d'un catalogue qui pût fournir une réponse à cette question : **Où trouve-t-on la liste des ouvrages qui ont été publiés sur tel pays jusqu'à la date la plus récente ?**

C'était écarter de cette collection tout ce qui n'était que catalogue général, catalogue de livres d'histoire, publication périodique ou non périodique donnant l'indication d'ouvrages, d'une nature même spécialement géographique, publiés dans telle région déterminée ou pendant une période donnée, à moins qu'une partie nettement spécifiée de cette publication n'eût trait directement à une certaine région de la terre.

J'ai été chargé par la Société de Géographie de réunir ces matériaux épars et, bien que je sois loin d'avoir épuisé les sources de renseignements auxquelles donnent accès les bibliothèques de Paris, de New-York, de Boston et de Washington, je n'hésite pas à vous soumettre la liste bien incomplète encore des données que j'ai pu rassembler jusqu'ici, dans l'espoir que vous apprécierez l'utilité d'un semblable recueil et qu'il pourra entrer dans vos convenances de me mettre à même de faire telles additions ou corrections que comporte l'état actuel de ce travail, qui n'est encore que bien faiblement ébauché.

Les bibliographies concernant la plupart des pays d'Europe les mieux connus ont été laissées de côté à cause de la masse des documents connus et de facile accès qui les concernent. C'est ainsi qu'il n'est point ici question des pays de langue française ou allemande, non plus que des Iles Britanniques. Si la Hollande n'a point été exceptée, cela tient à la difficulté qui existe parfois à faire une distinction absolue entre les bibliographies de ce pays et celles de ses colonies.

Il a paru utile, dans le présent travail, de donner sur chaque ouvrage mentionné des indications complètes qui se traduisent par la transcription fidèle et intégrale du titre, du lieu et de la date de publication, des noms et prénoms (en entier) des auteurs, du nom de l'éditeur ou, à son défaut, de l'imprimeur, du format, du nombre de volumes, du nombre de pages en chiffres romains et en chiffres arabes pour les ouvrages qui ne comportent qu'un seul volume, par l'indication spéciale des pages où figurent les renseignements bibliographiques, avec l'énoncé du titre de la bibliographie, dans le cas où il en existe un; enfin, quand il a été possible, par la mention du nombre au moins approximatif des articles compris dans la bibliographie.

Plusieurs de ces indications manquent dans quelques-uns des articles du présent recueil, et il serait désirable que ces vides fussent comblés.

Il serait bien plus désirable encore que d'autres articles, ceux surtout qui ont le plus d'importance, fussent ajoutés à ceux qui ont déjà été réunis dans les pages qui suivent, et c'est dans l'espoir que votre concours ne sera point refusé à l'œuvre entreprise par la Société de Géographie, que je prends la liberté de vous soumettre le fruit de mes premières recherches.

La Société de Géographie recevra avec reconnaissance les indications que vous voudrez bien lui faire parvenir en vue de compléter le présent recueil.

Veuillez agréer, M , l'assurance de ma considération distinguée.

JAMES JACKSON.

RÉCAPITULATION

DES INDICATIONS A FOURNIR SUR LES OUVRAGES SIGNALÉS.

1º Transcription fidèle et intégrale du titre.
2º Lieu et date de publication.
3º Nom de l'éditeur ou de l'imprimeur.
4º Nombre de volumes.
5º Nombre de pages en chiffres romains et en chiffres arabes pour le ouvrages ne comportant qu'un seul volume.
6º Format.
7º Numéros des pages renfermant la bibliographie.
8º Titre de la bibliographie.
9º Nombre des articles compris dans la bibliographie.
10º Noms et prénoms (en entier) des auteurs.

N. B. — La Société de Géographie possède dans sa bibliothèque les ouvrages désignés par un astérisque ⋆. Elle sera reconnaissante aux personnes qui voudront bien lui faire parvenir les autres.

Le signe ✠ désigne les ouvrages que nous avons vus.

Les noms d'auteur sont désignés par des caractères **égyptiens**.

Le sujet de chaque bibliographie est indiqué en caractères **normands**.

LISTE PROVISOIRE

DE

BIBLIOGRAPHIES GÉOGRAPHIQUES

SPÉCIALES

Par JAMES JACKSON

EUROPE

1. — An Essay to direct and extend the inquiries of Patriotic Travellers; with further Observations on the Means of preserving the Life, Health & Property of the unexperienced in their Journies by Land and Sea. Also a Series of Questions, interesting to Society & Humanity, necessary to be proposed for Solution to Men of all Ranks and Employment, & of all Nations and Governments, comprising the most serious Points relative to the Objects of all Travels. To which is Annexed a List of English and foreign Works intended for the Instruction and Benefit of Travellers, & a Catalogue of the most interesting **European** travels, which have been publish'd in different Languages from the earliest Times, down to September 8th 1787. By Count Leopold **Berchtold**, knight of the military Order of S[t] Stephen of Tuscany, &c. &c. London, printed for the Author and sold by Mr Robinson, Mr Debrett, Mr Payne, Mr Jeffery, Mr Faulder, 1789, 2 vol. in-8. ✠

Renferme, t. II, pp. 1-280 : List of works intended for the instruction of travellers (environ 2000 articles).

Le catalogue ne se retrouve ni dans la traduction française donnée par de Lasteyrie (Paris, 1797, 2 vol. in-8 ✠), ni dans la traduction allemande abrégée donnée par Paul Jacob Bruns (Braunschweig, Schulbuchhandlung, 1791; 30 pp. n. c. et 357 pp. in-8 ✠).

2. — Zeitschrift für Kunst, Wissenschaft und Geschichte des Krieges, Redaktoren: C. v. Decker, F. v. Ciriacy, L. Blesson. Berlin, Posen, Mittler, in-8.

Renferme, vol. II, 1824, pp. 122-146 : Verzeichniss von den besseren gestochenen Karten der **Pyrenäischen Halbinsel**; pp. 276-296, 414-427 : *idem* des Königreichs **Frankreich**; vol. III, 1825, pp. 116-140, 271-303 : *idem* von **Italien**; vol. IV, 1825, pp. 118-137, 248-263, 344-356, *idem* des Kaiserthums **Oestreich**. *Auctore* C. von Decker.

3. — Carl Wilhelm von Oesfeld's höchst sauber und zierlich geschriebenes, eigenhändiges Manuscript eines speciellen wissenschaftlich-kritischen, in deutscher und französischer Sprache abgefassten, geographischen Katalogs, über Karten und Pläne aller Länder **Europa's** auf 610 Bll. in Octav.

Ainsi mentionné sous le n° 35 *b* du catalogue de la bibliothèque de Carl Ritter, 2ᵉ partie; Leipzig, T. O. Weigel, 1861, in-8 (206 pp. pour les cartes et 404 pp. pour les plans).

4. — Répertoire de cartes, publié par l'Institut royal des ingénieurs néerlandais (9 livraisons gr. in-8).

★ Livraisons I-III. La Haye, van Langenhuysen frères. 1854-1855. **Monarchie autrichienne**; VIII et 142 pp., 347 articles ✠; 2ᵉ éd. 1856; XIII et 144 pp. ✠

★ Livraisons IV-VI. La Haye, van Langenhuysen frères et Martinus Nijhoff, 1856. **Empire français**; 2 pp. n. c. et 78 pp., 470 articles. ✠

Livraison VII. 1859. **Suède, Norvège et Danemark**; 74 pp., 177 articles. ✠

Livraison VIII. 1865. **Pays-Bas et colonies néerlandaises**; 186 pp.

Livraison IX. 1867. Royaume de **Belgique**; 212 pp., 510 articles. ✠

★ **5.** — Mittheilungen aus Justus Perthes' geographischer Anstalt über wichtige neue Erforschungen auf dem Gesammtgebiete der Geographie von Dr A. Petermann. 1857. Gotha, Justus Perthes; 550 pp. in-4. ✠

Renferme, pp. 1-21, 57-91 : Der Kartographische Standpunkt **Europa's** am Schlusse des Jahres 1856 mit besonderer Rücksicht auf den Fortschritt der topographischen Specialarbeiten. Von **Emil von Sydow** (359 articles en notes, avec une carte).

— *Idem*, 1858, renferme, pp. 134-149 : Der kartographische Standpunkt..... am Schlusse des Jahres 1857..... (environ 74 articles).

— *Idem*, 1859, renferme, pp. 209-256 : Der kartographische Standpunkt..... am Schlusse des Jahres 1858...... (environ 98 articles).

— *Idem*, 1860, renferme, pp. 409-415, 449-477 : Der kartographische Standpunkt..... am Schlusse des Jahres 1859....., (environ 77 articles).

— *Idem*, 1861, renferme, pp. 458-474 : Der kartographische Standpunkt Europa's in den Jahren 1860 und 1861 mit besonderer Rücksicht auf den Fortschritt der topographischen Special-Arbeiten im J. 1860. Von Emil von Sydow (environ 89 articles).

— *Idem*, 1862, renferme, pp. 451-475 : Der kartographische Standpunkt Europa's in den Jahren 1861 und 1862..... im J. 1861..... (environ 131 articles).

— *Idem*, 1863, renferme, pp. 458-482 : Der kartographische Standpunkt Europa's in den Jahren 1862 und 1863..... im J. 1862..... (environ 126 articles).

— *Idem*, 1864, renferme, pp. 466-486 : Der kartographische Standpunkt Europa's in den Jahren 1863 und 1864... im J. 1863..... (environ 94 articles).

— *Idem*, 1865, renferme, pp. 445-468 : Der kartographische Standpundkt Europa's in den Jahren 1864 und 1865..... im J. 1864..... (environ 135 articles).

— *Idem*, 1867, renferme, pp. 108-115, 140-145 : Der kartographische Standpunkt Europa's in den Jahren 1865 und 1866..... im J. 1865..... (environ 73 articles).

— *Idem*, 1870, renferme, pp. 57-72, 103-109, 169-184 : Der kartographische Standpunkt Europa's vom Jahre 1866 bis 1869. Von Emil von Sydow (environ 290 articles).

— *Idem*, 1872, renferme, pp. 256-272, 297-314 : Der kartographische Standpunkt Europa's vom Jahre 1869 bis 1871. Von Emil von Sydow (environ 204 articles).

6. — Uebersicht der wichtigsten Karten **Europa's**. Mit besonderer Rücksicht auf das militair-geographische Bedürfniss zusammengestellt von **Emil von Sydow**. Berlin, F. S. Mittler und Sohn, 1864; viii et 164 pp. in-8. Avec 9 additions in-f°. Supplément au Militair-Wochenblatt (473 art.).

7. — Geographisches Jahrbuch I. Band, 1866. Unter Mitwirkung von.... herausgegeben von E. Behm. Gotha. Justus Perthes. 1866; xii, 600 et cix pp. pet. in-8 carré. ✠

Renferme pp. 362-373 : Uebersicht der neueren topograph. Specialkarten **Europäischer** Länder. Zusammengestellt von **E. von Sydow** (table de 107 art. avec une courte notice sur chacun d'eux).

8. — *Idem*, IV. Band. 1872, *ibid.*; vi, 554 et 4 pp. in-8 carré. ✠

Renferme, pp. 522-541 : Uebersicht der neueren topograph. Specialkarten **Europäischer** Länder. Zusammengestellt von **E. von Sydow** (table de 125 art. avec une courte notice sur chacun d'eux).

★ **9.** — Proceedings of the Royal Geographical Society of London, Vol. II. Session 1857-8. Nos. I to VI. Edited by Norton Shaw. London, published by Edward Stanford, 1858; iv et 406 pp. in-8. ✠

Renferme dans le numéro du 14 juin 1858, pp. 381-389 :

List of the principal maps of **European** States and their **colonies** (*auctore* C. George; 214 articles).

10. — Deutschland's Militair-Literatur im letzten Jahrzehent 1850 bis 1860 nebst einer Zusammenstellung der wichtigsten Karten und Pläne **Europa's**. von A. von Seelhorst... Berlin, 1862. A. Bath; viii et 260 pp. in-8. ✠

Renferme pp. 175-216 : Karten und Pläne (environ 502 articles).

11. — Catalog CCLXI des antiquarischen Bücherlagers von **H. W. Schmidt**, Antiquariats-, Sortiments- und Verlags-Buchhändler in Halle a. S. Schriften, namentlich aus dem Gebiete der Geschichte, Geographie und Ethnographie, über die Nord-Europäischen Reiche. A. **Grossbrittanien** und **Irland**. B. **Schweden** und **Norwegen**. Nebst einem Anhange naturhistorischer Schriften über diese Länder. 1866; 30 pp. in-8 (600 articles).

12. — Catalog CCLXII, *idem*. Schriften über die Deutschland angrenzenden Staaten. A. **Belgien** und **Niederlande**. B. **Dänemark**. C. Die **Schweiz**. Nebst einem Anhange Schriften über diese Länder. 1866; 24 pp. in-8 **Schweiz** (environ 500 articles).

13. — Catalog CCLXXXIII, *idem*. Geschichte (**Œsterreich**, **Böhmen**, **Ungarn** und **Siebenbürgen**, **Schweiz**, etc.). 1868; 22 pp. in-8 (environ 600 articles).

14. — No. CCLI-CCLIII, *idem*. Schriften über **Russland, Polen, Liefland, Curland, Nordische** und **Slavische Völker**, einschliesslich die griechische Kirche. 1866; 3 parties : 46, 40 et 8 pp. in-8 (1761 articles).

15. — Catalog CCLXXXXVI, *idem*. I° et II° parties avec supplément. 1868; 46, 46 et 10 pp. in-8 (environ 2000 articles).

16. — Dr. H. **von Decken**. Verzeichniss der wichtigsten geologischen Karten von **Central-Europa**. Berlin, Schropp, 1871; 2 et 60 pp. in-8.

Tirage à part de : Erläuterungen zur geognostischen

Uebersichtskarte von Deutschland, Frankreich, England und den **angrenzenden Ländern**. Zusammengestellt von Dr. **H. von Decken**, Ober-Berghauptmann a. D. etc. Zweite Ausgabe, 1869.

17. — N° 126. Livres anciens et modernes en vente chez **Martinus Nijhoff**, à la Haye. — Histoire et topographie des États de l'**Europe**. (Les Pays-Bas exceptés.) Octobre, 1871 ; 133 pp. in-8 (2572 art.).

18. — Die Erscheinungen der deutschen Literatur auf dem Gebiete der Kriegswissenschaft und Pferdekunde. 1865-1871. Mit einem Anhange : Die wichtigsten Karten und Pläne **Europa's**. Systematisch und mit alphabetischem Register von **Eduard Baldamus**. 2. Auflage von Baldamus, fünfjährige Fachcataloge. 1. Bdchn. Leipzig 1872, J. C. Hinrichs, 6 pp. n. c. et 104 pp. in-8 (environ 2000 art.). ✠

Renferme pp. 74-84 : B. Auswahl von Karten und Plänen. 1865-1871 (environ 195 art. relatifs à l'Europe).

19. — *Idem*, pour 1870-1874, *ibid.*, 1875?; 110 pp. in-8.

20. — *Idem*, pour 1875-1880, *ibid.*, 1880; III et 113 pp. in-8.

21. — L'**Europe** topographique. — Tableau des principales cartes d'état-major ; par **C. Maunoir**. — Extrait du Journal des Sciences militaires. Paris, J. Dumaine, 1872 ; 5 pp. in-8 (environ 86 art.). ✠

Se retrouve, pp. 611-615, dans : Journal des sciences militaires. — 48ᵉ année. — Huitième série. — Tome deuxième. Paris, J. Dumaine ; 640 pp. in-8. ✠

★ **22.** — Registrande der Geographisch-statistischen Abtheilung des Grossen Generalstabes. Neues aus der Geographie, Kartographie und Statistik **Europa's** und seiner **Kolonien**. Zehnter Jahrgang. Mit einer kartographischen Uebersicht des Standes der topographischen Kartenwerke Mittel-Europas im J. 1879. Quellennachweise, Auszüge und Besprechungen zur laufenden Orientirung bearbeitet vom Grossen Generalstabe, geographisch-statistische Abtheilung. Berlin, 1880, Ernst Siegfried Mittler und Sohn; xiv et 596 pp. gr. in-8. ✠

Périodique annuel depuis 1869.

23. — Bibliotheca ichthyologica et piscatoria. — Catalogue de livres et d'écrits sur l'histoire naturelle des poissons et des cétacés, la pisciculture, les pêches, la législation des pêches, etc. Rédigé par **D. Mulder Bosgoed**, Bibliothécaire du « Rotterdamsch Leeskabinet ». Harlem, chez les héritiers Loosjes. 1874.

Sous-titre : —Bibliotheca ichthyologica et piscatoria. Catalogus van boeken en geschriften over de natuurlijke geschiedenis van de visschen en walvisschen, de kunstmatige vischteelt, de visscherijen, de wetgeving op de visscherijen, enz. Bewerkt door **D. Mulder Bosgoed**, Bibliothecaris van het Rotterdamsch Leeskabinet. Haarlem, de erven Loosjes, 1874; xxvi et 474 pp. gr. in-8 (6436 art.). ✠

Renferme, pp. 204-214, nos 3128-3196, 69 et 8 art, sur les pêcheries **néerlandaises**, pp. 214-218, nos 3197-3268, 72 et 28 art. sur les pêcheries **anglaises**, et 86 art. sur les pêcheries **scandinaves**.

L'auteur mentionne sous les nos 4401-4410 et 4424, 11 bibliographies sur le même sujet.

24. — The Spas of **Europe**. By Julius Althaus, M. D.... London : Trübner & Co. 1862; xix et 494 pp. in-8. ✠

Renferme, pp. 476-488 : Bibliography (environ 66 art. concernant les eaux minérales).

25.—Travels through Portugal and Spain, In 1772 and 1773. By Richard Twiss, Esq. F.R.S. with copper-plates; and an appendix..... London, G. Robinson, T. Becket, and J. Robson. MDCCLXXV; 4 pp. n. c., iv, 465 pp. et 7 pp. n. c. in-4. ✠

Renferme, pp. 375-465 : (Appendix) N° V. Some account of the Spanish and Portuguese Literature (avec l'indication, pp. 460-463, d'environ 11 ouvrages ou cartes relatifs à l'**Espagne** et au **Portugal**, dont 4 pour **Gibraltar**).

26. — Catalogue d'une belle collection de livres en différentes langues sur l'histoire et la littérature de l'**Espagne,** du **Portugal**, et de leurs **colonies**, Provenant de la Bibliothèque de feu M. **de Sampayo**, Précédé d'une notice par Ch. Nodier, Paris, Colomb de Batines, 1842; VIII et 108 pp. in-8. ✠

Vente du 3 novembre 1842; 1242 art.

★ **27.** — Catalogue of the Spanish Library and of the Portuguese books bequeathed by George Ticknor to the Boston Public Library together with the collection of Spanish and Portuguese literature in the general library by **James Lyman Whitney** Boston Printed by Order of the Trustees 1879; XVI et 475 pp. gr. in-8. ✠

Renferme de nombreuses bibliographies concernant l'**Espagne** et le **Portugal**, entre autres, aux articles **Columbus, Cortez, Magalhaens, Mexico, Spain, Portugal** (pp. 285-286 : The **Portuguese** in Asia, Africa and America; **Prince Henry the Navigator; Vasco da Gama; Albuquerque, Almeida and Magellan**).

28. — Der neueste Staat Des Königreichs **Portugall,** Und der dazu gehörigen Länder inn- und ausserhalb Europa. Aus denen bewährtesten, alten und neuen Lateinischen, Spanischen, Französischen, und andern *Scribenten* beschrieben, Auch durchgehends mit nöthigen *Allegatis, Diplomatibus,* und Kupfern versehen. Halle in Magdeb., Renger. 1714, in-8.

Renferme, 2° partie, pp. 596-686 : Von den *Scribenten,* Welche zur *Notiz* des *Portugiesischen* Staats dienlich sind; Insonderheit aber Von denen *Historicis* Von **Portugall.**

N. B. — Dans le titre ci-dessus les parties marquées en *italiques* sont en caractères *romains* dans l'original; le reste du texte est en caractères *gothiques*.

Auctore Johann Jacob Schmauss. Réimprimé, *ibid.,* 1759.

29. — Mémoire de Portugal. Avec la bibliothèque lusitane. Dediez à Son Altesse Royale l'Infant Dom Emmanuel de **Portugal** &c. &c. &c. et dressez par le chevalier d'Oliveyra. A Amsterdam, MDCCXLI, 2 vol. pet. in-8. (le 2ᵉ vol. porte : dediez à Son Excellence Monseigneur le comte d'Ericeyra &c. &c. &c.). ✠

Renferme, t. I, pp. 338-384. Chapitre XIII. Mémoires sur tous les Auteurs Portugais, & de ceux de toutes les Nations, qui ont écrit expressément du Royaume de Portugal, & de tous les Païs de son Domaine, avec la notice de la plûpart des Manuscrits & des Livres Anonymes, qui ont rapport à la même Histoire du Portugal (environ 303 art.); t. II, pp. 304-384 : Chapitre XII...., (bibliographie de même titre)..... (environ 284 art.).

2ᵉ éd.; A la Haie, Moetjens, 1743, 2 vol. pet. in-8.

30. — Magazin für die neue Historie und Geographie, angelegt von **Anton Friedrich Büsching**. Th. I. Hamburg, Ritter, 1767, in-4.

Renferme, pp. 295-302 : Verzeichniss der Landcharten von **Portugal** (25 art.).

31. — Bibliotheca historica de **Portugal**, e de **Ultramar**, Na qual se contém varias Historias deste Reino, e de seus Dominios Ultramarinos, manuscriptas, e impressas, em prosa, e em verso, só, e juntas com as de outros Estados, escritas por authores portugueses, e estrangeiros, Com hum resumo das suas Vidas, e das opiniões que ha ácerca do que se crê que alguns escrevêrão : Com huma relação no fim de outras Historias tambem manuscriptas, e impressas; compostas porém fomente por Authores Portuguezes, e unicamente relativas ao tempo, e ás Vidas positivamente escritas de certos Soberanos de Portugal, e de alguns de seus Serenissimos Descendentes. Dedicada a Sua Alteza Real o Principe N. Senhor Regente del reino, D. João Maria Josè Francisco Xavier de Paula Luiz Antonio Domingos Rafael — Lisboa, na regia officina typografica. Anno 1797. Com licença de Sua Magestade; xxviii et 123 pp. pet. in-8. ✠

Auctore José Carlos Pinto de Souza; 215 art.

2ᵉ éd. : Bibliotheca historica de Portugal, e seus Dominios Ultramarinos : Na qual se contém..... Lisboa, na Typografia do Arco de Cego, 1801, 2 vol. pet. in-4.

32. — Bibliotheca Lusitana; or catalogue of books and tracts, relating to the history, literature, and poetry, of **Portugal :** forming part of the library of John Adamson, M.R.S.L., F.S.A., F.L.S., corresp. memb. Roy. Acad. of sciences of Lisbon, &c., author of memoirs of the life and writings of Camoens, &c. Newcastle on Tyne : printed by T. and J. Hodgson, 1836; iv et 115 pp. in-12. ✠

Renferme, p. 3 : Maps, views, &c (3 art.); pp. 11-15 : Antiquities, Topography, &c. (21 art.).

33. — Bibliographia historica portugueza, ou catalogo methodico dos auctores portuguezes, e de alguns estrangeiros domiciliarios em **Portugal**, que tractaram da historia civil, politica e ecclesiastica d'estes reinos e **seus dominios,** e das nações ultramarinas, e cujas obras correm impressas em vulgar; onde tambem se apontam muitos documentos e escriptos anonymos que lhe dizem respeito. Por **Jorge Cesar de Figaniere**, Official da Secretaria de Estado dos Negocios Estrangeiros....., &c. &c. &c. Lisboa. Na Typographia do Panorama. 1850; viii pp., 2 pp. n. c., 349 pp. et 11 pp. n. c. in-8 (1658 art.). ✠

La couverture porte : Lisboa. Typographia de Francisco Jorge Ferreira de Mattos. 1851. — Brevemente sahirá á luz, pelo mesmo Auctor : Primeiro Supplemento á Bibliographia Historica portugueza. Janeiro de 1843 a Dezembro de 1850.

La préface (?), p. viii, est datée : Lisboa, 24 de Dezembro de 1844.

Les art. nᵒˢ 717-1230, pp. 127-229, intéressent la géographie du **Portugal** et de **ses colonies** et les **voyages des Portugais.**

*★ **34.** — Mappa de Portugal antigo e moderno pelo Padre João Bautista (*sic*) de Castro beneficiado na santa basilica

patriarchal de Lisboa. 3ª edição revista e accrescentada por Manoel Bernardes Branco. ✠

Lisboa, typ. do Panorama, 1870, 3 vol. in-8 et un supplément de 398 pp. in-8 intitulé : Supplemento ao mappa de Portugal do beneficiado João Baptista (*sic*) de Castro coordenado por **Manuel Bernardes Branco**. Lisboa, typografia do Panorama, 1870.

Ce supplément renferme, pp. 5-57 : Resenha de alguns escriptores estrangeiros, que tractaram de cousas portuguezes; ou de assumptos relativos a **Portugal** (environ 493 art.).

35. — Le **Portugal** en 1878. Conditions économiques du royaume de Portugal avec un aperçu des industries portugaises à l'exposition de Paris par J. Lemaire..... Paris, 1878; XIV et 271 pp. gr. in-8. ✠

Renferme, pp. XIII-XIV : Listes des principaux ouvrages consultés (environ 18 art. réunis par le baron **de Wildik**).

36. — Trübner & Co..... Portugal and the Portuguese. An interesting Collection of English Works illustrating the history, topography, antiquities, and resources of **Portugal;** and the manners and customs, literature, art and sciences of the Portuguese.... (London) *s. a.*, 1878?; 8 pp. in-8 (environ 250 art.). ✠

37. — Trübner & Co..... Portugal et les Portugais. An extensive collection of French works illustrating the history of the rise and progress of the kingdom of **Portugal;** its topography, antiquities, and natural resources; and the manners and customs, and literature, arts and sciences of the Portuguese (London) *s. a.*, 1878?; 8 pp. in-8 (environ 250 art.). ✠

38. — Trübner & Co..... Portugallia. An interesting collection of 130 works in Latin, Spanish, Italian, and German, relating to **Portugal** and the Portuguese Consisting of 140 vols. in folio, quarto, octavo et infra; 8 pp. in-8 (London), *s. a.*, 1880? (environ 219 art.). ✠

★ **39.** — Rapport sur les travaux géodésiques, topographiques, hydrographiques et géologiques du **Portugal.** 1878. Lisbonne, imprimerie nationale, 1878; 53 pp. in-8 : par F. M. Pereira da Silva. ✠

Renferme, pp. 36-38 :.... mémoires publiés jusqu'à ce jour (environ 12 art.); pp. 43-50 : Catalogue des publications de la direction générale des travaux géodésiques du Portugal envoyés à l'Exposition universelle de Paris (81 art.).

39 *bis.* — M. Bernardes Branco. **Portugal** e os Estrangeiros. Lisboa, 1879, 2 vol. in-8.

40. — Diccionario bibliográfico-histórico de los antiguos reinos, provincias, ciudades, villas, iglesias y santuarios de **España,** por don Tomas Muñoz y Romero, catedrático de la Escuela superior de Diplomática. Obra premiada por la Biblioteca nacional en el concurso público de enero de 1858, é impresa á expensas del gobierno. Madrid, imprenta y estereotipia de M. Rivadeneyra, 1858; VII et 329 pp. gr. in-8 (environ 4500 art. rangés par ordre alphabétique de localités. ✠

41. — D. Miguel Avellana. Prontuario de la coleccion de mapas especiales de **España.** Madrid, 1861; 226 pp. in-8.

42. — A guide to **Spain** by H. O' Shea. London : Longmans, Green, and Co. 1865; CXXXVI et 538 pp. in-8 carré. ✠

Renferme, pp. LX-LXI : Maps (environ 14 art.); p. LXV (Geology) : Books of reference (environ 29 art.). Renferme aussi une courte bibliographie (ensemble 515 art.) à la fin de la description de chaque province.

43. — Notas bibliográficas.

Sous titre : Notas para un estudio bibliográfico sobre los origenes y estado actual del mapa geológico de **España** por Don Manuel Fernandez de Castro inspector general del cuerpo de ingenieros de minas director de la comision del mapa geológico (*Del Boletin de la Comision del Mapa Geológico de España.*) Madrid imprenta y fundicion de Manuel Tello, 1874; VIII et 164 pp. gr. in-8. ✠

Donne une bibliographie d'environ 850 auteurs; se trouve, pp. 1-152, dans: Boletin de la comision del mapa geológico de España. Madrid, 1874.

44. — [Under revision.] Science and Art Department of the Committee of Council on Education. Catalogue of the special loan collection of scientific apparatus at the South Kensington Museum. MDCCCLXXVI. Second edition. London : printed by George E. Eyre and William Spottiswoode, 1876; 2 pp. n. c., XLVII et 958 pp. in-8. ✠

Renferme, pp. 660-668, environ 43 art. ou groupes d'art. relatifs à la géographie, à la géodésie et à la géologie de l'**Espagne**. Catalogue dressé sous la direction de F. R. Sandford.

45. — Historia de **Gibraltar** y de su campo, por D. Francisco Maria Montero, ex-diputado a Cortes, obra dedicada á las ciudades de Algeciras, San Roque y Tarifa, y á las villas de Jimena, los Barrios y Castellar. Contiene tres planos topográficos de Gibraltar, respectivos a los años de 1627, 1782 y 1860. Cadiz. Imprenta de la Revista Médica. 1860; IX, 454 pp. et 1 p. n. c. gr. in-8. ✠

Renferme (prologo), pp. VII-IX, environ 13 art.

46. — Catálogo razonado y crítico de los libros, memorias y papeles, impresos y manuscritos que tratan de las provincias de **Extremadura**, así tocante á su historia, religion y geografía, como á sus antigüedades, nobleza y hombres célebres: compuesto por D. **Vicente Barrantes**, ex-diputado á Córtes..... Obra premiada por la Biblioteca nacional en el concurso público de 1862, é impresa de real órden. Madrid, imprenta y estereotipia de M. Rivadeneyra, 1865; VIII et 320 pp. gr. in-8. (environ 470 art. rangés par ordre alphabétique de localités). ✠

47. — Aparato bibliográfico para la historia de **Extremadura**, por D. Vicente Barrantes..... Madrid, tip. Pedro Nuñez, 2 vol. gr. in-8, 1875 (XVI et 489 pp.) et 1877 (512 pp.); 3ᵉ vol., Madrid, Murillo, 1879 (600 pp.). ✠

Rangé sous forme de dictionnaire par noms de localités.

48. — El indicador Toletano, o Guia del viajero en **Toledo**. Contiene el plano de la poblacion....., finalmente un Catálogo de libros que de propósito tratan de Toledo, por **Pedro Pablo Blanco y Manuel de Assas**. Madrid, Gonzalez, 1854; 136 pp. in-12.

49. — Memorias de la Comision del mapa geológico de España. Descripcion física y geológica de la provincia de **Huesca** por **L. Mallada**, ingeniero del cuerpo de minas. Madrid, Manuel Tello, 1878; xv et 439 pp. in-4.

Renferme, pp. 197-204 : Obras y escritos que nos interesa examinar (13 art.).

⋆ **50.** — Revista de ciencias históricas publicada por S. **Sampere y Miguel**. Barcelona, Eudaldo Puig. ✠

Renferme (Mayo 1880), pp. 176-189 : Bibliografia historica de **Cataluña** (88 art.; *auctore* A. **Elías de Molins**; suite par **Andrés Balaguer y Merino** dans le n° d'août 1880).

⋆ **51.** — Descripciones de las islas Pithiusas y Baleares.... De orden superior. Madrid. En la Imprenta de la viuda de Ibarra, Hijos y Compañia. Año de MDCCLXXXVII; xxiv pp., 2 pp. n. c. et 158 pp. pet. in-4 (*auctore* M. **Vargas**). ✠

Renferme, pp. 19-20 : AA. que han escrito de **Iviza** (environ 11 art.); pp. 102-113 : AA. de que nos hemos servido, juicio sobre ellos, y noticias de los demas que hablan de **Mallorca** (environ 25 art.); pp. 154-158 : Historias particulares de **Menorca** (environ 12 art.).

⋆ **52.** — Recherches sur l'origine des peuples du nord et de l'occident de l'Europe, par M. **Dartley**..... Paris, H. Cousin, 1839; 64 pp. in-8. ✠

Sous-titre : Les **Ibères**. Renferme, pp. 53-64 : Appendice. Auteurs nommés (99 art.).

53. — Itinéraire descriptif et pittoresque des Hautes-Pyrénées françoises, jadis territoires du Béarn, du Bigorre, des Quatre-Vallées, du Comminges, et de la Haute-Garonne; contenant, outre la description des lieux, l'histoire de ces diverses contrées..... par P. La Boulinière..... Paris, Gide fils, 1825, 3 vol. in-8. ☦

Renferme, t. I, pp. 9-15 numérotées j-p : Liste des ouvrages publiés sur les **Pyrénées**, ou qui en font mention : la plupart consultés, et parfois cités, dans la composition de l'*Itinéraire Descriptif et Pittoresque* (environ 114 art.).

54. — Adolphe Joanne. Itinéraire descriptif et historique des **Pyrénées** de l'Océan à la Méditerranée. Contenant 9 panoramas dessinés d'après nature par Victor Petit, 6 cartes et plans de ville. Paris, L. Hachette et Cie, *s. a.* (1858); XLVIII et 683 pp. in-8. ☦

Renferme, pp. XIII-XVI : Bibliographie. Principaux ouvrages consultés (environ 102 articles).

★ — *Idem*, 2e éd., 1862 ; LXXVII et 767 pp. in-8 ☦ ; renferme, pp. XLVII-LI : — Bibliographie (environ 118 articles) ; p. LII : Cartographie (7 articles).

— *Idem*, 3e éd., 1868 ; LXXVI et 704 pp. in-8 ☦ ; renferme, pp. LVII-LXI : Bibliographie (environ 136 articles).

— *Idem*, 4e éd., 1874 ; LXXX et 707 pp. in-8 ☦ ; renferme, pp. LIX-LXVI : Bibliographie (environ 242 articles).

— *Idem*, 5e éd., 1879 ; C et 815 pp. in-8 ☦ ; renferme, pp. LXVIII-XC : Bibliographie (environ 300 articles) ; p. IC : Cartographie (environ 36 articles).

★ **55.** — Bibliographie **Pyrénéenne**, par M. C. X. Vaussenat.

Se trouve dans : Explorations pyrénéennes. Ascensions des hautes cimes et des régions de difficile accès. Observations météorologiques, recherches scientifiques et archéologiques. Bulletin trimestriel de la Société Ramond. Seconde année, 1867. Bagnères de Bigorre. J. Cazenave ; pp. 87-88 (15 articles) ; pp. 123-124 (16 articles). ☦

— *Idem*, 3e année, 1868, pp. 38-40 (25 art.) ; pp. 86-88 (15 art.) ; pp. 127-128 (10 art.) ; p. 174 (8 art.). ☦

— *Idem*, 4e année, 1869, pp. 39-40 (14 art.) ; p. 132 (3 art.) ; pp. 177-178 (19 art.). ☦

— *Idem*, 5ᵉ année, 1870, pp. 89-92 (33 art.). ✠

— *Idem*, 6ᵉ année, 1871, pp. 37-38, 54-56, 75-76, 167-168 (87 art.). ✠

56. — Catalogue des livres d'une bibliothèque à Pau. — Tiré à 120 exemplaires. N°   Offert à M.   Pau, imp. et lithogr. de E. Vignancour, Mai 1867; 6 et 353 pp. in-4 (1927 articles). ✠

Auctore J. **Manescau**. Renferme, pp. 265-298 : **Béarn, Pays Basque** et **Navarre** (200 art.); pp. 299-332 : **Pyrénées** et pays adjacents (207 art.). Cette bibliothèque a été offerte à la ville de Pau.

57. — M. A. Lequeutre, n° 8, rue de Miroménil, à Paris, a préparé une bibliographie générale des **Pyrénées** comprenant environ 4500 articles. Cette bibliographie manuscrite ne paraît pas devoir être publiée.

★ **58.** — Études géographiques sur la vallée d'**Andorre**, par M. Jean-François **Bladé**. Paris, Joseph Baer et Cⁱᵉ, 1875; ix et 104 pp. in-8. ✠

Renferme (avertissement), pp. ii-iv, environ 37 art. pour les cartes.

★ **59.** — Polybiblion. Revue bibliographique universelle. Partie littéraire. Deuxième série. Tome huitième, XXIII° de la collection. Paris, bureaux du Polybiblion, 1878; 576 pp. in-8. ✠

Renferme, p. 380 : Le pays d'**Andorre** par F. E. et B. (6 articles); p. 478 : Le pays d'**Andorre** par le comte de **Marsy** (6 articles).

60. — Rapport fait au ministre secrétaire d'Etat de la marine et des colonies.

Sous-titre : — Ministère de la marine et des colonies. Commission instituée, par décision royale du 26 mai 1840, pour l'examen des questions relatives à l'esclavage et à la constitution politique des colonies. — Rapport fait au ministre secrétaire d'état de la marine et des colonies. Paris. Imprimerie royale. Mars 1843; xvi et 438 pp. in-4. ✠

Renferme, pp. xi-xvi : Liste des principaux livres et documents qui sont cités dans le rapport fait par la commission des affaires coloniales. I. Livres et documents concernant les **colonies françaises** (25 art. ou groupes d'art.); II. Livres et documents relatifs aux **colonies anglaises** (12 art. ou groupes d'art.).

61. — Bibliothèque impériale. — Département des Imprimés. — Catalogue de l'Histoire de France. Tome huitième. Publié par ordre de l'Empereur. Paris, Firmin Didot frères, fils et Cie, 1863; 4 pp. n. c., 757 pp. et 4 pp. n. c. in-4. ✠

Renferme, pp. 660-757 : Section II, **France coloniale** (2328 art.) ainsi divisée :

pp. 660-685 : Algérie (677 art.),

pp. 685-708 : Généralités des colonies françaises autres que l'Algérie (582 art.),

pp. 708-710 : Colonies d'Asie (45 art.),

pp. 710-715 : Colonies d'Afrique (Algérie non comprise) (121 art.),

pp. 715-756 : Colonies d'Amérique (883 art.),

pp. 756-757 : Colonies d'Océanie (20 art.).

★ **62.** — La Revue maritime et coloniale (Paris, Berger-Levrault et Cie) publie à la fin de chacun de ses numéros mensuels une courte bibliographie maritime et **coloniale**. ✠

63. — Neue Untersuchungen über die physicalische Geographie und Geologie der **Alpen** von Adolf Schlagintweit und Hermann Schlagintweit. Mit einem Atlas von XXII Tafeln. Leipzig, T. O. Weigel, 1854; xvi et 630 pp. in-4. ✠

Renferme, pp. 10-13 : Litteratur (environ 40 art.).

64. — Mittheilungen des Oesterreichischen Alpen-Vereines. Redigirt von **Mojsisovicz** und Paul Grohmann. Wien, Braumüller, 1863, in-8. ✠

Renferme, vol. I, 1863, pp. 365-393, vol. II, pp. 477-502,

une bibliographie des **Alpes** de 1859 à juin 1864. Cette bibliographie est continuée dans les volumes suivants du même bulletin, en particulier dans le Jahrbuch des Oesterreichischen Alpen-Vereines. 3. Band, Wien, 1867, Verlag von Carl Gerold's Sohn, VI et 440 pp. in-8, qui renferme, pp. 381-392 : Bibliographie der Alpinen Literatur (1864-1867) (environ 120 articles). Ce bulletin s'est fondu avec le Zeitschrift des Deutschen Alpenvereins, de Munich, et est devenu le Zeitschrift des Deutschen und Oesterreichischen Alpenvereins, Munich, 1874 et années suivantes.

On trouve des bibliographies annuelles des Alpes dans un grand nombre de publications de Clubs Alpins, entre autres :

The Alpine Journal....., London, Longmans, Green and Co., 1879 et années précédentes. ✠

Jahrbuch des Oesterreichischen Touristen-Club. Wien, Alfred Hölder, 1879 et années précédentes. ✠

65. — The alpine guide. Part. I.

Sous titre : — A Guide to the Western Alps. By **John Ball**, M.R.I.A., F.L.S., &c. late president of the Alpine Club. With an article on the geology of the Alps, by M. E. Desor, of Neuchâtel, member of various learned societies. London : Longman, Green, Longman, Roberts, & Green. 1863; CXLI pp., 3 pp. n. c. et 377 pp. in-8. ✠

Renferme, pp. CXXV-CXXXIII : Works relating to the **Alps** (environ 211 art.) ; pp. CXXXIII-CXXXV : List of **Alpine** Maps (environ 64 articles).

— *Idem*. New edition. London : Longmans, Green and Co., 1877; XXIV et 404 pp. in-8; renferme, pp. XVII-XXII : Books and maps connected with the **Western Alps** (69 et 30 art.)

66. — The Alpine Guide. Part II.

Sous-titre : — The Central Alps including the Bernese Oberland, and all Switzerland excepting the neighbourhood of Monte Rosa and the Great St. Bernard ; with Lombardy, and the adjoining portion of Tyrol. Being the second part of the Alpine Guide. By John **Ball**, M.R.I.A., F.L.S., &c. late president of the Alpine club. New edition. London : Longmans, Green, and Co. 1866; xviii pp., 2 pp. n. c. et 521 pp. in-8. ✠

Renferme, pp. xvi-xvii : List of Books connected with the **Central Alps** (environ 39 art.); pp. xvii-xviii : List of Maps of the **Central Alps** (environ 17 art.).

67. — The alpine guide. Part III.

Sous-titre : — A guide to the Eastern Alps. By **John Ball**, M.R.I.A., F.L.S., &c. late president of the Alpine Club. London ; Longmans, Green, and Co. 1868; xxiii pp., 1 p. n. c. et 639 pp. in-8. ✠

Renferme, pp. xx-xxii : List of Books, etc., on the **Eastern Alps** (environ 57 art.); pp. xxii-xxiii : List of Maps of the **Eastern Alps** (environ 31 art.).

68. — Catalogue n° VII. Bibliotheca Alpina. Riche collection d'ouvrages anciens et modernes sur les **Alpes**, en vente chez **H. Georg**, libraire à Bâle (Suisse). 1867; 29 pp. in-8 (495 articles).

69. — Catalogue n° XXIII. Bibliotheca Alpina Secunda. Nouvelle collection d'ouvrages anciens et modernes sur les **Alpes**, en vente à la librairie **H. Georg** à Bâle, même maison à Genève. 1872; 50 pp. in-8 (896 articles).

70. — Bibliographia Alpina Tertia. Troisième collection d'ouvrages anciens et modernes spécialement sur les **Alpes**, en vente aux prix marqués à la librairie **H. Georg** à Bâle, même maison à Genève et Lyon. Catalogue XLII de la librairie H. Georg, 1878; 4 et 83 pp. petit in-8 (1418 et 60 art.). ✠

71. — Etudes sur les **glaciers**; par L. **Agassiz**. Ouvrage accompagné d'un atlas de 32 planches. Neuchatel, aux frais de l'auteur. En commission chez Jent et Gassmann, Soleure. 1840; 6 pp. n. c., v, 346 pp. et 1 p. n. c. in-8. ✠

Renferme, pp. 1-18 :..., ouvrages des principaux auteurs qui se sont occupés des glaciers (environ 14 art.).

Cette bibliographie se retrouve, pp. 1-18 dans l'édition

allemande : Untersuchungen über die **Gletscher**. Von **Louis Agassiz**. Solothurn, In Kommission bei Jent und Gaszmann, 1841 ; XII, 326 pp. et 1 p. n. c. in-8. ✠

72. — Matériaux pour l'étude des glaciers par **Dollfus-Ausset**. Paris, F. Savy, 1864-1870. Tome premier en 4 parties gr. in-8. ✠

Renferme environ 18 listes par ordre alphabétique des auteurs qui ont traité des hautes régions des **Alpes** et des **glaciers**, et de quelques questions qui s'y rattachent, avec l'indication des recueils où se trouvent ces travaux.

Les trois premières parties (volumes) du tome premier sont presque exclusivement consacrées à cette bibliographie analytique.

73. — Narrative of an excursion to the mountains of Piedmont, in the year MDCCCXXIII. And researches among the **Vaudois**, or **Waldenses**, protestant inhabitants of the Cottian Alps : with maps, plates, And an Appendix, containing copies of ancient manuscripts, and other interesting documents of illustration of the history and manners of that extraordinary people. By **William Stephen Gilly**, M.A. M.R.S.L..... Fourth edition. London : C. and J. Rivington, 1827 ; XXIII, 307 et LXXXVIII pp. in-8. ✠

Renferme, pp. III-X : Appendix. — N°. I. Notice of Publications relating to the **Vaudois** during the three last centuries (13, 4 et 8 art.)

1ʳᵉ éd., 1824, in-4 ; 2ᵉ éd., 1825, in-8 ; 3ᵉ éd., 1826, in-8.

74. — L'Israël des Alpes. Première histoire complète des **Vaudois** du Piémont et de leurs colonies, composée en grande partie sur des documents inédits avec l'indication des sources et des autorités, suivie d'une bibliographie des ouvrages anciens et modernes qui traitent des Vaudois et des manuscrits, en langue romane, où ils ont exposé leurs doctrines par **Alexis Muston** docteur en théologie. Paris, Marc Ducloux, 1851, 4 vol. in-12.

Renferme, t. II, *in fine* (2 pp. n. c., 162 pp. et 1 p. n. c.) :

Bibliographie Historique et documentaire de l'Israël des Alpes ou liste des ouvrages qui traitent des Vaudois et des anciens manuscrits en langue romane où ils ont exposé leurs doctrines (environ 380 art. ou groupes d'art., dont 17, pp. 56-58, relatifs à la description du pays).

Cette bibliographie se retrouve *in fine* dans le 4e vol. de l'éd. de Paris, Ch. Meyrueis et Ce, 4 vol. in-12, *s. a.* ✠

Elle se retrouve, t. II, pp. 397-489, dans la traduction anglaise par le Rev. John Montgomery (Blackie & Son : Glasgow, Edinburgh and New York, 1857, 2 vol. in-8). ✠

Elle ne se retrouve pas dans la traduction anglaise par William Hazlitt (London : Ingram, Cooke & Co., 1852; VIII et 312 pp. in-8). ✠

* **75.** — Dissertation sur le passage du **Rhône** et des **Alpes** par Annibal, l'an 218 avant notre ere, troisième édition, accompagnée d'une carte; suivie de nouvelles observations sur les deux premières campagnes de Louis XIV, et d'une dissertation sur le mariage du célèbre Molière. Paris, Treuttel et Wurtz, Novembre 1821 ; 2 pp. n. c., XXXII et 177 pp. in-8. ✠

Auctore le comte de F.... d'U.... (de Fortia d'Urban).
Renferme (préface), pp. II-XXXI, 5 et 39 art. de bibliographie.

76. — Geographie der Griechen und Römer von den frühesten Zeiten bis auf Ptolemäus bearbeitet von **Fr. Aug. Ukert**, 3 parties en 5 vol. in-8; Weimar, Geogr. Institut, 1816 — Weimar, Landes-Industrie-Comptoir, 1846. ✠

Renferme, Zweiten Theils Zweite Abtheilung (1832), pp. 559-606 : Beilage. Hannibal's Zug über die **Alpen** (avec une bibliographie d'environ 40 auteurs et 58 art., 1515-1830, pp. 562-566).

77. — The **Alps** of Hannibal. By William John Law, M. A. Formerly student of Christ Church, Oxford. In two volumes. London : Macmillan and Co. 1866; 2 vol. in-8. ✠

Renferme. t. I, pp. 6-7, 14 articles précédés de plusieurs autres dans les pages 4-6.

78. — Bibliografia storica **Ticinese**. Materiale raccolto da **Emilio Motta**. Zurigo, tip. J. Herzog, 1879; VIII et 152 pp. gr. in-8. ✠

Renferme, pp. 43-48 : Carte geografiche, panorama, piante, vedute, ecc. (74 articles); pp. 49-55 : Descrizioni geografiche e topografiche. Statistica. (40 art.); pp. 55-59 : Viaggi (31 art.).

79. — Biblioteca italiana, o sia notizia de' libri rari nella lingua italiana, Divisa in quattro Parti principali; cioè istoria, poesia, prose, arti e scienze, Annessovi tutto il Libro dell'Eloquenza Italiana di Mons. Giusto Fontanini col suo Ragionamento intorno alla stessa materia. Con Tavole copiosissime, e necessarie. In Venezia, Presso Angiolo Geremia In Campo di S. Salvatore. MDCCXXVIII. Con Licenza Superiore, e Privilegio; 26 pp. n. c. et 264 pp. pet. in-4. ✠

Auctore **N. Haym**. Renferme, pp. 28-62 : Istoria Generale d'**Italia** (environ 562 art. dont un grand nombre intéressent les diverses villes et localités d'Italie).

Idem, Milano, Giuseppe Galeazzi, 2 vol. in-4, 1771-1773.✠

Idem, Milano, Giovanni Silvestri, 1803, 4 vol. in-8; renferme, t. I, pp. 63-156, environ 810 art. ✠

80. — Catalogo delle storie particolari Civili ed Ecclesiastiche Delle Città e de' Luoghi d'**Italia**, Le quali si trovano nella domestica Libreria dei Fratelli Coleti in Vinegia. — Nella stamperia degli stessi. — L'Anno MDCCLXXIX. Con licenza e privilegio ; XII et 328 pp. in-4. ✠

Bibliographie d'environ 1800 auteurs réunie par **Giacomo Coleti et Giovanni Antonio Coleti**.

81. — Voyage en **Italie**, contenant l'Histoire & les Anecdotes les plus singulieres de l'Italie, & sa description; les Usages, le Gouvernement, le Commerce, la Littérature, les Arts, l'Histoire Naturelle, & les Antiquités; avec des jugemens sur les Ouvrages de Peinture, Sculpture & Architecture, & les Plans de toutes les grandes villes d'Italie. Par M. **de La Lande**. Seconde Edition corrigée & augmentée. Paris, Veuve Desaint. MCCLXXXVI. Avec Approbation, & Privilége du Roi, 8 vol, in-12. ✠

Renferme, t. I, dans la préface, pp. LXV-LXIX, l'indication d'environ 9 cartes ou collections de cartes d'**Italie**.

Idem, 1ᵉ éd., Paris, 1769, 8 vol. in-12.

82. — Biblioteca georgica, ossia catalogo ragionato degli scrittori di agricoltura, veterinaria, agrimensura, meteorologia, economia pubblica, caccia, pesca, ecc., spettanti all' **Italia**, del Proposto Marcantonio Lastri. Firenze, Pagani, 1787 ; XI et 152 pp. in-4.

83. — A Catalogue of books relating to the history and topography of **Italy**, collected during the years 1786, 1787, 1788, 1789, 1790. — By Sir Richard Colt Hoare, Bart. — Twelve copies printed. London : printed by W. Bulmer and Co. 1812 ; VI, 2 pp. n. c. et 104 pp. pet. in-4 (environ 1800 art.). ✠

84. — Manuale bibliografico del viaggiatore in **Italia** concernente località, storia, arti, scienze, antiquaria e commercio preceduto da un elenco delle opere periodiche letterarie che attualmente si pubblicano in Italia e susseguito da un' appendice e da tre indici di viaggi di località e di autori del dottor Pietro Lichtenthal Terza edizione originale notabilmente accresciuta e migliorata. Milano per Giovanni Silvestri 1844 ; XX et 488 pp. in-12 (env. 4000 art.). ✠

— *Idem*, 1ᵉ éd., Milano, B. Schiepatti, 1830 ; 2ᵉ éd., *ibid*., 1834.

85. — Illustrated excursions in **Italy**. By Edward Lear .... London : Thomas Mᶜ Lean, 1846 ; XII, 144 pp. et 4 pp. n. c. gr. in-4. ✠

Renferme pp. XI-XII : Works referred to in this volume (environ 32 art.).

86. — Bibliografia storica di ogni nazione.

Sous-titre : Bibliografia storica ossia collezione delle migliori e più recenti opere di ogni nazione intorno ai principali periodi e personaggi della storia universale per cura di

Gaetano Branca prof. presso il colleggio militare di Milano. Milano, Gaetano Schiepatti, 1862; xxiii, 329 pp. et 2 pp. n. c. in-8 (4000 art.). ☖

Renferme, pp. 166-200 : Parte quinta. Bibliografia storica dei municipii **italiani** (640 art., n⁰ˢ 2845-3484 [... sulla storia di circa quattrocento fra città, borgate e provincie d'**Italia**]); pp. 201-234 : Parte sesta. Bibliografia **geografica** (516 art., n⁰ˢ 3485-4000).

87. — La Bibliothèque nationale, à Paris, possède un inventaire alphabétique autographié de l'histoire d'**Italie**, 1062 pp. in-4, renfermant environ 9 000 articles. ☖

88. — Bibliographie **italico-normande**, contenant : 1⁰ Un Essai historique sur les relations entre l'Italie et la Normandie; 2⁰ Une Bibliothèque des ouvrages relatifs aux relations des deux pays; 3⁰ Une Bibliothèque des ouvrages relatifs à l'**Italie** Composés par des Auteurs normands; par **Jules Thieury**..... Paris, Auguste Aubry; Rouen, A. Le Brument; Dieppe, A. Marais, 1864; 80 pp. in-8. ☖

Renferme, pp. 33-47 : Bibliothèque des ouvrages relatifs aux relations entre l'Italie et la Normandie (environ 43 art.); pp. 49-64 : Bibliothèque des ouvrages relatifs à l'Italie composés par des auteurs normands (environ 54 art.).

89. — Repertorio **italiano** per la storia naturale. — Repertorium italicum complectens zoologiam, mineralogiam, geologiam et palaeontologiam curà **J. Josephi Bianconi**. Bononiae ex typographia saxiana (le 2ᵉ vol. porte : ex typographia sub signo ancorae 1854 sumptibus auctoris); 2 vol. in-8; vii et 192 pp.; v et 192 pp., 1853-1854 (ensemble 137 art.). ☖

90. — Lake habitations and pre-historic remains in the Turbaries and Marl-Beds of **Northern** and **Central Italy**. By Bartolomeo Gastaldi, professor of mineralogy in the college of engineering at Turin. Translated from the Italian and edited by Charles Harcourt Chambers, M.A., F.R.G.S., F.A.S.L. London : published for the anthropological society, by Longman, Green, Longman, and Roberts, 1865; xiv pp., 2 pp. n. c., 128 pp. et 2 pp. n. c. in-8. ✠

Renferme, p. 2 n. c. *in fine* : Index of authors (environ 90 auteurs).

91. — Le Pubblicazioni della Direzione di Statistica. — Relazione a S. E. il Ministro di agricoltura, industria e commercio con note bibliografiche e sommarii statistici fatta dal Direttore Dott. **Pietro Maestri**, e parere della Giunta consultativa di Statistica. Firenze, tip. Tofani, 1869; vii et 70 pp. gr. in-8. ✠

Donne les titres et l'analyse d'environ 40 ouvrages traitant de la statistique de l'**Italie.**

92. — Statistica del Regno d'**Italia**. — Acque Minerali. Anno 1868. Firenze, tip. Tofani, 1869, xxx et 176 pp. in-4.

Renferme, pp. xxvii-xxx : Bibliografia delle acque minerali (environ 209 art). ✠

93. — Matériaux pour l'histoire de la paléoethnologie **italienne** par Louis **Pigorini**. Bibliographie. Parme, imp. Ferrari et fils. 1874; 96 pp. in-8 carré (environ 498 art., 1541-1874). ✠

Idem : Bibliografia paleoetnologica italiana dal 1850 al 1871. Parma, tip. Ubaldi, 1871 ; 46 pp. in-8.

94. — Studj sulla Geografia naturale e civile dell'**Italia** Pubblicati per cura della deputazione ministeriale istituita presso la Società Geografica Italiana.... Roma Tipografia Elzeviriana, 1875; 6 pp. n. c., 246 pp. et 5 pp. n. c. pet. in-4. ✠

Renferme, pp. 231-242 : Elenco delle opere a stampa, manoscritti, e tavole utili a consultarsi intorno alle trafformazioni idrografiche d'**Italia** (203 art.); pp. 243-244 : Elenco delle VIII carte idrografiche in XXII tavole spedite alla Esposizione Geografica di Parigi a corredo della presente Memoria (8 art.); pp. 245-246 : Carte e documenti costituenti un Atlante speciale presentato al Congresso internazionale geografico di Parigi, a corredo del presente volume (17 art.).

Les deux premières listes sont dressées par A. Baccarini.

95. — Cenni intorno ai lavori per la carta geologica d'**Italia** in grande scala. Roma, regia tipografia, 1875; 40 pp. in-8. ✠

Renferme, pp. 38-40 : Elenco delle Carte geologiche in grande scala eseguite finora in Italia (30 cartes publiées et 30 cartes inédites; *auctore* P. Zezi).

★ **96.** — Regno d'**Italia**. Ministero dei Lavori Pubblici. Catalogo dei lavori monografici e degli oggetti inviati all'esposizione universale di Parigi, nel MDCCCLXXVIII. Roma, tip. Elzeviriana, 1878; 126 pp. pet. in-4. ✠

Renferme, pp. 87-126 : Pubblicazioni degli Ufficiali ed Ex-Ufficiali del Genio Civile (375 articles intéressants pour l'hydrologie de l'Italie.)

97. — Annali del ministero di agricoltura, industria e commercio — La pesca in **Italia** — Documenti raccolti per cura del ministero di agricoltura industria e commercio del regno d'Italia ordinati da **Ad. Targioni Tozzetti** .... Genova tipografia del R. Istituto sordo-muti; 3 parties en 5 vol. in-8, 1871-1872. ✠

Renferme, vol. I, parte III, p. 84 : Pesca del corallo (environ 24 art.).

98. — Elementi para una Bibliografia **Italiana** intorno all'Idrofauna, agli allevamenti degli Animali Acquatici e alla Pesca raccolti da **Guelfo Cavanna**, sotto gli auspici del R. Ministero di agricoltura, industria e commercio, per la esposizione internazionale della pesca in Berlino. Firenze, coi tipi dell' arte della stampa, 1880; VIII et 170 pp. gr. in-8.

99. — Bibliografia enciclopedica milanese, ossia repertorio sistematico ed alfabetico delle opere edite ed inedite che illustrano la topografia, la idrografia, la zoologia, la botanica, la mineralogia, la pubblica economia, la legislazione, l'archeologia, la storia civile, politica, diplomatica, militare, ecclesiastica, letteraria, artistica, industriale non che gli usi, costumi, dialetti, feste, ecc., ecc. di **Milano** e suo territorio per **Francesco Predari**. Milano, tipografia Marsilio Carrara, 1857; 8 pp. n. c., xvi, 695 pp. et 1 p. n. c. in-8 (environ 5000 articles, dont 418, pp. 3-50, 589-595, relatifs à la topographie, à la géologie, etc. et à l'hydrographie.). ✠

100. — Giuseppe Veralli. Piccola bibliografia geologica minerale della provincia di **Bergamo**. Bergamo, tip. lit. Gaffuri e Gatti, 1880; 31 pp. in-8.

101. — La biblioteca veronese. Lettera all' Illustrissimo signore marchese Ottavio di Canossa, da **Giambattista Carlo conte Giuliari**. Verona, Vicentini e Franchini, 1858; ix et 64 pp. gr. in-8.

Renferme (Opere desiderate per la biblioteca veronese) : § V. Libri di Veronesi, o che contengono notizie relative a **Verona** di edizioni distinte; § XI. Opere di estranei che hanno più o meno relazione alla storia **Veronese**.

102. — Atti del R. Istituto Veneto di Scienze, Lettere ed Arti. Seria III. Tome XIII. Disp. 1. Venezia, Segretaria dell' Istituto; Torino e Firenze, Lœscher, 1867, in-8.

Renferme : Bibliografia dell' Acqua minerale di **Staro**. Da Pazienti.

103. — *Idem*, Seria III. Tome XIV. Disp. 1, renferme : Monografia delle Acque minerali, ecc. (Continuazione). Da **Pazienti**. Notizie su quella di **Torrebelvicino**, e Bibliografia.

104. — *Idem*, Seria III. Tome XIV. Disp. 8, renferme : Monografia delle Acque minerali, ecc. (Continuazione). Da **Pazienti**. Bibliografia delle Acque minerali della **Provincia di Padova**.

105. — Saggio di una bibliografia storica **Ferrarese** compilato dal Canonico **Giuseppe Antonelli** (Ferrara, 1850); 109 pp. pet. in-4.

Renferme, chap. V : Storia scientifica, carte corografiche e topografiche.

106. — Saggio di bibliografia **veneziana** composto da Emmanuele Antonio Cicogna I. R. segretario di appello... Venezia, tip. G. B. Merlo, 1847; xxxi, 940 pp. et 3 pp. n. c. gr. in-8 (5942 art., dont 144, n°s 5223-5366, pp. 707-727, intéressant la géographie). ✠

107. — Venedig, dessen Geschichte, u. s. w. — Bücher, Karten und Ansichten. Bibliotheca venetiana. Catalogo d'una raccolta di libri, carte geografiche e vedute di Venezia e del suo territorio vendibili presso **H. F. & M. Münster** libraj della real casa. Catalogue de livres, cartes et vues de **Venise** et de ses environs..... Venezia 1869. Books, maps and views of Venice, its history, etc.; 34 pp. in-8 (778, 175 et 38 art.). ✠

108. — *Idem*, Secondo Catalogo.... Venezia, 1871, gr. in-8.

109. — *Idem*, Supplemento II al catalogo.... Venezia, 1871; 324 pp. gr. in-8 (environ 1300 art).

110. — Bibliografia del **Friuli**. Saggio di **Giuseppe Valentinelli**, socio corrispondente dell' accademia d'Udine. Edizione sovvenuta dall' Imp. Accademia delle Scienze in Vienna. Venezia, tip. del Commercio, 1861; viii et 540 pp. gr. in-8 (3655 articles). ✠

Renferme, pp. 1-8 : Geografia Topografia, Corografia (54 art. n°s 1-55; pp. 8-12); Idrografia (32 art. n°s 56-87).

111. — Voyage en **Sardaigne**, de 1819 à 1825, ou description statistique, physique et politique de cette île, avec des recherches sur ses productions naturelles et ses antiquités; par le chev. **Albert de La Marmora**..... Paris, Delaforest; Arthus Bertrand, 1826; 2 pp. n. c., ix et 512 pp. in-8. ✠

Renferme, pp. 473-476 : Liste Des principaux auteurs qui ont successivement parlé de la **Sardaigne**, ou des écrivains qui appartiennent à cette île (environ 128, de l'an 450 av. J. C. à 1825).

112. — A handbook for travellers in the islands of **Corsica** and **Sardinia**. With Maps. London : John Murray. Paris : A. & W. Galignani and Co.; Xavier. 1868; 94 pp. in-8.

Renferme (Corsica), pp. 13-14 : Books (environ 8 art.); (Sardinia) pp. 56-58 : Books and Maps (environ 7 art.).

113. — Saggio di una bibliografia storica della **Lunigiana** di Giovanni Sforza. Modena, C. T. Vincenzi e nipoti, 1874; tome I, 266 pp. in-4.

Extrait de : Atti e memorie delle RR. Diputazioni di Storia patria per le Provincie Modenesi e Parmensi, Vol. VI, Fasc. 3. Modena, tip. Vincenzi, 1872, in-4,

114. — Bibliografia storico-ragionata della **Toscana** o sia catalogo degli scrittori che hanno illustrata la storia delle città, luoghi, e persone della medesima raccolto dal sacerdote **Domenico Moreni** canonico dell' insigne real basilica di S. Lorenzo di Firenze accademico florentino ec. — Firenze MDCCCV. — Presso Domenico Ciardetti con approvazione; 2 vol. in-4. ✠

Renferme environ 6200 art. rangés sous forme de dictionnaire par ordre alphabétique de noms d'auteurs.

115. — Storia della Toscana compilata ed in sette epoche distribuita dal cav. **Francesco Inghirami.** Poligrafia Fiesolana; 16 vol. in-8, 1841-1843. ✠

Renferme, t. XV, pp. 1-393, t. XVI, pp. 1-244 : Bibliografia storica della **Toscana** (environ 5000 art. dont un grand nombre intéressant la description de la Toscane).

116. — Bibliografia mineralogica, geologica e paleontologica della **Toscana** per **Antonio d'Achiardi.** Pisa, tip. fratelli Nistri, 1876, 58 pp. in-8.

Une édition précédente, d'environ 1200 articles, avait paru dans le Bolletino del R. Comitato geologico d'Italia, Roma, tip. Barbèra, in-4, vol. V, 1874, pp. 112, 171, 249-254, 324-326, 398-402 et vol. VI, 1876, pp. 60-62, 121-126. ✠

117. — Voyage à l'isle d'**Elbe**, suivi d'une notice sur les autres **isles de la mer Tyrrhénienne;** par Arsenne Thiébaut de Berneaud ..... Paris, D. Colas; Le Normant. An 1808; 6 pp. n. c., et 232 pp. in-8. ✠

Renferme, pp. 209-212 : Table des auteurs cités dans cet ouvrage (environ 180 auteurs).

118. — Memorie per servire alla descrizione della carta geologica d'Italia. Pubblicate per cura del R. Comitato geologico del Regno. Volume I. Firenze, tip. di G. Barbèra, 1871; xxxv et 358 pp. in-4. ✠

Renferme, pp. 297-298 : Bibliographia **Elbana** (57 art.; 1762-1870; *auctore*, Igino Cocchi).

119. — *Idem*. Volume III. Parte prima, 1876 ; 4 pp. n. c. et 173 pp. in-4. ✠

Renferme, pp. 51-53, une bibliographie du **Monte Pisano** (63 art.; 1596-1876), par Carlo de Stefani.

120. — Dei bagni di **Casciana** nella provincia di Pisa. Libri due di Carlo Minati professore ordinario nella R. università di Pisa soprintendente, già direttore, nei detti bagni. Con tavole incise. Firenze, tipopografia di G. Barbèra. 1877; x et 301 pp. gr. in-8. ✠

Renferme, pp. 273-294 : Bibliografia (environ 38 art.).

121. — 1878. Anno IX. Bolletino del R. Comitato geologico d'Italia. Volume nono. N. 1 a 12. Roma, tip. Barbèra, 1878, 554 pp. in-8. ✠

Renferme, pp. 300-327 : Bibliografia geologica e paleontologica della provincia di **Siena**, per Dante Pantanelli (environ 190 art.; 1571-1878).

Une première édition avait paru dans la Cronaca del R. liceo di Siena, 1877.

122. — Bibliografia storico-**perugina** o sia catalogo degli scrittori Che hanno illustrata la Storia delle Città, del Contado, delle Persone, de' Monumenti, della Letteratura ec. compilato e con note bibliografiche ampiamente illustrato da **Gio: Battista Vermiglioli**. In Perugia, tip. Francesco

Baduel, 1823; xiv et 197 pp. in-4 (environ 650 art.). ✠

123. — Bibliografia **Pistoiese**, di **Vittorio Capponi**. Pistoia, tip. Rossetti, 1874; x et 354 pp. in-8 (tiré à 300 ex.).

124. — Dizionario bibliografico e istorico della Repubblica di **San-Marino**, contenente le indicazioni delle opere dell' efemeridi e degli opuscoli che trattano della stessa in qualsivoglia argomento, da **Carlo Padiglione**. Napoli, tip. della Gazzetta di Napoli, 1872; xvi et 492 pp. in-4.

— *Idem, antè* ; Bibliografia di **San-Marino**. Napoli, de Angelis, 1866, in-12.

*★ **125.** — Polybiblion. Revue bibliographique universelle. Partie littéraire. Deuxième série. Tome premier, XIIIe de la collection. Paris, bureaux du Polybiblion, 1875; 576 pp. in-8. ✠

Renferme, première livraison, pp. 93-94 : La République de **St-Marin** (*auctore* **A. de M** [arsy]; environ 49 articles).

126. — Saggio di Bibliografia storica della città di **Sanseverino** nelle Marche di **Domenico Valentini**. Sanseverino, Corradetti, 1875; 64 pp. in-8.

127. — Camillo Minieri Riccio. Biblioteca storico-topografica degli **Abruzzi** composta sulla propria collezione. Napoli, A. Detken, s. a. (1862 ?), in-8.

128. — Adolfo Parascandolo. Supplemento alla bibliografia storico-topografica degli **Abruzzi** di Camillo Minieri Riccio. Napoli, tip. di F. Giannini, 1876; viii et 138 pp. in-8.

★ **129.** — Bolletino della Società Geografica. Anno X. — Serie II. — Volume I. Roma, Stabilimento Giuseppe Civelli. 1876, in-8. ✠

Renferme, pp. 252-302, 386-406 : — Saggio di Bibliografia del **Tevere**, del Socio **Enrico Narducci**, Bibliotecario dell' Alessandrina. (En date du 15 mai 1876 ; 412 articles; tirage à part : Roma, tip. G. Civelli, 1877 ; 72 pp. in-8.)

Renferme aussi, pp. 544-548 : — Appendice al Saggio di Bibliografia del **Tevere**. (Par **Camillo Ravioli**, en date du 21 août 1876 ; addition de 33 articles.)

130. — Atti della Reale Accademia dei Lincei. Anno CCLXXIII. 1875-76. — Serie Seconda. — Volume III°. — Parte Seconda. — Memoria della classe di scienze fisiche, matematiche e naturali. Roma, 1876, coi tipi del Salviucci; 968 pp. in-4. ✠

Renferme, pp. 789-855 : — Saggio di Bibliografia del **Tevere** di **Enrico Narducci**, bibliotecario dell' Alessandrina (en date du 15 mai 1876, 438 articles).

131. — Bibliografia storica delle città, e luoghi dello **Stato Pontificio** opera utile Agli Storici, Antiquarj, Giuristi, Naturalisti, ed ogni altro Amatore delle Belle Arti. In Roma MDCCXCII. — Nella stamperia Giunchiana. Con licenza de' Superiori; VIII, 319 pp. et 1 p. n. c. in-4 (*auctore* **Luigi Ranghiaschi**; environ 2633 art.). ✠

132. — Supplemento alla bibliografia storica delle città, e luoghi dello **Stato Pontificio** Pubblicata l'anno MDCCXCII. — In Roma MDCCXCIII. — Nella stamperia Giunchiana. Con lizenca de' Superiori. Si vende da Mariano de Romanis; 2 pp. n. c., 92 pp. et 2 pp. n. c. in-4 (*auctore* **Luigi Ranghiaschi**; environ 759 art.). ✠

133. — Indicazione topografica di Roma antica in corrispondenza dell' epoca imperiale del commendatore **Luigi Canina**. Quarta Edizione. Roma, dai tipi dello stesso Canina, 1850; 656 pp. gr. in-8. ✠

Renferme, pp. 4-25 : — Novero delle principali pubblicazioni su **Roma** antica (124 auteurs).

1re éd., 1832; 2e éd., 1836 ; 3e éd., 1841.

***134.** — Ministero dell' Interno. — Direzione Generale di Statistica. — Monografia della Città di Roma e della Campagna di Roma presentata all' Esposizione universale di Parigi. Roma, tipografia Elzeviriana, nel Ministero delle Finanze, 1878; CXXIII, 389 et 186 pp. gr. in-8. ✠

Renferme, pp. 84-119 : — Bibliografia topografica di **Roma** (par **Enrico Narducci**, faisant suite au précédent; 124 et 87 art.).

135. — A handbook of **Rome** and its environs. *Tenth edition* carefully revised on the spot to the latest period. With a large plan of Rome, a map of the environs, etc. London : John Murray. *Paris* : A. & W. Galignani and Co.; Xavier and Boyveau. *Milan* : Artaria. *Turin* : Maggi. *Florence* : Goodban. *Rome* : Spithöver; Piale; Monaldini. *Naples* : Dorant; Detken and Rocholl. 1871; LVIII et 498 pp. in-12. ✠

Renferme, pp. XXXVIII-XLII : § 56. Books on **Rome** (environ 28 art.) pp. XLII-XLIV : § 57. Maps of **Rome** and its environs (environ 11 art,).

La préface, p. III, est signée : J. B. P.

136. — Indice bibliografico delle pubblicazioni italiane e straniere riguardanti la mineralogia, la geologia et la paleontologia della provincia di **Roma** ; con un appendice per le acque potabili termali e minerali. Da P. Zezi. Roma, 1879 ; 20 pp. in-4.

137. — Annali dell' Instituto di corrispondenza archeologica. Volume ottavo della serie nuova, vigesimo terzo di tutta la serie. — Annales de l'Institut de correspondance archéologique. Tome huitième de la nouvelle série, vingt-troisième de la série entière. — Roma, pei tipi di Gaetano A. Bertellini. A spese dell' Instituto. 1851; 331 pp. in-8. ✠

Renferme, pp. 303-324 : Esposizione topografica della prima parte dell' antica **Via Appia** dalla Porta Capena alla stazione dell'Aricia. Notizie preliminari (*auctore* Luigi Canina; avec une bibliographie d'environ 60 articles en notes).

138. — Essai sur la topographie du Latium thèse pour le doctorat présentée à la faculté des lettres de Paris par Ernest Desjardins licencié professeur d'histoire au lycée de Mâcon. Paris Auguste Durand, 1854; 6 pp. n. c. et 276 pp. in-4. ✠

Renferme pp. 229-234 : Appendice I. Bibliographie de la **Via Appia** (environ 55 et 10 art.).

139. — Biblioteca storica e topografica del regno di **Napoli** di Lorenzo Giustiniani. Napoli, Orsini, 1793; in-4.

440. — **Campanien**. Topographie, Geschischte und Leben der Umgebung Neapels im Alterthum von J. Beloch. Nebst einem Atlas von Campanien in 13 colorirten Karten mit beschreibendem Texte. Berlin. S. Calvary & Co. 1879; VIII et 432 pp. gr. in-8. ✠

Renferme : *Literatur*, pour les sujets suivants :
Neapolis, pp. 26-27 (35 art. ou auteurs),
Puteoli, pp. 88-89 (22 art. ou auteurs),
Cumae, p. 145 (7 art.),
Pithecussae, p. 202 (4 art.),
Herculaneum, pp. 214-215 (13 art.),
Nuceria Alfaterna, p. 239 (12 art.),
Surrentum, p. 252 (15 art.),
Capreae, pp. 278-279 (11 art.),
Capua, pp. 295-296 (21 art.),
Liternum, p. 377 (2 art.),
Atella, p. 379 (5 art.),
Acernae, p. 382 (1 art.),
Suessula, p. 384 (5 art.),
Nola, p. 389 (2 art.),
Abella, p. 411 (3 art.),

141. — Giuseppe Mormile. Incendj del Monte **Vesuvio**, e delle stragi e rovine, che ha fatto ne' tempi antichi e moderni infino a' 3 di Marzo del 1632. Napoli, 1632; 46 pp. in-8.

Renferme une bibliographie de 56 art. relatifs à l'éruption de 1631. *Auctore* Vicenzo Bove.

142. Dom. Majone. Breve descrizione della Regia città di Somma. Napoli, 1703, per Nicolò Antonio Solforano; XV et 56 pp. in-4.

Renferme une bibliographie du **Vésuve**.

143. — F. Soria. Memorie storico-critiche degli scrittori Napoletani. Napoli, 1731, 2 vol. in-4.

Renferme, t. II : **Vesuviani** scrittori.

Idem, Napoli, 2 vol. in-4, 1781-1782.

144. — Storia e fenomeni del Vesuvio esposti dal P. Gio. Maria della Torre col Supplemento. Napoli, Giuseppe Raimondi, 1755; x et 120 pp. in-4.

— *Idem*. Histoire et Phénomènes du Vésuve, traduction de l'italien par M. l'Abbé Péton. Paris, Jean-Thomas Hérissant, 1760; xxiv et 399 pp. in-12.

— *Idem*, traduction française par le même : Histoire et phénomènes du Vésuve Exposés par le Père Dom Jean-Marie de la Torre, Clerc Régulier Somasque,... Naples, Donato Campo, 1771 ; xii, 298 pp. et 6 pp. n. c. in-8. ✠

Renferme, pp. 294-298 : Catalogue Des Auteurs Modernes qui parlent du **Vésuve**; depuis l'an 1631 (68 art.).

— *Idem*, traduction allemande par L... (L. F. B. Lentin) : Geschichte und Naturbegebenheiten des Vesuvs. Altenburg, 1783, gr. in-8.

— *Idem* : Storia e Fenomeni del Vesuvio, esposti dalla sua origine fin al 1767. Napoli, 1768, nella Stamperia e a spese di Donato Campo; in-4.

145. — Duca della Torre. Descrizione dei primi incendj del Monte **Vesuvio**, e di molte vedute di essi. Napoli, s. a ; 86 pp. in-4.

Renferme, pp. 67-86 : Biblioteca Vesuviana esistente nel Gabinetto Vesuviano.

146. — Giovanni Maria duca della Torre. Gabinetto Vesuviano. Edizione seconda. Napoli, Sangiacomo, 1796 ; 108 pp. in-8.

Renferme une bibliographie du **Vésuve**.

3ᵉ éd., Napoli, 1797, Gaetano Raimondi, in-4.

147. — Ferd. Galiani. Catalogo delle materie appartenenti al **Vesuvio** contenute nel Museo, con alcune brevi osservazioni, opera del celebre autore sul Commercio de' Grani. Londra, 1772; viii et 184 pp. in-12.

Renferme, pp. 155-169 : Bibliografia Vesuviana.

148. — Vetrani. Prodomo **Vesuviano**. Napoli, 1780; 238 pp. in-8 (106 art.).

149. — Luigi Palmieri. Biblioteca **Vesuviana** del Real Osservatorio. Napoli, s. a.; 18 pp. in-8.

150. — Annali del Reale Osservatorio meteorologico Vesuviano compilati da **Luigi Palmieri**. Anno primo 1859. Napoli, Detken, 1859; 100 pp. in-4.

Renferme comme supplément : Biblioteca **Vesuviana**; 18 pp.; plus de 500 articles de manuscrits et d'imprimés en possession de l'Observatoire du Vésuve.

151. — Il Pontano. Biblioteca di scienze, lettere ed arti pubblicate da Carlo de Petris. Napoli, stabil. tipogr. del Guttemberg, 1847, in-4.

Renferme, pp. 16-21, 105-131 : **Arcangelo Scacchi**. Istoria delle eruzioni del **Vesuvio**. Accompagnata dalla Bibliografia delle Opere scritte su questo Vulcano. (Bibliographie s'arrêtant à l'an 1750).

152. — Der Vesuv und die Umgebung von Neapel. Eine Monographie von **J. Roth**. Berlin, Wilhelm Hertz, 1857; VIII et 540 pp. in-8. ✠

Renferme, pp .32-53: **Vesuv**-Litteratur von 1631 bis zur Mitte des 18. Jahrhunderts von A. Scacchi (Aus Il Pontano, 1847, S. 119-132) (environ 168 art) ; pp. 405-478 : **Vesuv**-Litteratur von 1750 bis 1856 vom Herausgeber (environ 322 articles).

153. — Biblioteca pompejana. Catalogo ragionato di opere sopra **Ercolano** e **Pompei** pubblicate in Italia ed all' estero dalla scoperta delle due città fino ai tempi più recenti, compilato da **Federigo Furchheim** librajo. Con un appendice Opere sul **Vesuvio**. Napoli, 1879, F. Furchheim; 8 pp. n. c. et 37 pp. in-8 (250 ex.). ✠

Renferme, pp. 1-22, environ 193 art. sur Pompéi et Herculanum; pp. 23-37: Appendice Opere sul Vesuvio (environ 130 art.).

15 4. Die pompejanischen Wanddecorationen Für Künstler und Kunstgewerbeschulen, sowie Freunde des Alterthums. Herausgegeben von **Emil Presuhn**. Mit 24 Tafeln nach Originalzeichnungen von Discanno, in Chromolithographie ausgeführt von Steeger, nebst einem Plan der Malereien **Pompeji's**. Leipzig. T. O. Weigel. 1877; 4 pp., 4 pp. n. c, et 40 pp. in-f° (24 planches). ✠

Renferme, p. 2 n. c. : Literatur (13 art.).

Traduction française par A. Girard-Teulon, Leipzig, T. O. Weigel, 1878 ; 51 pp. in-4, 24 planches.

155. — **Pompeji**. Die neuesten Ausgrabungen von 1874 bis 1878. Für Kunst und Alterthumsfreunde illustrirt herausgegeben von **Emil Presuhn**. Sieben Abtheilungen. Mit 60 Tafeln nach Originalzeichnungen von Discanno, in Chromolithographie ausgeführt von Steeger. Leipzig. T. O. Weigel. 1878 ; 10, 8, 8, 8, 8, 10, 8, 8 pp. in-f° (60 planches). ✠

Renferme (I), p. 8 : Ubersicht der Literatur (17 art.).

156. — Archivio storico Italiano fondato da G. P. Vieusseux e continuato a cura della R. diputazione di storia patria per le provincie della Toscana, dell' Umbria e delle Marche. Quarta serie. Tomo I. Anno 1878. In Firenze, presso G. P. Vieusseux, 1878; 624 pp. in-8. ✠

Renferme, pp. 189-196, 370-382, 591-604; tome II (1878), pp. 158-169, 463-483; tome III (1879), pp. 276-306 : Gli studi storici in **Terra d'Otranto** (par Ermanno Aar, avec indications bibliographiques).

157. — Luigi Greco. Memoria delle principali Opere intorno ai **Calabri** Tremuoti dal 1783 al 1854, e degli studii più convenevoli sopra i medesimi. Cosenza, tip. di Migliaccio, 1856 ; 278 et 3 pp. in-8.

158. — Luigi Greco. Memoria degli Scrittori che han trattato dei Tremuoti di **Basilicata** nel decimonono secolo, alla quale fanno seguito le deduzioni ricavate da essa, e dalla precedente intorno a coloro, che hanno scritto de' Calabri Tremuoti dal 1783 al 1857, ed alcune avvertenze su di un tentativo di preservamento, e su i più convenevoli modi di proseguire gli studii Tremuotici. Cosenza, 1858; 259 pp. in-8.

159. — Bibliografia sicola sistematica o apparato metodico alla storia letteraria della **Sicilia** di **Alessio Narbone** della compagnia di Gesù socio di varie accademie. Palermo, stamperia di Giovanni Pedone, 4 vol. in-8, 1850-1855 (bibliographie d'environ 6000 auteurs). ✠

Renferme, t. I, pp. 189-236 : Storie delle città di Sicilia (environ 450 art.); t. I, pp. 257-269 : Geografie (environ 136 art. dont 44 pour les cartes et plans); t. III, pp. 133-147 : Regno inorganico (environ 81 art. relatifs à la géologie et 57 à l'**Etna**); t. IV (appendice), pp. 340-368, environ 230 art. intéressant la géographie, dont 11 pour les cartes.

160. — Bibliografia **siciliana**, ovvero gran dizionario bibliografico delle opere edite e inedite, antiche e moderne, di autori siciliani o di argomento siciliano stampate in Sicilia e fuori opera indispensabile ai cultori delle patrie cose non che ai librai ed agli amatori di libri per **Giuseppe M. Mira**. Palermo, tip. G. B. Gaudiano, 1873, t. I ; VIII et 540 pp. in-4. ✠

Le premier volume, contenant les lettres A-L, a seul paru.

161. — Archivio storico Siciliano pubblicazione periodica della Società Siciliana per la storia patria. Nuova Serie. Palermo, stab. tip. Virzì.

Renferme, anno III (1878), fasc. II, p. 348; anno IV (1879), fasc. I, II, IV : Giunte e correzioni alla lettera A della bibliografia **siciliana** di Giuseppe Mira (*Auctore* Giuseppe Salvo-Cozzo).

162. — Der **Aetna**. Nach den Manuscripten des verstorbenen Dr Wolfgang Sartorius Freiherrn von Waltershausen, herausgegeben, selbständig bearbeitet und vollendet von Dr **Arnold von Lasaulx**. Erster Band. Reisebeschreibung Sartorius' und Geschichte der Eruptionem. Mit dem Bildniss von Sartorius, einer Karte in Lichtdruck, XIV Kupfertafeln und verschiedenen Holzschnitten. Leipzig, Wilhelm Engelmann, 1880; xx et 371 pp. in 4 (2ᵉ vol. 1880). ✠

Renferme, pp. 329-346 : Anhang III. Aetna-literatur (environ 602 art.).

163. — Bibliografia **trapanese** divisa in due parti ed illustrata con cenni bibliografico-critici e con varj documenti dal P. Fortunato Mondello... Palermo, tip. di Pietro Montaina e comp. già del Giornale di Sicilia, 1877; 491 pp. in-8. ✠

La seconde partie : Documenti varj, qui donne une bibliographie de Trapani, pp. 421-484, mentionne environ 49 sources bibliographiques.

164. — Catalogo della biblioteca del sagro militar ordine di S. Giovanni Gerosolimitano oggi detto di **Malta** compiato da Fra Francesco Paolo de Smitmer *Commendatore dello stesso Ordine, e Canonico della Chiesa Metropolitana di Vienna in Austria.* MDCCLXXXI; VIII, 263 pp. et 4 pp. n. c. in-12 (environ 1550 art.). ✠

Renferme, pp. 193-217 : Parte IV. Topografia (environ 179 art.).

164 bis. — Franz Paul von Smitmer's des Johanniterordens Commenthurs etc. etc. Literatur der geist- und weltlichen Militair- und Ritterorden überhaupt, so wie des hohen Johanniter- oder **Maltheser** Ritterordens und seiner **Besitzungen** insbesondere. Neu umgearbeitet und vermehrt. — 1802. Auf Kosten des Herausgebers. In Commission der Commerzienrath Seidelischen Buchhandlung in Amberg; IV et 282 pp. in-8 (environ 1699 art.). ✠

Renferme, pp. 35-246 : Literatur des Johanniterordens und seiner Besitzungen (environ 1627 art.).

165. — Ancient and modern **Malta** : containing a description of the ports and cities of the islands of Malta and Goza (*sic*), together with The Monuments of Antiquity still remaining, the different Governments to which they have been subjected, their Trade and Finances; as also, the history of the knights of St. John of Jerusalem, From their first Establishment in Malta till the Beginning of the 19th Century: with a particular account of the events which preceded and attended its Capture by the French and Conquest by the English. By **Louis de Boisgelin**, knight of Malta... With an appendix, Containing a number of State-Papers and other Documents, a Chart of the Islands, Views, Portraits, Antiques, &c. In three volumes. London : printed for G. & J. Robinson, 1804, 3 vol. in-4. ✠

Renferme, t. I, pp. xv-xlviii : Catalogue of the principal Works written on **Malta** and the Knights of St. John of Jerusalem, methodically classed according to the Order preserved in the Table of Contents (environ 360 art. dont près de 150 intéressant la géographie).

166.— **Malta** : past and present. Being a history of Malta from the days of the Phœnicians to the present time. With a map. By the Rev. **Henry Seddall**, B.A.,T.C.D., vicar of Dunany, lately chaplain of the military sanitorium at Malta. London : Chapman and Hall, 1870; xii et 355 pp. in-8. ✠

Renferme, p. vi, environ 14 indications bibliographiques.

167. — Gemälde der **Europäischen Türkei**. Ein Beitrag zur Länder- und Völkerkunde. Herausgegeben von **Dr. Friedrich Ludwig Lindner**, ausserordentlichem Professor der Philosophie auf der Universität Jena. Mit Charten und Kupfern. Weimar, im Verlage des Geographischen Instituts. 1813; vi et 581 pp. in-8. ✠

Renferme, pp. 545-562 : Literatur. I Charten (environ 55 art., pp. 545-548); II Schriften. 1. Schriften die **Europäische Türkei** im Allgemeinen und die **Hauptstadt** insbesondere betreffend (environ 96 art., pp. 548-557); 2. Schriften über **Griechenland** im Allgemeinen, der **Morea** und dem **Archipel** insbesondere (environ 37 art., pp. 557-561); 3. Schriften über, die **Moldau** und **Wallachei** (environ 8 art., pp. 561-562).

★ **168.** — Description physique de l'Ile de **Crète**, par V.

Raulin, professeur à la faculté des sciences de Bordeaux; publiée sous les auspices de M. le Ministre de l'Instruction Publique. Paris, Arthus Bertrand, 1869, 2 vol. in-8. ✠

Renferme, tome II, pp. 1041-1071 : — Bibliographie (environ 200 articles), cartes (24 groupes d'articles). Renferme aussi, t. II, pp. 953-970 : Chapitre III. Histoire et bibliographie botanique.

169. — **Hellas** oder geographisch-antiquarische Darstellung des alten Griechenlands und seiner Colonien mit steter Rücksicht auf die neuern Entdeckungen. Von D. **Friedrich Carl Hermann Kruse**.... Mit Kupfern und Charten.... Leipzig, Leopold Voss, 2 parties en 3 vol. in-8, 1825-1827. ✠

Renferme, t. 1, pp. 1-63 : I. Capitel. Geschichte der Bekanntwerdung **Griechenlands** durch die Quellenschriftsteller, insonderheit der Griechen und Römer (environ 35 auteurs); pp. 64-156 : Geschichte der Wiederentdeckung **Griechenlands**, und Hüfsmittel für das Studium der alten Geographie Griechenlands (plus de 100 auteurs dont environ 50 pour la période 1734-1825).

170. — Beiträge zur besseren Kenntniss des neuen Griechenlands, in historischer, geographischer und literarischer Beziehung von **Theodor Kind**, Neustadt a. d. O., 1831, in-8.

Renferme, pp. 171-191 : — Uebersicht der das neue **Griechenland** betreffenden Werke und Schriften, insofern dieselben, seit 1821 erschienen, theils über die Geschichte seit 1821, die innere und äussere Beschaffenheit des Landes, über seine Sprache und Literatur lehrreichen Aufschluss geben, theils das Interesse der Völker an dem Kampfe der Griechen seit 1821 und an ihrer Sache überhaupt beurkunden.

171. — **Greece**: pictorial, descriptive, and historical. By **Christopher Wordsworth**, D.D. archdeacon and canon of Westminster. With numerous engravings illustrative of the scenery, architecture, costume and the fine arts of this country. And a history of the characteristics of Greek art, by George Scharf, F.S.A. Fifth edition. London : John Murray, *s. a.*; 2 pp. n. c., XXIV et 452 pp. in-8. ✠

Le titre gravé porte pour date : 1871 ; la préface est datée, p. VII : London, october 1858.

Renferme, pp. IX-X : Works illustrative of **Greek** geography (environ 99 art.).

172. — Abriss der Quellenkunde der **griechischen** Geschichte bis auf Polybios von **Arnold Schaefer**. Leipzig, B. G. Teubner, 1867 ; 4 pp. n. c., 106 pp. et 3 pp. n. c. in-8. ✠

Renferme, p. 1 : § 2. Hilfswissenschaften. Geographie und Topographie (environ 10 art.).

172 *bis*. — The international review. Vol. II. 1875. New York : A. S. Barnes & Co.; IV et 868 pp. in-8 carré. ✠

Renferme (n° III, May, 1875), pp. 430-432 : List of authors and works describing **Greece** with dates of publication (*auctore* G. W. **Leyburn**; environ 93 art., 1437-1866).

173. — L'Univers. Histoire et description de tous les peuples. Iles de la Grèce.

Sous-titre : — **Iles de la Grèce**, par M. **Louis Lacroix**... Paris, Firmin Didot frères, 1853; IV et 644 pp. in-8. ✠

Renferme au commencement de chaque description une courte bibliographie de chacune des îles décrites, de Chypre aux îles Ioniennes.

174. — **Santorin** et ses éruptions, par F. **Fouqué**, professeur au Collège de France. Paris, G. Masson, 1879 ; XXXII, 440 et VII pp. in-4. ✠

Renferme, pp. XXXI et XXXII : Bibliographie (86 articles) ; voir pour l'addition d'un article : Proceedings R.G.S., 1879, p. 282.

★ **175.** — De insula **Naxo**, thesim proponebat Facultati Litterarum Parisiensi **Ernest Dugit**. Lutetiæ Parisiorum, apud Ernest Thorin, 1867 ; 127 pp. in-8. ✠

Renferme, pp. 126-127 : **Librorum Catalogus** (47 articles).

★ **176.** — Bulletin de l'Académie Delphinale. 3ᵉ série. Tome 10ᵉ. 1874. Grenoble, imp. Prudhomme-Dauphin, 1875; LXXIX et 422 pp. in-8. ✠

Renferme, pp. 81-337 : **Naxos** et les établissements latins de l'Archipel, par M. E. Dugit, professeur à la faculté des lettres. Séances des 20 février, 6 et 27 mars, 1 et 22 mai, 19 juin et 7 novembre 1874; pp. 333-337 : Bibliographie (environ 77 art.).

177. — Recherches sur Délos par **J. Albert Lebègue** ancien élève de l'École d'Athènes docteur ès-lettres. Paris E. Thorin, 1876; 339 pp. in-8. ✠

Renferme, pp. 7-8 : .... noms des principaux auteurs qui ont écrit sur **Délos** (environ 22 art.).

178. — Bibliothèque des Écoles françaises d'Athènes et de Rome publiée sous les auspices du Ministère de l'Instruction publique. Paris, Ernest Thorin (trois fascicules, par **Othon Riemann**). ✠

Fasc. VIII, 1879, 4 pp. n. c. et 58 pp. in-8 : Corfou; renfermant, pp. 2-3, une bibliographie des **Iles Ioniennes** (environ 51 art.); pp. 5-6, bibliographie (13 art.) cartes (4 art.) de **Corfou**.

Fasc. XII, 1879, 4 pp. n. c. et 70 pp. in-8 : **Céphalonie**; renfermant, pp. 1-2 : bibliographie (7 art.); p. 2 : cartes (5 art.).

Fasc. XVIII, 1880, 4 pp. n. c. et 66 pp. in-8 : **Zante**, bibliographie, p. 1 (4 art.); **Cerigo**, bibliographie, cartes, p. 17 (6 art.).

179. — Professor **K. W. M. Wiebel**. Die Insel Kephalonia und die Meermühlen von Argostoli. Versuch einer Lösung dieses geophysikalischen Räthsels. Zum Osterprogramm des Akademischen und Real-Gymnasiums. Hamburg, Friederichsen u. Co., 1874; x et 100 pp. gr. in-4.

Renferme une bibliographie et une cartographie des **Iles Ioniennes.**

180. — The history and antiquities of the Doric race, by **C. O. Müller**, Professor in the University of Göttingen. Translated from the German by Henry Tufnell, Esq. and George Cornewall Lewis, Esq. student of Christ Church Oxford, printed by S. Collingwood, for John Murray, London, 1830; 2 vol. in-8. ✠

Renferme, t. II, p. 425 : Appendix VI. Geography of the **Peloponnese** (environ 7 art.).

Original allemand : Die Dorier, Breslau, Max und Comp., 1824, 2 vol. gr. in-8; forme les 2ᵉ et 3ᵉ vol. de : Geschichten hellenischer Stämme und Städte, Breslau, 3 vol. gr. in-8, 1820-1824, par **Karl Ottfried Müller.**

★ **181.** — **Peloponnesos**, eine historisch-geographische Beschreibung der Halbinsel von **Ernst Curtius.** Gotha, 1851, Justus Perthes, 2 vol. in-8. ✠

Renferme, t. I, pp. 140-147, 43 articles ou groupes d'articles.

182. — Expédition scientifique de **Morée**. Section des Sciences physiques. Tome II. Géographie et Géologie. Paris, Strasbourg, F. G. Levrault, 1834; 4 pp. n. c., 187, 375 pp. et 1 p. n. c. gr. in-4. ✠

Sous-titre de la 1ᵉ partie : Tome II. — 1ʳᵉ Partie. Géographie. Par M. le colonel **Bory de Saint-Vincent.**

Renferme, pp. 185-186 : Table alphabétique des noms d'auteurs et de voyageurs modernes cités dans ce volume (environ 50 art.).

183. — Die Stadt Athen im Alterthum von **Curt Wachsmuth** Erster Band mit zwei lithographischen Tafeln. Leipzig, B. G. Teubner, 1874; 8 pp. n. c. et 768 pp. pet. in-4. ✠

Renferme, pp. 1-90 : Erster Abschnitt. Die Quellen und Hülfsmittel unserer Kunde vom alten **Athen** (environ 70 art. ou auteurs).

★ **184.** — La péninsule **gréco-slave.** Son passé, son présent et son avenir. Étude historique et politique, par **Franz Crousse,** major d'état-major. Bruxelles, Spineux et Cⁱᵉ, 1876; 12 pp. n. c., 523 et CIII pp. in-8. ✠

Renferme, pp. C-CI : Annexe n° 35. Liste des ouvrages consultés (environ 53 art.).

★ **185.** — Ethnographie de la **Turquie d'Europe** par **G. Lejean.** Ethnographie der Europäischen Türkei von G. Lejean. — (Ergänzungsheft zu Petermann's Geographischen Mittheilungen.) — Gotha : Justus Perthes. 1861 ; 2 pp. n. c. et 38 pp. in-4 (texte français et allemand).✠

Renferme, pp. 4-5 : Bibliographie (environ 21 articles, dont 5 de cartes).

186. — Die Volksstämme der **Europäischen Türkei** von Dr. **Lorenz Diefenbach**... Frankfurt a. M., Christian Winter, 1877 ; 120 pp. in-8.✠

Renferme, pp. 5-6, 24 art.

★ **187.** — Slawische Alterthümer von Paul Joseph Schafarik.

Sous-titre : — Paul Joseph Schafariks Slawische Alterthümer. — Deutsch von Mosig von Aehrenfeld, herausgegeben von Heinrich Wuttke. Leipzig, Wilhelm Engelmann, 2 vol. in-8, 1843-1844. ✠

Renferme, t. I, pp. 7-21 : Quellen und Hülfsmittel; t. II, pp. 647-692 : Beilagen. Zeugnisse der Quellen-Schriftsteller über die alten Slawen (bibliographie de 26 auteurs).

Original : — Slowanske Starozitnosti. Sepsal **Pawel Josef Safarik.** Oddil Degepisny. W Praze, (Antiquités **slaves** réunies par Paul Joseph Safarik. Partie Historique. Prague). 1ᵉʳ vol. 1837, 2ᵉ vol. ?...

★ **188.** — Les **Slaves méridionaux** leur origine et leur établissement dans l'ancienne Illyrie par **E. Pricot de Sainte-Marie.** Paris, Armand Le Chevalier, 1874 ; 181 pp. in-8. ✠

Renferme, pp. 9-10 : Bibliographie (33 articles).

★ **189.** — Lettres sur l'Adriatique et le Montenegro, par X. Marmier. Paris, Arthus Bertrand, s. a. (1853), 2 vol. in-12. ✠

Renferme, t. I, pp. I-IV : Bibliographie de l'**Adriatique** et du **Montenegro** (37 art.).

190. — Bulletin de la société de géographie rédigé avec le concours de la section de publication par M. **V. A. Malte-Brun** secrétaire général de la Commission centrale C. Maunoir et V. A. Barbié du Bocage secrétaires adjoints. Cinquième série. Tome neuvième. Année 1865. Janvier-Juin. Paris, au bureau de la société; Arthus Bertrand, 1865; 624 pp. in-8. ✠

Renferme, pp. 344-347 : Nous ajoutons à la notice de M. Hecquart, sur le **Monténégro** (en serbe, *Tzerna Gora*, en turc *Kara-dagh*), une liste par ordre chronologique, des principaux ouvrages, articles ou cartes publiés sur ce pays (environ 42 art. réunis par la rédaction du bulletin).

★ **191.** — Le **Monténégro** contemporain par G. Frilley... et Iovan Wlahovitj... Ouvrage orné d'une carte et de dix gravures. Paris E. Plon et Cie, 1876; 4 pp. n. c. et 504 pp. in-8. ✠

Renferme, p. 78 :... sources principales où nous avons puisé les matériaux de cette introduction... (7 art.).

192. — Specimen bibliographicum de **Dalmatia** et **Agro Labeatium**, auctore Josepho Valentinelli. pro praefecto bibliothecae S. Marci Venetiarum. Venetiis typis Caecinianis et soc. M.DCCC.XLII; 126 pp. et 1 p. n. c. in-8 (416 art.). ✠

(Ager Labeatium = Mons Scodrensis = Tsrna-Gora = Kara-dagh = Montenegro).

193. — Bibliografia **dalmata** Tratta da' codici della Marciana di Venezia. Venezia, tipografia Cecchina e Naratovich, 1845, 4 pp. n. c. et 45 pp. in-8. (52 art. de manuscrits). ✠

La préface est signée, p. 4 n. c. : **Giuseppe Valentinelli**.

194. — Bibliografia della **Dalmazia** e del Montenegro, saggio di Giuseppe Valentinelli, membro della Società slavo-meridionale. Zagabria (Agram), coi tipi del Dr. Ljudevito Gaj, 1855; vii et 339 pp. in-8 (1969 articles). ✠

195. — Giuseppe Valentinelli. Supplementi al saggio bibliografico della **Dalmazia** e del **Montenegro**. Agram, 1862.

★ **196.** — L'**Herzégovine**. Étude géographique, historique et statistique, par E. de Sainte-Marie. Paris, Joseph Baer et Cie, 1875; vi et 163 pp. in-8. ✠

Renferme, pp. 1-2 : Bibliographie (35 articles).

197. — Band XXIV. (neuer Folge XIV.) N° 5. Mittheilungen der kais. königl. geographischen Gesellschaft in Wien... Ausgegeben am 31 Mai 1881. Wien, 1881. Druck und Verlag von L. C. Zamarski, in-8. ✠

Renferme, pp. 205-219 : Die wissenschaftliche Erforschung **Bosniens** und der **Herzegowina** seit der Occupation. Von Dr. Emile Tettel; pp. 215-219; Literatur (environ 114 art. réunis par Franz von Le Monnier; 1875-1879).

198. — V. Alesandrescu-Urechia. Incercare bibliografica penrtu **Istria** si **Dalmatia**. Estrassu din Annalele Societatei Academice. Bucuresci, typ. societatei academice romane, 1878 ; 20 pp. in-4. ✠

Renfermé, pp. 13-20 : Catalogŭ bibliograficŭ (environ 144 articles).

199. — Saggio di Bibliografia **Istriana**, pubblicato a spese di una Società patria. Capodistria, tipografia di Tondelli, 1864; vii et 484 pp. gr. in-8 (*auctore* Dr **Lodovico Gaj**, 3060 articles).

★**200.** — Notizie storiche di Pola. Edite per cura del municipio. Parenzo, tip. di Gaetano Coana, 1876; 2 pp. n. c., 437 pp. et 19 pp. n. c. gr. in-8. ✠

Renferme (Ai cortesi lettori), pp. 1-8, environ 34 art. relatifs à la ville de **Pola** et à l'**Istrie**.

201. — Гласник српског ученог друштва. Књига IX,

Свеска XVI старога реда 1869. У. Београду у Државној штампарији.

Renferme pp. 257-308: Библиографија српске и крватске књижевности с додатком онога што су странци о нама писали за 1868 годину Саставно Стојан Новаковић. (Bibliographie de la littérature serbe et croate comprenant ce qui a été écrit sur nous à l'étranger. Réunie par **Stoïan Novakovitch**.)

Comprend 57 articles de littérature étrangère concernant les **Serbes**.

202.—La **Roumanie: Moldavie, Valachie** et **Transylvanie** (ancienne **Dacie**), la **Serbie**, le **Montenegro** et la **Bosnie**. Essai de bibliographie française historique de ces principautés par **J. M. Quérard**. Extrait du journal *le Quérard*. Paris, A. Franck, 1857; 47 pp. in-8, (268 articles). ✠

Se trouve, pp. 566-604, dans : Le Quérard. Archives d'histoire littéraire, de biographie et de bibliographie françaises. Complément périodique de La France Littéraire. Par l'auteur De la France littéraire, des Supercheries littéraires dévoilées, etc., etc. Deuxième Année, Paris, au bureau du Journal, 1856; 644 pp. in-8. ✠

★**203.**—Bibliographia **Daciei**.— Indice de scrieri attingetore, directu séu indirectu, de vecchi locuitori ai Daciei. Publicata spre a facilita cercetarile concurrentiloru la premiulu instituitu de **D. Alexandru Odobescu**, membru societati academice romane. Buccuresci, typographia Curtii, 1872; 65 pp. pet. in-8 (341 articles). ✠

★**204.** — La **Roumanie** économique d'après les données les plus récentes par **M. G. Obédénare**.... Géographie, État économique Anthropologie avec une carte de la Roumanie. Paris, Ernest Leroux, 1876; 435 pp. in-8. ✠

Renferme, pp. 432-435 : Bibliographie (environ 89 articles).

★**205.** — Chronique de la **Moldavie**, depuis le XIVᵉ siècle jusqu'à l'an 1594, par **Grégoire Urechi**. Texte roumain avec traduction française, notes historiques, tableaux généalogiques, glossaire et table, par Émile Picot. Paris, Ernest Leroux, 1878-1879, gr. in-8. ✠

Publication de l'Ecole des langues orientales vivantes. Vol. IX. En cours de publication; 3 fascicules parus, XXVII et 368 pp.; renferme, pp. XXI-XXVII : Liste des principaux ouvrages cités (environ 57 articles).

206. — Neuer Anzeiger für Bibliographie und Bibliothekwissenschaft. Jahrgang 1859. Herausgegeben von Dr. **Julius Petzholdt**... Dresden, G. Schönfeld (C. A. Werner), 1859; 2 pp. n. c. et 425 pp. in-8. ✠

Renferme, pp. 142-148, 174-176 : Uebersicht der kartographischen Werke des K. K. militär-geographischen Instituts zu Wien (60 art. relatifs à l'**Autriche** et aux **pays voisins**).

207. — Das Land und Volk der Szeckler in Siebenbürgen, in physischer, politischer, statisticher und geschichtlicher Hinsicht. Von **Daniel G. Scheint**, Doctor der Medicin etc. etc. Erster und zweiter Theil. Die Landes- und die Volkskunde. Nebst einer Karte des Szecklerlandes. Pesth, 1833. K. A. Hartleben; VIII, 214 pp. et 3 pp. n. c. in-8. ✠

Renferme, pp. 9-18... General- und Special-Karten von **Siebenbürgen** (18 art.).

208. — Bibliotheca transsilvanica. Verzeichniss der über **Siebenbürgen** erschienenen Bücher, Landkarten, etc., in 6 Abtheilungen : — I. Geographie, Statistik, Reisen; II. Geschichte; III. Naturkunde, Mineralwässer, Bergbau ; IV. Verfassung, Gesetzgebung, Verwaltung; V. Vermischtes VI. Landkarten, Ansichten, Portraits. Zusammengestellt von **Frdr. Aug. Credner**. Prag, Credner, 1864; 29 pp. in-8.

— *Idem*, 2ᵉ éd., Prag, Credner, 1865 ; 48 pp. in-8.

209. — Repertorium über einen Theil der **Siebenbürgen** betreffenden Literatur zusammengestellt von **Heinrich Herbert**. Hermannstadt, in Commission bei Franz

Michaelis, 1878; IV et 120 pp. in-8 (environ 4500 articles se rapportant à 45 ouvrages ou périodiques). ✠

210. — Davidis Czvittingeri nob. hvng. specimen Hungariæ literatæ, virorvm ervditione clarorvm natione hungarorvm dalmatarvm, croatarvm, slavorvm, atque transylvanorum, vitas, scripta, elogia et censvras ordine alphabetico exhibens. Accedit bibliotheca scriptorum qui extant de rebus hungaricis. Francofvrti et Lipsiæ Typis et Sumptibus Iod. Guil. Kohlesii, Vniv. Altdorf. Typogr. Anno MDCCXI; 14 pp. n. c., 408, 80 pp. et 4 pp. n. c. pet. in-4. ✠

Renferme *in fine*, pp. 1-80 : Bibliotheca scriptorvm qvi extant de **rebvs hvngaricis** (environ 550 art.).

211. — Catalogus Scriptorum, qui res **Hungariæ, Transylvaniæ, Valachiæ, Moldaviæ, Croatiæ, Dalmatiæ** vicinarumque Regionum et Provinciarum illustrant et in Bibliotheca Mart. Schmeizellii adservantur. Halæ, 1744, in-8.

212. — N° I. Catalog einer Auswahl werthvoller, seltener und kostbarer, älterer und neuerer Bücher, Manuscripte, Pracht- und Kupferwerke welche zu den beigesetzten billigen Preisen zu beziehen sind von K. F. Köhler... sowie durch J. M. C. Armbruster... Leipzig im März 1850; VII et 292 pp. in-8 (43, 13 et 3447 art.). ✠

Renferme, pp. 177-199 : Bibliotheca **Hungarica.** Kirchen und Profan-Geschichte, Verfassung, Jurisprudenz, Literarhistorie, Geographie und Topographie von **Ungarn, Siebenbürgen, Croatien, Dalmatien** und den unteren **Donauländern** (306 art., n°⁵ 2105-2410).

213. — N° II.. *idem*..., Leipzig im April 1851; 4 pp. n. c. et 272 p. in-8 (47 et 3444 art.) ✠

Renferme, pp. 262-272 : Bibliotheca **hungarica.** Catalogus librorum lectissimorum ad historiam tam ecclesiasticam quam profanam, geographiam, topographiam, nec non ad res politicas ac literarias Regni **Hungariae, Transylvaniae, Croatiae, Dalmatiae** terrarumque inferiori

Danubio vicinarum pertinentium (142 art. n°ˢ 3303-3444).

214. — Magyar könyo-szemle. Közrebocsájtja a. m. nemzeti muzeum könyvtara. I évfolyam. Budapest, Akad. Verl. Buchandlung, 1876, gr. in-8.

Revue bibliographique mensuelle renfermant dans chaque numéro un aperçu de la littérature hongroise et étrangère concernant la **Hongrie**.

215. — Károly M. **Kertbeny**. A **Magyar** nemzeti és nemzetközi irodalom könyvészete, 1441-1876. Bibliografie der **ungarischer** nationaler und internationaler Literatur, 1441-1876; in zwölf Fachheftern. Ungarische Redaktion mit danebenstehenden deutschen Erläuterungen. Budapest, F. Tettey & Comp., 1876.

Sous-titre : A magyar irodalom a világirodalomba. Die ungarische Literatur in der Weltliteratur.

Le troisième de ces douze fascicules (ensemble environ 60000 art.) renferme environ 3000 art. d'ouvrages étrangers sur la **Hongrie**.

D'après Petzholdt, p. 722, le nom de l'auteur est K. Benkert.

216. — Bibliotheca **Hungarica, Transylvanica, Austriaca**. Rosenberg Testvérek ódon-munkak tárának (Budapesten) 6 számu jegyzéke, magában foglalja tudományszakok szerint rendezve az összes magyar er délyi és osztrák irodalom ritka és értékes könyveinek válogatott gyüjteméngét. Antiquarischer Bücherlager von Gebrüder Rosenberg in Budapest. Catalog. Nr. 6. 1876; 186 pp. gr in-8 (5412 art.).

Concerne l'histoire et la géographie.

217. — Bibliotheca **Carpatica**. A « Magyarországi Kárpátegylet » megbizásábol összeállitotla Payer Hugo. — Bibliotheca Carpatica. Im Auftrage des « Ungarischen Karpathen-Vereines » zusammengestellt von **Hugo Payer**. — Késmárk 1880. A « Magyarországi Kárpátegylet » kiadványa.

Selbstverlag des « Ungarischen Karpathen-Vereines. » (Igló, Schmidt.) 4 et 378 pp. in.8 (5885 art.).

218. — Il a paru inutile de donner ici le détail des nombreux catalogues de librairie consacrés aux *Slavica, Russica, Polonica,* etc., etc., publiés par :

Frederik Muller, à Amsterdam,
Martinus Nijhoff, à La Haye,
F. A. Brockhaus, à Leipsick,
Hermann Liman, à Leipsick,
Oscar Richter, à Leipsick,
T. O. Weigel, à Leipsick,
K. F. Köhler, à Leipsick,
A. Asher, à Berlin,
Leo Liepmannssohn, à Berlin,
R. L. Prager, à Berlin,
Sandrog (Dr. Ed. Sabell), à Berlin,
J. A. Stargardt, à Berlin,
Ottomar Beyer, à Prague,
Fr. Haerpfer, à Prague,
E. Taussig, à Prague,
Schletter (E. Frank), à Breslau,
H. W. Schmidt, à Halle,
Ludwig Rosenthal, à Munich,
Steiner, à Presbourg,
Joseph Baer, à Francfort-sur-le-Main,
A. F. Bazounoff, à St-Pétersbourg,

et par beaucoup d'autres libraires.

219. — (Boston public library). Bulletins showing Titles of Books added to the Library, with bibliographical notes, etc. Vol. III. Numbers 36 to 47. — Oct., 1875, to Oct., 1878. Boston : issued by the library. 1878; 2 et 438 pp. gr. in-8. ✠

Renferme, Bulletin. No. 42. July, 1877, pp. 244-248, 379-381; **Russia, Turkey** and the Eastern question (environ 107 art. ou groupes d'art.; *auctore* **Henry Ware**).

220. — Travels into **Poland, Russia, Sweden** and **Denmark** Interspersed with historical relations and political inquiries. Illustrated with charts aud engravings. By **William Coxe**, A.M. F.R.S.... In two volumes. The second edition. London : printed for T. Cadell, 1785 ; 2 vol. in-4 ; 1ᵉʳ vol. 1785 ; 2ᵉ vol. 1780 (*sic*). ✠

Renferme, t. I, pp. 531-532 : Appendix. Catalogue of the principal Books cited in the course of this Work with their References (75 art. relatifs à la Pologne, à la Russie, à la Suède et au Danemark. Quelques exemplaires renferment, t. I, p. 589 : Authors consulted in this work).

Il existe un 3ᵉ vol. de même titre, in-4, 1790, xii, 342 pp. et 9 pp. n. c., qui renferme, p. 342 : Appendix. Nº 2. List of Books consulted or referred to in this additional volume (10 art.).

D'après Watt, l'ouvrage aurait eu une première édition en 2 vol. in-4, 1784, avec un 3ᵉ vol., 1790, et une deuxième édition en 1792, 5 vol. in-8. D'après Allibone, 2ᵉ éd., 1787, 5 vol. in-8 ; 3ᵉ éd., 1802, 5 vol. in-8 ; 4ᵉ éd., 1803-1804, 3 vol. in-4 et gr. in-4 ; 5ᵉ éd., 1804, 5 vol. in-8.

Traduction allemande, Zürich, 3 vol. in-4, 1785-1792.

221. — Sammlung Russischer Geschichte. St. Petersburg, Bey der Kayserl. Academie der Wissenschaften ; 9 vol. pet. in-8, 1732-1764 (publié par **Gerhard Friedrich Müller**). ✠

Renferme, t. VI (Des sechsten Bandes Erstes Stück), pp. 1-108 : Nachricht von Land- und See-Carten, die das **Russische Reich** und die zunächst angränzenden Länder betreffen (environ 291 art.).

Ouvrage en partie réimprimé et mis dans un nouvel ordre par J. H. Mekk, Offenbach, 5 vol. in-8, 1777-1780 ; continué par J. Ph. Gst. Ewers et Maur. von Engelhardt, Dorpat et St-Pétersbourg, 1817-1818.

222. — Реэстръ Ландкартамъ, чертежамъ и планамъ Россійской Имперіи, находящимся въ географическомъ департаментѣ при Императорской Академіи Наукъ. (Liste des cartes et plans de l'**empire russe** qni se trouvent au département géographique de l'Académie Impériale des Sciences). S⟨t⟩ Pétersbourg, 9 Novembre 1748; 80 pp. in-8.

223. — Christoph Schmidt-Phiseldek Beiträge zur Kenntniss der Staatsverfassung von Russland. Riga, 1772, in-8.

Renferme, pp. 194-216 : Zusätze zu der im 6-ten Bande der Sammlung Russischer Geschichte befindlichen Nachricht von den Landkarten, welche das **Russische** Reich und die **angranzenden Länder** betreffen.

224. — Beschreibung aller Nationen des **Russichen** Reichs, ihrer Lebensart, Religion, Gebräuche, Wohnungen, Kleidungen und übrigen Merkwürdigkeiten. Erste Ausgabe. Nationen vom Finnischen Stamm. St. Petersburg, Verlegts Carl **Wilhelm Müller**, 1776; xii pp., 4 pp. n. c. et 84 pp. in-4. ✠

Renferme, pp. vi-vii, environ 20 art. concernant l'empire russe (1732-1776).

225. — Vergleichung des ältern und neuern Russlandes, in Rücksicht auf die natürlichen Beschaffenheiten der Einwohner, ihrer Cultur, Sitten, Lebensart und Gebräuche, so wie auf die Verfassung und Verwaltung des Reichs. Nach Anleitung der älterer und neuerer Reisebeschreiber. Von C. Meiners. Leipzig, Joh. Benjamin Georg Fleischer, 1798, 2 vol. gr. in-8. ✠

Renferme, t. I, pp. 1-43 : Kritisches Verzeichniss der Reisebeschreibungen und älteren Schriften welche von **Russland** handeln (environ 135 art.).

226. — Versuch einer kritischen Literatur der **Russischen** Geschichte. Th. I. enthaltend die Literatur der aelteren allgemeinen Nordischen Geschichte. Von Johann Gottlieb Buhle.

Sous titre : Literatur der allgemeinen Nordischen Geschichte zur Einleitung in das Studium der Russischen Geschlchte. Moskwa, Buchdruck. Wsewolojsky. 1810; xx et 421 pp. in-8.

Renferme, pp. 26-35 : Allgemeine Hülfsmittel zum Studium der alten und mittlern Geographie überhaupt, und insbesondere vom **nördlichen** und **östlichen Europa** und **Asien**.

227. — Catologus Praelectionum in Universitate Literaria Mosquensi habendarum; Mosquae, 1810, in-4.

Renferme : Prolusio de antiquissimis delineationibus geographicis adhuc notis terrarum **Russicarum**, auctore Joanne Theophilo Buhle.

Traduction russe, *ibid.*, 1810, in-4.

228. — Friedrich von Adelung. Siegmund Freiherr von Herberstein, mit besonderer Rücksicht auf seine Reisen in Russland. St. Petersburg, 1818; 376 pp. gr. in-8.

Renferme : Nachricht über einige ältere Karten von **Russland**.

229. — Pierre Sokoleff, ancien bibliothécaire à l'Académie des Sciences, à St-Pétersbourg, a publié en 1818 un catalogue des manuscrits relatifs à la géographie de l'**empire russe** et appartenant à cet établissement (228 art.).

230. — Le Messager (*Viestnik*) d'Europe a publié en 1820, fasc. III, n° 9, un catalogue des cartes de la **Scythie asiatique**, de la **Sarmatie** et des côtes de la mer **Caspienne**.

231. — Catalogue Des Cartes Géographiques, Topographiques & Marines, De la Bibliothèque Du Prince **Alexandre Labanoff de Rostoff**, A Saint-Pétersbourg. Suivi d'une Notice de Manuscrits. Paris, Typographie de Firmin Didot, 1823; 4 pp. n. c., VIII, 494 pp. et 2 pp. n. c. in-8 (2269 et 70 art.). ✠

Renferme, pp. 224-269 : **Pologne, Russie** (243 art. nos 1038-1280).

232. — Sur les **origines russes**. Extraits de manuscrits orientaux adressés à Mgr le Comte N. de Romanzoff, chancelier de l'empire de Russie, dans une suite de lettres depuis l'an 1816 jusqu'à l'an 1825. Par M. **J. de Hammer**. St. Pétersbourg, 1827. Imprimerie de l'Académie Imp. des Sciences. Se vend à St-Pétersbourg chez W. Graeff, et à Leipzig chez C. Cnobloch; VIII et 132 pp. in-4. ✠

Renferme, pp. VII-VIII: Liste des ouvrages orientaux dont les extraits suivants ont été faits (18 art.).

233. — A. D. **Tschertkow**. Allgemeine **Russische** Bibliothek, oder Catalog von Büchern zur Kenntniss unseres Vaterlandes in allen Beziehungen und Details. Moskau, 1838: XII et 631 pp. in-8.

Idem, 1ᵉʳ supplément, ?.

Idem, 2ᵉ supplément, X et 568 pp. in-8 (1800 volumes et 30 manuscrits).

234. — Beiträge zur Kenntniss des Russischen Reiches und der angränzenden Länder Asiens. Auf Kosten der Kaiserl. Akademie der Wissenschaften herausgegeben von K. E. v. Baer und Gr. v. Helmersen. Viertes Bändchen, gemischten Inhalts. Herausgegeben von K. E. v. Baer. Mit einer Zeichnung und zwei Karten. St. Petersburg, 1841. Im Verlage der Kaiserlichen Akademie der Wissenschaften; XI pp., 2 pp. n. c., III et 301 pp. in-8. ✠

Renferme, pp. 1-2 n. c., I-III, 1-52: I. Ueber die älteren ausländischen Karten von **Russland,** bis 1700. Von **Friedrich Adelung**.... (environ 75 auteurs, avec l'indication de 9 sources bibliographiques relatives aux cartes, pp. 1-2: Literär Notizen); pp. 3-49: Aufzählung der Karten (environ 122 art.).

235. — *Idem*, Neuentes Bändchen. Erste Abtheilung, 1845.

Sous-titre: Kurzer Bericht über wissenschaftliche Arbeiten und Reisen, welche zur nähern Kenntniss des **Russischen** Reichs in Bezug auf seine Topographie, physische Beschaffenheit, seine Naturproducte, den Zustand seiner Bewohner u. s. w. in der letzten Zeit ausgeführt, forgezetzt oder eingeleitet sind. Herausgegeben von **K. E. v. Baer**; 6 pp. n. c. et 336 pp. in-8. ✠

Renferme un grand nombre d'indications bibliographiques concernant la Russie, en particulier, pp. 17-19, 22 art. de cartes et plans (1827-1842) ; p. 170, environ 13 art. concernant la Russie méridionale ; pp. 175-176, environ 20 art. concernant l'ethnographie de la Russie.

236. — Russlands naturhistorische und medicinische Literatur. I. Abtheilung. Die in nicht-russischer Sprache erschienenen Schriften und Abhandlungen. Von Dr. R. Krebel, Kaiserlich Russischem Hofrathe, Ritter und Stabsarzte in St. Petersburg. Jena, Friedrich Mauke, 1847 ; VI et 220 pp. in-8. ✠

Renferme, pp. 67-98 : — II. Medicinisch-geographische, topographische, ethnographische Abtheilung (environ 413 art.).

237. — Записки гидрографическако департамента морскаго министерства, издаваемыя съ Высочайшаго разѣшенія. — Часть V. — Санктцетербургъ, печатано въ морской типографіи 1847 года; IV, XI, 525 pp. in-8 et environ 13 ff. n. c. ✠

Renferme. pp. 413-446 : **V.** Библографія. — Русская морская библіотека (16 art. ; *auctore* **Al. Sokoloff**).

Cette bibliographie qui se rapporte à la littérature russe sur les constructions navales, l'hydrographie, les voyages dans **l'empire russe,** renferme 292 articles et additions, et se trouve continuée par le même auteur dans les volumes suivants de la même publication :

    1848, vol. VI, pp. 413-448, ✠
    1849, vol. VII, pp. 402-483, ✠
    1850, vol. VIII, pp. 395-514, ✠
    1851, vol. IX, pp. 470-621, ✠
    1852, vol. X, pp. 485-656 ; ✠

238. — Versuch eines Quellen-Anzeigers alter und neuer Zeit für das Studium der Geographie, Topographie,

Ethnographie und Statistik des **russischen Reiches**. Von J. C. Stuckenberg, St-Petersburg, Druckerey der militair-Lehranstalten, 3 vol. gr. in-8, 1849-1852.

Renferme, t. I, Abtheilung I, pp. 1-93 : Landkarten, Pläne und Monographien, 1849;

pp. 93-142 : Cartographie des **russischen Reiches**. Supplement, 1849;

Abtheilung II; VI et 406 pp. : Bibliographie 1851;

t. II, Abtheilung I : Sammelwerke und Journalistik, 1852, 688 et IV pp.;

t. II, Abtheilung II ; Cartographie des Russischen Reiches.

239. — Матеріалы къ проекту полнаго каталога сочиненій о Россіи на всѣхъ иностранныхъ языкахъ изданныхъ. Materialien zum Versuche eines Katalogs sämmtlicher über **Russland** in fremden Sprachen erschienenen Werke. Mit Allerhöchster Genehmigung als Manuscript zu weiteren Berichtigungen und Vervollständigungen, von der Kaiserlichen Oeffentlichen Bibliothek zum Drucke befördert. St-Petersburg, gedruckt bei Wienhöhber, 1851; XIV et 346 pp, in-8 (3766 art.).

Auctore baron Modeste A. de Korff.

240. — Liste d'ouvrages rares et précieux, concernant la **Russie** et l'ancienne **Pologne**, qui seront vendus à l'enchère à la Bibliothèque Impériale publique dimanche 16 Mars à une heure et les jours suivants depuis 2 heures. St-Pétersbourg, impr. de l'Académie Impériale, 1852; 24 pp, in-8. (159 art.).

241. — Catalogue d'une belle collection d'ouvrages, en majeure partie rares et précieux, concernant principalement la **Russie** et l'ancienne **Pologne**, qui seront vendus aux enchères à la bibliothèque Impériale publique le 4 Mars et les jours suivants. St.-Pétersbourg, impr. de l'académie impériale, 1853; 2 et 90 pp. in-8.

Rédigé par R. Minzloff; (273 art.; plus de 1800 titres d'ouvrages).

242. — Catalogue d'une belle collection d'ouvrages, en majeure partie rares et précieux, concernant principalement la **Russie** et l'ancienne **Pologne**, qui seront vendus le 24 Février et les jours suivants. St.-Pétersbourg, imprim. de l'académie imp. 1854; 55 pp. et 2 ff. limin. avec un titre imprimé en couleurs; in-8.

Rédigé par R. Minzloff.

243. — Catalogue d'une belle collection d'ouvrages en majeure parties rares et précieux, concernant la **Russie** et l'ancienne **Pologne**, qui seront vendus aux enchères à la bibliothèque impériale publique le 27, 28 et 29 Mars 1861. St.-Pétersbourg, Jos. Ohryzko, 1861; 32 pp. in-8.

Rédigé par R. Minzloff.

244. — Catalogue des Cartes géographiques de la **Russie d'Europe** existant dans la bibliothèque de l'Académie Impériale des Sciences à Saint-Pétersbourg. Saint-Pétersbourg, 1856, ?, in-8, ?.

245. — Essai d'une bibliographie Néerlando-Russe. Catalogue d'une Collection remarquable de livres, atlas, cartes, portraits, planches, manuscrits Hollandais et de plusieurs livres étrangers, tous concernant la **Russie** et la **Pologne**. Avec des notices bibliographiques et historiques sur les écrits de Aitzema, Blaeu, Massa, Waghenaer, Witsen, etc., plusieurs sur les portraits et planches historiques, et une table systématique. Le tout recueilli, décrit, et offert aux prix marqués par F. Muller. Amsterdam, Frederik Muller 1r octobre 1859; viii et 174 pp. in-8 (1243 et 211 art.). ✠

246. — Корректурные листы каталога иноязычныхъ сочиненій о Россіи находящихся въ Императорской Публичной Библіотекѣ. — Correcturbogen des Katalogs der Russica in der Kaiserlichen Oeffentlichen Bibliothek zu Sᵗ. Petersburg. — Feuilles d'épreuves du catalogue des **Russica** de la Bibliothèque Impériale Publique de Sᵗ Pétersbourg. St.-Pétersbourg, 1860; gr. in-4 (1010 pp. contenant 20686 art., en outre 2 cahiers de 11 et 9 pp., contenant le premier 95 titres grecs et le second 47 titres hébreux).

Autographié. *Auctore* baron **Modeste de Korff**.

247. — Repertorium der Literatur über die Mineralogie, Geologie, Paläontologie, Berg- und Hüttenkunde **Russlands** bis zum Schluss des XVIII. Jahrhunderts bearbeitet von **Ernst von Berg**. Gedruckt auf Kosten der kais. Mineral. Gesellschaft. St-Petersburg, Buchdruckerei der kaiserlichen Akademie der Wissenchaften, 1862; xx et 228 pp. gr. in-8 (environ 1050 art.). ✠

248. — Императорская публичная библиотека. Каталогъ иностранныхъ печатныхъ книгъ пріобрѣтенныхъ библіотекою. Сентябрь-Декабрь 1863. Санктпетербургъ, въ типографіи В. А. Рогальскаго и К°, 1864. ✠

Sous-Titre : Bibliothèque impériale publique de St.-Pétersbourg. Catalogue des acquisitions de livres imprimés. Septembre-Décembre 1863. St. Pétersbourg, imprimerie de W. Rogalski et C° 1864; 6 pp. n. c. et 462 pp. gr. in-8 (environ 11000 art. s'étendant jusqu'aux acquisitions du second semestre de 1865).

Renferme, pp. 19-22, 74-90, 183-193, 269-284, 366-381 ; **Rossica** (environ 1425 art.).

249. — В. И. Межовъ. Крестьянскій вопросъ въ Россіи. Полное собраніе матеріаловъ для исторіи крестьянскаго вопроса на языкахъ Русскомъ и иностранныхъ напечатанныхъи въ Россіи и за границею, 1764-1864. (**V. I. Méjoff**. La question des paysans en **Russie**. Collection complète des matériaux relatifs à l'histoire de la question des paysans, imprimés en langue russe ou étrangère en Russie ou à l'étranger du 1764 à 1864). S‍t Pétersbourg, imprimerie du ministère de l'intérieur, 1865; 4 pp. n. c., VIII pp., 6 pp. n. c. et 422 pp. gr. in-8 (2800 et 505 art.). ✠

250. — **V. I. Méjoff**. Question de l'émancipation des

paysans en **Russie**. Bibliographie étrangère. St Pétersbourg, 1865, in-8.

251. — Catalogue des livres publiés en langues étrangères par l'académie impériale des sciences de St.-Pétersbourg. En vente chez ses commissionaires : à St.-Pétersbourg M. M. Eggers et Cie, H. Schmitzdorff et J. Issakof, à Riga M. N. Kymmel, à Leipzig M. L. Voss. St.-Pétersbourg Imprimerie de l'Académie Impériale des Sciences. 1867 ; 4 pp. n. c. et 124 pp. gr. in-8 (environ 773 art. dont un grand nombre relatifs à l'**empire russe**). ✠

La page 2 n. c. porte: Publié par ordre de l'Académie. C. Vessélofski, secrétaire perpétuel.

252. — Прибавленіе і къ каталогу русскихъ книгъ, изданныхъ императорскою академіею наукъ и находящихся въ продажѣ у ея коммиссіонеровъ (изд. 1865 года). 15 pp. gr. in-8 (environ 129 art. consacrés uniquement aux publications en langue russe). ✠

La couverture porte pour titre : — Прибавленіе къ каталогамъ книгъ изданыхъ императорскою академіею наукъ на русскомъ и иностранныхъ языкахъ. — Supplément aux catalogues des livres publiés en langues russe et étrangères par l'académie impériale des sciences de St. Pétersbourg. Санктпeрcбургъ, 1869. Раздается у коммиссіонеровъ императорской академіи наукъ : А. Базунова...

Ce supplément est suivi de 8 pp. gr. in-8 intitulées : — Supplément II au catalogue des livres publiés en langues étrangères par l'académie impériale des sciences de St. Pétersbourg. (Edition de 1867) (environ 52 art.).

Catalogues intéressants pour l'**empire russe**.

* **253**. — XVI. — Catalogue de Livres, Atlas, Portraits et Planches sur la **Russie**. Contenant e. a. une collection remarquable des anciens Voyages vers le Nord, un Exemplaire de Gœteeris, Ambassade de Russie, 1615-16, avec des notes MSS. et Récits inconnus de deux ambassades inédits, des Papiers diplomatiques inédits de J. de Bye, 1681-1719, grand nombre d'Atlas, Cartes, Portraits et Planches, etc. En vente aux prix marqués chez **Frederik Muller**, Libraire à Amsterdam. Amsterdam, Frederik Muller, 1870; 86 pp. gr. in-8 (1366 articles). ✠

★ **254.** — Catalogue des cartes et de livres concernant la géographie, la statistique, l'ethnographie et la géologie en vente au magasin géographique de l'État=Major impérial. — Publié par **Charles Roettger**, libraire de la cour impériale, commissionnaire de l'état-major impérial et gérant du magasin géographique. Saint-Pétersbourg, imprimerie de l'Académie impériale des sciences, 1871; 30 pp. (539 articles consacrés presque exclusivement à l'**empire russe**). ✠

255. — Catalogue raisonné des Russica de la Bibliothèque Impériale publique de Saint-Pétersbourg. — I. Pierre le Grand dans la littérature étrangère. Publié à l'occasion de l'anniversaire deux fois séculaire de la naissance de Pierre le Grand d'après les notes de Monsieur le **comte de Korff**, Membre du Conseil de l'Empire, secrétaire d'État, ci-devant chef de la bibliothèque I. P. etc., etc., etc., par R. Minzloff. Saint-Pétersbourg, I. I. Glasounow, 1872; xv et 721 pp. in-8. ✠

Renferme, pp. 1-85 : Chapitre premier. Description géographique et politique de la **Russie** du temps de Pierre le Grand (près de 120 articles).

256. Bibliothèque impériale publique de St.-Pétersbourg, Catalogue de la section des Russica ou écrits sur la **Russie** en langues étrangères. St.-Pétersbourg. Imprimerie de l'Académie impériale des sciences, 1873; 2 vol. gr. in-8, VIII et 845 pp.; 2 et 772 pp. (28 481 art. dont environ 2600 pour la géographie; *auctore* feu le comte **Modeste A. de Korff**. ✠

257. — Историческій Обзоръ Учебниковъ общей и русской Географіи изданныхъ со времени Петра Великаго по 1876 годъ (1710-1876 г) Составилъ Л. Весинъ. (Aperçu historique des livres scolaires de géographie générale de la **Russie** publiés depuis l'époque de Pierre-le-Grand jusqu'en 1876. L. Vessine.) S' Pétersbourg, typ. Panteleevikhe, 1877; 4, pp. n.c., III, x, 674 et IV pp. in-8. (232 art).

★ **258.** — Извѣстія императорскаго русскаго географическаго общества издаваемыя подъ редакціею секретаря общества В. И. Срезневскаго. — (Bulletin [Izvestia] de la Société impériale de géographie russe publié par M. V. I. Sresnevski, secrétaire de la rédaction.) S' Pétersbourg, 1880, XVIᵉ année, XVIᵉ vol., Iᵉʳ fascicule. ✠

Renferme dans une pagination spéciale : Литература русской географіи, статистики и этнографіи за 1877 годъ. Составилъ В. И. Межовъ. Годъ девятнадцатый. Томъ VIII, выпускъ 1-й. (Littérature de la géographie, de la statistique et de l'ethnographie russes pour l'année 1877 réunie par V. I. Méjoff. XIXᵉ année, Iᵉʳ fascicule.) S'-Pétersbourg, typ. V. Béobrasoff et Cⁱᵉ, 1880, VII et 289 pp. in-8 (5179 articles dont 1482, n°ˢ 366-1847, se rapportant spécialement à la géographie).

Cette publication annuelle, commencée en 1865, par M. V. I. Méjoff, dans le Messager (Viestnik) de la Société de géographie de Saint-Pétersbourg, et continuée par lui, dans le Bulletin de la même société jusqu'à ce jour, comprend la littérature russe concernant la **Russie** et l'étranger et la littérature étrangère concernant l'**empire russe**.

259. — Köppen's Statistische Reise im Jahre 1850.

Sous-titre : Statistische Reise in's Land der Donischen Kosaken durch die Gouvernements Tula, Orel und Woronesh im Jahre 1850. Von Dr. Peter v. Köppen, ordentl. Mitgliede der kaiserlichen Akademie der Wissenschaften zu St. Petersburg,... Mit einer Karte. St. Petersburg, Buchdruckerei der kaiserlichen Akademie der Wissenschaften, 1852. Zu haben bei Eggers et Comp., in Leipzig bei Leop. Voss; 8 pp. n. c., xv, 255 et 107 pp. in-8. ✠

Renferme, *in fine*, pp. 96-104 : Beilage N° 22 (Zur S. 203). Verzeichniss der mir bekannten Schriften, welche von den

Steinkohlen-Lagern in den **südlichen Provinzen** des **Europäischen Russlands** handeln (environ 47 art.).

260. — Recherches sur la **Sarmatie**. Par Jean Potocki. Varsovie, à l'imprimerie libre, 2 vol. in-8 carré, s. a. (1796 ?). ✠

Renferme, t. II, pp. 185-191, une bibliographie d'environ 13 articles.

261. — Prof. Dr J. Mayer. Literatura fisyografii ziemi **polskiéy**. Kraków, Friedlein, 1862; 186; pp. in-8.

Extrait du 30e vol. de : Rocznik towarzystwa naukowego krakowskiego.

262. — Bibliotheca Polono - Slavica. Catalogue d'une précieuse Collection de Livres anciens et modernes concernant l'Histoire et la Litérature (sic) de la **Pologne** et de la **Russie** en vente aux prix marqués chez **Joseph Jolowicz**, à Posen Librairie 1865; 41 pp. in-8 (961 art.).

263. — Idem, n° XXIX, 1872, 122 pp. in-8 (2745 art.).

Renferme pp. 1-82: I. Histoire, Géographie, Belles - Lettres, Droit publ. etc. (art. n°s 1-1874). ✠

264. — Idem, n°, XXXVI, 1876; 116 pp. in-8 (2605 art.).

265. — Idem, n° XLI, 1877; 202 pp. in-8 (2 812 art.).

266. — Idem, n° XLVIII, 1877; 42 pp. in-8 (845 art.).

267. — Idem, n° LX, 1880; 106 pp. in-8 (3 180 art.).

268. — Idem, n° LXV, 1881; 66 pp. in-8 (1652 art.).

269. — Bibliografia Polska. 120,000 druków. Część I, stolecie XIX. Katalog 50,000 druków polskich dub Polski dotyczących od roku 1800, ułożony abecadłowo według autorów i przedmiotów, z wyrażeniem cen księgarskich przez K. Estreichera. Wydanie Towarzystwa Naukowego Krakowskiego, staraniem Komissyi Bibliograficznéj. — Bibliographie polonaise de 120000 imprimés polonais ou concernant la **Pologne** depuis 1800, formé par ordre alphabétique d'après les auteurs et les objets, avec l'indication des prix des libraires par

Charles Estreicher ci-devant Professeur de bibliographie à l'Université de Varsovie, Directeur de la Bibliothèque des Jagellons à Cracovie. Publication de la Société des Sciences de Cracovie, par les soins de la Section bibliographique. Cracovie, imprimerie de l'Université de Jagellons, 6 vol. in-8, 1870-1880.

270. — Przewodnik Bibliograficzny miesięcznik dla wydawców, ksiegarzy, antykwarzów, jako też czytających książki, wydawany przez dra Władysława Wisłockiego. Kraków, Gebethner Co.

Périodique mensuel in-8 depuis le 1^{or} juillet 1878; renferme la bibliographie polonaise et étrangère concernant la
Pologne

271. — Das Inland. Eine Wochenschrift für Liv-, Esth- und Kurlands Geschichte, Geographie, Statistik und Literatur. Jahrgang XIII, Dorpat, 1848, in-4.

Renferme, n° 31, pp. 653-655; n° 32, pp. 677-684 : — Ueber einige **Kurland** angehende Land- und See-Karten.

272. — Bibliotheca **Livoniae** historica. Systematisches Verzeichniss der Quellen und Hülfsmittel zur Geschichte Esthlands, Livlands und Kurlands von Dr **Eduard Winkelmann**. Zweite verbesserte und sehr vermehrte Ausgabe. Berlin, Weidmann, 1878; xviii et 608 pp. gr. in-8 (11756 articles). ✠

Renferme, pp. 1-6, 116 art. de bibliographie et d'historiographie; pp. 34-62, 719 art. de géographie; pp. 288-290, 306, 318-319 et 349, 101 art. de plans et vues de villes.

— 1e éd. de même titre, St-Pétersbourg, 1870; x et 404 pp. gr. in-4.

273. — Suomalaisen kirjallisuuden seuran toimituksia. 57 osa. Helsingissä, Suomalaisen Kirjallisuuden Seuran kirjapainossa, 1878.

Sous-titre: **Valfrid Vasenius**. Suomalainen kirjallisuus 1544-1877. Aakkosellinen ja aineenmukainen luettelo. La littérature finnoise 1544-1877. Catalogue alphabétique et systématique. Helsingissä, Suomalaisen Kirjallisuuden Seuran kirjapainossa, 1878 ; xiv et 264 pp. in-8. ✠

Renferme, pp. 213-214 ; Karttoya (14 art. de cartes consacrés pour la plupart à la **Finlande**) ; pp. 237-238 : 4. Maa- ja kansa-tiedettä Tilastoa. A. Suomen ja somensukuisten kansain (**Finlande** et peuples **finnois**) (environ 50 art., 1848-1877).

274. —Joh. Jac. Fuldeneri Bio- et Bibliographia **Silesiaca,** oder Schlesische Bibliothek und Bücherhistorie. Lauban, Breslau, Korn, 1731, in-4.

275. — Bibliotheca **Silesiaca.** Systematisch geordnetes Verzeichniss einer reichhaltigen Sammlung von Büchern und Manuscripten aus dem Gebiete der Schlesischen Literatur. Ein Beitrag zur Schlesischen Bibliographie. Zur fünfzigjährigen Jubelfeier der Breslauer Universität herausgegeben von **Hugo Skutsch.** Breslau, Schletter, 1861 ; 54 pp. in-8 (1094 articles).

276. —*Idem*, 1870 ; 35 pp. in-4 (823 articles).

277. — Luzican. Casopis za zabowu a powucenjë. Jidnaty letnik. Zamolwity wuduwar : J. E. Smoler. Redaktor K. A. Fiedler. Naklad. Smoler w Budisinje. ✠

Périodique mensuel renfermant une bibliographie des **Wendes** de la Lusace :

Serbski knihopis na lece 1867 a 1868. Zestajał **J. B. Pjech** (année 1869, janvier, pp. 14-16 ; février, pp. 28-31) ;

Serbski knihopis na leto 1869. Zestajał **J. B. Pjech** (année 1870, janvier, pp. 14-16, février, pp. 28-32).

278. — K. A. Jenc. Pismowstwo a spisowarjo delnjotuziskich-Serbow wot (1548) 1574-1880. Lipsk. 1881 ; 82 pp. in-8.

(La littérature et les historiens des **Wendes** de la **Basse-Lusace** de [1548] 1574 à 1880).

Etrait de " Casopis Macicy Serbskeje " Année XXXIII, fascicule 2.

Renferme, *in fine*, l'indication d'un certain nombre d'ouvrages allemands relatifs aux Wendes de la Basse Lusace.

279. — **Nicolai Petri Sibbern** Regii ad arcem Glückstadiensem Concionatoris aulici Bibliotheca historica **Dano-Norvegica,** sive De Scriptoribus rerum Dano-Norvegicarum Commentarius Historico Literarius. Hamburgi & Lipsiæ Impensis Christiani Lieberzeit, Anno MDCCXVI; 8 pp. n. c., 454 pp. et 13 pp. n. c. in-8. ✠

Renferme, *in fine*, pp. ?-? (12 pages) : Index auctorum (environ 436 auteurs).

280. — Bibliotheca, Ordine Chronologico Recensens **Daniæ, Norwegiæ, Islandiæ** & Holsatiæ autores et libros, scientias naturales Tractantes; Additis Editionis Loco, Tempore, Forma, Lingua &c. Digessit **Martinus Thrane Brünnich,** Historiæ Naturalis Professor Hafniensis. 1783; 242, xiv pp. et 16 pp. n. c. in-8 (environ 737 auteurs). ✠

Renferme, pp. i-xiv : Scriptores exteri De rebus physicis, metallurgia, historia naturali & Indole Regnorum & Provinciarum Borealium, Qvae **Danico** Reguntur Sceptro (environ 74 art.).

Forme la 2ᵉ partie de : — M. Th. Brunnichii literatura danica scientiarum naturalium Qvae Comprehendentur I. Les Progrès de l'Histoire naturelle en Danemarc & en Norvège. II. Bibliotheca Patria Autorum & Scriptorum Scientias Naturales tractantium. Hafniæ & Lipsiæ MDCCLXXXIII. Apud Frider. Christ. Pelt; 2 pp. n. c., 123, 242, xiv pp. et 16 pp. n. c. in-8. ✠

281. — Essai sur les antiquités du Nord, et les anciennes langues septentrionales, Par **Charles Pougens,**.... Seconde édition. Augmentée d'une notice d'ouvrages choisis, sur les Religions, l'Histoire et les divers idiomes des anciens peuples du Nord. Paris, Charles Pougens. An VII. (1799 v. s.); xvi et 152 pp. in-8. ✠

Renferme, pp. 115-152 : Notice D'ouvrages choisis sur les religions, l'histoire et les divers idiomes des anciens peuples du Nord (environ 440 art. dont 53, pp. 122-126, relatifs en partie à la géographie, sous le titre : — **Goths, Suédois, Norwégiens, Lapons, Danois**).

282. — Catalog over det norske videnskabersselskabs samlinger. Förste del. Böger og haandskrifter. Kjöbenhavn 1808. Trykt paa.... Johan Frederik Schultz,....xxxx et 652 pp. in-4. ✠

Renferme, pp. 390-462 : **Scandinavien** (environ 1400 art. dont une partie intéressant la description de la Suède, de la Norvège, du Danemark et de l'Islande). *Auctore* **R. Nyerup.**

283. — Travels through Denmark and Sweden. To which is prefixed a journal of a voyage down the Elbe from Dresden to Hamburgh. Including a compendious historical account of the Hanseatic League by **Louis de Boisgelin**, knight of Malta. Wilh views from drawings taken on the spot by Dr. Charles Parry. In two volumes. London ; printed for Wilkie and Robinson ; and George Robinson, 1810, 2 vol. in-4. ✠

Renferme, t. I. pp. 187-189 : The principal works which have been written upon the geography of **Denmark** (5 art. et 6 art. pour les cartes) ; t. II, pp. vii-xxii : Different modern accounts of **Sweden :** and the time of their publication (environ 17 art.).

284. — **Dansk-Norsk** Historisk Bibliothek, indeholdende Efterretning om de Skrifter som bidrage til dansk-norsk Historiekunskab. — Ved Dr. **Gustav Ludvig Baden.** Odense 1815. Trykt og forlagt af Sören Hempel ; 14 pp. n. c. et 358 pp. in-12. ✠

Renferme, pp. 153-190 : — Tiende Afdeling. Vore Statistikere, Reisebeskrivere, Korografer, Topografer, og Geografer (49, 10, 100, 47, 199, 3 et 15 art. ; ensemble 423 art.).

285. — Voyage en Islande et au Groënland exécuté pendant les années 1835 et 1836 sur la corvette La Recherche commandée par M. Tréhouart Lieutenant de Vaisseau dans le but de découvrir des traces de *La Lilloise* Publié par ordre du Roi sous la direction de M. Paul Gaimard Président de la Commission scientifique d'Islande et de Groënland. Histoire du voyage par M. Paul Gaimard. Tome premier. Paris, Arthus Bertrand, 1838; xiv et 558 pp. gr. in-8. ✠

Renferme, pp. 271-279 : § 7. Note et lettre de M. Jomard (avec l'indication d'environ 79 cartes de : **Danemark, Suède** et **Norvège**, et d'environ 20 art. relatifs à : **Belgique, Hollande** et **Pays-Bas**).

286. — Carl B. Lorck's skandinavischer Sortimentskatalog. Verzeichniss von in Dänemark, Norwegen, Schweden und Finnland erschienenen Büchern und Kunstsachen aus den Jahren 1800-1852 welche durch Carl B. Lorck in Leipzig zu beziehen sind. Leipzig, Druck von Breitkopf und Härtel. 1853; 48 pp. in-8 (environ 1800 art.) ✠

Renferme, pp. 17-32 : V. Geschichte und Geographie. Biographien. Statistik. Reisen. Reisehandbücher. Geogr. histor. Kupferwerke (environ 600 art. relatifs à la **Scandinavie**).

287. — Carl B. Lorck's Skandinavischer Sortimentskatalog 1848-1852. Verzeichniss von in Dänemark, Norwegen, Schweden und Finnland erschienenen Büchern, Karten und Kunstsachen aus den Jahren 1848-1852 welche durch Carl B. Lorck in Leipzig zu den beigesetzten Preisen zu beziehen sind ; 24 pp. in-8, *s. a.* (1853 ?) (environ 950 art.). ✠

Renferme, pp. 9-14 : V. Geschichte und Geographie. Biographie. Statistik. Reisen. Reisehandbücher (environ 200 art. relatifs pour la plupart à la **Scandinavie**).

288. — *Idem*, 1848-1852 (supplément de même titre), *s. a.* (1853 ?); 12 pp. in-8 (environ 450 art.). ✠

Renferme, pp. 5-7 : Geschichte und Geographie.... (environ 71 art. relatifs à la **Scandinavie**).

289. — Verzeichniss von in Dänemark, Norwegen, Schweden, Island und Finnland erschienenen Werken über die

Geschichte und Geographie des **skandinavischen Nordens** nebst Land- und Seekarten. Leipzig, C. B. Lorck, 1855; 43 pp.

290. — Carl B. Lorck's skandinavischer Lagerkatalog. Oster-Messe 1857. Catalogue de livres publiés depuis l'an 1800-1856 dans le Danemark, la Norvège, l'Islande, la Suède et la Finlande qui se trouvent à la librairie Charles B. Lorck à Leipsick. A catatogue of books published from 1800-1856 in Denmark, Norway, Iceland, Sweden and Finland, kept in stock, or procured by Charles B. Lork at Leipzig. Leipzig, Druck der Nies' schen Buchdruckerei 1857; 28 pp. in-4 sur 2 col. (environ 2000 art.). ✠

Renferme, col. 17-31 : III. Geschichte, Geographie und Statistik (environ 457 art. relatifs aux **pays scandinaves**, dont 55 pour les cartes).

291. — A hand-book for travellers in **Denmark, Norway, Sweden,** and **Iceland**. Third edition, revised and corrected. Wilh maps and plans. London : John Murray ; Paris : Galignani and Co., and Stassin and Xavier. 1858; XXIV et 394 pp. in-8. ✠

Renferme, pp. x-xii : — 3. Books upon **Scandinavia** (environ 36 art., littérature anglaise sauf 2 art. français).

★ **292.** — XVIII. Bibliotheca Scandinavica. — Catalogue d'une collection remarquable de livres, portraits et planches sur la **Suède**, la **Norvège** et le **Danemarc** (*sic*)... Amsterdam, Frederik Muller, 1870; 65 pp. in-8; (1601 articles). ✠

293. — M. Ludwig Thorwald Solberg, attaché à la bibliothèque du Congrès, n° 1505, Caroline street, Post Office Box 686, Washington, Etats-Unis, a réuni environ 12000 indications bibliographiques concernant la **Scandinavie : Danemark, Suède, Norvège,** îles **Féroé, Groenland ;** près de 4000 de ces articles sont relatifs à l'**Islande,** 200 à la découverte de l'**Amérique** par les Normands, et 700 à la mythologie scandinave.

294. — Veiledning til det **Danske** Monarkies Statistik ved **Frederik Thaarup**.... 2 ^{den} Udgave, Kiöbenhavn 1794, 2 pp. n. c., VIII, 767 pp., 1 p. n. c. et 96 pp. in-8. ✠

Renferme, pp. 4-23 une bibliographie d'environ 117 articles ou groupes d'articles.

1re éd., 1790.

295. — Handbog i Fœdrelandets Historie med stadigt Henblick paa Folkets og Statens indre Udvikling. Af. **C. F. Allen**. Et af Selskabet for Efterslœgten kronet Priisskrift. Fierde forbedrede Udgave. Kjöbenhavn, C. A. Reitzel, 1849; LVI et 596, pp. in-8. ✠

Renferme, pp. IX-XLVI : Udvalg af de vigtigste Kildeskrifter og Bearbeidelser til **Danmarks** Historie (environ 690 art, dont 108, pp. XLI-XLV, pour la géographie). 1e édit., 1840 ; 2e édit., 1842.

— *Idem*, traduit en français par E. Beauvois sur la septième édition danoise. Copenhague, Andr.-Fred. Höst et fils, 1878, 2 vol. gr. in-8. ✠

Renferme, t. I, pp. XIII-CXIV : Choix des principaux documents et mémoires relatifs à l'histoire de Danemark (environ 1386 art. dont 239, pp. 99-110, pour la partie : IX. Géographie-Topographie — Statistique [intéressant également les **possessions danoises** et la **Scandinavie**]).

296. — Verzeichniss des Antiquarischen Bûcher-Lagers von **Theodor Klose** in Kiel. [Nr. II.] Bücher, Landkarten und Kupfer, betreff. das Königreich **Dänemark**, die Herzogthümer Schleswig, Holstein, Lauenburg und die freien Städte Hamburg und Lübeck. Druck von Mohr in Kiel (1861); 2 pp. n. c. et 30 pp. in-8.

297. — Voyage en Scandinavie — Du Danemark.

Sous-titre : Du **Danemark** Impressions de voyage aperçus historiques et considérations sur le passé, le présent et l'avenir de ce pays Par **A. de Flaux**.... Paris Firmin Didot frères, fils et Cie 1862 ; XI et 363 pp. in-8. ✠

Renferme, pp. 362-363 ; Liste des ouvrages imprimés les

plus importants qui ont servi à la composition de ce volume (31 art.).

298. — Letters on **Iceland :** containing observations on the Civil, Literary, Ecclesiastical, and Natural History; Antiquities, Volcanos, Basaltes, Hot Springs; Customs, Dress, Manners of the Inhabitants, &c. &c. Made During a Voyage undertaken in the year 1772. By Joseph Banks, Esq. F.R.S. Assisted by Dr. Solander, F.R.S. Dr. J. Lind, F.R.S. Dr. Uno von Troil, And several other Literary and Ingenious Gentlemen. Written by **Uno von Troil**, D.D...... Printed by and for W. Richardson; also for J. Robson, and N. Conant, 1780; xxvi et 400 pp. in-8. ✠

Renferme, pp. xviii-xxvi : Catalogue of writers on **Iceland** (120 art.; 1561-1779).

La note qui suit porte : This catalogue contains all the writers of any consequence on **Iceland**, or on matters any way related to, or concerning that country.

Ce catalogue se retrouve sous le titre : Catalogue des écrits Relatifs à l'**Islande**, pp. xxviii-xxxviii dans :

Lettres sur l'**Islande**, Par M. de Troil, Evêque de Linkœping. *Traduites du suédois*. Par M. Lindblom, Secrétaire-Interprète du Roi au Département des Affaires Etrangères. *Avec figures*. A Paris, de l'imprimerie de Monsieur, M.DCC.LXXXI; xlviii et 474 pp. in-8 (Paris, P. Fr. Didot le jeune). ✠

L'ouvrage a été reproduit en entier, pp. 624-734 dans : —

A general collection of the best and most interesting voyages and travels in all parts of the world; many of which are now first translated into English. Digested on a new plan. By John Pinkerton, author of Modern geography, &c. &c. Illustrated with plates. Volume the first. London : printed for Longman, Hurst, Rees and Orme; and Cadell and Davies, 1808; 2 pp. n. c., xiv et 851 pp. in-4; on y retrouve le catalogue, pp. 624-628. ✠

★ **299.** — Lettres sur l'**Islande** et poésies par X. Marmier. Paris, Arthus Bertrand, 4° édit., 1855; xlvii et 465 pp. in-12. ✠

Renferme, pp. xxxix-xlvii : Documents historiques (environ 87 art.).

300. — Geographische Naturkunde oder Grundzüge einer Allgemeinen Naturgeschichte der drei Reiche mit physiognomischer Schilderung der Oberfläche für Studirende, Schulmänner und Gebildete überhaupt von Dr. **Wilhelm Ebel**, Privatdocent an der Universität in Königsberg... Erste Abtheilung : Plan der geographischen Naturkunde. Zweite Abtheilung : Geographische Naturkunde von Island. Mit vierzehn zum Theil colorirten Karten und Tafeln. Königsberg, J. H. Bon. 1850; xvi et 446 pp. gr. in-8. ✠

Renferme, pp. 441-442 : Schluss. Verzeichniss der wichtigsten Schriften über **Island** und einige Bemerkungen über die beifolgenden Karten (environ 20 art.).

301. — **Iceland** : its scenes and sagas. By **Sabine Baring-Gould**, M.A..... With numerous illustrations and a map. London : Smith, Elder and Co., 1863; xlviii et 447 pp. gr. in-8. ✠

Renferme, pp. xlvii-xlviii : ... a list of the principal travels in **Iceland** (19 art., 1772-1863).

302. — Skyrslur og reikníngar hins íslenzka bókmentafèlags, 1867-1868. Kaupmannahöfn. Prentað i prentsmiðju S. L. Möllers. 1868; lxx pp. in-8. ✠

(Bulletin et comptes rendus de la société litteraire islandaise. Imprimé à Copenhague. Publication annuelle.)

Renferme, pp. lvii-lx : d. Islenskar bækur og um Island eða íslenzkar bókmentir. (Livres islandais et concernant l'**Islande** ou littérature islandaise ; 35 art. concernant l'**Islande.**)

Cette bibliographie est continuée dans les numéros annuels suivants du même bulletin :

1872 (pour 1871-1872, l et 34 pp. in-8), pp. 17-20, environ 43 art., ✠

1873 (pour 1872-1873, LII et 25 pp. in-8), pp. 19-23, environ 42 art., ✠

1875 (pour 1874-1875, XLVIII et 22 pp. in-8), pp. 18-20, environ 39 art., ✠

1876 (pour 1875-1876, XLVIII et 24 pp. in-8), pp. 19-22, environ 40 art. ✠

303. — Ultima Thule; or, a summer in **Iceland**. By **Richard F. Burton**. With Historical Introduction, Maps and Illustrations. William P. Nimmo. London : and Edinburgh. 1875, 2 vol. gr. in-8. ✠

Renferme, t. I, pp. 235-260 : Catalogue-raisonné of modern travels in Iceland (environ 100 art. dont 35 pour les cartes).

304. — Bibliotheca historica sueo-gothica; Eller Förtekning Uppå Så väl trykte, som hanskrifne Böcker, Tractater och Skrifter, hvilka handla om Svenska Historien, Eller därutinnan kunna gifva Ljus; Med Critiska och Historiska Anmärkingar : Af **Carl Gust. Warmholtz**, Hof-Råd. ✠

L'ouvrage a 15 vol. in-8 : Del I-VII, Stockholm, 1782-1792; Del VIII-XV (continué par **Carl Christoffer Gjörwell** [vol. II-VIII] et par **Pehr Fabian Aurivillius** [vol. IX-XV]), Upsala, 1804-1817.

Le premier volume (Första Delen, som innehåller de Böcker och Skrifter, hvilka röra Sveriges Geographie. — Stockholm, Anders Jac. Nordström, 1782 ; 54 pp. n. c., 316 pp. et 7 pp. n. c.) renferme, pp. 2-316, 854 articles relatifs à la géographie de la **Suède**.

305. — Förteckning å en vald och nära fullständig samt väl conditionerad Bok-Samling uti Nordiska och förnämligast **Svenska** Historien, Topografien och Antiquiteterna m. m., som kommer alt försäljas å Bok-Auctions-Kammaren i Stockholm den . April 1843, och följande Auctions-dagar. — Stockholm, Ecksteinska boktryckeriet, —

1843; 2 pp. n. c. et 177 pp. pet. in-8 (2313, 125, 35, 13 et 36 articles). ✠

306. — Notices sur la **Suède** à l'occasion du congrès international des Sciences géographiques de 1875, à Paris. (Stockholm. 1875. P.-A. Norstedt & Söner, imprimeurs du gouvernement), 4 pp. n. c. et 94 pp. in-8. ✠

Renferme, pp. 80-94 : Catalogue des objets exposés à l'exposition géographique de 1875, à Paris, par le gouvernement suédois (230 art., dont 160 relatifs à la bibliographie et à la cartographie de la Suède).

307. — Bibliographie de l'archéologie préhistorique de la **Suède** pendant le XIXe siècle, suivie d'un exposé succinct des sociétés archéologiques suédoises. Dédié au congrès international d'anthropologie et d'archéologie préhistoriques par la société des antiquaires de Suède. Stockholm, imprimerie centrale 1875. ✠

Sous-titre : — Bibliographie de l'archéologie préhistorique de la Suède pendant le XIXe siècle. Par **Oscar Montelius** secrétaire de la société des antiquaires de Suède ; 4 pp. n. c. et 106 pp. in-8 (311 art.).

* **308.** — Les iles d'**Aland** avec une carte et deux gravures par **L. Léouzon Le Duc.** Paris, L. Hachette et Cie, 1854 ; vi et 157 pp. in-12. ✠

Renferme, pp. iii-iv : Noms des écrivains et titres des ouvrages que j'ai consultés (23 articles).

309. — La Norvège littéraire. Par **Paul Botten-Hansen,** Bibliothécaire et directeur de la Bibliothèque de l'Université Royale de Norvège, membre de la Société Royale des Sciences de Norvège. Édité par les soins de la commission royale de Norvège à l'exposition universelle de Paris en 1867. Christiania, imprimerie de J. Chr. Gundersen, 1868 ; xii et 272 pp. gr. in-8. ✠

Renferme, pp. 53-71 : Géographie ancienne et moderne de **Norvège** ; Topographie, Statistique (environ 85 art. ; titres en norvégien et en français).

* 310. — Bibliographie Statistique du Royaume de **Norvège** pour les années 1850-1869 (communiquée par A. N. Kiaer, Chef du bureau de Statistique. Extrait de « *la Norvège littéraire* » par P. Botten-Hansen, Christiania, 1868. Christiania le 6 novembre 1869 ; 9 pp. in-4 (97 art.). ✠

311. — Handbook for travellers in **Norway**. Fifth edition, revised. With maps and plans. London : John Murray. Paris : Galignani & Co.; — Boyveau. Christiania ; Bennett. 1874 ; 8 pp. n. c. et 232 pp. in-12. ✠

Renferme, pp. 76-77 : Books (environ 33 art.).

312. — Catalogus der Bibliotheek van de matschappij der nederlandsche Letterkunde, te Leiden. Bijvoegsel over de jaren 1853-1857. Leiden, E. J. Brill. 1857 ; 4 pp. n. c. et 263 pp. in-8 (environ 2500 art.). ✠

Catalogue dressé par **J. T. Bodel Nyenhuis** (*sic*) et **J. T. Bergman**; renferme, pp. 98-117 : Geschiedenis der vereenidge **Nederlanden** (environ 209 art. rangés par ordre de localités); pp. 118-121 : **Buitenlandsche Bezittingen** (environ 34 art.).

313. — Catalogus van de bibliotheek der stad Amsterdam. Derde gedeelte. Amsterdam. 1858 ; 2 pp. n. c., 286 pp. (422-707) et 7 pp. in-8 (*Auctore* **P. A. Tiele**). ✠

Renferme, pp. 654-684 : Verschillende Gewesten en Plaatsen (environ 310 art. relatifs aux provinces et aux localités des **Pays-Bas**).

314. — Catalogus van der Bibliotheek der stad Amsterdam. Zesde gedeelte. (Supplement, tweede gedeelte.) Amsterdam. Stadsdrukkerij. 1876 ; 16 pp. n. c., 484 pp. numérotées 457-940 et environ 296 pp. n. c. gr. in-8. ✠

Renferme, pp. 871-892 : Verschillende Gewesten en Plaatsen (environ 233 art. relatifs aux provinces et aux localités des **Pays-Bas**).

315. — Catalogue de livres concernant l'histoire et la topographie des **Pays-Bas**. (Avec Index systématique.) Amsterdam, Muller, 1859 ; 2 pp. n. c. et 148 pp. in-8.

Catalogue de **Frederic Muller**.

316. — Catalogus der bibliotheek van het ministerie van oorlog. 'S Gravenhage, Martinus Nijhoff. 1864; xx et 386 pp. in-8 (près de 6000 art.). ✠

Renferme, pp. 198-203 : **Nederlandsche Waterstaat**, 82 art. n⁰ˢ 125-206 ; pp. 249-256 (Aardrijkskunde), 115 art., n⁰ˢ 23-137, relatifs aux **Pays-Bas** et aux **possessions hollandaises**.

317. — Catalogus van den historischen atlas der **Nederlanden**, der **Oost-** en **West-Indiën** en der Nederlandsche letterkundige geschiedenis, verzameld en nagelaten door wijlen Mr. C. H. Kuhn. Amsterdam, 1866, in-8.

318. — Catalogue de Livres anciens et modernes. Histoire des **Pays-Bas** et de la **Belgique**, Antiquités, Numismatique, Généalogie et Héraldie; Histoire des **Indes Orientales**, etc., etc., en vente chez J. L. Beijers Libraire à Utrecht, 1866 ; 82 pp. in-8 (1477 articles).

319. — Inventaris der verzameling kaarten berustende in het rijks-archief. Uitgegeven op last van Zijne Excellentie den Minister van Binnenlandsche Zaken. 'S Gravenhage, Martinus Nijhoff, 2 vol. in-8, 1867-1871. ✠

Le 1ᵉʳ vol. (eerste gedeelte, 1867; VIII pp., 8 pp. n. c., et 311 pp.) renferme 30 et 2175 art. dont un grand nombre relatifs aux **possessions hollandaises**. *Auctore* P. A. Leupe.

Le 2ᵉ vol. (tweede gedeelte, 1871 ; x et 429 pp.) renferme 20 et 3847 art. relatifs aux **Pays-Bas**. *Auctore* J. H. Hingman.

320. — J. T. Bodel Nijenhuis. Topographische lijst der plaatsbeschrijvingen van het koningrijk der **Nederlanden**. Amsterdam, Frederik Muller; 1862, in-8.

320 *bis*. — Bibliographie der Plaats beschrijvingen van het Koningrijk der **Nederlanden** Toevoegsel door J. T. Bodel Nijenhuis. Amsterdam, van Langenhuysen, 1868; 111 pp. gr. in-8.

321. — No. 101. Livres anciens et modernes en vente chez **Martinus Nijhoff**, à La Haye. — Auteurs étrangers sur l'Histoire et la Topographie des **Pays-Bas**. Janvier 1868; 36 pp. in-8 (587 articles).

★ **322.** — Bibliotheca historico-neerlandica. — Catalogue de livres et manuscrits concernant l'histoire et la géographie des **Pays-Bas**, en ordre systématique et avec quelques notes bibliographiques en vente aux prix marqués chez **Martinus Nijhoff** à la Haye, Raamstraat, 49. La Haye, Martinus Nijhoff, 1871; 5 et 308 pp. in-8 (5512 articles). ✠

★ **323.** — *Idem*, n° 156, Sept. 1878. Supplément. La Haye, Martinus Nijhoff, 1878; 99 pp. in-8 (1365 articles.). ✠

324. — De **Nederlandsche** geschiedenis in platen. Beredeneerde Beschrijving van Nederlandsche historieplaten, zinneprenten en historische kaarten, verzameld, gerangschikt en beschreven van **F. Muller**. Deel III (1795-1879). Amsterdam, Muller en comp.; IV, 388 et XXIV pp. gr. in-8 (1879).

Les deux premiers volumes qui ont paru en 4 livraisons de 1870 à 1877 (IV, 460 et XX pp.; 346 et XVI pp.) renferment la description des *Platen* publiées jusqu'en 1795. Le troisième volume renferme les deux ouvrages suivants qui ont aussi paru séparément :

325. — Historieplaten, zinne-en spotprenten over het Koningrijk der **Nederlanden** van 1815 tot 1830, en de Belgische omwenteling tot aan de definitieve scheiding van Holland en België. Waarbij meer dan 600 platen uitsluitend over België. (Over gedrukt uit : Beschrijving van Nederlandsche Historieprenten. Deel III.) 1879; 4, 116 et XI pp. gr. in-8.

326. — Beschrijving der platen in den : **Nederlandsche** Spectator 1860-1878 en in de Studenten Almanakken van 1838-1878. (Over gedrukt uit de Beschrijving der Nederlansche historieplaten. Deel III). 1879; 84 pp. gr in-8.

327. — Catalogus van nagenoeg alle werken en kleine

stukken over **Nederlands Waterstaat** etc. Amsterdam, Fred. Muller, 1855, in-8 (1072 art. relatifs aux canaux, à l'hydrographie, aux polders, aux digues, etc.).

328. — Catalogus van het Kaarten- Archief der Afdeeling **Waterstaat** van het Departement van Binnenlandsche Zaken. Door P. L. Putters. 'S Gravenhage, van Weelden en Mingelen, 1868; 276 pp. gr. in-8.

329. — Catalogus der Verzameling van Kaarten van het bataafsch genootschap der Proefondervindelijke Wijsbegeerte te Rotterdam. — Rotterdam, J. van Baalen & Zonen. (van Hengel & Eeltjes.) 1872; 4 pp., 2 pp., n. c. et 104 pp. in-8 (environ 634 art.). ✠

Renferme, pp. 53-83 : IV. **Waterstaatskaarten** (environ 197 art.).

330. — Catalogus der inzendingen uit **Nederland** naar de internationale tentoonstelling van vischerij-voortbrengselen, gereedschappen enz. te Bergen in Noorwegen. Augustus, 1865. Gedrukt te Rotterdam, bij M. Wijt en zonen, 1865; IV, 98 et 4 pp. gr. in-8.

Ce catalogue dressé par J. H. Scheffer et D. Mulder Bosgoed et publié par le Collegie voor de zeevischerijen, renferme une bibliographie des **pêcheries hollandaises**.

331. — Proeve van eene ichthyologische bibliographie. Catalogus van boeken en geschriften over de natuurlijke geschiedenis van de visschen, de kunstmatige vischteelt en de visscherijen; met vermelding van de charters, resolutiën en ordonnantiën betrekkelijk de **Nederlandsche vischerijen**. Uitgegeven van wege de Nederlandsche Maatschappij ter bevordering van Nijverheid. Door D. Mulder Bosgoed. Haarlem, de Erven Loosjes, 1871; IV et 247 pp. gr. in-8 (n'est pas dans le commerce; plus de 1300 art.).

332. — Proeve eener opgave van bouwstoffen voor eene geschiedenis en statistiek van den **nederlandschen landbouw** door Mr. B. W. A. E. Baron Sloet tot Oldhuis en **W. J. D. van Iterson** opgesteld ingevolge opdragt van het xxiii⁰ en uitgegeven door het xxvii⁰ nederlandsch landhuishoudkundig congres. — 'S Gravenhage, Martinus Nijhoff, 1874; vi et 146 pp. in-8 (environ 3500 art.). ✠

333. — Nieuwe catalogus van de Provinciale Bibliotheek van Zeeland. Gedrukt bij de gebroeders Abrahams, te Middelburg. 1876; viii et 535 pp. in-8 (environ 6000 art.; *auctore* **G. A. Fokker**). ✠

Renferme, pp. 76-145 : B. Gewestelijke en plaatselijke geschiedenis en beschrijving. (Van de beide **Nederlanden**) (environ 341 art.); pp. 103-145 : (**Zeeland**). Geschiedenis oudheden, plaats- en levensbeschrijving) (environ 506 art.); pp. 453-456 : Kaarten (30 art. relatifs pour la plupart aux **Pays-Bas**).

Editions précédentes : 1ʳᵉ éd., Middelburg, 1860, in-8,
Nieuve uitgaaf, Middelburg, 1863, in-8,
Eerste verfolg, Middelburg, 1869, in-8.

334. — **Zelandia** illustrata, Verzameling van Kaarten, Portretten, Platen, enz. betreffende de oudheid en geschiedenis van Zeeland. Tœbehoorende aan het Zeeuwsch Genootschap der Wetenschappen. Beschreven door **M. F. Lantsheer**. Afl. 4. Middelburg, Altorffer, 1876; pp. 567-779 gr. in-8.

335. — *Idem*, beschreven door **F. Nagtglas**. Deel II. Afl. I. Zuid-en-Noord Beveland, Schouwen en Duiveland, Tholen en St. Philipsland en Orisant. Middelburg, Altorffer 1878 ; viii et 412 pp. gr. in-8.

336. — **Nymegen**, de oude hoofstad der Batavieren, in dichtmaat beschreven, En met Aantekeningen, de Oudheden van de Stad, en die van het Quartier van Nymegen betreffende, opgeheldert Door **H. K. Arkstée**. Met Printverbeeldingen. T'Amsterdam, By Petrus Mortier. 1733; 26 pp. n. c., 309 pp. et 11 pp. n. c. in-8. ✠

Renferme, pp. 23-25 n. c. : Naamlyst, zo van gedrukte,

als ongedrukte boeken en papieren, waar van men zich tot dit Werk bedient heeft (environ 143 art.).

Idem, 'S Gravenhage, 1738.

Idem, Nymegen, Weduwe J. C. Vieweg en Zoon, 1788, gr. in-8.

337. — Bibliographie van **Haarlem**. Haarlem : F. J. Mac Donald, 1867 ; 4 pp. n. c. et 179 pp. gr. in-8, (*auctore* Dr. **A. van der Linde**; 700 art.).✠

338. — Catalogus van Boeken, Pamfletten, enz. over de Geschiedenis van **Haarlem**, van de omstreken, van eenige voorname inwoners en van het huis van Brederode, bijeengebragt door Dr **C. Ekama**. Haarlem, Erven Loosjes, 1874-1875; 3 part. : 136 pp., 103 pp., 19 et 14 pp. gr. in-4.

Catalogue remontant à l'an 1188.

339. — Catalogus van de Tentoonstelling van Zaanlandsche Oudheden en merkwaardigheden in het Gemeentehuis te Zaandam. Westzaan, Jong, 1874, in-8.

Renferme, pp. 7-10, 30 articles sur la cartographie du **Zaanland**.

340. — J. T. Bodel Nijenhuis en W. Eekhoff. De algemeene kaarten van de provincie **Friesland**, verzameld, beoordeeld en geschiedkundig beschreven. Leyden, 1846, in-8.

341. — Gids voor de Bezoekers der Historische Tentoonstelling van Friesland, gehouden in Z.M. Paleis te Leeuwarden. Leeuwarden, Miedema, 1877, in-8.

Renferme, pp. 16-19, 36 articles sur la cartographie de la **Frise**.

★ **342.** — Catalogus van boeken, plaatwerken en kaarten over de **Nederlandsche Bezittingen**, zoo vroegere als tegenwoordige in Azie, Afrika en Amerika en over de landen, die daarmede in betrekking staan, als : Japan, China, enz.; voornamelijk echter over Oost-Indie en de Oost-Indische Compagnie. Met eene afzonderlijke afdeeling van werken van en over Oost Indische letterkunde verzameld en (à Contant) verkrijgbaar bij den Boekhandelaar **Frederik Muller** te Amsterdam. (1 Oktober 1854); 2 pp. n. c. et 103 pp. in-8 (1400 art.). ✠

★ **343.** — Second catalogue de livres et cartes sur les **possessions néerlandaises** (antérieures et actuelles) en Asie, Afrique et Amérique. Ensemble avec une collection de livres sur la littérature des Indes orientales. Accompagné d'une Table Systématique. — En vente aux prix marqués chez le libraire **Frederik Muller**, à Amsterdam. 1858. (Juillet).

Sous-titre : — 2ᵉ Catalogus van werken over de **Nederlandsche Bezittingen** in Azie, Africa en America. Voorhanden in het magazijn van **Frederik Muller** te Amsterdam (1858. Mei); 28 pp. pet. in-4 (810 articles). ✠

344. — Catalogue d'une belle collection de Livres anciens et modernes sur les **Possessions Néerlandaises** aux **Indes Orientales** et **Occidentales**, l'**Inde Britannique**, la **Chine**, le **Japon**, la **Côte de Guinée** et le **Cap de Bonne-Espérance**. La Haye, Nijhoff, 1863; 68 pp. in-8.

345. — N° 139. Catalogue de Livres imprimés dans les **possessions Néerlandaises** aux **Indes-Orientales**, en vente chez **Martinus Nijhoff**, à la Haye. Décembre 1873; 17 pp. in-8 (297 art.).

346. — Catalogue de Livres anciens et modernes en vente chez **J. L. Beijers**. Utrecht. — Livres d'Histoire, de Géographie, etc., 1871 ; 130 pp. in-8 (2911; art. dont environ 300 concernant les **possessions hollandaises** aux **Indes orientales**).

★ **347.** — Catalogus der bibliotheek van het Indisch genootschap te 'S Gravenhage. — Op nieuw bewerkt door J. Boudewijnse, Secretaris en bibliothecaris van het Genootschap. 'S Gravenhage, Martinus Nijhoff, 1869; 6 pp., 2 pp. n. c. et 180 pp. in-8. ✠

Renferme environ 1800 articles sur lesquels environ

1600 (pp. 34-137) pour les **possessions hollandaises** et 150 (pp. 20-34), pour : Oost- en West- Indische Compagnie.

348. — *Idem*, catalogue précédent, de même titre; vii et 104 pp. in-8, 1864.

349. — Repertorium op de koloniale litteratuur op systematische inhoudsopgaaf van hetgeen voorkomt over de koloniën, (beoosten de Kaap) in mengelwerken en tijdschriften, van 1595 tot 1865 uitgegeven in **Nederland** en zijne **overzeesche Bezittingen**. Door J. C. Hooykaas, in leven Commies bij het Dep. van koloniën. Ter perse bezorgd door Dr. W. N. du Rieu. Amsterdam, P. N. van Kampen & zoon; 2 parties en 4 fascicules gr. in-8, 1877-1880 (21 373 art.). ✠

350. — N° 17. 1880. Livres anciens et modernes en vente aux prix marqués chez **van Hengel & Eeltjes** Libraires-Editeurs Rotterdam. Histoire des Pays-Bas des possession néerlandaises aux Indes et de la Belgique Rotterdam van Hengel & Eeltjes 1880; 172 pp. in-8 (2210 art.). ✠

Renferme, pp. 120-137 : Histoire des **possessions néerlandaises** aux deux Indes (Possessions anciennes et actuelles) (205 art., n°⁸ 1543-1747).

351. — Catalogus van eene verzameling boeken en handschriften over de **Nederlandsche** en **Engelsche bezittingen** in Oost- en West- Indië, Azie, Afrika en Amerika, nagelaten door wijlen den hoogleeraar G. Lauts. Amsterdam, 1866, in-8.

352. — Bibliotheca Britannica. Catalog XIV des antiquarischen Bücherlagers von Ludwig Rosenthal's Antiquariat in München. — **England** und seine **Colonien**. Geschichte und Literatur, sowie Alles, was sich direkt oder indirekt auf die Monarchie bezieht; nebst dahin gehörigen Portraits, Karten, Plänen, Städte-Ansichten, einer reichen Sammlung von Robinsonaden, etc. München, Ludwig Rosenthal, 1872; 112 pp. in-8 (2130 art.).

353. — Bibliothèque nationale. — Catalogue de l'histoire de la Grande-Bretagne. Paris, 1878; 681 pp. pet. in-f°. ☩

Autographié. Renferme près de 12 500 articles dont environ 1 337 relatifs aux **Colonies Anglaises**, pp. 480-558.

ASIE

354. — Bibliothèque asiatique et africaine, ou catalogue des ouvrages relatifs à l'**Asie** et à l'**Afrique** qui ont paru depuis la découverte de l'imprimerie jusqu'en 1700 par H. Ternaux Compans. Paris, Arthus Bertrand, 1841; vi et 347 pp. in 8 (3184 art.; 1473-1700). ☩

355. — Zeitschrift der Deutschen morgenländischen Gesellschaft. Herausgegeben von den Geschäftsführern, in Halle Dr. Arnold, Dr. Gosche, in Leipzig Dr. Fleischer, Dr. Krehl, unter der verantwortlichen Redaction des Prof. Dr. Ludolf Khrehl. Supplement zum zwanzigsten Bande. Wissenschaftlicher Bericht für 1859 bis 1861. Leipzig 1868, in Commission bei F. A. Brockhaus.

Sous-titre : — Wissenschaftlicher Jahresbericht über die morgenländischen Studien 1859 bis 1861. Von Dr. Richard Gosche, ord. Professor an der Universität Halle. Wittenberg....; viii et 310 pp. in-8 (plus de 1926 art. concernant l'**Orient**, **Asie** et **Afrique**). ☩

356. — *Idem* (Supplement zum vierundzwanzigsten Bande), sous-titre : — Wissenschaftlicher Bericht über die morgenländischen Studien 1862 bis 1867. Von Dr. Richard Gosche.... Heft I. Leipzig 1871, in Commission bei F. A. Brockhaus; vi pp., 2 pp. n. c. et 208 pp. in-8 (plus de 933 art. dont 104, n°s 217-320, pp. 96-112 intéressant la géographie de l'**Orient**, **Asie**, **Egypte**, et 265, n°s 669-933, pp. 175-208 intéressant la **Chine**). ☩

357. — *Idem*. Wissenschaftlicher Jahresbericht über die Morgenländischen Studien vom Oktober 1876 bis December

1877. Unter Mitwirkung mehrerer Fachgelehrten von **Ernst Kuhn** und **Albert Socin**. (Supplement zum dreiunddreissigsten Bande der Zeitschrift der Deutschen morgenländischen Gesellschaft.) Leipzig, Brockhaus, 1879; Heft I, XVI et 132 pp. ; Heft II, 184 pp. in-8.

Renferme une bibliographie de l'**Orient**.

*358. — A catalogue of the library of the North China Branch of the Royal Asiatic Society (including the library of Alex. Wylie, Esq.). Systematically arranged by **Henri Cordier** hon. librarian. Shanghai : printed at the « Ching-Foong » general printing office, 1872; VIII et 86 pp. pet. in-4 (968 articles). ✠

Renferme, pp. 27-35 : D. Travels in **Asia** (104 articles); pp. 44-58 : **Asia** (modern history) (214 articles) ; p. 84 : Chinese Works ; Topographical Works (41 articles).

359. — Congrès provincial des orientalistes — Compte rendu de la troisième session. Lyon 1878, imprimerie Pitrat ainé, 1880, 2 vol. in-4. ✠

Renferme, t. I, pp. 315-330 : L'âge de la pierre en **Asie** Par M. **Emile Cartailhac**; pp. 329-330 : Indications des sources (environ 10 art.).

*360 — Catalogue de la bibliothèque orientale de feu M. **Jules Thonnelier** orientaliste.... Paris, Ernest Leroux, 1880; VIII et 564 pp. in-8 (4200 art.). ✠

Renferme, pp. 305-353 : Voyages en **Asie** (358 art., n°s 2359-2706). Vente du 1er-18 décembre 1880; *auctore* Ernest Leroux.

361. — Bibliographie des croisades, contenant l'analyse de toutes les chroniques d'**Orient** et d'Occident qui parlent des croisades. Par M. **Michaud**, de l'Académie française. Paris, L. G. Michaud ; Ponthieu, 1822, 2 vol. in-8. ✠

Renferme, t. I, pp. 14-22 : Table par ordre alphabétique, des auteurs dont les ouvrages sont analysés dans la bibliographie des croisades (environ 292 art.).

Forme les tomes VI et VII de l'Histoire des Croisades,

du même auteur, Paris, 7 vol. in-8, 1813-1822, ouvrage parvenu à sa 4ᵉ éd., Paris, au dépôt de l'auteur, 1825-1829, 6 vol. in-8; autre éd., Paris, 1841, 6 vol. in-8. L'édition de 1860. Paris, Furne et Cⁱᵉ; Dezobry, Magdeleine et Cⁱᵉ, 4 vol. in-8 ✠, ne renferme pas la bibliographie.

362. — Bibliothèque des Croisades, Par M. **Michaud**, de l'Académie française. Paris, A. J. Ducollet, 1829, 4 vol. in-8. ✠

Renferme, t. IV (imprimé par autorisation du roi, à l'imprimerie royale. 1829; xlvii, 582 et 55 pp. in-8), pp. 1-55, *in fine :* Tables générale des chroniques et des pièces analysées dans la bibliothèque des croisades (environ 625 art. dont quelques-uns intéressant la géographie de l'**Orient**).

363. — Catalogue de livres anciens et modernes relatifs à la philologie, la littérature, l'histoire et la géographie de l'**Orient**. Paris, Hérold, 1866; 135 pp. in-8 ; *idem*, supplément, Paris, **A. Franck**, 1866; 80 pp. in-8 (ensemble 3837 articles).

364. — Antiquarischer Katalog von **F. A. Brockhaus'** Sortiment und Antiquarium in Leipzig. Der **Orient**. Geschichte, Geographie und Ethnographie. Sprachen und Literatur. 1876; 62 pp. gr. in-8 (1898 art.).

365. — Nr. LXXVI. Lagercatalog von J. J. **Heckenhauer** in Tübingen. — Orientalia, 1877; 86 pp. in-8 (2371 art.).

Renferme, deuxième partie : Werke zur Erläuterung der Geschichte, Geographie, Religion und Sitten des **Orients**.

366. — Bolletini del quarto congresso internazionale degli **orientalisti** in Firenze. Settembre 1878. Al Signor.... Firenze. Coi tipi dei successori Le Monnier 1878, in-8. ✠

Renferme, n° V (51 pp., pagination spéciale), pp. 1-51 : Bibliografia dei membri presenti del quarto congresso (environ 86 auteurs et 850 art.).

★ **367.** — Commission. Exportation. — Librairie orientale et coloniale de **Challamel** aîné... Troisième partie du catalogue. **Orient, Arménie, Egypte, Perse, Syrie, Turquie**, etc. (pp. 1-32). Paris, 1879; 64 pp. in-8. ☨

Ensemble 852 articles, dont 372 pour l'Arménie, etc.; 369 pour l'étude des langues orientales et 111 pour les cartes

★ **368**. — Histoire des découvertes géographiques des nations européennes dans les diverses parties du monde présentant, d'après les sources originales pour chaque nation, les précis des voyages exécutés par terre et par mer..... et une bibliographie complète des voyages, par **L. Vivien de Saint-Martin**. Paris, Arthus Bertrand, 3 vol. in-8, 1845-1846. ☨

Renferme, tome III, pp. 743-808, VI. Bibliographie géographique. Série chronologique des voyages faits en **Asie Mineure** depuis le commencement du treizième siècle (381 art.; 1211-1846).

369. — L'Académie des Inscriptions et Belles-Lettres a couronné au mois d'août 1874 un mémoire qui lui a été présenté par M. Moïse Schwab, n° 14, cité Trévise, à Paris, renfermant environ 4000 indications bibliographiques relatives à l'**Orient (latin)** (Syrie, Palestine, Caramanie, Chypre, etc.). A la date du 2 juillet 1880, environ 800 articles avaient été ajoutés à ce travail qui formera les deux premières parties d'une œuvre dont la bibliographie de la Perse (v. *infrà*, n° 461) serait la quatrième. La troisième partie aura trait à la **Mésopotamie**.

★ **370**. — Notice sur la construction d'une carte de l'Ile de **Chypre**, par M. L. de Mas Latrie. Paris, typ. de Ad. Lainé et J. Havard, 1862; 50 pp. in-8. ☨

Renferme, pp. 7-10: — N° 4, Cartes de Chypre existant actuellement (19 articles).

371. — Die Insel **Cypern** ihrer physischen und organischen Natur nach mit Rücksicht auf ihre frühere Geschichte geschildert von Dr. F. Unger und Dr. Th. Kotschy..... Mit einer topographisch-geognostischen Karte,

42 Holzschnitten und einer Radirung. Wien, 1865. Wilhelm Braumüller; x pp., 2 pp. n. c. et 598 pp. in-8. ✠

Renferme, pp. 595-598 : XII. Literatur (environ 46 art. dont 2 pour les cartes).

★ **372**. — Revue de géographie dirigée par M. Ludovic Drapeyron. Deuxième année. Tome III. Juillet-Décembre 1878. Paris, Ch. Delagrave; 500 pp. in-8. ✠

Renferme, pp. 362-364 : — Bibliographie (de **Chypre**), par M. le marquis **de Sassenay** (61 articles).

Cette bibliographie se retrouve, pp. 30-32 dans : ★ Chypre, histoire et géographie par le marquis de Sassenay. Paris, Ch. Delagrave, 1878; 32 pp. in-8. ✠

★ **373**. — Polybiblion. Revue bibliographique universelle. Partie littéraire. Tome huitième. XXIII° de la collection. Paris, bureaux du Polybiblion, 1878; 576 pp. in-8. ✠

Renferme, pp. 383-384 : Ouvrages relatifs à l'île de **Chypre** par le comte **de Marsy** (42 articles); p. 479, 5 additions par le même.

374. — The Athenæum journal of literature, science, the fine arts, music, and the drama. July to December, 1878. London: published.... by John Francis. 1878; 2 pp. n. c., 868 et VIII pp. in-4. ✠

Renferme, pp. 84-85 : The cartography of **Cyprus** (environ 24 art.).

★ **375**. — No. CCXLIX. With Supplement. Educational Literature. August 6, 1878. The Bookseller a newspaper of British und Foreign Literature, With which is incorporated Bent's Literary Advertiser, established in the year 1802. Published monthly.... London.... ✠

Renferme, pp. 683-684 : Books relating to **Cyprus** (environ 52 et 9 art.).

376. — Geographisches Memoir zur Erklärung und Erläuterung der Karte von **Syrien** (No. 5 von Berghaus' Atlas von Asia) Gotha, 1835, Justus Perthes; 4 pp. n. c. et 48 pp. in-4. ✠

Renferme, en notes, l'indication d'environ 13 cartes de la **Syrie** et des **pays voisins**.

★ **377.** — Collection de documents inédits sur l'histoire de France publiés par les soins du ministre de l'instruction publique. Première série. Histoire politique.

Sous-titre : Les familles d'outre-mer de du Cange, publiées par M. E.-G. Rey...., Paris, imprimerie impériale, 1869; iv et 998 pp. in-4. ✠

Renferme, pp. 971-991 : Table des auteurs et des ouvrages cités (environ 545 articles concernant principalement l'histoire de **Chypre**, de la **Syrie** et de l'**Arménie**).

★ **378.** — Bulletin de la Société de Géographie..... Sixième série. — Tome cinquième. — Année 1873. Janvier-Juin. Paris, 1873; 676 pp. in-8. ✠

Renferme, pp. 337-348 : Essai géographique sur le **Nord de la Syrie**, par E.-G. Rey; pp. 347-348 : Ouvrages à consulter (18 art.).

379. — Cvm privilegio imperatoris. **Terra Promissionis** topographice atq. historice descripta; Cum Amplissimis, duobus, Locorũ ac Temporum Indicibus.... Per **Michaelem Aitsingervm** avstriacvm In vtilitatem omnium, qui locorum eadem terra inspectores, pariter et rerũ ibidem gestar. lectores esse cupiunt. Francisco Hogenbergio concesso ; 118 pp. et 1 p. n. c. pet. in-4. ✠

La dédicace est datée, p. 3 : Coloniæ. die 7. Ianuarij. 1582.

Le colophon porte : Coloniae Agrippinae, Excudebat Godefridus Kempensis. Anno ab origine mundi 5542. A Christi vero Saluatoris nostri natiuitate Anno 1582.

Renferme, dans la dédicace, pp. 3-4, l'indication de 9 auteurs qui ont traité de la géographie de la Terre Sainte.

380. — Theatrvm **Terræ Sanctæ** et biblicarvm historiarvm cum tabulis geographicis ære expressis. Avctore,

Christiano **Adrichomio**, Delpho. Cum gratia et priuilegio; 6 pp. n. c., 286 pp. et 29 pp. n. c. in-f°. ✠

Porte *in fine* : Coloniæ Agrippinæ In Officina Birckmannica, Sumptibus Hermanni Mylii Anno cIɔ Iɔc xiii (1613).

Renferme, *in fine*, pp. 1-2 n. c. : Catalogvs avctorvm quibvs vsi svmvs, in descriptione Terræ Sanctæ, Hierosolymæ, chronici; vbi exponitvr etiam ratio citationvm, qvae in margine. & in ignotis auctoribus non ita facilè posset intelligi (environ 76 art.).

Idem, ibid., 1590 ✠, 1593, 1600, 1628, 1682.

Traduit en italien par P. F. Toccolo, Verona, 1590, in-8, et par Lodovico Arrivabene, Verona, M. A. Palazzolo, 1592, pet. in-8.

Traduit en anglais, 1° : — A briefe description of Hierusalem, by T. Tymmer, London, 1595, in-4 ; 2° : — A Description and Exploration of 268 places of Jerusalem. London, 1654, in-4.

Traduit en espagnol par Lorenzo Martinez de Marcilla, Madrid, Imprenta imperial, 1679, vii, 284 et 22 pp. pet. in-4.

381. — *Vacat.*

382. — Will. Albert Bachiene. Heilige Geographie.... Utrecht, 6 Deelen in-8, 1758-1768.

Idem : Historische und Geographische Beschreibung von **Palastina** nach seinem ehemaligen und gegenwärtigen Zustande, nebst denen dazu gehörigen Landcharten. Aus dem Holländischen übersetzt und mit Anmerkungen begleitet von G. A. M(aas). Cleve u. Leipzig, G. C. B. Hofmann, 2 parties en 7 vol. in-8, 1766-1775.

Renferme, t. I, pp. 1-26, une bibliographie de la **Terre Sainte.**

383. — M. Johann Georg Hagers, Rect. zu Chemnitz, Geographischer Büchersaal, zum Nutzen und Vergnügen der Liebhaber der Geographie eröfnet. Chemnitz, bey Johann David Stössels Erben, 3 vol. in-12, 1764-1778. ✠

Renferme, t. I (Siebentes Stück), pp. 479-524 : — I. Nachricht von denjenigen Schriftstellern, welche die **biblische** Geographie abgehandelt haben (environ 123 art.).

384. — Handbuch der biblischen Literatur enthaltend : I. Biblische Archäologie. II. Geographie. III. Chronologie. IV.... von **Johann Joachim Bellermann**.... Erfurt, Georg Adam Keyser. 4 vol. in-12, 1787-1793. ✠

Renferme t. II, 1790, p. 1 : **Biblische** Geographie; pp. 5-55 : §. 3. Quellen und alte Hülfsmittel (environ 93 art.); pp. 56-68 : §. 4. Neuere geographische Schriftsteller (environ 44 art.); pp. 68-90 : Reisebeschreibungen (près de 100 art.).

385. — Observations on various passages of Scripture, placing them in a new light; and ascertaining the meaning of several, not determinable by the methods commonly made use of by the learned ; originally compiled by the Rev. **Thomas Harmer**, from relations incidentally mentioned in books of voyages and travels in the **East**. In four volumes. First American from the fourth London edition. With a new arrangement, many important additions, and innumerable corrections, By Adam Clarke, L.L.D. Charlestown : S. Etheridge, Jr., 4 vol. in-8, 1815-1817. ✠

Renferme, t. I, pp. XVII-XXII : .... books of travels (17 et 2 art.).

Original anglais : London, 1764, in 8 ; 2ᵉ éd., *ibid.*, 1776, 2 vol. in-8; 3ᵉ éd., *ibid.*, 1787, 4 vol. in-8; 4ᵉ éd., *ibid.*, 1808, 4 vol. in-8 avec additions d'Adam Clarke ; 5ᵉ éd., *ibid.*, 1846, 4 vol. in-8.

Traduction allemande avec additions de Seybold, 2 vol. in-8, 1772-1775, 3ᵉ vol., 1776.

386. — Biblische Geographie. von **Ernst Friedr. Karl Rosenmüller**.... Leipzig, Baumgärtner, 4 vol. in 8, 1823-1830. ✠

Sous-titre : Handbuch der biblischen Alterthumskunde.

Renferme, t. I, pp. 6-126 : — IV. Erkentnissquellen der **biblischen** Alterthumskunde (environ 100 art.).

387. — Œuvres complètes de M. le Vicomte de Chateaubriand, membre de l'Académie française. Tome neuvième. Itinéraire de Paris à Jérusalem. Tome I. Paris. Pourrat frères, 1836; CXLIII et 223 pp. in-8. ☦

Renferme, pp. XCVII-CXXVII : Introduction. Premier mémoire (environ 32 articles sur la **Grèce**; voyages de 1550 à 1808); pp. CXXVII-CXLIII : Second mémoire (environ 20 art. sur la **Terre Sainte**).

Edition en 32 vol., 1834-1838. Autres éditions : l'*Itinéraire* seul, Paris, 1811, 3 vol. in-8; les œuvres complètes, Paris, Ladvocat, 1826, 31 vol. in-8; Paris, Lefèvre, 1829-1831, 20 vol. in-8; Paris, P. H. Krabbe, 1851, 16 vol. gr. in-8.

Trad. angl. par F. Schoberl, New York, van Winkle and Wiley, 1814, 471 et 47 pp. in-8. ☦

Trad. des œuvres complètes en allemand par K. von Kronfels, Freiburg im Breisgau, Wagner, 1827, 7 vol. in-8.

388. — A manual of biblical bibliography; comprising a catalogue, methodically arranged, of the principal editions and versions of the Holy Scriptures; together with notices of the principal philologers, critics, and interpreters of the Bible. By **Thomas Hartwell Horne**, BD. of Saint John's College, Cambridge; rector of the united parishes of Saint Edmund the king and martyr, and Saint Nicholas Acons, Lombard Street; prebendary of Saint Paul's. London : T. Cadell, Strand; W. Blackwood and Sons, Edinburgh; and R. Milliken and Son, Dublin. MDCCCXXXIX; XII et 432 pp. gr. in-8. ☦

Renferme, pp. 377-379 : Treatises on **Biblical** Geography (20 art.); pp. 379-380 : **Biblical** Atlases and Maps (8 art.).

389. — Biblical researches in Palestine, Mount Sinai, and Arabia Petræa. A journal of travels in the year 1838 by E. Robinson and E (li) Smith. Undertaken in reference to biblical geography. Drawn up from the original diaries, with historical illustrations, by **Edward Robinson**, D.D., Professor of Biblical Literature in the Union Theological Seminary, New-York... With new maps and plans in five sheets. Boston : Crocker and Brewster. New York — Jona. Leavitt : London — John Murray : Halle — Waisenhaus-uchhandlung, 1841, 3 vol. in-8. ✠

Renferme, tome III, pp. 3-28 de l'appendice : — Chronological list of works on **Palestine** and **Mount Sinai** (environ 153 articles).

— *Idem*, 2ᵉ éd., Boston, Crocker and Brewster ✠; London, John Murray, 1856, 2 vol. gr. in-8. ✠

— *Idem*, 3ᵉ éd., London, John Murray, 1867, 3 vol. in-8.

Dans ces deux éditions, la liste se trouve, t. II, pp. 533-555.

— Traduction allemande, Halle, Buchhandlung des Waisenhauses, 3 vol. gr. in-8, 1841-1842. ✠

Renferme, tome I, pp. xvi-xxxix : — Chronologisches Verzeichniss der Werke über **Palästina**, den **Berg Sinai** und die angrenzenden Gegenden (environ 168 art. ou groupes d'art.).

390. — Later biblical researches in Palestine, and in the adjacent regions. A journal of travels in the year 1852. By E. Robinson, E. Smith and others. Drawn up from the original diaries, with historical illustrations, by **Edward Robinson**, D.D., LL.D. Professor of biblical literature in the Union Theological Seminary, New York. With new maps and plans. Boston : Crocker and Brewster ; London — John Murray. Berlin — G. Reimer. 1856; xxx et 664 pp. in-8. ✠

Renferme, pp. xxv-xxviii : Additional works on **Palestine, Jerusalem**, Etc. Mostly recent. This list comprises only the most important or popular works (environ 31 art. ou groupes d'art.; 1190-1855).

— *Idem*, London, John Murray, 1856; xxx et 664 pp. in-8. ✠.

— *Idem*, traduction allemande, Berlin, Georg Reimer, 1857; xxxiv et 856 pp. in-8. ✠.

Renferme, pp. xxix-xxxii : Nachtrag von Werken über **Palästina, Jerusalem**, etc. Grösstentheils neu. Vergleiche Palästina Bd. I. 1838. p. xvii-xxxix. Dies Verzeichniss enthält nur die wichtigeren oder populären Werke (environ 31 art. ou groupes d'art.).

391. — Physical geography of the **Holy Land**. By Edward Robinson D.D., LL.D., Professor of biblical literature in the Union theological seminary, New York. A supplement to the late author's biblical researches in Palestine. The maps of the Later Biblical researches will serve for this work. Boston : Crocker and Brewster, 1865; xvi et 399 pp. gr. in-8. ✠

Renferme, pp. 6-11 : Sources (environ 38 art.).

Idem, London : John Murray, 1865; xvi, 351 pp. et 1 p. n. c. in-8. ✠

Renferme (Introduction), pp. 6-10 : .... works on **Palestine**.

Idem, trad. allemande, Leipzig, 1865, in-8.

392. — The pictorial history of **Palestine** and the Holy Land, including a complete history of the Jews. By **John Kitto**.... With five hundred engravings on wood. London : Charles Knight and Co., 1844, 2 vol. in-4. ✠

Renferme, t. II, pp. iii-xxvi : Chapter I. Sources of information (environ 75 art.).

393. — John Kitto. **Palestine**, the Bible history of the Holy Land. London, 1848.

La bibliographie que renferme cet ouvrage, pp. iv-xxiii, ne se trouve pas dans l'édition de 1841, London, Charles Knight & Co. ; viii et 777 pp. in-4. ✠

394. — A cyclopædia of **biblical** literature edited by John Kitto, D.D., F.S.A.,.... Illustrated by numerous engravings. In two volumes. Adam and Charles Black, Edinburgh, 1865. ✠

Renferme une bibliographie aux articles **Jerusalem** (environ 14 art. et 29 voyageurs), **Palestine** (environ 98 art.), etc., etc.

— *Idem*, New York : Mark H. Newman. Cincinnati : William H. Moore, 2 vol, in-8, *s. a.*

— *Idem*, Third edition, Edinburgh, 1860, 2 vol. in-8. Edited by Wm. Lindsay Alexander.

— *Idem*. Third edition greatly enlarged and improved edited by William Lindsay Alexander. Philadelphia : J. B. Lippincott and Co., 3 vol. gr. in-8, 1865-1866. ✠

Renferme environ 90 art. à l'article : Geography.

395. — Bohn's illustrated library. Scripture lands. By John Kitto.

Sous-titre : — **Scripture lands**, described in a series of historical, geographical, and topographical sketches. By **John Kitto**, D.D., F.S.A. And illustrated by a complete biblical atlas, comprising twenty-four maps with an index of reference. London : Bell & Daldy. 1866; VIII pp., 4 pp. n. c., 276 pp., 24 cartes, 95 pp. et 1 p. n. c. in-8. ✠

Renferme, pp. VII-VIII : .... recent works which have been principally consulted (environ 24 art., 1843-1850).

396. — L'Univers. Histoire et description de tous les peuples. Palestine.

Sous titre : — Palestine. Description géographique, historique et archéologique par S. **Munk**, employé au département des manuscrits de la bibliothèque royale. Paris, Firmin Didot frères, 1845 ; 4 pp. n. c. et 704 pp. in-8. ✠

Renferme, pp. 654-658 : Note sur les voyages en **Palestine** (environ 50 art.).

Idem, éd. allemande refondue par M. A. Levy, 2 parties en 1 vol., Leipzig, Oskar Leiner, 1871-1872, in-8.

397. — Bibliothèque de l'Ecole des Chartes revue d'érudition consacrée principalement à l'étude du moyen age. Tome deuxième (Deuxième série) Paris, J. B. Dumoulin, 1845-1846; 608 pp. in-8. ☩

Renferme, pp. 1-31 : Des pèlerinages en **Terre Sainte** avant les croisades (par Ludovic Lalanne).

La bibliographie ne donne, pp. 1-23, guère que 5 titres complets; on trouve, pp. 23-31 : Liste chronologique des pèlerinages antérieurs aux croisades (environ 82 art. avec quelques indications bibliographiques).

398. — Du Rhin au Nil Tyrol. — Hongrie Provinces danubiennes — Syrie Palestine. — Egypte Souvenirs de voyages par X. **Marmier**. Paris, Arthus Bertrand, 2 vol. s. a. (1847). ☩

Renferme, pp. vii-xi : Bibliographie moderne. — Tyrol — Autriche. **Provinces danubiennes.** — **Turquie** (environ 57 art.); pp. xii-xxix : Bibliographie ancienne et moderne par ordre de date. **Palestine.** — **Syrie.** — **Egypte** (environ 192 art. empruntés principalement à Edward Robinson).

399. — A catalogue of bibles and biblical literature, containing the best works, ancient and modern, on the criticism, interpretation, and illustration, of Holy Scripture, and including such of the fathers and later ecclesiastical writers as have treated on these subjects : Classified with analytical table of contents, and alphabetical indexes of subjects and authors. Also a select list of extensive and important works in other classes. On sale at the prices affixed, by **C. J. Stewart**, London. 1849; viii et 238 pp. in-8 (3786 art.). ☩

Renferme, pp. 196-199 : **Biblical** Geography (36 art., n°s 3392-3427); pp. 199-202 : **Biblical** Natural History (59 art., n°s 3428-3486).

400. — Die Erdkunde von Asien von **Carl Ritter**. Band VIII. Zweite Abtheilung..... Vergleichende Erdkunde der Sinai-Halbinsel, von Palästina und Syrien. Zweiter

Band. Erste Abtheilung. Berlin, 1850. G. Reimer; xx et 780 pp. in-8. ✠

Renferme, pp. 23-91 : — Uebersicht der Quellen zur Landeskunde von **Palästina** (environ 49 auteurs et plus de 116 art. remontant à l'an 333).

401. — Het **heilige land** of mededeelingen uit eene reis naar het oosten, gedaan in de jaren 1849 en 1850, in gezelschap van hare koninklijke hoogheid, de prinses Marianne der Nederlanden, door **G. H. van Senden**.....Gorinchem, J. Noorduyn en zoon, 2 vol. in-8, 1851-1852. ✠

Renferme dans les notes (Aanmerkingen) du 1er vol., pp. 289-386, un grand nombre d'indications bibliographiques.

Traduit en allemand par **P. W. Quack**, Stuttgart, Rümelin, 1852, gr. in-8 ; et Stuttgart, Verein für religiös-sittliche Hebung des Volks, s. a., in-8.

402. — Forschungen zur Geschichte und Alterthumskunde des hellenischen Orients, von Dr. K. B. Stark, ausserordentl. Prof. der Philologie, Vicedirektor des archäolog. Museums zu Jena. Mit zwei artistischen Tafeln. Jena, Friedrich Mauke. 1852. ✠

Sous-titre : — **Gaza** und die philistäische Küste. Eine Monographie von Dr. **K. B. Stark**....; xvi, 645 pp. et 3 pp. n. c. in-8.

Renferme, pp. 9-10, 3 art. sur **Gaza**; pp. 11-12 environ 37 art. concernant principalement la **Syrie** et la **Palestine**; pp. 31-32, 148-149, 335-339, 503-506 et 612 : 9, 9, 27, 11 et 4 art. pour la partie historique.

403. — Nouvelles annales des voyages et des sciences géographiques contenant des relations originales inédites.... avec cartes et planches rédigées par M. **Vivien de St Martin** ex-secrétaire général de la Société de Géographie...... Paris, Arthus Bertrand. ✠

Renferme, Nouvelle Série. Tome XXXIII. Année 1853. Tome premier, pp. 35-58, et, Nouvelle Série. Tome XXXV. Année 1853. Tome troisième, pp. 36-67 : — Les vieux voyageurs à la **Terre Sainte**. (Du XIV⁰ au XVI⁰ Siècle) Extrait d'une histoire géographique inédite de la Syrie et de la Palestine. Par le Rédacteur (environ 7 et 15 art.).

404. — Dr. Titus Toblers Zwei Bücher Topographie von **Jerusalem** und seinen Umgebungen. Berlin, G. Reimer, 2 vol. in-8, 1853-1854. ✠

Renferme, t. I, pp. xi-civ : Literatur (environ 430 art.); t. II (Zusätse), pp. 1007-1012 : Zur Literatur (environ 28 art.).

★ **405.** — Titus Toblers dritte Wanderung nach **Palästina** im Jahre 1857. Ritt durch Philistäa, Fussreisen im Gebirge Judäas und Nachlese in Jerusalem. Mit einer Karte. Gotha, Justus Perthes, 1859; viii et 514 pp. in-8. ✠

Renferme, pp. 361-363 : Pilgerwesen (environ 17 art., 1853-1858); pp. 413-440 : Beiträge zur Literatur (environ 250 articles, 728-1859).

406. — Bibliographia geographica **Palaestinae**. Zunächst kritische Uebersicht gedruckter und ungedruckter Beschreibungen der Reisen ins Heilige Land. Von Titus Tobler. Leipzig, S. Hirzel, 1867; v et 265 pp. gr. in-8 (environ 1350 art. dont 123 pour les cartes). ✠

L'auteur ne mentionne pas moins de 35 ouvrages (pp. 1-4) donnant l'indication des sources bibliographiques relatives à la Palestine.

407. — Bibliographia geographica **Palæstinæ** ab anno CCCXXXIII usque ad annum M. Auctore **Tito Tobler**. Ex Petzholdti Annalibus Neuer Anzeiger f. Bibliographie u. Bibliothekwissenschaft 1875. Fasc. 6, 7, 8 et 9 separatim edita. Dresdae, Libraria G. Schoenfeldia, 1875; 27 pp. in-8. ✠

Se trouve dans : Neuer Anzeiger für Bibliographie und Bibliothekwissenschaft. Herausgegeben unter verantwortlicher Redaction von Dr Julius Petzholdt. Dresden, G. Schönfeld, 1875, pp. 204-207 (12 art.), 235-239 (19 art.), 275-291 (110 art.), sous le titre :

Bibliographiam geographicam **Palæstinæ** ab anno CCCXXXIII usque ad annum M. scripsit **Titus Tobler.** ✠

408. — Cyclopaedia bibliographica : a library manual of theological and general literature, and guide to books for authors, preachers, students and literary men. Analytical, bibliographical and biographical. By **James Darling.** London, James Darling, 2 vol. in-4, 1854-1859. ✠

Renferme, tome II (Subjects. Holy Scriptures), col. 1819-1824 : — **Sacred Geography** (environ 114 art.).

409. — La **Syrie** la **Palestine** et la **Judée** et pèlerinage à **Jérusalem** et aux lieux saints par le R. P. Laorty-Hadji. Paris, Bolle-Lasalle. 1853; 4 pp. n. c. et 298 pp. gr. in-8. ✠

Renferme, p. 259, environ 93 noms de voyageurs ou d'auteurs.

Ouvrage parvenu à sa 21ᵉ éd. in-8, en 1854. Laorty-Hadji, pseudonyme du baron **Isidore Justin Severin Taylor.**

410. — Pellegrinaggio storico e descrittivo di **Terrasanta** del P. Alessandro Bassi. minor osservante..... Torino, 1857. Tipografia Subalpina di Artero e Cotta, 2 vol. gr. in-8. ✠

Renferme, tome I, pp. 233-241 : — Bibliografia Palestina (environ 107 art.)

Idem, Genova, 1858, 2 vol. in-8.

* **411.** — Memoir to accompany the Map of the **Holy Land** constructed by **C. W. M. van de Velde** from his own surveys in 1851 and 1852; from those made in 1841 by Robe and Rochfort Scott, Lieut. Symonds, and other officers of Her Majesty's corps of Royal Engineers; and from the results of the researches made by Lynch, Robinson, Wilson, Burckhardt, Seetzen, &c. Gotha Justus Perthes, 1858; 356 pp. in-8. ✠

Renferme, pp. 7-21... other books maps, manuscripts, &c., which have been used in the construction of our map (environ 118 art. dont 10 pour les cartes).

412. — The **land of promise**. Notes of a Spring-Journey from Beersheba to Sidon. By **Horatius Bonar**, D. D.,.... New York : Robert Carter & brothers, 1858; viii et 568 pp. pet. in-8. ✠

Renferme, pp. 514-525 : Part II. Topographical works (environ 98 art., 333-1764).

Idem, London, 1858.

413. — Die Hohenzollern am heiligen Grabe zu Jerusalem, insbesondere die Pilgerfahrt der Markgrafen Johann und Albrecht von Brandenburg im Jahre 1435. Aus den Quellen bearbeitet von **F. Geisheim**. Berlin, F. Duncker, 1858; iv et 254 pp. in-8.

Renferme, pp. 54-57, un supplément à la bibliographie de la **Terre Sainte** de T. Tobler (v. *suprà*, n° 404).

414. — Lorenz Clem. Gratz. Schauplatz der Heiligen Schrift oder das alte und neue Morgenland mit Rücksicht auf die biblischen und kirchlichen Zustände. Handbuch zu dem J. F. von Alliolischen Bibelwerke. München, Vogel, 1858; xvi et 659 pp. in-8.

Renferme, pp. 618-634, une bibliographie de la **Terre Sainte**. Forme la deuxième édition de : Biblische Erd- und Länderkunde, publiée par J. F. Allioli en collaboration avec L. C. Gratz, Landshut, Vogel, 1844, gr. in-8.

415. — **Palästina**. Von Karl von Raumer. Vierte, vermehrte und verbesserte Auflage. Leipzig : F.A. Brockhaus, 1860; xvi et 512 pp. gr. in-8. ✠

Renferme, pp. 1-19 : Quellen (environ 139 art. dont 21 pour les cartes et plans).

Idem, 1° éd., Leipzig, F. A. Brockhaus 1835 ; xii et 346 pp. in-8. Renferme, pp. 2-15 : 2. Quellen (environ 70 art.). ✠

Idem, 2° éd., Leipzig, F. A. Brockhaus, 1838 ; xvi et 488 pp. in-8. Renferme, pp. 2-19 : Quellen (environ 90 art.). ✠

Idem, 3° éd., 1850.

Idem, traduction hollandaise, 1861.

416. — Neuer Anzeiger für Bibliographie und Bibliothekwissenschaft. Herausgegeben von Dr. Julius Petzholdt. Dresden, G. Schönfeld's Buchhandlung (C. A. Werner).

Renferme, Jahrgang 1861, pp. 273-292, 337-342 : Verzeichniss einer Sammlung von Reisen in's **Heilige Land** (Aus der Prinzl. Secondogenitur-Bibliothek zu Dresden) (*auctore* J. Petzholdt ; environ 100 articles). ✠

Renferme : Verzeichniss von Reisen in's **Heilige Land**..... Jahrgang 1862, pp. 118-123, 141-151, 183-187, 244-254, 285-296 ; Jahrgang 1863, pp. 6-12, 47-56, 75-81, 107-110 ; Jahrgang 1866, pp. 253-256 (du même auteur en collaboration pour partie avec F. L. Hoffmann); environ 330 articles). ✠

417. — Annales du Commissariat général de la Terre Sainte à Paris. Paris, Adrien Le Clere et Cie, 1861 ; 100 pp. in-8. ✠

Renferme, pp. 80-99 : Liste des principaux ouvrages imprimés ou manuscrits sur la **Terre Sainte** (*auctore* Fulgence Rignon ; environ 266 art., 333-1861).

418. — A dictionary of the Bible comprising its antiquities, biography, geography and natural history. Edited by William Smith, D.C.L., LL.D..... in three volumes. London, John Murray, 3 vol. in-8, 1863. ✠

Idem. Boston : Little, Brown, and Company, 1863, 3 vol. in-8. ✠

Idem. Hartford : J. B. Burr & Company, 1868, 3 vol. in-8. ✠

Idem, Revised and edited by Professor H. B. Hackett, D.D. with the coöperation of Ezra Abbot, LL. D. assistant ibrarian of Harvard College. New York, Hurd and Houghton, 1871, 4 vol. in-8. ✠

Renferme, à l'art. **Jerusalem**, 37 articles ou groupes d'articles.

419. — Pèlerinage en Terre Sainte de l'igoumène russe Daniel, au commencement du XIIe siècle (1113-1115) traduit pour la première fois ; accompagné de notes critiques et suivi du texte russe, collationné à la commission archéologique d'après trente manuscrits, par **Abraham de Noroff**. St.-Pétersbourg. Imprimerie de l'Académie Impériale des Sciences. 1864; 2 pp. n. c., 217 pp. et 5 pp. n. c. in-4. ☩

Renferme, pp. 208-217 : Addition à la bibliographie de la **Terre Sainte** (environ 68 art. appartenant principalement à la littérature russe ou polonaise).

★ **420.** — Les Scandinaves en Terre-Sainte.

Sous-titre : — Expéditions et pèlerinages des Scandinaves en **Terre-Sainte** par **Paul Riant**. Paris, imp. de Ad. Lainé et J. Havard, 1865 ; XIII et 448 pp. gr. in-8 et un volume de tables, 1869; LXXVI pp. gr. in-8. ☩

Le volume de tables renferme, pp. XLVII-LXXVI : Table des ouvrages cités (environ 856 art.).

421. — The comparative geography of Palestine and the Sinaitic Peninsula. By **Carl Ritter**. Translated and adapted to the use of Biblical Students by **William L. Gage**. New York : D. Appleton and Co. 1866 ; 4 vol. in-8. ☩

Renferme, t. II, pp. 22-103 : Chapter II. Review of the authorities on the geography of **Palestine** (environ 565 art. dont 54 pour les cartes, pp. 101-103); pp. 391-409 : Tobler's list of works (environ 223 art.).

Idem, ibid., 1870, 4 vol. in-8.

422. — Cyclopædia of **biblical**, theological and ecclesiastical literature. Prepared by the Rev. **John Mc. Clintock**, D.D., and **James Strong**, S. T. D. New York : Harper & Brothers, 1867-1880, 9 vol. gr. in-8 s'arrêtant au mot *Styx;* en cours de publication. ☩

Renferme aux articles : Geography, Palestine, Jerusalem, etc., etc., un grand nombre d'articles bibliographiques.

423. — Catalogue de livres anciens et modernes sur la **Terre-Sainte** et les **Indes-Orientales** formant la riche collection de **F. de Saulcy** membre de l'Institut. Dont la vente se fera le mercredi 27 Novembre.... Paris, Tross, 1872; 62 pp. in-8 (484 art). ✠

424. — Unexplored Syria visits to the Libanus, the Tulúl El Safá, the Anti- Libanus, the Northern Libanus, and the 'Aláh. By Richard F. Burton and Charles F. Tyrwhitt Drake. In two volumes. London, Tinsley brothers, 1872, 2 vol. in-8. ✠

Renferme, pp. 29-30 : .... the best and most modern maps of **Syria** and **Palestine** (13 art.).

425. — G. Arconati Visconti. Cenni bibliografici sui viaggi in **Terra Santa**. Torino, tip. V. Bona, 1873; 24 pp. in-4.

426. — В. Н. Хитрово. — Палестина и Синаи. Часть I, выпускъ 1-й. (**V. N. Khitrovo**. La **Palestine** et le **Sinaï**. 1re partie, 1er fascicule). St Pétersbourg, typ. Maïkoff, 1876; VI et 152 pp. in-8 (214 art.).

Dédié au troisième congrès des orientalistes. Littérature russe.

427. — Іерусалимъ и Палестина въ русской литературѣ, наукѣ, живописи и переводахъ (Матерялы для библіографіи). С. Пономарева. Приложеніе къ XXX-му Тому Записокъ Имп. Академіи Наукъ. No 1. (**S. Ponamoreff**. Littérature russe relative à **Jérusalem** et à la **Palestine**.) St Pétersbourg, impr. de l'académie des sciences, 1877; XX et 128 pp. in-8 (924 art.).

428. — Jahrbücher für Deutsche Theologie herausgegeben von Dr. Dillmann und Dr. Dorner in Berlin, Dr. Ehrenfeuchter und Dr. Wagenmann in Göttingen Dr. Landerer und Dr. Weizsäcker in Tübingen. Zweiundzwanzigster Band. Gotha, Rud. Besser. 1877; 4 pp. n. c. et 700 pp. in-8. ✠

Renferme, pp. 143-152 : Zur **Palästina**-Literatur (titres et analyse de 14 ouvrages; *auctore* Ph. Wolff).

429. — Theologische Literaturzeitung. Herausgegeben von Prof. Dr. E. Schürer. Leipzig. J. C. Hinrichs'sche Buchhandlung. Erscheint alle 14 Tage. N° 15. 20. Juli 1878. 3. Jahrgang; gr. in-8 sur 2 colonnes. ✠

Renferme, col. 354-358 : Bericht über die **Palästinakunde** vom Jahr 1876 u. 77 (20 art.; *auctore* K. Furrer).

Bibliographie continuée par le Dr. **Caspar René Gregory** dans le même journal en 1879.

430. — Zeitschrift des Deutschen Palaestina-Vereins. Herausgegeben von dem geschäftsführenden Ausschuss unter der verantwortlichen Redaction von Lic. Hermann Guthe. Band I. Leipzig, 1878, in Commission bei K. Bædeker, VIII et 240 pp. in-8. ✠

Renferme, pp. 24-46 : Bericht über neue Erscheinungen auf dem Gebiete der **Palästinaliteratur** Von Prof. **A. Socin** in Tübingen (environ 176 articles).

Idem, 1879, *ibid.*, 2 pp. n.c., xx et 258 pp. in-8. ✠

Renferme, pp. 81-101 : Bericht über neue Erscheinungen auf dem Gebiete der **Palästinaliteratur** 1878. Von Prof. **A. Socin** in Tübingen (environ 133 art.).

Idem 1880, *ibid.*; IV, 4, XXVI et 250 pp. in-8. ✠

Renferme, pp. 57-87 : Bericht über neue Erscheinungen auf dem Gebiete der **Palästinaliteratur** 1879. Von Prof. **A. Socin** in Tübingen (162 art.).

431. — Real-Encyklopädie für protestantische Theologie und Kirche. Unter Mitwirkung vieler protestantischer Theologen und Gelehrten in zweiter durchgängig verbesserter und vermehrter Auflage herausgegeben von D. J. J. Herzog und D. G. L. Plitt,.... Leipzig, J. C. Hinrichs, gr. in-8. ✠

Renferme, tome VI, 1880, fasc. 57-58, p. 575, à l'article **Jerusalem** une bibliographie d'environ 35 articles par **Fr. W. Schultz**.

L'édition précédente publiée par Herzog, Stuttgart und Hamburg, Rudolf Besser; Gotha Rudolf Vesser, 22 vol. gr. in-8, 1854-1868, renferme à l'article **Palästina**, vol. 11, 1859, par **Arnold**, § 9, p. 40-46 ; Quellen und Hülfsmittel (environ 170 art.). ✠

432. — Palästina und Syrien. — Handbuch für Reisende herausgegeben von K. Baedeker. Mit 18 Karten, 44 Plänen, 1 Panorama von Jerusalem und 10 Ansichten. Zweite verbesserte und vermehrte Auflage. Leipzig, Karl Baedeker, 1880; cliv et 517 pp. pet. in-8. ☩

Auctore Dr. **Albert Socin**. Renferme, pp. clii-cliv : Kurze Notizen zur Literatur über **Jerusalem** und **Palästina** (environ 70 art.).

Idem, Leipzig, Karl Baedeker, 1875, xiv et 585 pp. pet. in-8; bibliographie, pp. 128-130.

Idem, traduction anglaise, Leipzig, Karl Baedeker; Boston, James R. Osgood and company, 1876; xvi et 610 pp. pet. in-8. Renferme, pp. 122-126 : IX. Works descriptive of **Jerusalem** and **Palestine** (environ 70 art.). ☩

433. — Deutsche Pilgerreisen nach dem **Heiligen Lande** herausgegeben und erläutert von **Reinhold Röhricht** und **Heinrich Meisner**. Berlin, Weidmann, 1880; 712 pp. gr. in-8.

Renferme pp. 547-648 : Bibliographie (plus de 1000 art.).

434. — Notes and Queries. A medium of Intercommunication for literary men, general readers, etc. No. 65. Saturday, March 26, 1881, (London) pet. in-4. ☩

Renferme, pp. 243-244 : Travels in the **Holy Land** (9 art., 1788-1829; *auctore* **William H. Sewell**).

Suite, *ibid.*, n° 72, du 14 mai 1881, p. 385 (environ 31 art., 1830-1845) ☩; n° 84, du 6 août 1881, pp. 104-105 (environ 43 art., 1845-1855). ☩

435. — Historical and descriptive memoir on the Town and Environs of Jerusalem. [To accompany the Ordnance Survey.] By **George Williams**, B.D., Fellow of King's College, Cambridge. London : John W. Parker. Cambridge : John Deighton, 1849; viii et 164 pp. in-8. ☩

Renferme, pp. 3-9 : 1. Former plans of **Jerusalem** (environ 15 art.).

— **436**. — Karten und Pläne zur Topographie des alten

Jerusalem. Bearbeitet und herausgegeben von Dr. **Carl Zimmermann**, Gymnasialdirektor in Basel. Begleitschrift. (Mit einer Kartenskizze.) Basel. Bahnmaier (C. Detloff). 1876; 40 pp. in-8. ✠

Renferme, pp. 30-40 : Noten zur Abschnitt III (environ 35 art. d'ouvrages et cartes).

437. — Official copy. Catalogue of the maps and plans and other publications of the ordnance survey of Scotland, To 1st October 1880. Colonel **A. C. Cooke**, C.B., R.E., Director-General of the Ordnance Surveys. Southampton. London : printed by George E. Eyre and William Spottiswoode. For Her Majesty's stationery office. 1880; 82 pp. et 13 pp. n. c. gr. in-8. ✠

Renferme, pp. 66-73 : The ordnance survey of **Jerusalem** (environ 96 art. de plans, vues et reliefs); pp. 75-82 : Ordnance survey of **Sinai** (environ 280 art. de cartes, vues et reliefs).

Ces listes se retrouvent, pp. 29-43, dans : Catalogue of the maps and plans and other publications of the ordnance survey of Ireland, To 1st October 1878. Colonel **A. C. Cooke** .... London, *ibid.*, 1878, 44 pp. gr. in-8. ✠

Elles se retrouvent aussi, pp. 199-213, dans : Catalogue of the maps and plans and other publications of the ordnance survey of England and Wales and the isle of Man, To 1st January 1881. Col. **A. C. Cooke** .... London, *ibid.*, 1881, 214 pp. et 24 pp. n. c. gr. in-8. ✠

438. — Golgatha. Seine Kirchen und Klöster. Nach Quellen und Anschau von Dr. **Titus Tobler**, praktischem Arzte in Horn am Bodensee. Mit Ansichten und Plänen. St. Gallen und Bern. Huber und Comp. 1851 ; XII, 552 pp. et 1 p. n. c. in-8. ✠

Renferme, pp. 1-6 : Grundrisse (environ 23 art. de plans de l'**Église du Saint-Sépulcre**).

439. — Die Geschichte der Assassinen aus morgenländischen Quellen durch **Joseph von Hammer**. Stuttgart und

Tübingen, J. G. Cotta, 1818; VIII, 341 pp. et 3 pp. n. c. in-8. ✠

Renferme, pp. V-VIII : Quellen dieser Geschichte der **Assassinen** (environ 35 art.).

Cette bibliographie se retrouve, pp. 221-222, sous le titre : Authorities, dans : The history of the **Assassins**. Derived from Oriental sources, by **Joseph von Hammer**, author of the history of the Ottoman empire, &c. Translated from the German by Oswald Charles Wood, M.D., &c. &c. &c. London : Smith and Elder, 1840; VI pp. n. c. et 248 pp. in-8. ✠

La traduction française (Histoire de l'ordre des **Assassins**, par **J. de Hammer**; ouvrage traduit de l'allemand et augmenté de pièces justificatives, par J. J. Ellert et P. A. de la Nouraie. Paris. Paulin. Mars 1833; 2 pp. n. c. et 367 pp. in-8 ✠) ne renferme pas cette bibliographie.

440. — Bibliotheca sacra : or tracts and essays on topics connected with biblical literature and theology. Editor : **Edward Robinson**, D D. Professor of Biblical Literature in the Union Theological Seminary, New-York..... New-York and London : Wiley and Putnam. 1843; VIII et 575 pp. in-8. ✠

Renferme, pp. 252-253 (The **Druses** of Mount Lebanon) : Authorities (environ 23 art.).

441. — La nation **druse**, son histoire, sa religion, ses mœurs et son état politique par M. **Henri Guys**.... Paris, chez France, 1863; 232 pp. in-8. ✠

Renferme, pp. 5-6 : Liste des auteurs cités et des titres de leurs ouvrages (environ 44 art.).

442. — The gold-mines of **Midian** and the ruined Midianite cities. A fortnight's tour in North-Western Arabia. By **Richard F. Burton**, membre de l'Institut Égyptien. Second edition. London : C. Kegan Paul & Co., 1878; XVI, 395 pp. et 3 pp. n. c. in-8. ✠

Renferme, p. VIII. 3 art. de bibliographie.

443. — An account of The British Settlement of **Aden** in

Arabia. Compiled by Captain **F. M. Hunter**, F.R.G.S., F.R.A.S., Bombay Staff Corps, Assistant Political Resident, Aden... Trübner & Co., London, 1877, xii et 232 pp. in-8. ✠

Renferme, pp. 197-202 : Appendix A. List of Authorities consulted, and Works of interest containing information regarding **Aden** and its inhabitants (environ 87 art.).

*444. — History of the Imâms and Seyyids of **'Omân** by Salîk Ibn Razik, from A.D. 661-1856; translated from the original Arabic, and edited, with notes, appendices, and an introduction, continuing the history down to 1870 by **George Percy Badger**, F.R.G.S., late chaplain of the Presidency of Bombay. With a map. London, printed for the Hakluyt Society, 1871; 18 pp. n. c., cxxviii et 435 pp. in-8. ✠

Renferme, pp. cxxi-cxxii : Editions of books quoted or referred to by the editor (43 art.).

445. — **Assyrian** discoveries; an account of explorations of discoveries on the site of **Niniveh**, during 1873 and 1874. By **George Smith**, of the Department of Oriental Antiquities, British Museum,... etc., etc. With illustrations. New-York. Scribner, Armstrong & Co. 1875; xvi et 461 pp. in-8. ✠

Renferme, pp. 6-8, une bibliographie de 17 auteurs (environ 60 art.).

Edition originale, London, Sampson Low, 1875.

446. — A Catalogue of leading books on **Egypt** and Egyptology, and on **Assyria** and Assyriology, To be had at the affixed prices, of Trübner & Co. London : **Trübner & Co.**; 1880; 4 pp. n. c. et 40 pp. in-8 ✠.

Environ 766 articles ainsi répartis : pp. 1-28 : **Egypt:** history and travels; antiquities and ancient art; hieroglyphics, languages and literature (535 art.); pp. 28-39 : **Assyria** and **Babylona** (267 art.); pp. 39-40 : Additions (24 art.).

2ᵉ éd., *ibid.*, 1881; 4 pp. n. c. et 52 pp. in-8.

447. — **Cavcasiarvm** regionvm et gentivm straboniana descriptio ex recentioris aevi notitiis commentario perpetvo illvstrata Accedvnt excvrsvs nonnvlli de nomine Cavcasi. De metallis Cavcasi. De Iberorvm origine. De nomine Georgiorvm gentis et Cyri sive Kvri flvvii. De Tcherkessis. De Aorsis, Avaris et Hvnnis. De reineggsiana Cavcasi descriptione. Avctore **Christophoro Rommel** philosophiæ in Georgia Avgvsta doctore. Cvm appendice textvm graecvm continente. Lipsiae 1804 svmptibvs Siegfried Lebrecht Crvsii; XVI, 99 pp. et 5 pp. n. c. in-8. ☩

Renferme, pp. IX-XIV, dans les Prolegomena, environ 32 articles sur le **Caucase**.

448. — Bulletin scientifique publié par l'Académie impériale des sciences de Saint-Pétersbourg et rédigé par son secrétaire perpétuel. Tome troisième. (Avec trois planches.) 1838. Saint-Pétersbourg chez W. Graeff et Leipzig chez L. Voss; VII, 192 pp. sur 2 colonnes numérotées 1-384 et 4 pp. gr. in-4. ☩

Renferme (N° 19). col. 317-320 : Musée. 4. Registre des cartes **géorgiennes** manuscrites, acquises par le Musée Asiatique; par **M. Brosset** (lu le 15 décembre 1837). (22 art.).

Cette liste a été publiée séparément, St-Pétersbourg, 1837, in-8.

★ **449.** — Записки Кавкаскаго отдѣла императорскаго русскаго географическаго общества (Mémoires [*Sapiski*] de la Société impériale russe de géographie; section du Caucase). Tiflis, typ. de la chancellerie du gouvernement du Caucase, in-8.

Renferme, 1853, 2ᵉ fascicule, pp. 170-187 (73 art.), ainsi que dans la plupart des autres numéros, un index des livres et articles de journaux se rapportant à la géographie, à la statistique et à l'ethnographie du **Caucase**.

Des indications analogues se trouvent dans les différents numéros du bulletin (Извѣстія, Izvestia) de la même société, paraissant depuis l'année 1872, entre autres, 1874, pp. 101-110 (56 articles).

450. — The **Caucasus**. By Ivan Golovin. London: Trübner, & Co.; T. F. A. Day. 1854; 2 pp. n. c., vi et 191 pp. in-8. ✠

Renferme, pp. 103-104, environ 17 art.

451. — **Doubrovíne**. Histoire de la guerre et de la domination russe au **Caucase** (en russe). Saint-Pétersbourg, 1ʳᵉ partie, 1871.

La 3ᵉ livraison du 1ᵉʳ vol. renferme 2355 indications bibliographiques.

452. — Bibliotheca caucasica et transcaucasica. Essai d'une bibliographie systématique relative au **Caucase**, à la **Transcaucasie** et aux populations de ces contrées, par **M. Miansarof**, Major de cavallerie (*sic*).... Sᵗ Pétersbourg, impr. de J. Bakst et de Hohenfelden et Comp., 2 vol. gr. in-8, 1874-1876 et 1880 (4840 art. pour le 1ᵉʳ vol.). ✠

Sous-titre : Опытъ справочнаго систематическаго каталога печатнымъ сочиненіямъ о Кавказѣ, Закавказьи и племенахъ эти края населяющихъ.

★ **453.** — Streifzüge im Kaukasus, in Persien und in der asiatischen Türkei von Freiherr **Max von Thielmann**... Leipzig, Duncker u. Humblot, 1875 ; viii et 493 pp. in-8. ✠

Renferme, pp. 441-444: Literatur und Karten (sur le **Caucase**, 23 articles).

La traduction anglaise par Charles Heneage (London, John Murray, 1875, 2 vol. in-8 ✠), renferme, t. II, pp. 247-249, environ 24 art. relatifs au **Caucase**; pp. 274-275, environ 5 art. relatifs à la **Perse**.

★ **454.** — Recherches géologiques dans la partie centrale de la chaîne du **Caucase** par Ernest Favre. Avec une carte et des coupes géologiques, et des gravures sur bois intercalées dans le texte. Genève, Bâle, Lyon, H. Georg, 1875 ; viii et 117 pp. in-4. ✠

Renferme, pp. III et IV, environ 24 art. sur la géologie du Caucase.

455. — Geography, history, and antiquities of **Parthia**. Sous-titre : The sixth great Oriental Monarchy; or the geography, history and antiquities of Parthia, collected and illustrated from ancient and modern sources by **George Rawlinson**, M.A.... London : Longmans, Green and Co. 1873; XIII pp., 3 pp. n. c. et 458 pp. in-8. ✠

Renferme, pp. 431-434 : List of authors and editions quoted in the notes (environ 151 art.).

456. — Altes und Neues Vorder- und Mittel-Asien oder pragmatisch-geografische, fysische und statistische Schilderung und Geschichte des **Persischen** Reichs von den ältesten Zeiten bis auf diesen Tag. Herausgegeben von **S. F. Günther Wahl**, Königlich Preussischen Interpr. und Professor zu Halle. Erster Band. Mit Kupfern und einer neuen Karte. Leipzig, 1795. Bei Siegfried Lebrecht Crusius; 16 pp. n. c., XXII pp., 2 pp. n. c. et 944 pp. pet. in-8. ✠

Renferme, pp. 52-77 : I. Neuere systematische Werke und Abhandlungen (environ 129 art.); pp. 77-105 : II. Reisebeschreiber (environ 70 art.); pp. 105-142 : III. Klassische Schriftsteller (environ 60 art.); pp. 142-206 : Klassische Schriftsteller des Orients; Universalgeschichten.

Renferme aussi, pp. 44-52, une vingtaine d'art. relatifs à la **mer Caspienne** et aux pays voisins.

*****457.** — Recueil de voyages et de mémoires, publié par la Société de Géographie. Tome deuxième. Paris, de l'imprimerie d'Everat, 1825, 4 pp. n. c. et 526 pp. in-4. ✠

Renferme, pp. 247-371 : Extrait de la traduction faite par M. le baron de Nerciat, d'un mémoire de M. **de Hammer**, sur la Perse, pour ce qui concerne seulement la partie géographique.

Meilleurs ouvrages historiques de la **Perse** (environ 16 art., pp. 368-370); Histoires particulières des **villes de Perse** (17 art., pp. 370-371).

458. — Notice chronologique d'une centaine d'ouvrages pour la plupart historiques et géographiques, tant **arabes** que **persans** et **turcs** qui manquent en grande partie aux différentes bibliothèques de l'Europe et dont il serait à propos que les personnes qui séjournent dans le Levant cherchassent dans l'intérêt des sciences à se procurer les originaux ou des copies fidèles. St-Pétersbourg, 1834; 11 et 24 pp. in-4.

Auctore **Fræhn**; réimprimé, Kazan, 11 et 24 pp. in-4.

459. — Нѣкоторыя указанія взятыя большею частію изъ историческо-географической литтературы Арабовъ, Персовъ и Турковъ, преимущественно для нашихъ чиновниковъ и путешественниковъ въ Азіи. — Indications bibliographiques relatives pour la plupart à la littérature historico-géographique des **Arabes**, des **Persans** et des **Turcs**, spécialement destinées à nos employés et voyageurs en Asie. Sᵗ Pétersbourg. De l'imprimerie de l'Académie impériale des sciences 1845; 4 pp. n. c., LV et 87 pp. gr. in-8. ✠

Rédigé par **Fræhn**; 226 et 18 articles.

460. — Inscriptiones palaeo-**persicæ** achaemenidarum quot hucusque repertae sunt ad apographia viatorum criticasque Chr. Lassenii, Th. Benfeyii, J. Oppertii nec non Fr. Spiegelii editiones archetyporum typis primus edidit et explicavit commentarios criticos adjecit glossariumque comparativum Palaeo-Persicum subjunxit Dr. **Cajetanus Kossowicz**.... Petropoli Excusum in typographeo Wladimiri Golowin. Cesareae universitatis impensa. MDCCCLXXII; 7 pp. n. c., XXXVI, 134 pp., 2 pp. n, c., 121 pp., 1 p. n. c., 52, 52, 17 pp., 1 p. n. c., 12, 31 pp. et 2 pp. n. c. in-8. ✠

Renferme, pp. XIX-XXII : Fontes praecipui et adjumenta, quorum notitiam, quod ad antiquitates, atque ipsos libros, mecum communicatos benignitati operis auctoris debeo, quique mihi operis sic exonerandi facultatem dederunt, secundum chronologicum ordinem sunt : (23 art.).

ASIE. 113

461. — Bibliographie de la **Perse**, par M^se Schwab, de la Bibliothèque Nationale. Paris, Ernest Leroux, 1875; 152 pp. in-8 (1332 art. dont 46 pour les cartes, pp. 127-130, n°s 1128-1173). ✠

A obtenu la moitié du prix Brunet, à l'Académie des Inscriptions et Belles Lettres.

462. — M. **Stebnitsky** a publié dans les Mémoires (*Sapiski*) de la Société de Géographie de Saint-Pétersbourg (1879) une liste et une analyse des ouvrages géographiques et des cartes concernant la **Perse** (texte russe).

463. — Die Expedition gegen **Chiwa** im Jahre 1873 nach den Quellen bearbeitet von Emil Schmidt. St. Petersburg, Schmitzdorff, 1874, gr. in-8.

Renferme, pp. 2-14, 195-198, une bibliographie d'environ 262 articles par **Emil Schmidt** et **P. Lerche**, extraite de :
★ Russische Revue. Monatschrift für die Kunde Russlands. Herausgegeben von Carl Röttger. St. Petersburg, 1874, H. Schmitzdorff (Carl Röttger); vol. IV, pp. 289-302; vol. V, pp. 202-206. ✠

464. — Recueil du Turkestan comprenant des livres et des articles sur l'**Asie centrale** en général et sur la province du **Turkestan** en particulier. Composé sous les auspices du Général Gouverneur du Turkestan K. P. von Kaufmann, par **V.-J. Méjow**. Tomes 1-150. L'indicateur systématique et alphabétique. Saint-Pétersbourg, 1878; 2, III, VIII et 184 pp. gr. in-8 (2007 art.).

La collection dont cette liste est un catalogue avait, en 1878, 200 gros volumes renfermant plus de 3000 ouvrages ou articles. La table des volumes 151-200 doit paraître prochainement.

465. — England and Russia in the East. A series of papers on the political and geographical condition of **Central Asia**. By Major-Gen. Sir Henry Rawlinson, K.C.B., F.R.S.,.... With map. London : John Murray. 1875; XVI et 393 pp. in-8. ✠

Renferme, pp. 205-209 : Chapter IV. Central Asia. (Reprinted, with Notes, from the „ Quarterly Review." for Oct. 1866, No. 240, p. 461.) 1. Authorities for Central Asian geography (environ 10 art.).

466. — Geschichte der Goldenen Horde in Kiptschak, das ist : der **Mongolen** in Russland. Von **Hammer-Purgstall**. Mit neun Beilagen und einer Stammtafel, nebst Verzeichniss von vierhundert Quellen, Beurtheilung der Herren *v. Krug, Fraehn* und *Schmidt*, Antwort darauf, und Nahmen- und Sachregister. Pesth, C. A. Hartleben, 1840 ; 4 pp. n. c., L, 683 pp. et 2 pp. n. c. in-8. ✠

Renferme, pp. XXI-XLIX : — Ubersicht der Quellen (400 art.).

467. — History of the **Mongols** from the 9th to the 19th century. By **Henry H. Howorth**, F.S.A. London : Longmans, Green, and Co., 2 vol. en 3 parties in-8, 1876-1880. ✠

Renferme, t. I, pp. XVI-XXVII, une bibliographie d'environ 30 auteurs.

468. — Der Kriegs-Schauplatz in **Inner-Asien** oder Bemerkungen zu der Uebersichts- Karte von **Afghanistan**, dem **Penjab** und dem Lande am **untern Indus**. Nach englischen Quellen herausgegeben zum leichteren Verständniss der inner-asiatischen Angelegenheiten, von Carl **Zimmermann**.... Mit den Plänen von Ghuzni, Kelat und Jellalabad. Berlin, 1842, E. H. Schrœder ; IV et 228 pp. in-8. ✠

Renferme, pp. 17-20 : Bücher aus welchen man den **Afghanistan-** Feldzug kennen lernen Kann (environ 18 art.) ; pp. 20-21 : Karten von **Inner Asien** (8 art.) ; pp. 21-22 : Karten, welche zur Zusammenstellung des Uebersichtsblattes von neuem benutzt wurden (13 art.).

469. — Bulletin of the Boston public library. January 1879. Vol. 4. No. 1. Whole n° 48. ✠

Renferme, pp. 34-35 : **Afghanistan** (environ 34 art. ; *auctore* **Lindsay Swift**).

★ **470.** — Etude militaire, géographique, historique et politique sur l'**Afghanistan**, par **André Mariotti**. Avec 3 plans. Paris, J. Dumaine. 1879; 4 pp. n. c. et 96 pp. in-8. ✠

Renferme, pp. 1-5 : Préliminaires (environ 30 art, dont 10 pour les cartes).

471. — The country of **Balochistan**, its geography, topography, ethnology and history ; with a map, photographic illustrations, and appendices containing a short vocabulary of the principal dialects in use among the Balochis, and a list of authenticated road routes. By A. W. Hughes, F. R. G. S., F.S.S., Bom. uncov. civil service. London : George Bell & Sons, 1877; VIII et 294 pp. pet. in-8. ✠

Renferme, p. VI, une bibliographie de 26 articles.

472. — Indian antiquities : or dissertations, relative to the ancient geographical divisions, the pure system of primeval theology, the grand code of civil laws, the original form of government, the widely extended commerce, and the various and profound literature, of **Hindostan**; compared throughout, with the religion, laws, government, and literature of Persia, Egypt, and Greece, the whole intended as introductory to The history of Hindostan upon a comprehensive scale. London : John White, 7 vol. in-8, 1800 et 1801. *Auctore* Thomas Maurice. ✠

Renferme, t. I, pp. 75-86 : A list of books collected, by the author, for the elucidation of this work (environ 200 art. relatifs à l'**Inde** comme au reste de l'**Orient**).

473. — The East India gazetteer; containing Particular Descriptions of the empires, kingdoms, principalities, provinces, cities, towns, districts, fortresses, harbours, rivers, lakes, &c. of **Hindostan**, and the adjacent countries, **India beyond the Ganges**, and the **Indian Archipelago**; together with sketches of the manners, customs, institutions, agriculture, commerce, manufactures, revenues, population, castes, religion, history, &c. of their various inhabitants. By **Walter Hamilton**. London : John Murray, 1815; 862 pp. in-8. ✠

Renferme, pp. 859-862 : List of authorities (environ 143 art.).

474. — A geographical, statistical, and historical description of **Hindustan** and the **adjacent countries**. In two volumes. By **Walter Hamilton**, Esq. London. John Murray, 1820, 2 vol. in-4. ✠

Renferme, t. II, pp. 826-830 : List of authorities (environ 310 auteurs).

475. — Mackenzie collection. A descriptive catalogue of the Oriental manuscripts, and other articles illustrative of the literature, history, statistics and antiquities of the **South of India**, collected by the late Lieut.-Col. Colin Mackenzie, *Surveyor General of India*. By **H. H. Wilson**, Esq., *Secretary to the Asiatic Society of Bengal*, &ca. &ca. &ca. Calcutta : Printed at the Asiatic Press, 1828, 2 vol. in-8. ✠

Renferme environ 5453 art. dont un certain nombre, en particulier dans la 2ᵉ partie du 2ᵉ vol., relatifs à la géographie de l'**Inde**, de **Ceylan** et de **Batavia**.

476. — Index to books and papers on the physical geography, antiquities, and statistics of **India**. By **George Buist**, LL.D.; secretary to the Bombay Geographical Society..... &c. &c. Bombay: printed at the Bombay education society's press. 1852; 103 pp. in-8 (environ 3000 art.). ✠

477. — Notice de quelques livres relatifs à l'histoire et à la géographie de l'**Inde**, qui se trouvent à la librairie de **Benjamin Duprat**. Paris, Imp. de Remquet et Cⁱᵉ, 1858; 50 pp. in-8 (279 articles).

478. — A handbook of **India**; being an account of the three presidencies, and of the overland route; intended as a guide for travellers, officers, and civilians; with vocabularies and dialogues of the spoken languages of India. With travelling map and plans of towns. Part I. Madras. London :

John Murray, 1859; 6 pp. n. c., cxx et 240 pp. in-12. *Auctore* Edward B. Eastwick. ✠

Renferme, pp. xxi-xxiii : Library for Indian travellers (environ 83 art.).

479. — Scientific mission to India and High Asia. Volume III.

Sous titre : — Results of a scientific mission to India and High Asia, undertaken betaveen the years MDCCCLIV. and MDCCCLVIII., by order of the court of directors of the Honourable East India Campany, by Hermann, Adolphe, and Robert de Schlagintweit. With an atlas of Panoramas, views and maps. Volume III. Leipzig : F. A. Brockhaus. London : Trübner & Co. 1863.

Deuxième sous-titre : — Route book of the western parts of the **Himalaya**, **Tibet**, and **Central Asia**.... by Hermann, Adolphe, and Robert de Schlagintweit; xx pp., 4 pp. n. c., 293 pp. et 3 pp. n. c. gr. in-4. ✠

Renferme, pp. 7-12 : II. Litterature : Books and Maps. Books in special reference to the Routes detailed (environ 47 art.); Books in reference to Routes from Central Asia to Russia (environ 26 art.); Maps (environ 21 art.).

— *Idem*, volume IV, 1866. Meteorology of India an analysis of the physical conditions of **India**, the **Himaláya**, **Western Tibet**, and **Turkistán** with numerous tables, diagrams, and maps... By Hermann de Schlagintweit-Sakünlünski. ✠

Renferme, pp. 5-26 : Meteorological materials (environ 165 art.).

★ **480.** — A catalogue of maps of the British possessions in **India** and other parts of **Asia**. Published by order of Her Majesty's Secretary of State for India in Council. London, sold by W. H. Allen and Co!., Edward Stanford, Henry S. King and Co., 1870; 59 pp. gr. in-8. ✠

Auctore Trelawny Saunders ; environ 325 articles.

★ **481**. — A continuation to a catalogue of maps of the

British possessions of **India** and other parts of **Asia**, 1870. Published by order of Her Majesty's Secretary of State for India in Council. London sold by W. H. Allen and Co., Edward Stanford, Henry S. King and Co., and Trübner and Co., 1872; 14 pp. gr. in-8 (91 art.). ✠

482. — No 131. Livres anciens et modernes, en vente chez Martinus Nijhoff, à la Haye. — Les **Possessions Néerlandaises** dans l'Inde archipélagique, les **Indes Anglaises** et les autres pays de l'**Asie**. Septembre 1872; 65 pp. gr. in-8 (1168 art.).

483. — A catalogue of maps, etc. of **India** and other parts of **Asia**. Published by order of Her Majesty's Secretary of State for India in Council. London : sold by W. H. Allen & Co.; Edward Stanford; Henry S. King & Co.; Trübner & Co. 1876; 26 pp. in-4. ✠

Auctore Clements R. Markham; renferme environ 727 art. pour les cartes.

484. — Supplementary List of Maps, Charts, etc., of **India** and other parts of **Asia**. Published by order of the Secretary of State for India since the issue of the Catalogue (1876); and sold by the appointed agents; 3 pp. in-4 (en date de : Geographical Department, India Office, June 1877; environ 42 art.). ✠

485. — A memoir on the **Indian** Surveys; by Clements R. Markham, C.B., F.R.S. (Second edition). Printed by order of Her Majesty's Secretary of state for India in council. London : Sold by Allen and Co., Edward Stanford; Henry S. King and Co., N. Trübner and Co., 1878; xxix et 481 pp. gr. in-8 carré. ✠

Renferme une étude détaillée de tous les ouvrages et cartes publiés sur l'**Inde**.

Idem, 1ᵉ éd., *ibid.*, 1871, xxi et 303 pp. gr. in-8. ✠

486. — A Catalogue of manuscript and printed reports, field books, memoirs, maps, etc. of the **Indian** surveys, deposited in the map room of the India Office. Printed by order of Her Majesty's Secretary of State in council. London: sold by W. H. Allen & Co., Edward Stanford; Henry S. King & Co., Trübner et Co, 1878; xxi et 672 pp. gr. in-8. ✠

Relatif presque uniquement à l'**Inde;** les pp. 81-611 sont consacrées aux cartes; la table alphabétique, pp. 639-672 ne comprend pas moins de 3000 noms d'auteurs ou de localités.

487. — The cave temples of **India**. By James Fergusson, D. C. L., F. R. S., V. P. R. A. S. and James Burgess, F. R. G. S., M. R. A. S.... Printed and published by order of Her Majesty's Secretary of State, &c. London: W. H. Allen & Co.; Trübner & Co.; E. Stanford; and W. Griggs. 1880; xx et 536 pp. in-4 et 98 planches. ✠

Renferme, p. ii; Principal works on the same subject by James Fergusson (4 art.); principal works on the same subject by James Burgess (6 art.).

488. — Catalogue of the library of the Bombay geographical society. Compiled by **D. J. Kennelly,,** secretary to the Bombay geographical society. Bombay: printed at the education society's press, Byculla. 1862; iv et 79 pp. in-8 (3314 art. pour la bibliothèque). ✠

Renferme, pp. 29-32: Selections from the Records of the **Bombay** Government (56 art., n°s 2579-2634, de 1852 à 1861).

489. — The land of the Permauls, or **Cochin,** its past and its present. By **Francis Day,** Esq., F. L. S..... Madras: printed by Gantz brothers, at the Adelphi press, 1863; x pp., 2 pp. n. c., 577 et xxxvii pp. in-8. ✠

Renferme, préface, p. vi:.... principal works referred to (environ 30 art.).

★**490.** — Ceylan ou recherches sur l'histoire, la littérature, les mœurs et les usages des Chingulais par M. **Édouard Gauttier**... Paris, Nepveu, 1823; 291 pp. in-16. ✠

Renferme, pp. 284-288: Bibliographie de l'île de **Ceylan** (30 articles).

491. — **Ceylon** a general description of the island, historical, physical, statistical. Containing the most recent information. By an officer, late of the Ceylon rifles. In two volumes. London : Chapman & Hall, 1876, 2 vol. in-8. ✠

Renferme, t. I, pp. v-xii, environ 40 indications bibliographiques.

La préface, t. I, p. xxii, est signée : **H. S.** december 1875.

492. — Geo - hydrographisches Memoir zur Erklärung und Erläuterung der reduzirten Karte von **Hinterindien**. No. 8 von **Berghaus**' Atlas von Asia. Gotha, 1832, Justus Perthes ; 4 pp. n. c. et 94 pp. in-4. ✠

Renferme, pp. 3-17; 50 art. pour les cartes.

493. — Report on the Irrawaddy river — Part I Hydrography of the Irrawaddy River. Part II Hydrology of the Irrawaddy river with appendices and supplements A. B. & C. by **R. Gordon**, Esquire, M.I.C.E. & M.I.M.E. Executive engineer, Henzada Division. Rangoon. Printed at the P.W. Secretariat press. 1879; ix et 186 pp. in-f°. ✠

Renferme, pp. 112-114: Appendix I. Geography of the **Irrawaddy** valley and **neighbouring regions**. *Authorities consulted* (environ 65 art.).

494. — Henri Cordier (v. n°ˢ 358 et 512). Bibliotheca **Indo-Sinica** (en préparation, septembre 1881).

495. — M. le D⁏ **J. Harmand**, n° 15, rue Treilhard, à Paris, a préparé une bibliographie moderne (1858-1880; environ 500 art.), consacrée à l'**Indo-Chine Orientale** (Siam, Laos, Cambodge, Birmanie, Annam) qui doit être publiée dans le Nouveau Dictionnaire de Géographie Universelle de M. Vivien de Saint-Martin (Paris, Hachette et Cⁱᵉ, en cours de publication).

496. — Tableau de la Cochinchine rédigé sous les auspices de la Société d'ethnographie par MM. E. Cortambert et Léon de Rosny précédé d'une introduction par M. le Baron de Bourgoing sénateur avec carte plans et gravures Paris Armand le Chevalier 1862; 4 pp. n. c., xv, 349 et xiv pp. gr. in-8. ✠

Renferme, pp. 335-343: Bibliographie **annamique** par A. de Bellecombe Membre de la Société d'ethnographie, de l'Institut historique, etc. (Auteurs européens) (environ 135 art.).

★ **497.** — Bibliographie **annamite**, livres, recueils périodiques, manuscrits, plans par M. V. A. Barbié du Bocage..... Paris, Challamel aîné, 1867; 107 pp. in-8. ✠

Extrait de la ★ Revue maritime et coloniale, t. XVI, 1866 (février), pp. 360-396; t. XVII, 1866 (mai), pp. 140-185; (août), pp. 812-831 (470 articles). ✠

498. — Description géographique, historique, chronologique, politique, et physique de l'empire de la **Chine** et de la **Tartarie Chinoise**, enrichie de cartes générales et particulières de ces Pays, de la Carte générale & des Cartes particulières du Thibet, & de la Corée; & ornée d'un grand nombre de Figures & de Vignettes gravées en Taille-douce. Par le P. **J. B. du Halde**, de la Compagnie de Jésus. Avec un Avertissement préliminaire, où l'on rend compte des principales améliorations qui ont été faites dans cette Nouvelle Edition.- A la Haye, chez Henri Scheurleer, M.DCC.XXXVI, 4 vol. in-4. ✠

Renferme, t. I, pp. LXXIV-LXXX, environ 98 art. relatifs à la Chine par ordre chronologique. Cette liste n'existe ni dans l'édition de Paris, 1735, P. G. Lemercier, 4 vol. in-f°, ni dans celle de Londres (B. Dod, 1741, 4 vol. in-8). ✠

Traduction allemande, Rostock, verlegts Johann Christian Koppe, 4 vol. in-4, 1747-1749. ✠

Le premier volume (472 pp.) renferme, pp. 48-55, 79 indications bibliographiques.

499. — The Chinese : a general description of the empire of **China** and its inhabitants. By **John Francis Davis**, Esq., F.R.S., etc. Late His Majesty's chief superintendent in China. In two volumes. Illustrated with wood-cuts. London, Charles Knight, 1836, 2 vol. pet. in-8. ✠

Renferme, t. I, pp. 3-6, dans l'introduction, environ 70 indications bibliographiques.

2ᵉ éd., London, 1840, 2 vol. in-8.

Idem, ouvrage traduit de l'anglais par A. Pichard, revu et augmenté d'un appendice par Bazin aîné, De la Société Asiatique de Paris. Paris, Paulin, 1837, 2 vol. in-8. ✠

Renferme, t. I, pp. 2-8 :.... la plupart des divers ouvrages sur la Chine qui ont paru à diverses époques et dans différentes langues (environ 95 art., 1320-1835).

Traduction hollandaise : China en de Chinezen. Door J. F. Davis.... Amsterdam, 1841, 3 vol. in-8.

La liste bibliographique qui comprend environ 80 ouvrages est insérée dans l'introduction.

500. — **Chine** moderne ou Description historique, géographique et littéraire de ce vaste empire, d'après les documents chinois, par **M. Bazin**, professeur de chinois à l'écoles des langues orientales. Paris, Firmin Didot frères, 2 vol. in-8, 1837-1853 (Collection de l'Univers Pittoresque). ✠

Renferme, t. II, pp. 657-672 : Bibliographie. Catalogue des principaux ouvrages relatifs à la Chine (317 art.; 1477-1852).

501. — The Chinese repository. Vol. XVIII. From January to December, 1849. Canton : printed for the proprietors........ 1849; viii et 672 pp. in-8. ✠

Renferme (August 1849. No. 8), pp. 402-444 : Art. III. List of Works upon **China**, principally in the English and French languages : 1. Philological Works; 2. Translations; 3. General Accounts, Travels, &c. (373 art.); pp. 657-661 (December 1849. No. 12) : Art. III. List of Works upon **China**; additions to Art. III. of No. 8 (pp. 402-444), principally of books relating to the Mongolian and Manchu languages (29 art., nᵒˢ 374-402).

Bibliographie réunie par le Dr **S. Wells Williams**.

502. — Hán-tsé-wên-fâ-chōu-kouang-tsóng-mou. Bibliotheca **sinologica**. Uebersichtliche Zusammenstellungen als Wegweiser durch das Gebiet der sinologischen Literatur von Dr. med. **V. Andreae** und **John Geiger**. Als Anhang ist beigefügt : Verzeichniss einer grossen Anzahl ächt chinesischer Bücher nebst Mittheilung der Titel in chinesischen Schriftzeichen. Frankfurt a. M., K. Theodor Völcker; Paris, E. Tross; London, B. Quaritch, 1854; x, 108, 31 et 16 pp. in-8 (environ 987 art.). ✠

503. — Catalogue des livres relatifs à la **Chine**, qui se trouvent à la librairie de **Benjamin Duprat**.... Paris, 1861; 22 pp. in-4 (485 art., dont 168, pp. 3-10, n°s 1-168 relatifs à la **Chine**; 28 art. pp. 16-16, n°s 284-311, pour: **Cochinchine, Tunkin, Siam**, etc ; 46 art., pp. 16-18, n°s 312-357 pour : **Japon**). ✠

504. — The Chinese and Japanese repository of Facts and Events in Science History and Art, relating to Eastern Asia. Edited by **James Summers**..... London : W. H. Allen and Co. Paris : Benj. Duprat, and at the Office the Chinese and Japanese Repository, London.

Renferme (vol. II, nov. 4864) : The Names of Works on Chinese and **China** With short critical notices by the Editor.

505. — Die preussische Expedition nach Ost Asien. Nach amtlichen Quellen. Berlin, Verlag der königlichen geheimen ober-Hofbuchdruckerei (R. v. Decker), 1864-1873, 4 vol. in-4. ✠

Renferme, t. IV, pp. 435-436 : Litteratur Verzeichniss der beschreibenden und historischen Werke über **China** und **Siam**, welche dem Verfasser dieser Blätter zugänglich waren (Chine, environ 51 art. ; Siam, environ 14 art.).

* **506**. — Cathay and the way thither ; being a collection of medieval notices of **China**, translated and edited by Colonel **Henry Yule**, C. B., late of the Royal Engineers

(Bengal). With a preliminary essay on the intercourse between China and the Western nations previous to the discovery of the Cape route. London, printed for the Hakluyt Society, 1866, 2 vol. in-8 ; 6 pp. n. c., CCLVI, 596 et XCVIII pp. (pagination ininterrompue). ✠

Renferme, pp. CCXXXVIII-CCXLI : Note XXI. Titles of some books quoted in this work by abbreviated references (72 art.);

pp. 26-41 (Bibliographical Notices), une bibliographie de la vie et des voyages d'**Odoric** (28, 6, 25 et 11 art. avec 3 additions, p. CCLII);

pp. 429 *et seq.*, bibliographie de **Ibn Batouta** ;

p. 548, courte bibliographie de **Goës**.

507. — Memorials of protestant missionaries to the **Chinese** : giving a list of their publications and obituary notices of the deceased with copious indexes. Shanghae : American presbyterian mission press. 1867; 2 pp. n. c., VI et 331 pp. in-8 (388 art. ; *auctore* **Alexander Wylie**). ✠

508. — The treaty ports of China and Japan. A complete guide to the open ports of those countries, together with Peking, Yedo, Hongkong and Macao. Forming a guide book & vade mecum for travellers, merchants and residents in general. With 29 maps and plans. By Wm. Fred. Mayers, F.R.G.S., H.M.'s Consular Service. N. B. Dennys, late H. M.'s Consular Service and Chas. King, Lieut. R.M.A. Compiled and edited by **N. B. Dennys**. London : Trübner and Co., Hongkong : A. Shortrede and Co., 1867; VIII pp., 2 pp. n. c., 668 pp., 2 pp. n. c., XLVIII pp., 2 pp. n. c. et 26 pp. in-8. ✠

Renferme (Appendix C) pp. 1-26, *in fine* : Catalogue of books on **China** (other than philological) published on China and Japan in the English language (environ 437 art.).

509. — The Chinese recorder and missionary journal. Rev. Justus Doolittle editor, Volume 4. June 1871, to

May 1872. Foochow. Printed by Rozario, Marçal & Co. 1872; 4 pp. n. c. et 336 pp. gr. in-8. ✠

Renferme, pp. 206-214 : Sketch of Russian intercourse with, and the Greek church in, **China**. Ninth part. The literature of the Mission. By J. **Dudgeon** Esq., M. D. (environ 63 art.).

★ **510.** — N° 150. Février 1876. Catalogue d'une collection choisie de livres japonais et chinois suivis d'ouvrages de linguistique, d'ethnographie et d'histoire du **Japon** et de la **Chine** en vente aux prix marqués chez **Martinus Nijhoff** à la Haye, Raamstraat, 49. La liste des ouvrages japonais et chinois a été dressée par M. L. Serrurier à Leide. La Haye, Martinus Nijhoff, 1876; 38 pp. in-8 (397 articles). ✠

Renferme, pp. 20-38 : Histoire et ethnographie de la Chine et du Japon (213 art.; n°⁵ 185-397).

511. — Manual of Chinese bibliography, being a list of works and essays relating to **China**. By P. G. and O. F. von **Möllendorff**, Interpreters to H. I. G. M.'s Consulates at Shanghai and Tientsin. Shanghai : Kelly and Walsh. London : Trübner and Co. Görlitz, Germany : H. Tzschaschel. Shanghai, printed at the *Celestial Empire* office, 1876; VIII et 378 pp. gr. in-8 (4 639 articles). ✠

★ **512.** — Bibliotheca Sinica. Dictionnaire bibliographique des ouvrages relatifs à l'**empire chinois** par Henri Cordier, Secrétaire de la mission chinoise, bibliothécaire honoraire de la Société royale asiatique de Chang hai, membre correspondant de l'École des langues orientales vivantes, membre de la Société asiatique de Paris. Paris, Ernest Leroux, 1880, gr. in-8. ✠

En cours de publication, t. I, 4 fascicules parus (4 pp. n. c., XV pp., 434 pp sur 2 col. numérotées 1-868 et 5 pp., 869-873); a reçu, le 28 mai 1880, de l'Académie des Inscriptions et Belles-Lettres, le prix Stanislas Jullien.

Les deux volumes de cet ouvrage formeront les tomes X

et XI des publications de l'École des langues orientales vivantes.

Renferme, col. 4-70 : Ouvrages généraux (environ 286 art.); col. 69-164 : Géographie (environ 1030 art. dont 210 pour les cartes) ; col. 207-212 : Géologie et minéralogie (environ 50 art.).

★ **513.** — Commission, Exportation, Librairie orientale, maritime et coloniale de **Challamel** aîné..... Quatrième partie du Catalogue. **Extrême Orient 1° Indes, Chine, Cochinchine, Japon**, etc., etc. Pages 1 à 38 (466 art.). 2° Livres pour l'étude des langues de l'Extrême Orient. Pages 39 à 48 (152 art.). 3° Cartes. Pages 49 (17 art.). Avis : — Cette quatrième partie du catalogue sera complétée par des Suppléments qui paraîtront successivement. Paris, 1880; 57 pp. in-8 (ensemble 636 articles). ✠

514. — Reise i **China, Japan** og **Indien**. Af V. Hoskiær, Med 5 Kort, Kjöbenhavn. Wilhelm Prior. 1880; 4 pp. n. c. et 415 pp. in-8. ✠

Renferme, pp. 402-408 : Böger, benyttede ved Udarbejdelsen (environ 162 art.).

515. — Die **Pekinger Ebene** und das benachbarte Gebirgsland von Dr E. Bretschneider, Arzt der kaiserl. russischen Gesandtschaft in Peking. Mit einer Originalkarte. (Ergänzungsheft n° 46 zu Petermann's « Geographischen Mittheilungen ».) Gotha : Justus Perthes. 1876 ; 2 pp. n. c. et 42 pp. in-4. ✠

Renferme, pp. 1-3 ;.... was die Umgebung der Capitale anlangt (environ 16 art. de livres et cartes).

Cette bibliographie se retrouve, pp. 6-12, dans la traduction française par V. Collin de Plancy (Publications de l'école des langues orientales vivantes XII. Recherches archéologiques et historiques sur Pékin et ses environs.), Paris, Ernest Leroux, 1879; 133 et 2 pp. n. c. gr. in-8. ✠

Cet ouvrage a été couronné par l'académie des inscriptions et belles lettres,

516. — Zeitschrift des Deutschen Morgenländischen Gesellschaft.... Fünf und dreissigster Band. I. Heft. Leipzig 1881.... ✠

Renferme, pp. 75-131 : Die **Grosse Mauer von China** Von Dr. **O. F. von Möllendorff**, Kais. Deutschem Consularbeamten in China; pp. 81-82 : Chinesische Quellen über die Grosse Mauer (6 art.); pp. 82-83 : Geographische Werke (6 art.).

517. — Ein verschlossenes Land. — Reisen nach **Corea** von **Ernst Oppert**. — Deutsche Originalausgabe. Mit 38 Abbildungen in Holzschnitt und 2 Karten. Leipzig, F. A. Brockhaus, 1880 ; xx et 316 pp. gr. in-8. ✠

Renferme, pp. 4-5, 13 indications bibliographiques.

Traduction anglaise, New York : G. P. Putnam's Sons, 1880; xix pp., 3 pp. n. c., 349 pp. et 2 pp. n. c. in-8. ✠

518. — Bernhardi Vareni Med. D. Descriptio Regni **Japoniæ** et **Siam**. Item de Japoniorum Religione et Siamensium. De diversis omnium Gentium Religionibus. Quibus, præmissâ Dissertatione de variis Rerum publicarum generibus, adduntur quædam d Priscorum Afrorum fide excerpta ex Leone Africano. Cantab igiæ, Ex Officina Joan. Hayes, celeberrinæ Academiæ Typographi. 1673. Impensis Samuelis Simpson Bibliopolæ Cantab. ; 12 pp. n. c. et 292 pp. petit in-8. ✠

Renferme, p. 10 (n. c.) : Autores & scriptores, ex quibus hæc desumpta sunt (environ 15 art.).

519. — Histoire et description générale du Japon; où l'on trouvera tout ce qu'on a pu apprendre de la nature & des Productions du Pays, du Caractère & des Coûtumes des Habitans, du Gouvernement & du Commerce, des Révolutions arrivées dans l'Empire & dans la Religion ; et l'examen de tous les auteurs qui ont écrit sur le même sujet. Avec les fastes chronologiques de la découverte du Nouveau-Monde. Enrichie de figures en taille-douce. Par le

P. de Charlevoix, de la Compagnie de Jésus. Paris, Julien Michel Gandouin, 1736, 2 vol. in-4. ✠

Renferme, t. II, pp. 681-703 : Liste et examen des auteurs qui ont écrit sur l'Histoire du **Japon** (environ 72 art.).

L'édition in-12 (Paris, 1736, 9 vol.) renferme cette liste au commencement du tome IX.

520. — L'Univers. Histoire et description de tous les peuples. Japon, Indo-Chine, Ceylan, etc.

Sous-titre : — Japon, Indo-Chine, Empire Birman (ou Ava), Siam, Annam (ou Cochinchine), Péninsule Malaise, etc. Ceylan, par M. **Dubois de Jancigny**, aide de camp du roi d'Oude. Paris, Firmin Didot frères, 1850 ; 666 pp. in-8. ✠

Renferme, p. 230 : Liste des principaux ouvrages consultés, avec l'indication des éditions qui ont fourni les passages cités ou auxquels le lecteur est renvoyé (20 art. relatifs au **Japon**).

521. — Catalogus van boeken en plaatwerken over **Japan**. Voorhanden bij **Frederik Muller**, boekhandelaar te Amsterdam. 1857. November ; 8 pp. in-8 (72 art.). ✠

★ **522.** — Bibliographie japonaise ou catalogue des ouvrages relatifs au **Japon** qui ont été publiés depuis le XVe siècle jusqu'à nos jours ; par M. **Léon Pagès**, ancien attaché de légation. Paris, Benjamin Duprat, 1859 ; 4 pp. n. c. et 68 pp. in-4. ✠

Renferme 658 articles, 18 *addenda* et 48 documents manuscrits. Sera continué par le même auteur.

523. — Le Japon. Histoire et description, mœurs, coutumes et religions. Par M. Ed. Fraissinet, Ancien rédacteur du *Moniteur des Indes orientales et occidentales*. Nouvelle édition augmentée de trois chapitres nouveaux (Rapports et traités avec les Européens), d'une introduction et d'une carte par V. A. Malte-Brun. Paris, Arthus Bertrand, 1864, 2 vol. in-12. ✠

Renferme, t. II, pp. 547-555 : Appendice C. Supplément à

la bibliographie **japonaise** de M. Léon Pagès (*auctore* **V. A. Malte-Brun**; 109 articles).

L'édition précédente (Le Japon contemporain par Edouard Fraissinet. Paris, L. Hachette et Cie, 1857; 260 pp. in-12.✠) ne renferme pas de bibliographie.

524. — **Japan** und seine Bewohner. Geschichtliche Rückblicke und ethnographische Schilderungen von Land und Leuten. Von **Wilhelm Heine**..... Leipzig, Hermann Costenoble, 1860; xx et 383 pp. in-8. ✠

Renferme, pp 380-383: Quellenangabe (environ 33 art.).

525. — The Mikado's empire. Book I. History of Japan, From 660 B. C. to 1872 A. D. Book II. Personal experiences, observations, and studies in Japan, 1870-1874. By **William Elliot Griffis**, A. M., late of the imperial university of Tokio, Japan. New York: Harper & brothers, 1877; 635 pp. in-8. ✠

Renferme, pp. 587-588: Papers on **Japanese** subjects (12 art, ou groupes d'art. relatifs aux publications du même auteur sur le Japon).

526. — Account of the Russian discoveries between Asia and America. To which are added, the conquest of **Siberia**, and the history of the transactions and commerce between Russia and China. By **William Coxe**, A. M.... The second edition revised and corrected. London, printed by J. Nichols, for T. Cadell. 1780, in-4; xiii, 344 pp., 13 pp. n. c. et 23 pp. numérotées 9-31 et intitulées: Chap. J. A comparative view of the Russian discoveries, with those made by Cook and Clerke..... ✠

Renferme, pp. xi-xii :..... full title of the books referred to in the course of this performance (16 art.).

L'ouvrage a eu deux éditions en 1780.

La 4° éd. (London: Cadell and Davies, 1803; xxiv et 500 pp. in-8, plus 4 pp. n. c. intercalées entre les pp. 492 et 493 ✠) renferme, pp. 1-3 n. c.: List of the principal books Referred to in this Work (environ 23 art.).

La traduction allemande (Frankfurt und Leipzig, bey Johann Georg Fleischer, 1783; xi pp., 5 pp. n. c., 409 pp. et 9 pp. n. c. in-8 ✠) renferme cette bibliographie, pp. 2-3 n. c.

Il existe une autre quatrième édition, London, *ibid.*, 1804; xx et 380 pp. gr. in-4 ✠, qui renferme, pp. 377-378 : List of the principal books Referred to in this work (environ 18 art.).

527. — Grigori Schelechof Russischen Kauffmanns Erste und Zweite Reise von Ochotsk in **Sibirien** durch den ostlichen Ocean nach den Küsten von Amerika in den Jahren 1783. bis 1789. Nebst umständlicher Beschreibung der von ihm neuentdeckten Inseln Küktak, Afagnak.... Aus dem Russischen übersetzt. von J. Z. Logan. St. Petersburg, Johann Zacharias Logan, 1793; 84 pp. in-8 ✠

La seconde partie (qui a pour titre : Hernn v. Tschitschagow Russich-Kayserlichen Admirals Reise nach dem Eiszmeer, St. Petersburg, Johann Zacharias Logan 1793; 2 pp. n. c. et 104 pp, in-8 ✠) renferme (Einleitung), pp. 3-14, 5 indications bibliographiques.

Le commencement du volume (2 pp. n. c. et 133 pp. in-8) est intitulé : — G. W. Steller's ehemal. Adjunkts der Kays. Akademie der Wissenschaften zu St. Petersburg Reise von Kamtschatka nach America mit dem Commandeur-Capitän Bering. Ein Pendant zu dessen Beschreibung von Kamtschatka. St. Petersburg, Johann Zacharias Logan, 1793. ✠

528. — M. **Milioutine** a publié dans le Recueil Sibérien (*Sibirsky Sbornik*) de 1875. un essai de bibliographie **sibérienne** (texte russe).

★ **529.** — Reise nach West Sibirien im Jahre 1876. Auf Veranstaltung des Vereins für die Deutsche Nordpolarfahrt in Bremen unternommen mit Dr. A. E. Brehm und Karl Graf v. Waldburg-Zeil-Trauchburg von Dr. O. Finsch..... Berlin, 1879, Erich Wallroth, 2 parties; xxiii et 663 pp. in-8. ✠

Renferme, pp. 661-663 : Anhang I. Publicationen von und über die Bremer Expedition nach **West Sibirien** (environ 19 art. ou groupes d'art.).

530. — Reise in den äussersten Norden und Osten Sibiriens während der Jahre 1843 und 1844 mit allerhöchster Genehmigung auf Veranstaltung der kaiserlichen Akademie der Wissenschaften zu St. Petersburg ausgeführt und in Verbindung mit vielen Gelehrten herausgegeben von Dr. **A. Th. v. Middendorff**. St. Petersburg. Buchdruckerei der kaiserlichen Akademie der Wissenschaften. Zu haben bei Eggers & Comp.; in Leipzig bei Leopold Voss; 4 vol. in-4, 1848-1867. ✠

Renferme, t. IV, pp. 180-184 : .... ein kleines Verzeichniss der anf (sic) den **Amur** bezüglichen Abhandlungen bei welche (sic) in jüngster Zeit erschienen und mir zur Hand sind (environ 25 art.).

Une partie du t. IV porte la date de 1860.

531. — The Russians on the **Amur**; its discovery, conquest and colonisation, with a description of the country, its inhabitants, productions and commercial capabilities; and personal accounts of Russian travellers. By E. G. Ravenstein, F.R.G.S. corresponding fellow of the Geographical Society of Frankfurt. Illustrated by Three Maps, Four plates & Fifty = Eight Wood Engravings. London : Trübner and Co.; 1861; xx et 467 pp. in-8. ✠

Renferme, pp. 431-434; Appendix. — Historical authorities (environ 40 art.)., suivi de : Historical sketch of recent geographical explorations (environ 67 art.).

AFRIQUE

532. — **Africa :** being an accurate description of the Regions of Ægypt, Barbary, Lybia, and Billedulgerid, The Land of Negroes, Guinee, Æthiopia, and the Abyssines, With all the Adjacent Islands, either in the Mediterranean,

Atlantick, Southern or Oriental Sea, belonging thereunto. With the several Denominations of their Coasts, Harbors, Creeks, Rivers, Lakes, Cities, Towns, Castles and Villages. Their Customs, Modes, and Manners, Languages, Religions, and Inexhaustible Treasure; With their Governments and Policy, variety of Trade and Barter, And also of their Wonderful Plants, Beasts, Birds and Serpents. Collected and Translated from most *Authentick Authors*, And Augmented with later Observations; Illustrated with Notes and adorn'd with peculiar Maps, and proper Sculptures, By **John Ogilby** Esq., Master of His Majesties *Revels* in the Kingdom of *Ireland*. London, Printed by *Tho. Johnson* for the Author, and are to be had at his House in White Fryers, M. DC. LXX; 16 pp. n. c., 767 pp. et 1 p. n. c. in-f°. ✠

Renferme, pp. 15-16 n. c.: A catalogue of the names of the General Authors, both Ancient and Modern, besides later Voyagers, Consulted to the carrying on of this First Volumn; who led us by the Hand through those Vast, and till of late Untracted Regions of **Africa** (environ 58 auteurs).

533. — Description de l'**Afrique**, contenant Les Noms, la Situation & les Confins de toutes ses Parties, leurs Rivières, leurs Villes & leurs Habitations, leurs Plantes & leurs Animaux; les Mœurs, les Coûtumes, la Langue, les Richesses, la Religion & le Gouvernement de ses Peuples. Avec *Des Cartes des États, des Provinces & des Villes, & des Figures en taille-douce, qui représentent les habits & les principales Ceremonies des habitans, les Plantes & les Animaux les moins connus.* Traduite du Flamand D'**O. Dapper**, D.M. Amsterdam, Wolfgang, Waesberge, Boom & van Someren, M. DC. LXXXVI; 8 pp. n. c., 534 pp. et 20 pp. n. c. in-f°. ✠

Renferme, p. 7 n. c.: Table *Des Auteurs dont on s'est servi* dans la Composition de cet Ouvrage (68 noms d'auteurs sans l'indication de leurs ouvrages).

Idem, édition allemande, *ibid.*, 1670, in-f°.

Idem, édition hollandaise, *ibid.*, 1676, in-f°.

534. — Historical account of Discoveries and Travels in **Africa,** by the late **John Leyden,** M. D. Enlarged, and completed to the present time, with illustrations of its geography and natural history, as well as of the moral and social condition of its inhabitants. By **Hugh Murray,** Esq. F.R.S. E. Archibald and Company, Edinburgh; and Longman, Hurst, Rees, Orme and Brown, London, 1817, 2 vol. n-8. ✠

Renferme, t. II, pp. 521-536: (Appendix) No. VI. List of important books relating to **Africa** (environ 179 art.).

2ᵉ éd., *ibid.*, 1818, 2 vol. in-8 ✠. La liste, t. II, pp. 535-550, renferme environ 189 art.

535. — Untersuchungen über die geographischen Entdeckungen der Portugiesen unter Heinrich dem Seefahrer. Ein Beitrag zur Geschichte des Seehandels und der Geographie im Mittelalter von Dr. **J. E. Wappäus.** Privatdocent in Göttingen. Erster Theil. Untersuchungen über die Negerländer der Araber und über den Seehandel der Italiener, Spanier und Portugiesen im Mittelalter. Göttingen, Vandenhoeck und Ruprecht, 1842; XVI, 365 pp. et 3 pp. n. c. in-8. ✠

Renferme, pp. 13-41 :.... diejenigen arabischen Schriftsteller, deren Nachrichten wir für diese Untersuchung benutzen werden (bibliographie d'environ 9 auteurs arabes qui ont traité de l'**Afrique**).

★ **536.** — Bibliographie des ouvrages relatifs à l'**Afrique** et à l'**Arabie**, catalogue méthodique de tous les ouvrages français et des principaux en langues étrangères traitant de la géographie, de l'histoire, du commerce, des lettres et des arts de l'Afrique et de l'Arabie par **Jean Gay,** membre de l'Institut National de Genève. A San Remo (Italie) chez J. Gay et fils, 1875; XII et 312 pp. in-8 (3696 articles dont 3345 sur l'Afrique). ✠

537. — Le prospectus de l'ouvrage précédent annonce

que M. **Arthur Blomme**, vice-président du tribunal de Termonde (Belgique), a réuni les matériaux d'une bibliographie de l'**Égypte** ancienne et moderne, en vue de la publication.

* **538**. — Bibliografie van Nederlansche boeken, brochures, kaarten enz. over **Afrika** door Prof. **P. J. Veth** en Dr. **C. M. Kan**. Utrecht, J. L. Beyers, 1876; 99 pp. in-8 (environ 800 articles). ✠

Extrait de : Tijdschrift van het aardrijkskundig Genootschap gevestigd te Amsterdam, 1875, n° 7, pp. 300-311; 1876, n° 8, pp. 358-385.

* **539**. — **P. J. Veth** en **C. M. Kan**. Eerste supplement tot de bibliografie van nederlandsche boeken, brochures, kaarten enz. over **Afrika**.

Tijdschrift Aardrijksk. Gen. te Amsterdam, 1877, n° 4, pp. 253-256 (35 articles). ✠

540. — A report of the kingdom of Congo, and of the Surrounding Countries; Drawn out of the Writings and Discourses of the Portuguese, Duarte Lopez, By Filippo Pigafetta, in Rome, 1591. Newly Translated, from the Italian, and edited, with Explanatory Notes, by **Margarite Hutchinson**. With Facsimiles of the Original Maps, and a Preface by Sir Thomas Fowell Buxton, Bart., F.R.G.S., etc., etc.... London : John Murray, 1881; XXI pp., 3 pp. n. c. et 174 pp. in-8. ✠

Renferme, pp. 140-145 : The cartography of **Africa** from 1492 to 1600, as illustrative of the nomenclature of the Congo (36 art. de cartes et globes); p. 142 : Authors quoted in list of maps (6 art.); pp. 145-148 : Bibliography of **Pigafetta** (4 art.; XVI° siècle).

541. — M. **Ernest G. Ravenstein**, Alpha Cottage, Lorn Road, Brixton, S. W., à Londres, prépare une bibliographie générale de l'**Afrique** (géographie et voyages) qui doit paraître incessamment. Ce catalogue analytique comprendra les articles publiés dans les périodiques comme dans les bulletins des diverses sociétés scientifiques.

★ **542**. — Recherches sur la priorité de la découverte des pays situés sur la **cote occidentale d'Afrique**, au-dela du cap Bojador, et sur les progrès de la science géographique après les navigations des Portugais, au XV° siècle ; par le vicomte de Santarem... accompagnées d'un atlas composé de mappemondes et de cartes Pour la plupart inédites, dressées depuis le XI° jusqu'au XVII° siècle. Paris, V° Dondey-Dupré, 1842 ; 4 pp. n. c., CXIV et 336 pp. in-8. ✠

Renferme, pp. CIX-CXIV : Liste des cartes décrites ou citées dans cet ouvrage (VI°-XIX° siècle ; environ 106 articles).

543. — Ethiopien. Studien über West-Afrika mit einer neu entworfenen Special-Karte. *Uebersetzungsrecht vorbehalten....* Hamburg. L. Friedrichsen & Co. 1879 ; XVI et 412 pp. in-8. ✠

Renferme, pp. VII-X : Begleitworte zu der Karte des Handelsgebietes von **West-Aequatorial-Afrika** (environ 18 art. de cartographie).

Auctore Hübbe-Schleiden, D. J. U.

★ **544**. — Bulletin de la Société de Géographie rédigé avec le concours de la section de publication par les secrétaires de la commission centrale — Septième série — Tome quinzième. Année 1878. Janvier-Juin. Paris, Ch. Delagrave, 1878 ; 592 pp. in-8. ✠

Renferme, pp. 38-72, 155-183 : Notes sur la géographie médicale de la côte occidentale d'Afrique par le Dr **H. Rey**, médecin principal de la marine ; pp. 57-60 : Consultez en outre, sur la Pathologie et la Climatologie du **Sénégal** : (environ 58 art.) ; pp. 182-183 : Sur la climatologie et la pathologie du **Gabon**, consultez : (environ 16 art.).

545. — A mission to Gelele, king of **Dahome**. With notices of the so called „ Amazons ", the grand customs, the yearly customs, the human sacrifices, the present state of the slave trade, and the negro's place in nature. By Richard

F. Burton (late commissioner to Dahome)... In two volumes. London : Tinsley brothers, 1864, 2 vol. in-8. ✠

Renferme, t. I, p. VIII, 5 art. de bibliographie relatifs au **Dahomey**.

* **546**. — Exploration scientifique de l'Algérie pendant les années 1840, 1841, 1842, publiée par ordre du gouvernement et avec le concours d'une commission académique. Sciences historiques et géographiques. Tome VIII. Paris, imprimerie royale, 1846; 8, VIII et 481 pp. in-4. ✠

Sous-titre du tome VIII : Description géographique de l'empire du Maroc par M. **Émilien Renou**, membre de la commission scientifique de l'Algérie, suivie d'itinéraires et de renseignements sur le pays de Sous et autres parties méridionales du Maroc recueillis par M. Adrien Berbrugger, membre de la commission scientifique de l'Algérie.

Renferme, pp. 425-447 : Liste des ouvrages relatifs à l'empire du **Maroc** par ordre chronologique (258 articles; 947-1845); pp. 447-448 : ouvrages principalement relatifs aux **présides espagnols** (7 art.; 1781-1840); pp. 449-458 : cartes, plans et vues relatifs à l'empire du Maroc (151 articles; 1375-1845).

* **547**. — Boletín de la Sociedad Geográfica de Madrid. — Tomo III. — Segundo Semestre de 1877. Madrid, imprenta de T. Fortanet, 1877; 576 pp. gr. in-8. ✠

Renferme, pp. 193-254 : El Hach Mohamed el Bagdády (Don José María de Murga) y sus andadas en Marruecos (Conclusion); pp. 210-254 : Apuntes para la bibliografía **Marroquí** (430 articles).

Suite : Boletín de la Sociedad Geográfica de Madrid. — Tomo V. — Segundo Semestre de 1878, Madrid, 1878; 463 pp. gr. in-8. ✠

Renferme, pp. 33-58 : — Continuación de los apuntes para la bibliografía **Marroquí**, publicados con la biografía de El Hach-Mohamed-El-Bagdády (D. José Maria de Murga) (232 art. n°s 431-632), formant l'appendice n° 10 de : — Exploración de una parte de la costa noroeste de Africa, en busca de Santa Cruz de Mar Pequeña, conferencia pronunciada por el capitán de navío **Cesáreo Fernández-Duro**, en la sesión ordinaria del dia 26 de Marzo.

Cette bibliographie se retrouve, pp. 52-96, dans :

Apuntes biográficos de El Hach Mohamed el Bagdády (D. José María de Murga), seguidos de otros varios, para idea de los usos, costumbres y bibliografía de **Marruecos** par el Capitan de nawo **Cesáreo Fernández Duro**. Madrid, imp. de T. Fortanet. Libr. de M. Murillo, 1877; 96 pp. in-4 (200 ex.).

548. — Ueber die Seeräuber im Mittelmeer und ihre Vertilgung. Ein Völkerwunsch an den erlauchten Congress in Wien. Mit den nöthigen historischen und statistischen Erläuterungen. Von **Friedrich Hermann**.... Wohlfeile Ausgabe. Lübeck 1817. Bey G. B. Niemann; 6 pp. n. c. et 439 pp. in-8. ✠

Renferme, pp. 417-437 : Fünfter Abschnitt. Schriften über die Staaten der **Barbarei** (133 art. rangés par ordre chronologique, s'arrêtant à 1814).

Idem, Lübeck, Niemann; Leipzig, Rein, 1815, gr. in-8.

Idem : Appel aux puissances de l'Europe pour faire cesser les pirateries des Barbaresques dans la Méditerranée, Brême, Heyse, 1815, gr. in-8.

549. Cenni geografici e statistici su la Reggenza di **Algeri** composti dal. cav. **Jacopo Grâberg di Hemsö** antico console svezzese in Barberia e pubblicati nell' Antologia N° 112. Aprile 1830. Firenze tipografia di Luigi Pezzati 1830; 70 pp. in-8. ✠

Renferme, pp. 7-13 :.... un catalogo dei principali scrittori che da un secolo in quà diedero ragguaglio di questa regione (30 art., 3 art. pour les cartes et environ 7 art. pour les ouvrages antérieurs à 1730).

550. — Ministère de la guerre. Tableau de la situation

des Établissements français dans l'Algérie en 1840. Paris, imprimerie royale, décembre 1841 ; 452 pp. in-4. ✠

Renferme, pp. 425-446. Bibliographie algérienne, ou catalogue d'ouvrages relatifs à l'**Algérie** (décembre 1841).

Auctore **C. Brosselard**; environ 663 articles.

551. — **Algerien** und die dortige Kriegführung. Von **C. v. Decker**. Nach offiziellen und andern authentischen Quellen, und den auf dem Kriegsschauplatze selbst gesammelten Nachrichten bearbeitet. Berlin, Herbig, 2 vol. in-8, 1844.

Renferme une bibliographie algérienne, t. I, pp. XVII-XXIV et t. II, pp. VIII-XII.

552. — Bulletin bibliographique **algérien** et **oriental** (le titre devient:... oriental et des **colonies françaises**.) Paris, Challamel aîné, 1858-1862. ✠

Périodique interrompu après le 16ᵉ fascicule; 128 pp. in-8.

★ **553.** — Commission. Exportation. Librairie algérienne, maritime et coloniale de **Challamel** aîné..... Première partie du catalogue. **Algérie, Afrique**. Paris, 1878, 112 pp. in-8. ✠

Environ 1441 articles pour la bibliographie et 149 pour les cartes.

554. — Collection des guides - Joanne. — Itinéraire historique et descriptif de l'**Algérie** comprenant le Tell et le Sahara par **Louis Piesse** ouvrage accompagné d'une carte générale de l'Algérie d'une carte spéciale de chacune des trois provinces et d'une carte de la Mitidja. Paris, L. Hachette et Cⁱᵉ, 1862; 4 pp. n. c., CLXXXVI pp., 2 pp. n. c. et 512 pp. in-12. ✠

Renferme, pp. VII-XII : Bibliographie (environ 82 art.).

2ᵉ éd., *ibid.*, 1879; 4 pp. n. c., CLXIV et 546 pp. in-8; renferme, pp. IX-XIII : Bibliographie (environ 104 art.). ✠

★ **555.** — L'**Algérie**. Impressions de voyage (17 mars-4 juin 1873), suivies d'une étude sur les institutions kabyles et la colonisation par J.-J. Clamageran... Paris, Germer Baillière, 1874; VII et 312 pp. in-12. ✠

Renferme, pp. V-VII : Avant-propos. Notice bibliographique (33 art.).

556. — M. Alphonse Lemoce de Vaudouard, 25, rue de Penthièvre, à Paris, a rédigé une encyclopédie manuscrite ayant rapport à l'**Algérie**, comprenant (en 1878) 472 cartons ainsi divisés :

1° : 16 cartons pour la partie bibliographique (16 pour la table),

2° : 96 cartons pour la partie Journal et Histoire (remontant jusqu'à l'an 426 av. J.-C.),

3° : 96 cartons pour la partie géographique,

4° : 264 cartons pour la partie biographique.

Cette collection, qui renferme aussi 85 cartons relatifs à la guerre d'Orient, a été augmentée depuis 1878 et tenue au courant jusqu'à ce jour (27 mai 1880). Elle ne paraît pas devoir être publiée. ✠

★ **557.** — Histoire des monuments mégalithiques de Roknia près d'Hammam-Meskhoutin. Paris, Septembre 1868; 99 pp. in-4 et 38 pp. pour les planches. ✠

Renferme, pp. 7-17, un aperçu des travaux publiés sur les sépultures préhistoriques de l'**Algérie** (11 art.).

Forme le tome IV de : Souvenirs d'une exploration scientifique dans le nord de l'Afrique, par J. R. Bourguignat.

★ **558.** — Topographie médicale du **Sahara de la province d'Oran** par le Docteur **Armieux**..... Ouvrage couronné par la Société de climatologie algérienne. Alger, imp. typ. de F. Paysant, 1866; 113 pp. in-8. ✠

Renferme, pp. 1-2 : Bibliographie (20 articles).

559. — Exploration scientifique de l'Algérie pendant les années 1840, 1841, 1842 publiée par ordre du gouvernement et avec le concours d'une commission académique. Sciences historiques et géographiques. IV. Paris imprimerie nationale 1848.

Sous-titre : Etudes sur la **Kabilie** proprement dite par

E. **Carette** capitaine du génie membre et secrétaire de la commission scientifique d'Algérie ; 8 pp. n. c. et 500 pp. in-8. ✠

Renferme, pp. 7-10 :.... liste des principaux ouvrages topographiques que j'ai consultés..... (environ 38 art.).

★ **560**. — Troisième discours sur les rapports entre la géographie et l'économie politique. — Les puits artésiens du Sahara. Mémoire lu à la Société de Géographie de Paris dans la séance générale du 16 décembre 1866 par M. **Jules Duval**..... Extrait du Bulletin de la Société de Géographie de Paris. Paris, Arthus Bertrand et Cie, Guillaumin et Cie, 1867, 80 pp. in-8. ✠

Renferme, pp. 42-43 : § I. Bibliographie générale des **puits artésiens** (simple aperçu) (environ 9 articles); pp. 44-56 : § II. Bibliographie des **puits artésiens dans l'Afrique septentrionale** (environ 50 articles); pp. 56-62 : § III. Bibliographie générale du **Sahara** (simple aperçu) (environ 66 articles) ; pp. 62-63 : Cartes (5 articles).

Extrait du Bulletin de la Société de Géographie. Cinquième série. Tome XIII. Année 1867 (février). Paris, Arthus Bertrand, 1867; pp. 112-186. ✠

★ **561**. — Expédition de **Laghouat** Dirigée en Mai et Juin 1844. Par le général **Marey**, Commandant la Subdivision de Tittery. Alger, typ. Bastide, 1845; 40 pp. et 4 pp. n. c. in-4 oblong. ✠

Renferme, p. 2 : Note des pièces qui étaient jointes au rapport du général Marey (12 art.).

562. — Comptes rendus hebdomadaires des séances de l'Académie des sciences publiés conformément à une décision de l'Académie En date du 13 juillet 1835, par MM. les secrétaires perpétuels. Tome soixante-dix-neuvième. Juillet-Décembre 1874. Paris, Gauthier-Villars, 1874 ; 1769 pp. in-4. ✠

Renferme, pp. 435-432 : Physique du globe. Note sur le

projet d'établissement d'une **mer intérieure** en **Algérie**; par M. E. **Cosson** (environ 9 art.).

* **563**. — Bulletin de la Société de géographie rédigé avec le concours de la section de publication par les secrétaires de la commission centrale — sixième série — Tome dix-neuvième Année 1880 Janvier-Juin. Paris, Ch. Delagrave; 576 pp. in-8. ✠

Renferme, pp. 34-54 : Note sur le projet de création en **Algérie** d'une **mer** dite **intérieure** Par E. **Cosson**, de l'Institut; pp. 34-37 : Parmi les travaux et les notes dont le projet de M. Roudaire a été l'objet, je citerai seulement les plus importants (environ 24 art.).

564. — Die **Sahara** oder von Oase zu Oase. Bilder aus dem Natur- und Volksleben in der grossen Afrikanischen Wüste. Von Dr. **Josef Chavanne**. Mit 7 Illustrationen in Farbendruck, 64 Holzschnitten und einer Karte der Sahara. Wien. Pest. Leipzig. A. Hartleben, 1879 ; XVI et 639 pp. in-8 carré. ✠

Renferme, pp. 615-617 : Anhang. Quellen-Literatur (environ 120 art. non datés).

* **565**. — Voyage archéologique dans la régence de **Tunis** exécuté et publié sous les auspices et aux frais de M. H. d'Albert, duc de Luynes, membre de l'Institut, par V. **Guérin**..... Ouvrage accompagné d'une grande carte de la régence et d'une planche reproduisant la célèbre inscription bilingue de Thugga. Tome premier. Paris, Henri Plon, 1852 ; XV et 438 pp. gr. in-8. ✠

Renferme (avant-propos), pp. IX-XIV:.... ouvrages que j'ai consultés sur ce sujet (environ 23 art.).

* **566**. — Essai de bibliographie tunisienne ou indication des principaux ouvrages publiés en France sur la régence de **Tunis** par A. **Demarsy** (*sic*). Paris, 1869; 44 pp. in-8 (environ 131 articles refondus dans la bibliographie de J. Gay, v. *suprà*, n° 536). ✠

* **567**. — Recueil des notices et mémoires de la société

archéologique du département de Constantine. 7ᵉ volume de la deuxième série. Dix-septième volume de la collection. 1875. Constantine, L. Arnolet; Alger, Jourdan. Paris, Challamel ainé; xxviii et 456 pp. in-8. ✠

Renferme, pp. 68-110 : Bibliographie **carthaginoise** par **E. de Sainte-Marie** premier drogman du consulat de France à Tunis (233 art.).

★ Tirage à part, 1875; 47 pp. in-8. ✠

★ **568.** — Bibliothèque illustrée des missions catholiques. La Tunisie chrétienne par **E. de Sainte-Marie.** Lyon, Bureaux des *Missions catholiques*, 1878; xii et 152 pp. gr. in-8. ✠

Renferme, pp. xi-xii, 12 articles de bibliographie concernant l'histoire religieuse de **Carthage** et de **Tunis.**

569. — Treizième année. N° 112. Dimanche 24 avril 1881. Journal officiel de la république française; in-4. ✠

Renferme, pp. 2060-2063 : Académies et corps savants.— Société de géographie. — **Tunisie :** les tribus frontières (par **Guillaume Depping**; environ 18 art.).

570. — Expedition zur Erforschung der **libyschen Wüste** unter den Auspicien Sr. Hoheit des Chedive von Aegypten Ismail im Winter 1873-74 ausgeführt von **Gerhard Rohlfs.** Erster Band. Reisebericht : Mit Beiträgen von P. Ascherson, K. Zittel, sowie einer Originalkarte von W. Jordan, 16 Photographien nach Ph. Remelé, 11 Steindruck-Tafeln und 18 Holzschnitten. Cassel, Theodor Fischer, 1875.

Sous-titre : Drei Monate in der libyschen Wuste. Von Gerhard Rohlfs....; 10 pp. n. c., 337 pp. et 7 pp. n. c. gr. in-8. ✠

Renferme, *in fine*, p. 1 n. c. : — Anhang I. Verzeichniss der bisher veröffentlichten wichtigeren Ergebnisse der Expedition. Bei denjenigen Mittheilungen, deren Gegenstand in diesem Werke besprochen ist, ist auf die betreffende Stelle verwiesen).

571. — A bibliographical account and collation of La

Description de l'**Egypte,** presented to the Library of the London Institution by Sir **Thomas Baring,** Baronet, president : with a list of other donations made to that establishment from April 1837 to April 1838. The second series. London : M.DCCC.XXX.VIII. [Not published]; 89 pp. in-8. ✠

572. — *Vacat.*

573. — Bibliotheca Ægyptiaca. Repertorium über die bis zum Jahre 1857 in Bezug auf **Ægypten,** seine Geographie, Landeskunde, Naturgeschichte, Denkmäler, Sprache, Schrift, Religion, Mythologie, Geschichte, Kunst, Wissenschaft, etc. etc. erschienenen Schriften, academischen Abhandlungen und Aufsätze in wissenschaftlichen und anderen Zeitschriften von Dr H. Jolowicz.... Nebst einem alphabet. Namen-Register. Leipzig, Wilhelm Engelmann, 1858; viii et 244 pp. in-8 (2675 articles). ✠

574. — *Idem*, Supplément I, 1861, 4 pp. n. c. et 75 pp. in-8 (768 art. n°s 2676 à 3443). ✠

575. — Aegypten; Handbruch für Reisende von K. Baedeker. Erster Theil : Unter-Aegypten bis zum Fayûm und die Sinai-Halbinsel. Mit 16 Karten, 29 Plänen, 7 Ansichten und 76 Vignetten. Leipzig : Karl Baedeker. 1877; xvi et 562 pp. pet. in-8. ✠

Renferme, pp. 216-218 : XI. Zur Literatur über **Aegypten** (environ 36 art.).

La traduction anglaise (Leipzig : Karl Baedeker. London : Dulau & Co., 1878; xiv et 527 pp. pet. in-8) renferme, pp. 198-200 : XI. Works on **Egypt** (environ 38 art.).

576. — Dr. Robert Hartmann. Naturgeschichtlich-medicinische Skizze der **Nilländer.** Berlin, 1865, Friedrich Schulze; vii et 421 pp. in-8.

Renferme, sous le titre : Einschlägige Literatur, ou sous le titre : Quellen, environ 158 articles de bibliographie, pp. 33-34, 72-73, 94, 158-159, 183-184, 207-208, 317 et 419.

★ **577.** — Cosmos. Communicazioni sui progressi più

recenti e notevoli della geografia e delle scienze affini di Guido Cora. Volume II, 1874. Torino, Guido Cora; xv et 464 pp. in-4. ✠

Renferme, pp. 121-143 : Notizie di viaggiatori italiani in **Egitto** dal MCC al MDCCCXL (67 et 87 articles; *auctore* G. Lumbroso).

578. — Die Landenge von **Suês**. Zur Beurtheilung des **Canalprojects** und des Auszugs der Israeliten aus Aegypten. Nach den aelteren und neueren Quellen dargestellt von **M. J. Schleiden**, Dr Mit 6 Tafeln und einer Karte des nordöstlichen Aegypten. Leipzig, Wilhelm Engelmann. 1858; xvi et 203 pp. in-8. ✠

Renferme, pp. vii-xi, environ 40 art.

* **579**. — Sull' Istmo di **Suez** e sul Commercio Orientale. Memoria bibliografica di **Cesare Correnti**. Estratto dal Bolletino della Società Geografica, fasc. III, sett. 1869 (pp. 489-498). Firenze, tip. Civelli, 1869; 14 pp. in-8 (17 art.). ✠

580. — M. Marius Fontane, 9, rue Charras, à Paris, a rédigé une bibliographie comprenant environ 1500 ouvrages, cartes et plans, pour la plupart français, relatifs au **Canal de Suez**. Cette bibliographie ne parait pas devoir être publiée.

581. — The monuments of **Upper Egypt** a translation of the " Itinéraires de la **Haute Egypte** " of Auguste Mariette-Bey by Alphonse-Mariette... Alexandria and Cairo : A. Mourès. London : Trübner & Co. 1877; xvi et 264 pp. in-8. ✠

Renferme, pp. xv--xvi: List of publications recommended (environ 31 art.).

Original français, 1872.

582. — History of ancient **Egypt** by George Rawlinson, M. A.... In two volumes. London : Longmans, Green, and Co. 1881; 2 vol. in-8. ✠

Renferme, t. II, pp. 519-525 : List of authors and editions quoted in the notes (environ 264 art.).

⋆ **583.** — Versuch einer zusammenhängenden Darstellung des Stromsystems des **obern Nil.** D^or **Arthur Steinwenter.** Marburg. Druck von Eduard Janschitz. 1875; 40 pp. gr. in-8. ✠

Renferme, pp. 39-40 : Zu den voranstehenden Arbeit wurde benutzt an Werken (16 art.); an periodisch erscheinenden Schriften (8 art.) ; an Karten (3 art.).

584. — Reisen in Nubien, Kordofan und dem peträischen Arabien vorzüglich in geographisch-statisticher Hinsicht von Dr **Eduard Rüppel.** Mit acht Kupfern und vier Karten. Frankfurt am Main, Friedrich Wilmans. 1829; xxvi, 388 pp. et 1 p. n. c. in-8. ✠

Renferme pp. 274-275: A. Karten von **Nubien** und **Kordofan** (4 art.); p. 289 : B. Karten des **peträischen Arabiens** (3 art.).

585. — Iobi Lvdolfi alias Leut-holf dicti Historia Æthiopica, sive Brevis et succincta descriptio regni **Habessinorvm,** Quod vulgo male Presbyteri Johannis vocatur. In qua libris quatuor agitur I. De natura & indole regionis & incolarum. II. De regimine politico, Regum successione &c. III. De statu Ecclesiastico, initio & progressu religionis Christianæ &c. IV. De rebus privatis, litteratura, œconomia, &c. Cum Tabula Capitum & Indicibus necessariis. Francofurti ad Menum Prostat apud Joh. David Zunner. Typis Balthazaris Christophori Wustii Sen. A. S. C. cIɔ Iɔɔ LXXXI (1681); environ 324 pp. in-8°. ✠

Renferme, pp. 7-8: Nomenclator auctorum et scriptorum, In hoc Opere citatorum, laudatorum, illustratorum, commendatorum (environ 117 art.).

La liste des auteurs ne figure pas dans la traduction anglaise: — A new history of Ethiopia. Being a Full and Accurate description of the Kingdom of Abessinia, Vulgarly, though Erroneously called the Empire of Prester *John*. In four books. Wherein are contained...... *Illustrated with Copper Plates*. By the Learned *Job Ludolphus*, Author of the

Ethiopic Lexicon. Made *English* by *J. P.* Gent. London. Printed for *Samuel Smith* Bookseller, at the *Prince's Arms* in St. *Pauls Church-yard*, 1682; 8 pp. n. c. et 398 pp. in-8°. ✠

La 2ᵉ éd. de cette traduction (London, *ibid.*, 1684, 38 pp. n. c. et 398 pp. in-f° ✠) renferme, pp. 21-23, diverses indications bibliographiques relatives à environ 10 auteurs.

* **586.** — Routes in **Abyssinia**. Presented to the House of Commons, in pursuance of their Address dated November 26, 1867. London: printed for Her Majesty's stationery office, by Harrison and Sons, 1867; 4 pp. n. c. et 252 pp. in-8. ✠

Renferme, pp. 38-39 : Extracts from the works of travellers (19 articles).

587. — Abyssinia and its people; or life in the land of Prester John... Edited by **John Camden Hotten**... fellow of the ethnological Society, etc. With a new map; and Eight Coloured Illustrations by MM. Vignaud and Barrat. London: John Camden Hotten, 1868; vi et 384 pp. pet. in-8. ✠

Renferme, pp. 369-384: Bibliography of works relating to **Abyssinia**. — Comprising, it is believed, a tolerably perfect list of books and tracts which have been published upon that country (environ 201 art., 1478 ?-1877).

588. — First footsteps in Africa; or an exploration of **Harar**. By Richard F. Burton, Bombay army... London: Longman, Brown, Green, and Longmans. 1856; xl pp., 1 p. n. c. et 648 pp. in-8. ✠

Renferme, pp. xxviii-xxix :.... principal authorities (6 art.).

589. — Baron Carl Claus von der Decken's Reisen in Ost-Afrika in den Jahren 1859-1865. Herausgegeben im Auftrage der Mutter des Reisenden, Fürstin Adelheid von Pless. Wissenschaftlicher Theil. Dritter Band. Dritte Abtheilung. Leipzig und Heidelberg. C. F. Winter, 1879. ✠

Sous-titre : .... ; environ 435 pp. gr. in-8 (pagination variée).

Renferme, *in fine*, 51 pp. (IV et 47) : Uebersicht der Literatur von **Ost-Afrika** und die **Ost-Afrikanischen Inseln** und Appendices Geographischen Inhalts, Notizen aus den gelassenen Papieren Albr. Roscher's und C. v. d. Decken's, sowie nautische Bemerkungen über die Westküste von Gross-Comoro von Capitän Bigrel (*auctore* Bruno Hassenstein ; environ 870 art. dont 69 pour les cartes ; 61 sur **Livingstone**, pp. 18-20 ; 180 sur **Madagascar**, pp. 30-38.).

★ **590**. — Proceedings of the Royal Geographical Society and Monthly Record of Geography. Published under the authority of the council, and edited by the assistant secretary. New monthly series. Vol. I., 879. London : Edward Stanford. 1879 ; VIII et 840 pp. gr. in-8. ✠

Renferme, pp. 204-205 : Books and Memoirs on **Zululand**. (By E. C. Rye, Librarian R.G.S.) (environ 52 art., 1810-1879) ; pp. 205-206 : Maps of **Zulu-land** (By W. J. Turner, Map Department R.G.S.) (environ 8 art., 1866-1879).

★ **591**. — Die Eingeborenen **Süd-Afrika's** ethnographisch und anatomisch beschrieben von **Gustav Fritsch**..... Breslau, Ferdinand Hirt, 1872 ; 516 pp. in-4. ✠

Renferme, pp. 510-512 : Litteratur-Angabe (environ 99 articles).

592. — Die Geographische Erforschung des Afrikanischen Kontinents von den ältesten Zeiten bis auf unsere Tage. Ein Beitrag zur Geschichte der Erdkunde von Dr. **Philipp Paulitschke**. Zweite vermehrte und verbesserte Auflage. Wien, Brockhausen und Braüer, 1880 ; IX et 332 pp. gr. in-8. ✠

Renferme, pp. 311-314, une bibliographie d'environ 112 articles concernant les **îles voisines de l'Afrique**.

La 1re éd. (*ibid.*, 1879; 172 pp. in-8) renferme, pp. 169-171, environ 85 art.

★ **593.** — The Journal of the Royal Geographical Society of London. Volume the twentieth 1851. London, John Murray, MDCCCLI; LXXII et 388 pp. in-8. ✠

Renferme, pp. 75-88 : Abstract of MSS. Books and Papers respecting **Madagascar** during the possession of the Mauritius by the French. Presented by Sir W. M. Farquhar to the British Museum (This abstract was made and presented to the Royal Geographical Society by **W. J. Hamilton**, Esq. April 1850) (17 articles ou groupes d'articles).

★ **594.** — **Madagascar** possession française depuis 1642 par **V. A. Barbié du Bocage**.... ouvrage accompagné d'une carte dressée par M. V. A. Malte-Brun. Paris, Arthus Bertrand, *s. a.* (1857); XXVII et 363 pp. in-8. ✠

Renferme, pp. 347-363 : Notice bibliographique (142 articles).

★ **595.** — Madagascar and its people. Notes of a Four Years' Residence, with a sketch of the history, position and prospects of mission work among the Malagazy. By **James Sibree**, Jun. Architect of the Memorial Churches, Antananarivo. (London) The Religious Tract Society (1870); 576 pp. in-8. ✠

Renferme, pp. 570-572 : Appendix I. List of Books upon **Madagascar** (environ 43 articles).

— *Idem*, traduit de l'anglais par H. Monod, pasteur, et Henry Monod, avocat. Toulouse, Société des livres religieux, 1873; XII et 624 pp. in-8. ✠

Renferme, pp. 607-609 : Appendice G. (environ 43 articles).

La traduction allemande (Leipzig : F. A. Brockhaus, 1881; XII et 424 pp. in-8 ✠) ne renferme pas cette bibliographie.

596. — M. **Alfred Grandidier**, 14, rue de Berri, à Paris, possède une bibliographie manuscrite de **Madagascar** qui sera publiée dans la partie historique de son voyage à Madagascar. ✠

597. — Notes sur l'île de la **Réunion**. **(Bourbon)**. par **L. Maillard**..... ingénieur colonial en retraite. Paris, Dentu, 1862, 2 vol. in-8 et atlas. ✠

Renferme, t. I, pp. 328-330 : Ouvrages consultés (69 art.).

598. — Revue de Géographie rédigée par M. Ludovic Drapeyron.... Troisième année. — Tome V. Juillet-décembre 1879. Paris, institut géographique de Paris. Ch. Delagrave; 484 pp. in-8. ✠

Renferme, pp. 161-178 : La **Réunion**, par **Paul Gaffarel**; et p. 178 : Indications bibliographiques (22 art.).

599. — Essais sur les Isles Fortunées et l'Atlantique Atlantide, ou précis De l'Histoire générale de l'Archipel des Canaries, par **J. B. G. M. Bory de St Vincent**, officier français. Paris, Baudouin, Germinal an XI; 8 pp. n. c., 522 pp. et 2 pp. n. c. in-4. ✠

Renferme, pp. 1-19 : Des principaux Ecrivains qui ont parlé des **Canaries** (environ 30 art. dont 8 pour les cartes).

600. — Histoire naturelle des Iles **Canaries**, par MM. **P. Barker-Webb** et **Sabin Berthelot**, Membres de plusieurs Académies et Sociétés savantes; ouvrage publié sous les auspices de M. Guizot, Ministre de l'Instruction publique. Tome premier. Première partie. Contenant l'ethnographie et les annales de la conquête. Paris, Béthune, 1842; 4 pp. n. c., 335 pp. et 3 pp. n. c. ✠

Renferme. pp. 4-94 : Études bibliographiques.

* **601**. — Voyage aux Iles Fortunées le pic de Ténériffe et les Canaries par **Jules Leclercq**. Paris, E. Plon & Cie, 1880; 6 pp. n. c. et 237 pp. in-12. ✠

Renferme, pp. 229-231 : Livres à consulter sur les **Iles Fortunées** (40 art.).

602. — Madeira und seine Bedeutung als Heilungsort.

Nach mehrjährigen Beobachtungen für Aerzte geschildert von **Karl Mittermaier**, praktischem Arzte in Heidelberg. Heidelberg, J. C. B. Mohr. 1855; VIII et 158 pp. in-8. ✠

Renferme (Einleitung), pp. 2-4 : ... die Litteratur über **Madeira**... (environ 7 art.).

603. — Madeira its climate and scenery a handbook for visitors. By **Robert White** and **James Y. Johnson**. Second edition. With numerous illustrations and a map of the island. Edinburgh : Adam and Charles Black. 1860; xv et 338 pp. in-8. ✠

Renferme. pp. 318-319 : ... further information on the geology of **Madeira**... (environ 6 art.).

AMÉRIQUE

604. — L'histoire dv **nouveau monde** ou description des **Indes occidentales**, contenant dix-huict Liures, Par le sieur Iean de Laet, d'Anuers; *Enrichi de nouvelles Tables Géographiques & Figures des Animaux, Plantes & Fruicts.* A Leyde, chez Bonauenture & Abraham Elzeuiers, Imprimeurs ordinaires de l'Vniuersité; cIɔ Iɔ c xl (1640); environ 26 pp. n. c., 632 pp. et 12 pp. n. c. in-f°. ✠

Renferme, pp. 9-10 prél. n. c. : nous adiouterons ici dessous les noms des Autheurs du labeur desquels nous recognoissons librement nous estre aidés (environ 42 art.).

L'original hollandais (Nieuvve Wereldt Ofte Beschrijvinghe van West-Indien,..... Door Ioannes de Laet,..... Tot Leyden, In de Druckerye van Isaack Elzevier. Anno 1625...; 24 pp. n. c., 510 pp. et 16 pp. n. c. in-f°. ✠) renferme, pp. 12-13. prél. n. c., environ 37 art.

La 2ᵉ éd. hollandaise (Tot Leyden, bij de Elzeviers. Aº 1630; 28 pp. n. c., 622 pp. et 17 pp. n. c. ✠) renferme, pp. 12-14 prél. n. c., environ 41 art.

605. — **America** : being the latest and most accurate description of the nevv vvorld; containing The Origina he Inhabitants and the Remarkable Voyages thither. The conquest of the vast empires of Mexico and Peru, and other large provinces and territories, with the several *European* plantations in those parts. Also their Cities, Fortresses, Towns, Temples, Mountains, and Rivers Their Habits, Customs, Manners, and Religions. Their Plants, Beasts, Birds and Serpents. With An appendix, containing, besides several other considerable Additions, a brief Survey of what has been discover'd of the *Unknown South-Land* and the *Arctick-Region.* Collected from most Authentick Authors, Augmented with later Observations, and adorn'd with Maps and Sculptures, by **John Ogilby** Esq; His Majesty's *Cosmographer, Geographick Printer*, and Master of the *Revels* in the Kingdom of *Ireland.* London, Printed by the author, and are to be had at his House, M.DC.LXXI; 10 pp. n. c., 674 pp. et 1 p. n. c. in-f°. ✠

Renferme, pp. 5-6 n. c. : A Catalogue of the Authors which are either mention'd, or made use of in this Volume of *America* (environ 167 noms d'auteurs).

606. — Bibliothecæ **Americanæ** Primordia. An Attempt Towards laying the Foundation of an American Library, In several Books, Papers, and Writings, Humbly given to the Society for the Propagation of the Gospel in Foreign Parts, For the Perpetual Use and Benefit of their Members, their Missionaries, Friends, Correspondents, and Others concern'd in the Good Design of Planting and Promoting Christianity within Her Majesties Colonies and Plantations in the West-Indies. By a Member of the said Society. London, printed for J. Churchill, 1713; xvi, iii, 275 pp. et environ 224 pp. n. c., in-4. ✠

Rédigé par **White Kennett**, en date du 20 octobre 1713; publié et augmenté par **Robert Watts** en date du 1ᵉʳ novembre 1714 ; environ 1600 articles.

607. — Historia general de las **Indias Ocidentales**; ó de los hechos De los Castellanos en las Islas y Tierra firme del Mar Oceano, escrita por **Antonio de Herrera** coronista mayor de Su Magestad de las Indias y de Castilla. En ocho decadas. Sigue a la ultima decada la descripcion de las Indias por el mismo autor... Nueva impression enriquecida con lindas. Figuras y Retratos. En Amberes, Por Juan Bautista Verdussen, M.D.CC.XXVIII, 4 vol. in-f°. ✠

Renferme, t. I, p. 4 n. c. : Los autores impresos y de mano que han escrito cosas particulares de las **Indias Ocidentales** (33 auteurs).

Cette liste se retrouve, t. I, p. 4 n. c., dans la traduction anglaise par John Stevens, London, Jer. Batley, 6 vol. in-8, 1725-1726. ✠

Elle n'existe pas dans l'édition de Madrid, 8 vol. in-f°, 1601-1615. ✠

Elle se retrouve, t. I, p. 8 n. c., dans l'édition de Madrid' Nicolas Rodriguez Franco, 1730, 4 vol. in-4. ✠

608. — Origen de los Indios de el nuevo mundo, e **Indias occidentales** *averiguado* con discurso de opiniones *por el Padre Presentado* Fr. **Gregorio Garcia**, *de la Orden de Predicadores*. Tratanse en este libro varias cosas, y puntos curiosos, tocantes à diversas Ciencias, i Facultades, con que se hace varia Historia, de mucho gusto para el Ingenio, i Entendimento de Humbres agudos, i curiosos. Segunda impresion. Enmendada, y añadida de algunas opiniones, ò cosas notables en maior prueba de lo que contiene, con Tres Tablas mui puntuales de los Capitulos de las Materias, y Autores, que las tratan. Dirigido al angelico doct. S^{to} Tomas de Aquino. Con privilegio real. En Madrid : En la imprenta de Francisco Martinez Abad. Año de 1729; 24 pp. n. c., 336 pp. et 78 pp. n. c. in-f°. ✠

Renferme, pp. 11-18 n. c. : Autores, que en el discurso de esta Obra se alegan i citan (environ 1700 auteurs).

Idem, 1e éd., Valencia, 1607.

609. — De regio patronatu **Indiarum**. Quæstiones reliquæ desumptæ et disputatæ in alia quinquaginta capita partitæ. Auctore D. **Petro Frasso** juris-consulto turritano, in regio limano senatu fisci patrono. Superiorum permissu. Matriti : Ex Typographia Blasii Roman. Anno M.DCC.LXXV, 2 vol. in-f°. ✠

Renferme, t. II, pp. xxi-xxviii : Cathalogus auctorum, quorum scriptis, in utroque de Regio Indiarum Patronatu tomo utimur, Alphabetico ordine digestus (environ 1505 auteurs).

610. — The History of America. By **William Robertson**, DD. Principal of the University of Edinburgh, and Historiographer to his Majesty for Scotland. London, printed for W. Strahan; T. Cadell; and J. Balfour, at Edinburgh, 1777, 2 vol. in-4; xvii, 7 pp. n.c. et 488 pp.; 535 pp. et 21 pp. n.c. ✠

Renferme, t. II, pp. 523-535 : A Catalogue of Spanish Books and Manuscripts (environ 224 articles).

Dans l'édition de 1800-1801 (London, A. Strahan, 3 vol. in-18), ce catalogue se trouve en tête du tome I; dans la 10ᵉ éd., *ibid.* ✠, il se trouve, t. I, pp. xxxi-li (environ 301 art.); dans la traduction française de 1778 (Histoire de l'Amérique. Traduite de l'anglais [par Suart et Morellet], Paris, Panckoucke, 2 vol. in-4), cette liste se trouve, tome II, pp. 526-538.

611. — Bibliotheca Americana; or, a chronological catalogue of the most curious and interesting books, pamphlets, state papers, &c., upon the subject of **North** and **South America**, from the earliest period to the present, in print and manuscript; for which research has been made in the British Musæum and the most celebrated public and private libraries, reviews, catalogues, &c. with an introductory discourse on the present state of literature in those countries. London, printed for J. Debrett....., 1789; 4 pp. n. c. et 271 pp. in-4. (*Auctore* Reid; attribué à Homer; renferme, pp. 29-219, environ 1591 art.). ✠

612. — Indice de la Colecion de Manuscritos pertinecientes a la historia de las **Indias** que escribio D.ⁿ Juan Bautista Muñoz y por su muerte se han hallado en su libreria. Formado de R.ᵉ orden con intervention de los S.ʳᵉˢ D. Josef Navarro del Consejo de S : M : alcalde de su casa y Corte, y Dʳ Zenon Alonzo, oficial mayor de la Secret.ᵃ de Gracia y Justicia de Indias. Por Dʳ Joaquin Fraggio y D.ⁿ Man. Abella, individuos de la real Academia de la Historia.

Signé, *in fine* : Madrid, 12 de Agosto 1799. Josef Navarro, Zenon Alonzo, Joaq.ⁿ Fraggia (*sic*), Manuel Abella (145 art.).

D'après Hermann E. Ludewig (Serapeum, 1845, p. 223), l'original in-4 de ce manuscrit existait en 1845 à Paris ou à Madrid; Peter Force, de Washington, Etats-Unis, en possédait une copie, 100 pp. in-f°.

613. — Antonio de Alcedo. Biblioteca Americana. Catalogo de los autores que han escrito de la **América** en diferentes idiomas y noticias de su vida y patria, años en que vivieron y obras que escribieron. Compuesta año de 1807. Manuscrito inedito. Mexico, copia remitida de Boston por el Sr. W. H. Prescott, 1854, 2 vol. in-f°; 622 et 780 pp.

Cette copie faisait partie de la vente de la bibliothèque de J. M. Andrade (v. *infrà*, n° 854). L'original porte : Compuesto por El Mariscal de Campo Don Antonio de Alcedo, Gobernador de la Plaza de la Coruña ; il avait été en la possession de Jared Sparks, et se trouve aujourd'hui dans la bibliothèque de feu John Carter Brown, de Providence (Rhode Island); vi et 1028 pp. in-f°.

614. — The geographical and historical dictionary of **America** and the **West Indies**, containing an entire translation of the Spanish work of Colonel don Antonio de Alcedo, captain of the royal Spanish guards, and member of the royal academy of history, with Large Additions and Compilations from modern voyages and travels, and from original and authentic information. By G. A. Thompson, Esq. In five volumes. London : printed for James Carpenter ; Longman, Hurst, Rees, Orme and Brown;

AMÉRIQUE.   155

White Cochrane, and Co. and Murray, London; Parker, Oxford; and Deighton, Cambridge, 5 vol. in-4, 1812-1815.✠

Renferme, t. I, pp. xxv-xxxv : Part III. List of the chief books, documents and authorities consulted for the completion of this dictionary (environ 32 art.).

Cette liste n'existe pas dans l'original espagnol, Madrid, 1789, imprenta de Benito Cano (aussi : imprenta de Manuel Gonzalez), 5 vol. in-4. ✠

615. — The American gazetteer, exhibiting a full account of the Civil Divisions, Rivers, Harbors, Indian Tribes, &c. of the **American** continent : also of the **West India** and other appendant islands; with a particular description of Louisiana. Compiled from the best authorities by **Jedidiah Morse** D.D. A.A.S. S.H.S.... Illustrated with maps, and accompanied by a new and elegant general atlas of the world. Containing, in a separate Volume, Sixty-three Maps, and comprising all the New Discoveries to the present Time. Third edition revised and corrected. Boston : published by Thomas and Andrews..... July 1810; environ 600 pp. n. c. in-8. ✠

Renferme (Preface), p. 4 n. c. : ... these and many other less important Works have been carefully consulted (environ 30 art.).

Cette liste se retrouve, p. iv, dans la 1e éd., Boston, 1797; viii et environ 536 pp. n. c. in-8. ✠

616. — A new universal gazetteer, or geographical dictionary, containing a description of the various countries, provinces, cities, towns, seas, lakes, rivers, mountains, capes, &c. in the known world. With an appendix containing an account of the monies, weights, and measures of various countries, with tables illustrating the population, commerce, and resources of the **United States**. Accompanied with an atlas. By Jedidiah Morse, D.D. A.A.S. S.H.S. and Richard Morse, A.M. Third édition revised and corrected. Published by Sherman Converse of New-

Haven and Silas Andrus of Hartford. 1821; 832 pp. gr. in-8. ✠

Renferme, pp. 5-6 : A catalogue of the principal works consulted in compiling this gazetteer (environ 55 art. relatifs principalement aux **Etats-Unis**).

Ce catalogue n'existe pas dans l'édition de Londres : The American gazetteer exhibiting in alphabetical order... under the Direction of Jedidiah Morse... 2^d edition. Printed in Boston. London : reprinted for J. Stockdale, and T. N. Longman, 1798; 632 pp. in-8. ✠

⋆ **617**. — Bibliotheca americo-septentrionalis, or a chronological catalogue of books relating to **North-America**. Paris, Mai 1820, imprimerie de Nouzou; 147 pp. in-8 (environ 726 art.). ✠

Sous-titre : Bibliotheca americo-septentrionalis : being a choice collection of books in various languages Relating to the History, Climate, Geography, Produce, Population, Agriculture, Commerce, Arts, Sciences, etc., of America, from its discovery to its present existing government; among which are many valuable Articles and rare together with all the important official Documents published from time to time by the Authority of Congress. — Collection d'ouvrages écrits en diverses langues.....

Catalogue d'environ 2000 volumes formant la bibliothèque de **David Baillie Warden** offerte en 1823 par Samuel E. Elliot au collège de Harvard. Attribué par Reuben A. Guild à **Aspinwall**.

618. — Bibliotheca Americana or a Chronological Catalogue of Books relating to North and South America.

Sous-titre : Bibliotheca Americana, being a choice collection of books relating to **North** and **South America** and the **West-Indies**, including voyages to the Southern hemisphere, Maps, Engravings and Medals. Paris, printed by Paul Renouard, 1831; 4 pp. n. c. et 140 pp. in-8 (1113 articles). ✠

Anonyme, *auctore* **D. B. Warden**; 2ᵉ édition, Paris, printed by Fain and Thienot, 1840; 6 pp. n. c. et 124 pp. in-8 (1097, 42, 14 et 10 art. dont 133, nᵒˢ 965-1097, pp. 106-120, pour les cartes). ✠

- Cette bibliographie se retrouve en partie (environ 470 art.), t. I, pp. 298-301, p. 313, pp. 411-415; t. II, pp. 79-83, pp. 411-445; t. III, pp. 159-162, pp. 522-525; t. IV, pp. 517-521; t. VI, pp. 455-464; t. VII, pp. 529-536, dans : —

L'art de vérifier les dates. — Quatrième partie. Chronologie historique de l'Amérique, par M. D. B. Warden, Ancien Consul-Général des États-Unis d'Amérique à Paris, Membre de l'Académie Royale des sciences, etc., etc., Paris, Ambroise Dupont et Roret (aussi : chez l'éditeur), 10 vol. in-8, 1826-1844. ✠

619. — Ancient history, or annals of Kentucky; with a survey of the ancient monuments of North America, And a Tabular View of the Principal Languages and Primitive Nations of the whole Earth. By C. S. Rafinesque, A. M, Ph. D..... Frankfort, in Kentucky. Printed for the author. 1824; 4 pp. n. c. et 39 pp. in-8. ✠

Renferme, pp. 38-39 : II. Appendix. Catalogue Of the Authors and Works consulted (environ 160 art. se rapportant principalement à l'**Amérique**).

620. — Number I. Spring 1836. The American nations; or Outlines of A National History; of the ancient and modern nations of **North** and **South America**... First number or volume : generalities and annals. By Prof. C. S. Rafinesque, — Published by C. S. Rafinesque, Phliadelphia, sold by the principal booksellers and in London by O. Rich, in Paris by Meilhac & Baillere. 1836; 4 pp. n. c. et 260 pp. in-8. ✠

Renferme, pp. 35-75 : Chapter II. Materials for the history of the **Americans**. — Authors, Documents, Sciences. Languages, Civilization, &c (environ 55 art. ou groupes d'art.).

621. — Biblioteca Valenciana de los Escritores que florecieron hasta nuestros dias. Con adiciones y enmiendas a la de D. Vicente Ximeno por D. Justo Pastor Fuster, Socio de Mérito de la Real Sociedad Económica de Valencia y su Reino. Valencia : José Ximeno (le 2ᵉ volume porte : Ildefonso Monpié), 2 vol. in-4, 1827-1830. ✠

Renferme, t, II, pp. 202-234 : Copia de los manuscritos que recogió D. Juan Bautista Muñoz en sus viajes, y se entregaron en su muerte a Su Magestad (environ 152 art. de documents réunis par Muñoz pour écrire son Historia del **Nuevo Mundo**, Madrid, Viuda de Ibarra, 1793, in-4.).

622. — 20th Congress, 1st Session. [Rep. No. 37.] Ho. of Reps. Manuscripts and printed books in the possession of Obadiah Rich, Esq. — December 27, 1827. Printed by order of the House of Representatives ; 24 pp. in-8 (environ 96 art. pour les manuscrits et 389 pour les livres, 1506-1825). ✠

Daté, p. 24 : Madrid, September 28, 1827.

La p. 1 porte : Mr. Everett, from the Committee on the Library, submitted the following list of manuscripts and printed books relating to **America** in the possession of Obadiah Rich, Esq. Consul of the United States at Valencia.

Les 59 rapports de la Chambre des représentants relatifs à la 1ᵉ session du 20ᵉ congrès sont réunis en un fort volume in-8 ✠ avec une pagination spéciale pour chacun d'eux sans que le volume ait un titre spécial.

623. — O. Rich. A catalogue of books, relating principally to **America**, arranged under the years in which they were printed. Parts I and II (1500-1700). London : O. Rich, 1832 ; 129 pp. in-8 (486 art.). ✠

624. — Bibliotheca Americana Nova ; or, a catalogue of books in various languages, relating to **America**, printed since the year 1700. Compiled principally from the works themselves by O. Rich. London : O. Rich ; New York : Harper & Brothers, 2 vol. in-8, 1835-1844. ✠

1ᵉʳ vol. : Part.I. 1701 to 1800, 4 pp. n. c. et 424 pp. in-8 (environ 1990 art.).

2ᵉ vol. : Part II. 1801 to 1830, 4 pp. et 228 pp. in-8 (environ 1498 art.).

Le 2ᵉ vol., réimprimé en 1846, 4 pp. et 412 pp. in-8, renferme environ 2592 art., 1801-1844. ✠

625. — A general catalogue of old and new books for 1837. I, Books relating to **America**. II. Miscellaneous English books, transactions of societies, &c. Offered at very low prices, by O. Rich,...... London; 2 pp. n. c. et 102 pp. in-8 (1705 art. dont 670 premiers, pp. 1-40, pour la partie : Part I. Books relating to **North** and **South America** : Being the duplicates of Mr. Rich's American collection). ✠

626. — Supplement to the Bibliotheca **Americana** nova. Part I. Additions and corrections 1701 to 1800. London : Rich, 1841; 2 pp. n. c. et 93 pp. in-8 numérotées 425-517. ✠

Renferme, pp. 425-508, environ 548 art; pp. 509-517; Index.

627. — London. Jan. 1. 1844. Catalogue of Books relating to **North** & **South America**, Including also Voyages round the World, Collections of Voyages and Travels, &c., being the duplicates of Mr. Rich's American collection; 48 pp. in-8 (817 art.). ✠

628. — Bibliotheca **Americana** Vetus.; 2 pp. n. c. et 16 pp. in-8.

Catalogue d'**Obadiah Rich** daté : London, febr. 1. 1846 (environ 600 art. 1493-1700 ; titres écourtés). ✠

Cette liste a été reproduite en 4 pp. in-4 n. c., s. a., sous le titre : Books relating to America 1493-1700.

629. — Books relating to **America**. 1493-1700, s. a.; 4 pp. in-4 ; porte, p. 4 : Printed by J. S. Hodson, London. ✠

Catalogue d'**Obadiah Rich** ; environ 595 art., 1844?

630. — Books relating to **America**. 1493-1700, s. a.;

16 pp. in-8; porte, p. 16 : Printed by J. S. Hodson, London. ✠

Catalogue d'Obadiah Rich; environ 595 art.; réédition du catalogue précédent; 1845?

631. — Books relating to **America**. 1493-1700. Supplément, *s. a.*; 8 pp. in-8. ✠

Catalogue d'Obadiah Rich; environ 340 art.

632. — A Catalogue of Books : Part I, Relating to **America**, Oct. 1, 1847. Offered at very low prices by Rich & Sons. London ; 40 pp. in-8 (213 art.).

633. — Catalogue of a Collection of Manuscripts principally in Spanish, relating to **America**, in the possession of O. Rich, London. London : printed by William Bowden; *s. a.;* 44 pp. et 4 pp. n. c. pet. in-12 (150, 17, 7 et 10 articles). ✠

634. — Part I of Rich and Sons' Catalogue for 1848. Containing near two thousand books, relating principally to **America**, Now on Sale at No. 12 Red Lion Square, London; 2 pp. n. c., 127 pp. et 1 p. n. c. in-18 (1389 et 124 articles). ✠

635. — A catalogue of the maps and charts in the library of Harvard University in Cambridge, Massachusetts. Cambridge : E. W. Metcalf and Company, Printers to the University. 1831 ; VIII et 224 pp. gr. in-8 (environ 5000 art. dont 700 relatifs à l'**Amérique**, pp. 183-212; *auctore* Benjamin Peirce). ✠

636. — Catalogue of books relating to **America** in the collection of Col. Aspinwall, consul of the United States of America at London, *s. a. a. l.*; 66 pp. in-8 (771 articles). ✠

D'après Harrisse, Paris, 1833; d'après Petzholdt et Trübner, 1838; d'après Leclerc, 1854; probablement 1833.

★ **637.** — Bibliothèque Américaine ou catalogue des ouvrages relatifs à l'**Amérique** qui ont paru depuis sa découverte jusqu'à l'an 1700, par **H. Ternaux**. Paris,

Arthus Bertrand, 1837; viii et 191 pp. in-8 ✠ et in-4 ✠ (115 articles).

638. — Antiqvitates americanæ. Edidit societas regia antiqvariorum septentrionalium. Studio et opera **Caroli Christiani Rafn.** Hafniæ, typis offininæ schultzianæ.

Sous-titre : — Antiqvitates americanæ sive scriptores septentrionales rerum ante-columbianarum in **America.** Samling af de i nordens oldskrifter indeholdte efterretninger om de gamle nordboers opdagelsesreifter til America fra det 10de til det 14de aarhundrede. Edidit societas regia antiqvariorum septentrionalium. Hafniæ. Typis officinæ schultzianæ. 1837; 2 pp. n. c., xlii et 479 pp. in-4. ✠

Renferme, pp. xxvii-xxviii : Conspectus codicum membraneorum in quibus terrarum americanarum mentio fit (18 art.).

639. — A catalogue of an **American** library chronologically arranged; 57 pp. et 1 p. n. c. gr. in-8 (589 art., 1480 1800). ✠

Anonyme; *auctore* **Henry Cruse Murphy**; *s. a.* (1840?); la p. 2 porte : I. Van Anden, printer, Brooklyn.

640. — Gowan's Catalogue of rare Old English and American books on sale at the affixed very low prices. New-York, n° 1, 1842, 32 pp. in-8; n° 2, 1843, 32 pp. in-8; n° 3, 1844, 32 pp. in-8.

Renferment : Books relating to **America**; n° 1, pp. 22-30; n° 2, pp. 20-29; n° 3, pp. 8-18.

641. — Bartlett and Welford's catalogue. Part II. American history. Embracing an extensive collection of books relating to **North** and **South America** and the **West Indies**, divided into four parts as follows : I. Works on America generally; Voyages around the World; Bibliographical Works; Atlases, etc. II. Original Manuscript Maps and Plans. III. Works on Mexico, the West Indies and South America. IV. Works on the United States; the British colonies of North America; Voyages to the Polar Seas. For sale at the affixed prices for cash.... New York, s. a. (1844?); 37 pp. gr. in-8 (1432 art. n⁰ˢ 1401-2832). ✠

Les catalogues I et III n'ont pas rapport à la géographie.

642. — Catalogue de la bibliothèque **américaine** de M. de Martius. Munich 1848; 2 pp. n. c. et 66 pp. in-4 (autographié; 478 art., 1507-1843). ✠

643. — Bibliotheca Americana. A chronological catalogue of twelve hundred books and pamphlets, relating to **America** (Including many not noticed by American Bibliographers), which have been collected during the last seven years, and are now on sale at the annexed low prices. London : John Russell Smith. 1849; 50 pp. in-8 (1235 art.). ✠

★ **644**. — Bibliotheca Americana. A Catalogue of a valuable collection of books and pamphlets relating to the history and geography of **North and South America** and the **West Indies**. Altogether forming the most extensive collection ever offered for sale, containing many curious articles unknown to American bibliographers. For sale by **John Russell Smith**, London. London : printed by E. Tucker 1853; 196 pp. in-8 (3372 art.). ✠

645. — Bibliotheca americana. A Catalogue of a valuable collection of books, pamphlets, maps, engravings and engraved portraits, illustrating the history and geography of **North** and **South America**, and the **West Indies**, altogether forming the most extensive collection ever offered for sale. On sale at the affixed ready money prices by John Russell Smith. London, 1865; 8 pp. n. c. et 308 pp. in-8 (6598 art.). ✠

646. — 1867. Bibliotheca Americana. A supplement to a catalogue of books on **North** and **South America** and the **West Indies**, on sale by John Russell Smith, London; 87 pp. in-8 (892 art.). ✠

647. — Bibliotheca Americana. A catalogue of a valuable collection of books, illustrating the history and geography of **North** and **South America** and the **West Indies**,

Collected by John Russell Smith. On sale at the affixed ready money prices by Alfred Russell Smith, London, 1871; VII et 234 pp. in-8 (3593 art., dont 255, n°s 3240-3494, pour les cartes). ✠

648. — Part II. A Catalogue of a unique and interesting collection of upwards of twenty six thousand ancient and modern tracts and pamphlets collected and arranged by John Russell Smith. On sale at the affixed Ready Money prices by Alfred Russell Smith, London, 1874; in-8, pp. 299-733. ✠

Renferme, pp. 684-733: **America, North** and **South**, and the **West Indies** (Arranged chronologically) (de 1595 à 1870; 1769 art., n°s 24617-26385).

649. — Bibliotheca Americana. — A Catalogue of a valuable collection of books and pamphlets, illustrating the history & geography of **North** & **South America** and the **West Indies**. On sale at the affixed Ready Money Prices by **Alfred Russell Smith**, London 1874; VI et 182 pp. in-8 (2630 art.). ✠

Renferme aussi, *in fine*, 53 pp. (681-733) : Pamphlets relating to **America, North** and **South**, and the **West Indies**. [Arranged chronologically]. (1769 art., n°s 24617-26385, 1590-1870).

650. — Catalogue of books relating to **America** including a large number of rare works printed before 1700 amongst which a nearly complete collection of the Dutch publications on **New-Netherland** from 1612 to 1820. On sale at the affixed prices by **Fr. Muller**, Heerengracht Amsterdam. (No. 1. July 1850); 2 pp. n. c. et 104 pp. in-12 (1202 art.). ✠

D'après Petzholdt, rédigé par G. Asher.

* **651.** — Books on **America**. Early voyages. Amsterdam, Frederik Muller, 1872.

Sous-titre : Catalogue of Books, Maps, Plates on America, and of a remarkable Collection of Early Voyages offered for sale by **Frederik Muller**, at Amsterdam, literary agent of the Smithsonian Institution at Washington. Including a large number of books in all languages with Bibliographical and Historical Notes and presenting an essay towards a Dutch-American bibliography. — Part I. — Books With 3 Fac-similes. Amsterdam, Frederik Muller, 1872; 2 pp. n. c., VIII, 288 pp. et 6 pp. n. c. in-8 (2339 art.). ✠

Part II. — Books. Supplement, 1875; pp. 289-420; art. n°s 2340-3534. ✠ (Les art. 1820-2339, 3242-3534 sont relatifs à d'autres voyages que ceux d'Amérique.)

Part III a. — Portraits. 1874; 64 pp.; 1258 art. et 17 addenda. ✠

Part III b. — Autographs. 1874; pp. 65-92; art. n°s 1259-1508. ✠

Part III c. — Historical, ethnographical and typographical plates. 1874; pp. 93-120; art. n°s 1509-1855. ✠

★ Part III d. — Atlases, Maps, charts, globes and books on Geography and Cartography. 1875; pp. 121-174; art. n°s 1856-2288. ✠

★ **652.** — Catalogue of Books and Pamphlets, atlases, maps, plates and autographes (*sic*) relating to **North** and **South America**, including the collections of early voyages published by de Bry, Hulsius, Hartgers, etc. offered for sale by **Frederik Muller** & Co. at Amsterdam, literary agents to the Smithsonian Institution at Washington, etc. Amsterdam, Frederik Muller and Co., 1877; 2 pp. n. c. et 218 pp. pet. in-4 (3695 articles). ✠

★ **653.** — Rough list of some scarce and curious, mostly Spanish books, chiefly relating to **North** and **South-America**, on sale at the affixed prices by **Frederik Muller** & Co. at Amsterdam, Heerengracht, 329. Supplement to their large Catalogues on America 1872 and 1877; 16 pp. in-8, s. a. (1879?), 108 articles. ✠

654. — Catalogue of American portraits (Especially o. Franklin and Washington) and of historical & topographical plates, among which the earliest view known of New-York, a drawing in watercolours, dated 1650 — Rough list of some scarce books relating to **America**. Frederik Muller & Co. Amsterdam; 35 pp. in-8 (391 art.). ✠

Le titre gravé porte la date de 1879. Renferme pp. 23-35 : Rough list of some books relating to **America** (67 art. n°s 325-391).

655. — Catalogue of books relating to the history of **America**, forming part of the library of the legislative assembly of Canada. Quebec, 1845; 29 pp. in-8.

656. — *Idem*, supplément : Books added....; sous-titre : Catalogue d'ouvrages..... Montreal, 1846; 8 pp. in-8.

657. — Catalogue of books in the library of Parliament. Printed by Order of the Legislative Assembly. Quebec : printed at John Lovell's steam printing establishment, 1852; 130 pp. in-8. ✠

Renferme, pp. 103-130 : — Works relating to **America** (environ 800 art.).

658. — Canada. Catalogue of the library of Parliament. Works relating to America. Pamphlets and Manuscripts. Index to authors and subjects. Printed by order of the legislature. Toronto : John Lovell, 1858.

Sous-titre : Canada. Catalogue de la bibliothèque du Parlement. Ouvrages relatifs à l'Amérique. Brochures et manuscrits. Index des auteurs et des matières. Imprimé par ordre de la législature. Toronto : John Lovell, 1858; VIII et 822 pp. gr. in-8 numérotées 1075-1896. ✠

Renferme, pp. 1163-1663 : Catalogue of books relating to **America**. Catalogue des ouvrages relatifs à l'**Amérique** (près de 5000 art. dont un grand nombre intéressant le **Canada**).

Le 1er vol. (General Library) de ce catalogue préparé sous la direction d'**Alpheus Todd** comprend 1074 pp., 1857.

659. — *Idem*, Supplément. Livres ajoutés à la Bibliothèque depuis le 25 février 1858. Toronto, 1860, in-8.

660. — Catalogue de la bibliothèque de la législature de Quebec. L. **Pamphile Lemay**, B. L. Q. Levis. 1873; 2 pp. n. c. et 536 pp. gr. in-8 (environ 7000 art.). ✠

Renferme, pp. 226-260 : Histoire (**Amérique**) (environ 430 art.).

661. — Livres curieux. Garrigue & Christern, Libraires Etrangers, New York. New York, imprimerie de G. B. Teubner, 1854; 37 pp. in-8 (216 art. concernant les anciens voyages en **Amérique**; desiderata de la bibliothèque de James Lenox). ✠

662. — Stevens's **American** Bibliographer with illustrations. Chiswick (London), C. Whittingham, 1854; 96 pp. in-8. ✠

Les n°s 1 et 2, de janvier et février 1854, tirés à 100 exemplaires, ont seuls paru; l'ouvrage a été continué sous le titre suivant :

663. — Historical nuggets Bibliotheca americana or a descriptive account of my collection of rare books relating to **America**..... Henry Stevens GMB FSA London Printed by Whittingham and Wilkins, 2 vol. in-12, 1862; vol. I, xii et 436 pp.; vol. II, pp. 437-805 (environ 3000 art.). ✠

664. — A Catalogue of Books old and new, on sale by **Stevens** brothers, London, including many rare and important works in **American** history and literature; books relating to the history of **Mexico** and **Spanish America**, and miscellaneous English books, together with lists of Periodicals, published in America and Europe, for which Stevens brothers receive subscriptions. January, 1866; 27 pp., 5 pp. n. c., 14 et 8 pp. in-12 (environ 400 art.). ✠

665. — Schedule of two thousand **American** historical nuggets Taken from the Stevens Diggings in September 1870 and set down in Chronological Order of Printing from 1490 to 1800 Described and Recommended as a Supplement to any Printed Bibliotheca By **Henry Stevens** GMB FSA, Etc

Privately printed London : Stevens's bibliographical nug-getory..... Whittingham and Wilkins printers Chiswick Press Oct 1 1870; 4 pp. n. c. et 20 pp. in-4 (environ 1365 art.; 1490-1776). ✠

666. — Geschichte der **Amerikanischen** Urreligionen. Von J. G. Müller, der Theologie Doktor und ordentlicher Professor in Basel. Basel, Schweighauser, 1855; VII pp., 1 p. n. c., 706 pp. et 1 p. n. c. in-8. ✠

Renferme au commencement de chacun des 7 chapitres une courte bibliographie de chacune des régions considé-rées.

667. — London.] [November 1856. A Catalogue of books and pamphlets relating to **North** and **South America** and the **West Indies.** Chronologically arranged. On sale by George Bumstead; 23 pp. in-8 (653 art.). ✠

668. — A Catalogue of an interesting Collection of Books and Pamphlets relating to **North** and **South America**, and the **West-Indies**, containing many curious articles unknown to American Bibliographers, Chronologically arranged. On sale by **George Bumstead**. London, Print. by Bowden, May 1866 (?); 72 pp. in-8; 1903 articles.

669. — Catalogue of books on **America**, comprising History, Travels, Statistics, Periodicals, &c. ancient and modern, being, it is believed, the largest and most valuable collection ever offered for sale by any other house in the U. States. J. W. Randolph, Richmond, Va. 1856; 68 pp. in-8 (1258 art.). ✠

670. — Bibliotheca americana. A catalogue of A Valuable Collection of books and pamphlets relating to the history and geography of **North** and **South America** and the **West Indies**, together with many valuable works, autographs, etc., etc. For sale Charles B. Norton, New York: 1857; 24 pp. in-8 (environ 360 art.). ✠

671. — Oct. 1857. No. 1. Norton's literary letter, comprising American Papers of interest and a catalogue of rare and valuable books relative to America. Charles B. Norton, New-York, 1857; 41 pp. et 7 pp. n. c. pet. in-4. ☩

Renferme pp. 10-41 : Bibliotheca **Americana** (environ 900 art.).

672. — *Idem*, 1858. No. 2; 48 pp. pet. in-4; renferme, pp. 43-45 : VI. Rare Old Maps, Views of **American** Scenery Portraits, etc. (61 art.). ☩

673. — *Idem*, 1859. No. 3; 66 pp. et 22 pp. n. c. pet. in-4; renferme, pp. 19-56 : Early Printed Works. Bibliotheca **Americana** (environ 1200 art. de livres et cartes relatifs principalement à l'**Amérique du Nord**). ☩

674. — *Idem*. 1859. No. 4; 72 pp. pet. in-4; renferme, pp. 40-50 : Bibliotheca **Americana** (environ 328 art.). ☩

675. — *Idem*, New Series. No. 1, 1860; 45 pp. et 23 pp. n. c. pet. in-4; renferme, pp. 32-43; Catalogue of the late additions made to the valuable collection of books relating to **America**, etc., etc., for sale by **C. B. Norton** (environ 347 art.). ☩

676. — Catalogue of a large and valuable collection of books, relating chiefly to **America**; In which are comprised the Rarest of the Early Voyages to this Continent, including Purchas, Hakluyt, Martyr Peter and others; Also Works upon the History, Commerce, Politics and Society of the United States. These are followed by State and Town Histories, Public Documents, and other Local Works; embracing also, a fine Collection of Rare and Valuable American tracts, And numerous Early and Scarce Atlases and Maps relating to America, which are now being offered for Private Sale, at very Reduced Prices at the Store of **Chas. B. Norton**..... New York. New York : John A. Gray, printer, 1862; 2 pp. n. c. et 138 pp. in-8 (2149 art. dont 1403, n°s 137-1539, pp. 12-102 relatifs à l'Amérique). ☩

677. — Allen's Bibliotheca Americana. A catalogue of books relating principally to the history, geography and politics of **America** and the **West India** Islands, on sale by **Edward George Allen,** American literary export agency, London (W. C.) (Late Rich Bros)....: 1857; 2, 27 et 1 pp. in-8 (20 et 973 art). ✠

678. — Old books relating to **America** printed prior to 1800, most of them scarce, and some rare, including Roger Williams' Indian Grammar, Hayluyt's Voyages, complete copy, Works by Cotton, Catesby's Natural History of Carolina, Foxe, North West Fox, Books printed by Franklin, First Report on the Boston Riots, Ramusio Viaggi, Remembrancer, Complete Set, Old Atlases, containing Maps of America, and separate Maps of American Territory, &c. &c. on sale by **Edward George Allen,** (late Rich, bros.) American Agency, London, 1858-9; 32 pp. in-12 (341 art.). ✠

679. — Books relating to **America,** printed since 1800, including Navarrete Colleccion de los Viages, Humboldt's Works, Works on Central America, &c. &c. with a supplement of useful books in general literature, comprising amongst others Beauties of England and Wales, large paper, Ancient and Modern History, 60 vols. Bewick's Birds, &c: Chalmers' Caledonia, large paper, Collections of rare Political Tracts, Nichol's Literary History, Monthly Review complete, Plato, by Taylor, &c. &c. on sale by **Edward G. Allen,** (late Rich, Bros.) American Agency, London, 1859 ; 38 pp. in-12 (532 art. dont 400 relatifs à l'**Amérique**). ✠

680. — An alphabetical Catalogue of a Valuable Collection of Books relating chiefly to **America**, including a fine copy of Purchas his Pilgrimes, Las Casas Relations, Black Letter, works on Columbus and Vesputius, the writings of Dr. Cotton, of Herrera and of Hakluyt, an assemblage of political pamphlets, and many other Books relating to the New World of considerable interest and value, most of them collected with difficulty, now on sale at moderate prices by **Edw. G. Allen** (late Rich) American Library

Agency, London. 1861; 2 pp. n. c. et 30 pp. in-8 (947 art.). ✠

Idem, ibid., 965 art. ✠

681. — Scarce pamphlets relating to **America**, many of them rare original American editions, all printed prior to 1799 now on sale by **E. G. Allen**, London, (late Rich bros.), *s. a.* (1867?); 12 pp. in-8 (176 art.). ✠

682. — Americana curiosa. A Collection of Old and Curious Books, Maps, Original Letters and other Manuscripts relating to **America,** including some valuable Bibliographical MSS. by the late O. Rich, and the final remainder of the Penn papers — the whole arranged for sale by **Edw. G. Allen** (formerly Rich), London. 1871; 21 pp. in-4 (378 art.). ✠

* **683.** — A descriptive catalogue of those Maps, Charts and Surveys relating to **America**, which are mentioned in Vol. III of Hakluyt's Great Work, by **J. G. Kohl**. Washington, Henry Polkinhorn, printer, 1857; 86 pp. in-8 (environ 40 art. ou groupes d'art.). ✠

L'auteur préparait en 1853 un : General catalogue of American maps and charts. Ce catalogue n'a point été publié.

684. — Bibliotheca Americana. Catalogue of an extensive and valuable collection of books relating to **America**, comprising Revolutionary, Local and State Histories, Antiquities, Rare Historical Tracts, Early Voyages and Travels, Works on the Indians, and the War of 1812-15, American Biography, Magazines, Genealogies, Statistics, Gazetteers and Geographies, etc., etc., etc. Many of which are enriched by the insertion of Autograph Letters, Extra Portraits, Newspaper Clippings, etc., from the library of the Celebrated Antiquary, Collector and Author, Samuel G. Drake, Esq., of Boston, for sale at the prices annexed, by **J. W. Bouton & Co.**, New York, *s. a.*, 1859?; 32 pp. et 4 pp. n. c. pet. in 4 (939 art.). ✠

685. — Bibliographie américaine, catalogue raisonné d'une collection de livres précieux sur l'**Amérique** parus depuis sa découverte jusqu'à l'an 1700, en vente chez F. A. Brockhaus à Leipzig, rédigé par Paul Trömel. Leipzig, F. A. Brockhaus, 1861 ; xi et 133 pp. in-8 (435 articles). ✠

686. — Part. 34. — [1861. New England, New York, Virginia, Pensylvania, Ohio, New France, Canada, Florida, New Scotland Mississipi. Catalogue of a Singularly Curious Collection of Books, tracts, maps, autographs, and newspapers, principally before 1790, relating to **America**, on sale at very low prices, for cash only, By John Camden Hotten, London ; 30 pp. et 2 pp. n. c. in-8 (646 art.). ✠

687. — Catalogue of a Valuable and Extensive Collection of books relating to **America**, comprising Local and State Histories, Revolutionary War, Antiquities, Voyages and Travels, Works on the Indians and the War of 1812-15, American and Foreign Biography, Genealogies, Chronology, &c. for sale at the prices affixed, by J. Munsell, Albany, N. Y. ; *s. a.* (1861 ?) ; 16 pp. in-8 (14, 860 et 13 art. dont 425 relatifs à l'Amérique). ✠

688. — The New England Historical and Genealogical Register, published quarterly under the patronage of the New England Historic-Genealogical Society, for the year 1861. Volume XV. Boston : Samuel G. Drake. 1861, x et 374 pp. in-8. ✠

Renferme, pp. 97-103 (n° d'Avril) et pp. 205-216 (n° de Juillet) : A bibliographical essay on the early collections of voyages to **America**. [By Hon. William Willis.] (environ 43 articles).

689. — Extrait du catalogue de la bibliothèque d'un amateur. Ouvrages sur l'**Amérique.** Saint-Cloud, Imprimerie de Mme veuve Belin, *s. a;* 141 pp. petit in-8. ✠

Avec supplément ✠, ensemble 153 pp. et environ 1000 art. *Auctore* Hector Bossange, 1862. Accompagné d'un supplément de 24 pp. petit in-8 pour les doubles. ✠

690. — Bibliotheca Barlowiana... New York MDCCCLXIV; 35 pp. pet. in-8 (environ 68 art., XVIe et XVIIe siècles, intéressant l'**Amérique**, catalogués par **Samuel Latham Mitchill Barlow** et **Henry Harrisse**; 4 exemplaires). ✠

La substance de ce catalogue avait été publiée précédemment par le journal *The World* et par d'autres journaux de New-York.

M. **James Osborne Wright** prépare une nouvelle édition de ce catalogue.

691. — Catalogue de livres, manuscrits et cartes relatifs à l'**Amérique**. Paris, imp. Toinon et Cie (1864); 30 pp. in-8; 474 articles. (Catalogue de la librairie **A. Franck**.)

692. — Bibliotheca Americana. A Catalogue of Books relating to **North** and **South America** in the library of John Carter Brown of Providence, R. I., with Notes by **John Russell Bartlett**. Providence; 4 vol. in-4, 1865-1871. ✠ (50 ex.).

Part., I. — 1493 to 1600 (1865); 4 pp. n. c. et 79 pp.; 302 art.

Part II. — 1601 to 1700 (1866); 4 pp. n. c. et 249 pp.; 1152 et 8 art.

Part III. — 1701 to 1800, 2 vol., 1870-1871; iv et 446 pp.; 2 pp. n. c. et 554 pp.; 4173 art.

★ **693**. — Bibliographical Notices of rare and curious books relating to **America** printed in the XVth and XVIth centuries (1482-1601) in the library of the late John Carter Brown of Providence R.I. by **John Russell Bartlett**. Providence Printed for Private Distribution 1875; 70 ex. dont 50 gr. in-8 et 20 in-4; ix et 526 pp. (600 art.); au verso : Riverside Press : Printed by H. O. Houghton and Company. Cambridge. ✠

Publié aussi avec le même titre que l'ouvrage précédent.

694. — Cyclopædia of American literature.

Sous-titre : — Supplement to the cyclopædia of American literature, including obituaries of authors, continuation of former articles, with notices of earlier and later writers omitted in previous editions. New York : Charles Scribner and Company. 1866 ; 162 pp. et 2 pp. n. c. gr. in-8 (*Auctore* Evert A. Duyckinck). ✠

Renferme, pp. 15-19 : Early French writers on **America** (environ 27 art.).

695. — Catalogue d'une collection de livres précieux sur l'**Amérique** parus depuis l'an 1508 jusqu'à nos jours en vente chez **F. A. Brockhaus** à Leipzig. Leipzig, F. A. Brockhaus 1866; 72 pp. gr. in-8 (1351 art., n°⁸ 7261-8611). ✠

* **696.** — Bibliotheca Americana vetustissima. — A description of works relating to **America** published between the years 1492 and 1551. New York, Geo. P. Philes, 1866; LIV et 519 pp.; 400 ex. gr. in-8 ; 109 ex. in-4 (304 articles et 11 additions; *auctore* Henry Harrisse). ✠

697. — Bibliotheca Americana Vetustissima. — A description of works relating to **America** published between the years 1492 and 1551. Additions. Paris, Tross, 1872, XL et 199 pp. gr. in-8 et in-4 (186 articles; *auctore* Henry Harrisse). ✠

698. — Bibliotheca Americana. A dictionary of Books relating to **America** from its discovery to the present time. By **Joseph Sabin**. New York, Joseph Sabin (les derniers volumes portent aussi : London, N. Trübner and Co.) 1867-1880, 76 livraisons formant 12 volumes gr. in-8, s'arrêtant au mot *North Carolina* (55 616 articles). ✠

* **699.** — Bibliotheca Americana. Catalogue raisonné d'une très précieuse collection de livres anciens et modernes sur l'**Amérique** et les **Philippines** classés par ordre alphabétique de noms d'Auteurs. Rédigé par **Ch. Leclerc**. Paris, Maisonneuve et Cie, 1867 ; VII et 407 pp. gr. in-8 (1647 art.). ✠

700. — Bibliotheca historica Catalogue raisonné d'une très-précieuse collection de livres anciens et modernes sur l'histoire de l'Europe et de l'Amérique l'histoire sacrée, les antiquités et la bibliographie. Paris Maisonneuve & C¹⁰ 1869; 4 pp. n. c. et 193 pp. in-8 (1840 art. dont 744, n°ˢ 822-1605, pp. 80-177, dans le chapitre : Histoire des **Amériques.**). *Auctore* Charles Leclerc?. ✠

* **701.** — Bibliotheca americana. Histoire, géographie, voyages, archéologie et linguistique des deux **Amériques** et des îles **Philippines**. Rédigée par Ch. Leclerc. Paris, Maisonneuve et C¹⁰, 1878; xx et 737 pp. gr. in-8 (2638 articles). ✠

702. — N° 106. Septembre 1868. Livres anciens et modernes en vente aux prix marqués chez **Martinus Nijhoff**, à la Haye. Ouvrages sur l'**Amérique**. New York, B. Westermann & Co., F. W. Christern. 1868; 65 pp. in-8 (978 art.). ✠

703. — Catalogue des livres anciens qui se trouvent à la librairie **Tross**, à Paris, No. IV, contenant des livres provenant en partie de la Bibliothèque de l'Empereur Maximilien de Mexique; pp. 343-426, in-8, 1869 (530 articles, n°ˢ 2821-3350).

Renferme n° VIII : Géographie, Voyages, Livres concernant l'**Amérique**.

704. — Sailing directions of Henry Hudson, prepared for his use in 1608, from the Old Danish of Ivar Bardsen. With an introduction and notes; also a dissertation on the discovery of the Hudson River. By the Rev. **B. F. De Costa**, author of The pre-columbian discovery of America by the Northmen, etc. Albany : Joel Munsell. 1869; 102 pp. gr. in-8. ✠

Renferme, pp. 45-47, la description de 5 cartes d'**Amérique** antérieures à 1528.

705. — No. 1. May 1869. A catalogue of books on **America** Local and General History, travels, biographies, &c. for sale by **Robert Clarke & Co.**, Cincinnati; 28 pp. in-8 (environ 300 art.). ✠

706. — No. 2. May 1871. A. catalogue of books on **American** Local and General History, travels, biographies, etc. for sale by Robert Clarke & Co., Cincinnati ; 66 pp. in-8 (environ 800 art.). ✠

707. — Robert Clarke & Co.'s catalogue of Books and Pamphlets relating to **America**. The United States, colonial and revolutionary; war of 1812; Mexican war; rebellion and slavery; confederate publications ; state, county, town and other local histories ; Central and Far West; British, Central and South America ; Indians and American antibuities; biography and genealogy; bibliography, travels and miscellaneous; with a descriptive list of the Ohio Valley series. Cincinnati : Robert Clarke & Co. 1873; 78 et 22 pp. in-8 (1942 art. et 7 art. *in fine* pour la : Ohio Valley Series.). ✠

708. — Bibliotheca Americana. Catalogue of a valuable collection of books and pamphlets relating to **America**. The United States; colonial and revolutionary; war of 1812; Mexican war; Rebellion and slavery; confederate publications; state, county, town, and other local histories; Central and Far West; British, Central and South America; Indians and American antiquities ; biography and genealogy; bibliography; travels and geological reports, with a descriptive list of the Ohio Valley historical series. For sale by **Robert Clarke & Co.** Cincinnati. 1875; VIII et 180 pp. gr. in-8 (2542 art., pp. 1-130). ✠

709. — Bibliotheca Americana. Catalogue of a valuable Collection of Books, and Pamphlets relating to **America**. The United States, colonial and revolutionary; war of 1812; Mexican war ; rebellion and slavery; confederate publications; state, county, town and other local histories; Central and Far West; British, Central and South America; Indians and American antiquities; biography and genealogy; bibliography, travels, and geological reports ; with a descriptiv list of Robert Clarke & Co's historical publications. For sale by **Robert Clarke & Co**. Cincinnati. 1876, x et 243 pp. gr. in-8 (4446 art.). ✠

710. — Bibliotheca Americana 1878. Catalogue of a valuable collection of books and pamphlets relating to **America**. With a descriptive list of Robert Clarke & Co's historical publications. For sale by **Robert Clarke** & Co. Cincinnati. 1878; 4 pp. n. c. et 262 pp. in-8 (6887 art.). ✠

A la fin du volume se trouvent 64 pp. intitulées : Descriptive list of Robert Clarke & Co's Historical and Miscellaneous publications. On y trouve la description de la **Ohio Valley** Series qui comprend 7 art. déjà décrits dans un catalogue précédent : **Ohio Valley** Historical Series. Robert Clarke & Co. Publishers, Cincinnati, April, 1871 ; 23 pp. in-8.

711. — Bibliotheca Americana. Catalogue of a valuable collection of books and pamphlets relating to **America**. Supplement for 1879. For sale by **Robert Clarke** & Co. Cincinnati. 1879 ; 4 pp. n. c, et 92 pp in-8 (2284 art. n°s 6888-9171). ✠

712. — No. V. 1871. Catalogue of rare and scarce **American** books, At the Prices affixed For sale by Wm. Dodge, Cincinnati, O. ; 78 pp. gr. in-8 (environ 750 art.) ✠

713. — No. VI. 1872. Catalogue of rare and scarce **American** books, At the Prices Affixed, For Sale by Wm. Dodge. Cincinnati, O. ; 54 pp. gr. in-8. (564 art.) ✠

* **714.** — An essay towards an Indian Bibliography. Being a catalogue of books, relating to the history, antiquities, languages, customs, religion, wars, literature and origin of the **American Indians** in the library of **Thomas W. Field**. With bibliographical and historical notes, and synopses of the contents of some of the works least known. New York : Scribner, Armstrong, and Co., 1873 ; iv et 430 pp. in-8 (environ 1800 articles). ✠

715. — Serial number 58. Begun in 1847. Of late = founde = Landes & Islands **Westwarde** Of theyre fyndynge, historie, conquestes, and plantynge : theyre Estates in these oure dayes : the dyvers Secreates of Nature in those Landes : & other matters very necessarie to be knowen : as chronycyled in Bookes Woorkes of ye Colonists and Natives of ye great countrie, & certaine ventures of theyre publishers in ye happie huntynge groundes of British Literature. Being a Librarie Liste of a Collection of Books, Maps, &c., brought together during ye few past yeeres, in my oldbooke Storehouse, and now fyrst offered for safe... Bristowe Citie, Olde Englande. **William George.** ✠

Sous-titre : Bibliotheca **Occidentalis**; Bristol, s. a. (1875 ?); 20 pp. in-8 (731 art. relatifs presque exclusivement à l'**Amérique**).

716. — Of the **Newe Worlde**, Conteyning the nauigations to the Western Ocean and the conquestes of the large Landes and Ilandes lately founde therein. Of theyre former Historie, theyre Plantynge, theyre Estates in theyse dayes, the Secreates of Nature in those Landes, and other necessarie Matters. *Further : of the original peoples* of the WestIndia, of the Colonies of Spaniardes therein, & more fully of the British plantynges theyre Originals, Forwardynge, Warres, and so forth. Also dyvers Bookes writt by the Men of those Parts knowen in theyse later dayes as « The United States »....... Being a description of a number of books treating of **America** and by Americans, newly collected, and now first offered for sale. Bristol : Old England, William George; s. a. (1881); 33 pp. in-8 (952 art.) ✠

*. 717. — Américana. Bulletin bibliographique trimestriel des Livres relatifs à l'**Amérique**, donnant l'indication de tous les ouvrages nouveaux publiés en France et contenant un catalogue de livres anciens et modernes et de cartes, offerts en vente aux prix marqués. I année, 1876. Paris, **Dufossé**; 136 pp. in-8 (1720 art.). ✠

— *Idem*, Deuxième année, 130 pp. in-8 (2890 art., nos 1721 à 4610). ✠

— *Idem*, 1879, 134 pp. in-8 (1956 art., n⁰ˢ 4611 à 6566). ✠

—*Idem*, 25 Janvier 1881. Americana. Bulletin du bouquiniste américain et colonial et De l'amateur de Livres relatifs à l'Asie, l'Afrique, à l'Océanie et au nord de l'Europe Fondé par **Emile Dufossé** Avec la collaboration de Bibliophiles et d'Erudits Paraissant le 25 de chaque mois.... Troisième année. Paris, E. Dufossé, 1881; 2 pp. n. c., IV, 36 pp. et 2 pp. n. c. in-8 (454 art. n⁰ˢ 6567-7020). ✠

718. — No. 2. Oct. 1877. Bibliotheca Americana. A catalogue of books and pamphlets relating to **America**. Especially rich in genealogy, books relating to **Ohio** and local history. Offered at exceedingly moderate prices by. Peter G. Thomson, Cincinnati, O.; 30 pp. in-8 (793 art.). ✠

719. — (Boston public library.) Bulletin showing Titles of Books added to the Library, with Bibliographical Notices, etc. Vol. III, Numbers 36 to 47. Oct., 1875, to Oct., 1878. Boston : issued by the library; 2 et 438 pp. gr. in-8. ✠

Renferme, Bulletin. No. 37. April 1876, pp. 65-69 : **America** before Colombus (environ 58 art. ou groupes d'art.; *auctore* Justin Winsor).

Renferme, Bulletin. No. 38. July, 1876, pp. 103-106 : Early Explorations in **America** (environ 40 art. ou groupes d'art. ; *auctore* **Justin Winsor** en collaboration avec **Henry Cruse Murphy, John Russell Bartlett, Edward Everett Hale, Charles Deane et James Carson Brevoort**).

Renferme, Bulletin. No. 39. October, 1876, pp. 136-141 : **America** in the Sixteenth Century (envivon 55 art. ou groupes d'art. ; *auctore* Justin Winsor).

Renferme, Bulletin, No. 41. April 1877, pp. 205-209 : Notes of Americana. Maps of **America** 1540-1600 (environ 44 art. ou groupes d'art.), Discoveries in **America**. Early Historians and Later Collections (environ 34 art. ; *auctore* **Justin Winsor** en collaboration avec **James Carson Brevoort et John Russell Bartlett**).

Renferme, Bulletin. No. 42. July, 1877, p. 241-244 : Early English Explorations in **America** (environ 33 art. ou groupes d'art.; *auctore* Justin Winsor en collaboration avec Charles Deane, Samuel Foster Haven et George Henry Moore).

720. — Bulletin of the Boston public library. April 1879. Vol. 4. No. 2. Whole No. 49; gr. in-8. ✠

Renferme, pp. 68-70 : The **Indian** Question (environ 130 art. relatifs aux Indiens de l'Amérique du Nord; *auctore* Arthur Mason Knapp).

721. — Bulletin of the Boston public library. October 1879. Vol. 4. No. 4 Whole No. 51; gr. in-8. ✠

Renferme, p. 143 : The **Chinese in America** (environ 57 art.; *auctore* Appleton Prentiss Clark Griffin).

722. — May 10th.] [1881 Salkeld s Bibliotheca Americana. Part two. Being No. 178 (a) of his Current Catalogues. A catalogue of Books, Pamphlets, Maps, &c. Relating to, or Printed in **America**, Perfect and in Fair Condition, unless otherwise described, on Sale at the prices affixed by **John Salkeld**, London ; 48 pp. in-12 (877 art.; Maps and charts, pp. 42-46, 90 art., n°s 747-836). ✠

723. — The American journal of Science and arts. Conducted by Professors B. Silliman, Jr., and James D. Dana. Aided in the departments of chemistry and physics by Dr. Wolcott Gibbs. Second Series. Vol. XIII. — May 1852. With a plate. New Haven : published by the editors; VIII, 6, 2 pp. n. c., 456 et 19 pp. in-8. ✠

Renferme, *in fine*, pp 1-19 : Appendix, **American** Zoological, Botanical and Geological Bibliography, for the year 1851. Prepared at the request of Prof. Spencer F. Baird Assist. Sec. Smithsonian Institution by Charles Girard (environ 233 art.).

724. — Smithsonian Report. Bibliographia **Americana** historico-naturalis A.D. 1851. Auctore Carolo Girard...,

Smithsonian institution : Washington. December 1852; 4 pp. n. c.; IV et 60 pp. in-8 (environ 281 art.). ✠

* **725**. — The American journal of science and arts. Conducted by Professors B. Silliman and James Dana, in connection with Professors Asa Gray, and Wolcott Gibbs, of Cambridge and Professors S. W. Johnson, Geo. J. Brush, and H. A. Newton, of New Haven. Second Series. Vol. XLIII. [Whole number XCIII.] Nos. 127, 128, 129 ; January, March, May. New Haven : editors. 1867; VIII et 428 pp. in-8. ✠

Renferme, pp. 116-121, 399-404 : A Catalogue of Official Reports upon Geological Surveys of the **United States** and **British Provinces**. (*Auctore* O. C. Marsh; environ 287 articles.)

726. — Transactions of the American Institute of Mining Engineers. Vol. VII. — May, 1878, to February, 1879. Easton, Pa. : published by the Institute at the office of the secretary, Lafayette college, 1879; XXIII pp., 4 pp. n. c. et 245 pp. in-8. ✠

Renferme, pp. 455-542 : A catalogue of official reports upon geological surveys of the **United States** and **Territories** and of **British North America**. By Frederick Prime, Jr., Assistant geologist of Pennsylvania (environ 1100 art.).

Tirage à part, Philadelphia, 1879; 72 pp. in-8.

Porte la date du 1er octobre 1879. L'auteur avait publié, le 6 février 1879, un catalogue semblable, *Subject to revision* (51 pp. in-8; environ 604 art.). ✠

* **727**. — Department of the Interior. United States Geological Survey of the Territories. F. V. Hayden, U. S. Geologist. — Miscellaneous publications, No. 10. — Bibliography of North American invertebrate paleontology, being a report upon the publications that have hitherto been made upon the invertebrate paleontology of **North America**, including the **West Indies** and **Greenland**. By C. A. White, M. D., paleontologist of the United States Geological Survey and **H. Alleyne Nicholson**, M.D., D.Sc., professor at the University of St. Andrews, Scotland. Washington : Government printing office, 1878; 132 pp. in-8. ✠

Renferme, pp. 9-69 : I. — Publications made in the United States (by C. A. White, M.D.) (environ 701 art.); pp. 75-132 : II. — Publications made in British North America, West Indies and Europe (by H. Alleyne Nicholson, M.D., D.Sc.) (environ 470 art.).

★ **728.** — Annual report of the board of regents of the Smithsonian Institution, showing the operations, expenditures, and condition of the institution for the year 1879. — Washington : Government printing office. 1880; 631 pp. in-8. ✠

Renferme, pp. 449-475 : Anthropological investigations during the year 1879. By Otis T. Mason; pp. 450-475 : A list of the principal papers of the year,....., will serve not only as a bibliographical list... (environ 642 art.); pp. 476-483 : Index to papers on anthropology published by the Smithsonian Institution, 1847 to 1878 By George H. Boehmer (environ 513 art. relatifs principalement à l'**Amérique**).

729. — The bibliography of **Pre-Columbian discovery** (environ 143 art. réunis par M. Paul Barron Watson, n° 5, Hollis Hall, à Cambridge, Massachusetts, en vue de la publication dans : The library journal, official organ of the library associations of America and of the United Kingdom chiefly devoted to Library Economy and Bibliography. New York : F. Leypoldt. London : Trübner & Co., in-4). ✠[1]

730. — Don Francisco de P. Carrasco, lieutenant de la marine espagnole, à Séville, prépare pour le Congrès des Américanistes qui doit se réunir à Madrid du 18 au 22 septembre 1881 un catalogue des matériaux des XVI° et XVII° siècles, conservés dans l'*Archivo de las Indias* et relatifs à la découverte et à la description de l'**Amérique**.

731. — M. James Constantine Pilling prépare sous la

---

[1] Vu en manuscrit.

direction de M. le major **John Wesley Powell** une bibliographie des langues indigènes de l'**Amérique du Nord**. Ce travail qui comprend environ 7000 articles, dont un grand nombre intéressant la géographie et les voyages, formera l'un des prochains volumes du *United States Geological Survey*.

732. — M. **Justin Winsor**, bibliothécaire de l'Université de Harvard, à Cambridge, Massachusetts, prépare un ouvrage en 8 volumes : Narrative and critical history of **America**. With bibliographical and descriptive essays on its historical sources and authorities. Cet ouvrage doit commencer à paraître en 1882.

733. — On trouve un grand nombre d'articles de bibliographie intéressant l'**Amérique** dans les catalogues suivants de ventes aux enchères publiques :

1. — John **Allan**, vente par Bangs, Merwin & Co., New-York, 2 mai 1864 (annoncée pour le 25 avril 1864); VI pp., 2 pp. n. c. et 344 pp. in-8 (5268 art. dont 3315 pour les livres). ☩

2. — Salomon **Alofsen**, vente par J. L. Beijers, Utrecht, 9 juin 1876; 10 pp. n. c. et 267 pp. gr. in-8 (4584 art. dont environ 1300 sur les États-Unis). ☩

3. — Salomon **Alofsen**, vente par Leavitt, New-York, 18 avril 1877; 130 pp. in-8 (1798 art.). ☩

4. — Thomas **Aspinwall**, vente par Leonard & Co, Boston, 27 mai 1879; 2 pp. n. c. et 72 pp. in-8 (1317 art.). ☩

5. — Vente par **Bangs**, Brother & Co., New-York, 22 juillet 1853; 32 pp. in-8 (430 art.). ☩

6. — Vente par **Bangs**, Brother & Co., New-York, 21 novembre 1853; 62 pp. in-8 (750 art.). ☩

7. — Vente par **Bangs**, Brother & Co., New-York, 27 février 1854; 147 pp. in-8 (1349 art.). ☩

8. — Vente par **Bangs**, Brother & Co., New-York, 16 avril 1855; 124 pp. in-8 (1936 art. dont 784 sur l'Amérique, pp. 12, 32, 61, 73, 94 et 114). ☩

9. — Vente par **Bangs,** Brother & Co., New-York, 15 décembre 1856 : Bibliotheca Splendidissima ; 172 pp. in-8 (2669 art. dont 2024 pour les livres ; America, pp. 116-133 ; voyages and travels, art. n°ˢ 1683-1953). ☨

10. — Vente par **Bangs,** Brother & Co., New-York, 9 mars 1857 : Bibliotheca Americana et Selectissima ; 152 pp. in-8 (2237 et 1 art.; America, pp. 1-84, art. n°ˢ 1-1165). ☨

11. — Vente par **Bangs, Merwin** & Co., New-York, 15 avril 1867 ; 22 pp. in-8 (387 art.). ☨

12. — Vente par **Bangs, Merwin** & Co., New-York, 18 décembre 1871.

13. — Vente par **Bangs, Merwin** & Co., New-York, 26 janvier 1874 : Bibliotheca americana curiosa ; 87 pp. in-8 (823 art.) ☨

14. — Vente par **Bangs,** & Co., New-York, 28 février 1881 ; 24 pp. in-8 (302 art.). ☨

15. — (Charles Gorham **Barney**), vente par Leavitt, Strebeigh & Co., New-York, 17 janvier 1870 ; 4 pp. n. c., 174 pp. et 4 pp. pet. in-4 (1265 art.). ☨

16. — L. Montgomery **Bond,** vente par Leavitt Strebeigh & Co., New-York, 3 mai 1870 ; vi pp., 2 pp. n. c. et 124 pp. in-8 (1403 art. dont 1134 pour les livres). ☨

17. — (E. P.) **Boon,** vente par Geo. A. Leavitt & Co., New-York, 16 mai 1870 ; 4 pp. n. c. et 597 pp. gr. in-8 (3126 art.). ☨

18. — (Hector **Bossange**), vente par Delbergue-Cormont, Paris, (Tross), 13 janvier 1873 ; viii et 116 pp. in-8 (927 art. intéressant pour le Canada). ☨

19. — Henry Austin **Brady,** vente par Bangs, Brother & Co., New-York, 5 novembre 1855 ; 126 pp. in-8 (2197 art.; avec *addenda,* 2240 art.). ☨

20. — George **Brinley**; ventes par Geo. A. Leavitt & Co., New-York ; 1ᵉ partie (America, New France, Canada, British Colonies to 1776, New England) vente du 10 mars 1879 ; vii et 306 pp. in-8 (2619 art.)☨; — 2ᵉ partie, 22 mars 1880 ;

xiv pp., 2 pp. n. c. et 200 pp. in-8 (1714 art. n°ˢ 2620-4333) ✠; — 3ᵉ partie, 4 avril 1881 ; environ 12 pp. prél. et 179 pp. in-8 (1717 art. n°ˢ 4334-6050) ✠; — la 4ᵉ partie annoncée pour 1882 renfermera les cartes (Catalogues dressés par J. Hammond **Trumbull**).

★ 21. — James T. **Bruce** (par J. W. Bouton, libraire), vente par Leavitt, Strebeigh & Co., New-York, 27 avril 1868; iv et 140 pp. in-8 (842 art.). ✠

22. — William E. **Burton**, vente par J. Sabin & Co., New-York, 8 octobre 1860: Bibliotheca dramatica; 10 pp. n. c. et 464 pp. in-4 (6154 art. dont 226, n°ˢ 9-234, relatifs à l'Amérique). ✠

23. — William **Clogston**, vente par Bangs Merwin & Co., New-York, 15 novembre 1875 ; 106 pp. in-8 (1815 art.). ✠

24. — Vente par **Cooley, Keese & Hill**, New-York, 18 décembre s. a., 1861?; 24 pp. in-8 (400 art.). ✠

25. — William H. **Corner**, vente par Leavitt, Strebeigh & Co., New-York, 13 novembre 1866 ; 143 pp. in-8 (1735 articles). ✠

26. — Bolton **Corney**, vente par Sotheby, Wilkinson & Hodge, Londres, 31 mai 1871 : Bibliotheca Corneiana; 2 pp. n. c. et 235 pp. in-8 (3617 art. ; remis en vente en partie par Bernard Quaritch, London, June, 25, 1871; 48 pp. in-8; 848 art.). ✠

27. — E B. **Corwin**, vente par Bangs, Brother & Co., New-York, 10 novembre 1856; vii et 263 pp. in-8 (5292 articles). ✠

28. — Edward Augustus **Crowninshield**, vente par Leonard & Co., Boston, 1ᵉʳ novembre 1859, 80 pp. in-8 (1156 art. et 116 art. pour les autographes). ✠

29. — Caleb **Cushing**, vente par Sullivan, Brothers & Libbie, Boston, 22 octobre 1879; 4 pp. n. c. et 68 pp. in-8 (1297 art. ; intéressant pour l'Amérique espagnole). ✠

30. — Willam J. **Davis**, vente par Bangs, Merwin & Co., New-York, 17 avril 1865; 76 pp. in-8 (1183 art.). ✠

AMÉRIQUE

31. — Sylvanus G. **Deeth**, vente par James C. Maguire & Co., Washington, 20 mars 1860; 156 pp. in-8 (environ 6800 art.). ✠

32. — Sylvanus G. **Deeth**, vente par J. E. Cooley et Geo. A. Leavitt, New-York, 13 mars 1865; 123 pp. in-8 (1333 art.). ✠

33. — Montroville Wilson **Dickeson**, vente par Leavitt, Strebeigh & Co., New-York, 14 janvier 1867; 72 pp, in-8 (1266 art. dont 863 pour les livres). ✠

34. — Samuel Gardner **Drake** (la bibliothèque ayant été achetée en bloc le 19 mai 1845, la vente annoncée pour le 27 mai 1845 n'a pas eu lieu), Boston : Samuel G. Drake, 1845; 80 pp. in-8 (1517 art.; intéressant pour les Indiens de l'Amérique du Nord). ✠

35. — Samuel Gardner **Drake**, vente par Leonard & Co., Boston; 1e partie, 2 mai 1876; 2e partie, 6 juin 1876; x, 682 pp. et 2 pp. n. c. in-8 (10447 et 2404 art.) ✠; 3e partie, vente par Bangs, Merwin & Co., New-York 25 septembre 1876, pp. 576-682 et 2 pp. n. c. in-8 (art. nos 1-2531) ✠; (4e partie), vente par Bangs, Merwin & Co., New-York, 29 septembre 1876, pp. 685-755 in-8 (art. nos 1-1014). ✠

36. — Thomas W. **Field**, vente par Bangs, Merwin & Co., New-York, 24 mai 1875; VIII et 376 pp. (aussi 393 pp.) in-8 (2663 art.). ✠

37. — Thomas W. **Field** (supplément), vente par Bangs, Merwin & Co., New-York, 29 mai 1875; 59 pp. in-8 (661 art.). ✠

38. — Joseph M. **Finotti**, vente par Bangs & Co., New-York, 16 octobre 1879; IV et 114 pp. in-8 (1463 art.). ✠

39. — J. B. **Fisher**, vente par J. E. Cooley, New-York, 5 mars 1866; 299 pp. gr. in-8 (2525 art.). ✠

40. — William F. **Fowle**, vente par Leonard & Co., Boston, 20 décembre 1864; VIII et 147 pp. in-8 (816 art.). ✠

41 — (Gabriel **Furman**), vente par Royal, Gurley & Co.,

New-York, 30 novembre 1846; 4 pp. n. c. et 118 pp. in-8 (2294 art.). ✠

42. — (William K. **Gilbert**), vente par Bangs, Merwin & Co., New-York, 17 février 1873 ; 152 pp. in-8 (1524 art.). ✠

43. — William F. **Goodwin**, vente par Joseph Leonard, Boston, 10 octobre 1876 ; 187 pp. in-8 (1858 art.). ✠

44. — William **Green**, vente par John E. Laughton, Richmond, 18 janvier 1881 ; 210 pp. in-8 (2437 art.; Virginie, pp. 191-210). ✠

45. — Albert G. **Greene**, vente par Bangs, Merwin & Co., New-York, 29 mars 1869 ; 4 pp. n. c. et 521 pp. in-8 (6742 art.). ✠

46. — Almon W. **Griswold**, vente par Bangs, Merwin & Co., New-York, 28 février (6 mars) 1876 ; 156 pp. in-8 (1050 art.). ✠

47. — (Almon W. **Griswold**), vente par Geo. A. Leavitt & Co., New-York, 6 décembre 1880: The Library of a Monomaniac ; 172 pp. pet. in-4 (1304 art.) ; autre édition, *idem*, 190 pp. petit in-4 (1401 art.). ✠

48. — Vente par **Gurley** & **Hill**, New-York, 20 novembre 1845; 23 pp. in-8 (372 art.). ✠

49. — Vente par Geo. H. **Gurley**, New-York, 24 avril. *s. a* (1848?); 44 pp. in-8 (599 art.). ✠

50. — Vente par George H. **Gurley**, New-York, 27 avril 1848 ; 23 pp. in-8 (810 art.). ✠

51. — Fitzedward **Hall**, vente par Leonard & Co., Boston, 5 février 1867 ; iv et 352 pp. in-8 (2508 art.). ✠

52. — Peter **Hastie**, et Edward H. **Tracy**, vente par Leavitt, New-York, 22 janvier 1877; 4 pp. n. c. et 563 pp. gr. in-8 (8145 art.; Americana, 119 art. n°s 6140-6258, pp. 425-434; Voyages and Travels, 354 art., n°s 705-1058, pp. 48-70.). ✠

53. — Vente par Horatio **Hill**, New-York, 22 avril 1846 (y compris des livres de David Baillie Warden); 20 pp. in-8 (691 art.). ✠

54. — (F. S. **Hoffman**) vente par Bangs & Co., New-York, 19 mars 1877; 384 pp. in-8 (4210 art.). ✠

55. — George H. **Holliday**, vente par Leavitt, Strebeigh & Co., New-York, 10 octobre 1870; 4 pp. n. c. et 247 pp. in-8 (2443 art.). ✠

56. — Zelotes **Hosmer**, vente par Leonard & Co., Boston, 7 mai 1864; iv, 116 pp. et 3 pp. gr. in-8 (1192 art.). ✠

57. — John Camden **Hotten**, vente par Puttick and Simpson, Londres, 27 janvier 1874; 68 pp. in-8 (768 articles). ✠

58. — Vente par **Howe, Leonard & Co.**, Boston, 24 juin 1845, 50 pp. in-8 (946 art.).

59. — Vente par S. G. **Hubbard**, Cincinnati, 21 janvier 1868; 80 pp. in-8 (1502 art.). ✠

60. — Henry B. **Humphrey**, vente par Leonard and Company, Boston, 9 mai 1874; vii et 444 pp. in-8 (3434 art.). ✠

61. — J. C. **Kindermann**, vente par J. L. Beijers, Utrecht, 11 février 1878; 8 pp. n. c. et 148 pp. in-8 (2408 et 24 art. dont 76, n°s 941-1016, pp. 62-68, pour : Amérique, Indes Occidentales). ✠

62. — Edward **King**, lord **Kingsborough**, vente par Charles Sharpe, Dublin, 12 juillet 1842; v pp., 3 pp. n. c. et 110 pp. in-8 (908 art.; intéressant pour le Mexique). ✠

63. — Vente par **Latimer & Cleary**, Washington, 16 décembre 1872; 31 pp. in-8 (496 art.). ✠

64. — Vente par George A. **Leavitt** & Co., New-York, 15 octobre 1857; 64 pp. in-8 (688 art.). ✠

65. — Vente par Geo. A. **Leavitt** (J. E. Cooley), New-York, 25 avril 1865; 2 pp. n. c. et 88 pp. in-8 (655 art.). ✠

66. — Vente par Geo. A. **Leavitt** & Co., New-York, 18 mai 1871; 24 pp. in-8 (590 art.). ✠

67. — Vente par **Leavitt, Strebeigh** & Co., New-York, 21 mars 1866.

68. — Vente par **Leavitt, Strebeigh** & Co., New-York, 23 avril 1866.

69. — Vente par **Leavitt, Strebeigh & Co.**, New-York, 21 février 1867; 48 pp. in-8 (670 art.). ✠

70. — Vente par S. **Leigh, Sotheby & Co.**, Londres, 24 août 1850; 34 pp. in-8 (526 art.). ✠

71. — Vente par Charles **Libbie**, Boston, 25 février 1879; 32 pp. in-8 carré (705 art.). ✠

72. — Hermann E. **Ludewig**, vente par Bangs, Merwin & Co. New-York, 2 novembre 1858 : Bibliotheca Bibliographica; 75 pp. in-8 (1380 art.). ✠

73. — C. F. Ph. de **Martius**, vente par T. O. Weigel, Leipsick, 7 mars 1870; 4 pp. n. c. et 180 pp. in-8 (3180 art. dont 222, n°ˢ 2084-2305 pour : Schriften über America). ✠

74. — Brantz **Mayer**, vente par Bangs, Merwin & Co., New-York, 26 septembre 1870; 4 pp. n. c. et 180 pp. in-8 (2452 art. ; Maryland, Mexique, Amérique centrale). ✠

75. — William **Menzies**, vente par Geo. A. Leavitt & Co., New-York, 13 novembre 1875; xviii pp., 1 p. n. c., 472 et 8 pp. gr. in-8 (2251 art. dont 2205 pour les livres). ✠

76. — José **Miro**, vente par Boullaud, Paris, 17 juin 1878; 4 pp. n. c. et 176 pp. gr. in-8 (651 art. dont 61, n°ˢ 517-617, pp. 154-167 pour les deux Amériques). ✠

77. — T. H. **Morrell**, vente par Bangs, Merwin & Co., New-York, 8 novembre 1866; 2 pp. n. c. et 137 pp. in-8 (785 art.). ✠

78. — T. H. **Morrell,**, vente par Bangs, Merwin & Co., New-York, 12 janvier 1869; 176 pp. in-8 (704 art.). ✠

79. — Vente par Th. **Müller** (S. Calvary et Cie, libraires), Berlin, 15 janvier 1861; 16 pp. gr. in-8 (137 art. ; Nova Suecia, New-Nederland). ✠

80. — Vente par Frederik **Muller**, Amsterdam, 18 mai 1869; 136 pp. in-8 (1870 art. dont 306 pour l'Amérique et 80 pour les Pays-Bas). ✠

81. — Joel **Munsell**, vente par J. E. Cooley et George A. Leavitt, New-York, 11 avril 1865; 4 pp. n. c. et 123 pp. in-8 (1491 art.). ✠

82. — Joel **Munsell**, vente par Charles F. Libbie, Boston, 22 janvier 1879 ; 2 pp. n. c. et 87 pp. in-8 (1235 art.). ✠

83. — Andrew J. **Odell**, vente par Bangs & Co., New-York; Bibliotheca curiosa; 1ᵉ partie, 18 novembre 1878; VIII, 251 pp. et 2 pp. n. c. in-8 (1330 art.) ✠; 2ᵉ partie, 15 mars 1880, 7 pp., pp. 258-454 et 1 p. n. c. in-8 (art. nᵒˢ 1331-2434). ✠

84. — Samuel R. **Phillips**, vente par Thomas & Sons, Philadelphie, 20 avril 1880 ; 230 pp. in-8 (3926 art. ; Amérique, pp. 1-119, art. nᵒˢ 1-1666). ✠

85. — Charles A. **Poulson**, vente par Thomas & Sons, Philadelphie, 6 juin 1865 ; 188 pp. in-8 (4130 art.). ✠

86. — Vente par **Puttick** and **Simpson**, Londres, 25 juin 1850 (y compris des livres d'Obadiah Rich); 63 pp. in-8 (1444 art. dont environ 250 pour l'Amérique). ✠

87. — Vente par **Puttick** & **Simpson**, Londres, 25 mars 1862 ; 2 pp. n. c. et 141 pp. in-8 (1745 art.). ✠

88. — Vente par **Puttick** and **Simpson**, Londres, 27 juin 1870 ; 2 pp. n. c. et 138 pp. in-8 (2499 art.). ✠

89. — Vente par **Puttick** and **Simpson**, Londres, 29 février 1872 (y compris des livres de William Penn) ; 4 pp. n. c. et 151 pp. in-8 (1648 art.; cartes d'Amérique, art. nᵒˢ 554-600). ✠

90. — Vente par **Puttick** and **Simpson**, Londres, 2 mai 1872 (y compris des livres d'Obadiah Rich); 109 pp. in-8 (1038 art.). ✠

91. — Vente par **Puttick** and **Simpson**, Londres, 27 mars 1873 (Bibliotheca peruviana), in-8.

92. — **Raetzel** (pseudonyme de Ternaux Compans), vente par Regnard, Paris, 3 novembre 1836 ; VII, 249 pp. et 7 pp. n. c. in-8 (2720 art.; Amérique, nᵒˢ 908-2117, 2200-2227 décrits dans la Bibliothèque américaine). ✠

93. — John A. **Rice**, vente par Bangs, Merwin & Co., New-York, 21 mars 1870 ; XVI et 536 pp. in-8 (2667 art.). ✠

94. — Richard W. **Roche**, vente par Bangs, Merwin &

Co., New-York, 28 octobre 1867; 6 pp. n. c. et 251 pp. in-8 (1678 et 1 art.). ✠

95. — Vente par **Royal, Gurley** & Co., New-York, 2 février 1847 ; 20 pp. in-8 (442 art.). ✠

96. — Vente par **Royal, Gurley** and Co., New-York, 11 mars 1847 ; 52 pp. in-8 (893 art.). ✠

97. — A. A. **Smets**, vente par Leavitt, Strebeigh & Co., New-York, 25 mai 1868 ; VI, 300 pp. et 2 pp. n. c. in-8 (2468 art.). ✠

98. — (H. A. **Smith**), vente par Bangs, Merwin & Co., New-York, 10 décembre 1867 ; 138 pp. in-8 (1465 art.). ✠

99. — (H. A. **Smith**), vente par Bangs & Co., New-York, 20 juin 1878 ; 40 pp. in-8 (317 art.). ✠

100. — Serge **Sobolewski**, vente par List & Francke, Leipsick, 14 juillet 1873 ; XVIII et 314 pp. in-8 (4448 art.; Russie et Pologne, pp. 147-179, 522 art. n°s 2208-2729; Amérique et Océanie, pp. 240-297, 544 art. n°s 3617-4157; collection de de Bry, art. n°s 3617-3649 en 164 parties). ✠

101. — Vente par **Sotheby** & **Wilkinson**, Londres, 16 juin 1856 ; 81 pp. in-8.

102. — Jared **Sparks**, Cambridge (Massachusetts), 1871; 4 pp., 2 pp., n. c. et 230 pp. in-8 (2982, 82, 5 et 105 art.). Sans indication de la date de la vente, ni du nom du vendeur. ✠

103. — E. G. **Squier**, vente par Bangs, Merwin & Co., New-York, 24 avril 1876 ; IV, 277 et 8 pp. in-8 (2034 art., plus 94 art. décrivant les ouvrages et publications de E. G. Squier). ✠

104. — (Henry **Stevens** [père]), vente par Puttick and Simpson, Londres, 24 mai 1854 (y compris des livres de Thomas Aspinwall); 4 pp. n. c., 106 et 8 pp. in-8 (1558 art.). ✠

105. — Henry **Stevens** (père), vente par Puttick and Simpson, Londres, 1e partie, 23 janvier 1861 ; 2e partie,

20 mars 1861 : Bibliotheca americana ; iv et 273 pp. in-8 (2415 art.). ✠

★ 106. — Henry **Stevens** (fils), vente par Leonard & Co., Boston, 5 (12) avril 1870; Bibliotheca historica ; xvi et 234 pp. in-8 (2545 art.). ✠

107. — Henry **Stevens** (fils), vente par Puttick and Simpson, Londres ; 1ᵉ partie, novembre 1872 : Bibliotheca geographica et Historica ; iv et 361 pp. in-8 (3109 art.; la 2ᵉ partie n'a point paru). ✠

108. — Henry **Stevens** (fils), vente par Sotheby, Wilkinson & Hodge, Londres, 11 juillet 1881 : Stevens's Historical Collections ; 2 pp. n. c., v pp., 1 p. n. c. et 229 pp. gr. in-8 (1625 art.). ✠

109. — George T. **Strong**, vente par Bangs & Co., New-York, 4 novembre 1878; 4 pp. n. c. et 167 pp. in-8 (1763 art.). ✠

110. — Lord **Stuart de Rothesay**, vente par S. Leigh, Sotheby & John Wilkinson, Londres, 22 mai 1855; 23 pp. in-8 (225 art., nᵒˢ 3857-4081). ✠

111. — William T. **Tuthill**, vente par Bangs & Co., New-York, 7 mars 1881; 4 pp. n. c. et 190 pp. in-8 (2305 art.). ✠

112. — Thomas **Waterman**, vente par Leonard & Co., Boston, 29 juin 1875; iv, 111 pp. et 1 p. n. c. in-8 (2157 art.). ✠

113. — C. **Welford**, vente par Bangs, Brother & Co., New-York, 27 avril 1853; 180 pp. in-8 (2440 art.). ✠

114. — (C. **Welford**), vente par Bangs, Brother & Co., New-York, 27 février 1854; 147 pp. in-8 (1349 art.). ✠

115. — William A. **Whiteman**, vente par Leavitt, Strebeigh & Co., New-York, 5 décembre 1866 ; 72 pp. in-8 (852 art.). ✠

116. — John K. **Wiggin**, vente par Leonard & Co., Boston, 7 mars 1876; iv et 194 pp. in-8 (2775 art.). ✠

117. — Andrew **Wight**, vente par Geo. A. Leavitt (J. E.

Cooley), New-York; 6 juin 1864; iv et 315 pp. in-8 (4423 et 16 art.). ✠

* 118. — William Elliot **Woodward**, vente par Leavitt, Strebeigh & Co., New-York, 19 avril 1869; 668 pp. in-8 (6810 art.). ✠

119. — Thomas H. **Wynne**, vente par J. Thompson Brown, Richmond, 14 juillet 1875; 4 pp. n. c. et 158 pp. in-8 (2628 art.). ✠

734. — Beitrag zur Kenntniss der orographischen und geognostischen Beschaffenheit der **Nord-West-Küste Amerikas** mit den anliegenden Inseln von Dr. C. Grewingk (Aus den Verhandlungen der Mineralogischen Gesellschaft zu St Petersburg, für die Jahre 1848-49, besonders abgedruckt.) — (Hierzu Karten N° I-III, zwei dergleichen im Text, und Tafel IV-VII.) St. Petersburg. Gedruckt bey Karl Kray. 1850; iv et 351 pp. in-8. ✠

Renferme, pp. 294-299; Anhang II. Materialen zu einer Geschichte der Reisen und Entdeckungen auf der Westhälfte Nord-Amerika's und den benachbarten Meeren. A. Wichtigere Geschichtsquellen (19 art. relatifs aussi à la **Sibérie** orientale); pp. 299-347 : — B. Chronologisches Uebersicht und Quellen-Anzeiger der Reisen auf der Westhälfte Nord-Amerika's und in den benachbarten Meeren.

Extrait des Verhandlungen, *ut suprà*, pp. 76-424, où la bibliographie se retrouve, pp. 367-371, ainsi que le Chronologisches Ueberblick, pp. 372-420. ✠

* **735.** — Alaska and its resources. By **William H. Dall**, director of the scientific corps of the late Western Union telegraph company. Boston, Lee and Shepard, 1870; xii et 628 pp. gr. in-8. ✠

Renferme, pp. 595-609 : Appendix H. List of works containing information in regard to **Alaska** and the adjacent territories (environ 184 art.).

* **736.** — United States Coast and Geodetic Survey. — Carlile P. Patterson superintendent. — Pacific Coast Pilot.

AMÉRIQUE. 193

— Coasts and Islands of Alaska, Second series. — Washington, Government printing office, 1879; 376 pp. in-4. ✠

Renferme, pp. 163-223 : Partial list of Charts, Maps and Publications relating to **Alaska** and the adjacent region from Puget Sound and Hakodadi to the Arctic Ocean, between the Rocky and the Stanovoi Mountains (by **W. H. Dall** and **Marcus Baker**) (environ 943 articles); pp. 225-375 : Partial list of books, pamphlets, papers in serial journals and other publications on **Alaska** and adjacent regions. By **W. H. Dall** and **Marcus Baker** (environ 2065 articles).

737. — The works of **Charles Sumner**.... Vol. XI. Boston : Lee and Shepard. 1877; VI et 430 pp. in-8. ✠

Renferme, pp. 181-349 : The cession of Russian America to the United States Speech in the Senate, on the Ratification of the Treaty between the United States and Russia, April 9, 1867 ; pp. 234-244 : Sources of information upon **Russian America** (environ 40 art.).

738. — **Grönland** geographisch und statistisch beschrieben. Aus dänischen Quellschriften von **Anton von Etzel**. Stuttgart, J. G. Cotta, 1860; XIV pp., 2 pp. n. c. et 665 pp. gr. in-8. ✠

Renferme, pp. IX-XII : Vorrede und Quellenangabe (environ 5 art.)

739. — Histoire et Description Générale de la **Nouvelle-France**, où l'on trouve tout ce qui regarde les découvertes et les conquêtes des François dans l'Amérique Septentrionale avec le Journal historique d'un voyage fait par ordre du roi dans cette même partie du monde, contenant la description géographique et l'histoire naturelle des pays que l'auteur a parcourus, les coutumes, le caractère, la religion, les mœurs et les traditions des peuples qui les habitent, avec une dissertation préliminaire sur l'origine des Américains par le Père **de Charlevoix** de la Compagnie de Jésus. Paris, 1744, 3 vol. in-4. ✠

13

Renferme, t. I, pp. XLI-LXI : — Liste des auteurs que j'ai consultés pour composer cet ouvrage (55 auteurs.)

L'édition in-12 (Paris, Nyon, 1744, 6 vol.) renferme cette liste, t. VI pp. 378-422.

— *Idem.* History and general description of **New France**. By the Rev. P. F. X. de **Charlevoix**, S. J. Translated, with notes, by John Gilmary Shea. In six volumes. New York: John Gilmary Shea; 6 vol. gr. in-8, 1866-1872. ✠

Renferme, t. I, pp. 68-96 : — Critical list of authors whom I have consulted in composing this work (environ 62 auteurs ou sources bibliographiques).

740. — Catalogue d'ouvrages sur l'histoire de l'Amérique, et en particulier sur celle du Canada, de la Louisiane, de l'Acadie, et autres lieux, Ci-devant connus sous le nom de **Nouvelle-France**; avec des notes bibliographiques, critiques, et littéraires. En trois parties. Rédigé par G. B. **Faribault**, Avocat. Québec, Des Presses de W. Cowan, 1837; IV et 207 pp. in-8 (969 art. et environ 184 pour les cartes d'Amérique et du Canada). ✠

741. — Proceedings of the New York historical society. For the year 1847. New York : Press of the historical society. 1847; 8 pp. n. c. et 174 pp. in-8. ✠

Renferme, pp. 140-158 : — Jesuit Relations of Discoveries and other Occurrences in **Canada** and in the **Northern** and **Western States of the Union** 1632-1672 (avec un *Catalogue raisonnée* [*sic*] d'environ 39 articles, pp. 152-157. Auctore. E. B. O'Callaghan, M. D.).

— *Idem.* Relation des Jésuites sur les découvertes et les autres événements arrivés au **Canada** et au Nord et à l'Ouest des Etats-Unis (1611-1672). Par le Dr E. B. O'Callaghan... traduit de l'anglais avec quelques notes, corrections et additions. Montréal, Bureau des mélanges religieux, 1850; 70 pp. in-12. ✠ .

Traduit par le P. Félix Martin; la bibliographie, pp. 35-70, s'étend à la période 1611-1679.

742. — Bibliotheca Canadensis : or a manual of Canadian literature. By **Henry J. Morgan**, fellow of the Royal Society of Northern Antiquaries, Copenhagen; corresponding member of the New York Historical Society. Ottawa : printed by G. E. Desbarats, 1867 ; xiv et 411 pp. gr. in-8. ✠

Bibliographie d'environ 2500 auteurs se rapportant presque exclusivement au **Canada** et aux **possessions anglaises de l'Amérique du Nord**.

743. — Notes pour servir à l'histoire, à la bibliographie et à la cartographie de la **Nouvelle-France** et des pays adjacents 1545-1700. Par l'auteur de la Bibliotheca Americana Vetustissima. Paris, Librairie Tross, 1872 ; xxxiii et 367 pp. pet. in-8 (*auctore* **Henry Harrisse**). ✠

Renferme, pp. 1-187 : Bibliographie, 1545-1700 (187 articles) ; — pp. 189-239 : Cartographie succincte de la Nouvelle-France et des pays adjacents depuis la découverte jusqu'en 1700 (187 articles) ; — pp. 241-354 : Notes historiques (460 articles).

744. — The maritime provinces : a handbook for travellers. A guide to the chief cities, coasts, and islands of the maritime provinces of **Canada**, and to their scenery and historic attractions; with the gulf and river of St. Lawrence to Quebec and Montreal ; also **Newfoundland** and the **Labrador** coast. With Four Maps and Four Plans. Boston : James R. Osgood and Company, Late Ticknor & Fields, Osgood & Co. 1875 ; ix pp., 3 pp., n. c. et 336 pp. pet. in-8. *Auctore* **M. F. Sweetser**. ✠

Renferme, pp. 334-336 : Authorities Consulted in the Preparation of this Volume (environ 133 art.).

745. — List of publications of the geological survey of **Canada**. — Museum and Library : 76 St. Gabriel Street. Montreal. **Alfred R. C. Selwyn**, F.G.S., director. Dawson Brothers, publishers, Montreal. 1873 ; 7 pp. gr. in-8 (environ 42 art.). ✠

746. — Catalogue of the library of the Parliament of Ontario : with alphabetical indexes of authors and subjects. 1881. Compiled by **John M. Watson**. Toronto : printed by C. Blackett Robinson, 1881 ; xi et 558 pp. gr. in-8 (environ 6500 art.). ✠

Renferme, pp. 77-123, environ 512 articles ou groupes d'articles intéressant le **Canada.**

747. — Mémoire des commissaires du Roi et de ceux de Sa Majesté Britannique, Sur les possessions & les droits respectifs des deux Couronnes en Amérique ; Avec les Actes publics & Pièces justificatives. A Paris, de l'imprimerie royale ; 4 vol. in-4, 1755-1757. ✠

Renferme, Tome quatrième (contenant les derniers Mémoires sur l'Acadie, & un Mémoire des Commissaires du Roi sur l'Isle de Tabago), pp. 539-540 : Liste des Autorités citées par les Commissaires Anglois dans leur dernier Mémoire sur l'**Acadie**. Livres imprimés (19 art. de livres et cartes intéressant la géographie de l'**Amérique du Nord**).

748. — A history of **Nova-Scotia** or **Acadie**. By Beamish Murdoch, Esq. Q. C. Halifax, N. S. : James Barnes, printer & publisher ; 3 vol. in-8, 1865-1867. ✠

Renferme, t. I, pp. 533-534 : Authorities consulted by the author (environ 56 art.).

749. — Acadian geology. The geological structure, organic remains, and mineral resources of **Nova Scotia**, **New Brunswick**, and **Prince Edward Island**. By John William Dawson, M. A., LL. D., F. R. S., F. G. S.,... Second edition, revised and enlarged. With a geological map, and numerous illustrations, London : Macmillan and Co. Edinburgh : Oliver and Boyd. Halifax : A. and W. Mackinlay. Montreal : Dawson Brothers. 1868; xxvi pp., 2 pp. n. c. et 694 pp. in-8. ✠

Renferme, pp. 8-13 : Geological bibliography of the **Acadian provinces** (environ 98 art., 1842-1866)

750. — Christoph Daniel Ebelings, Professors der Geschichte und griechischen Sprache am Hamburgischen Gymnasium, Erdbeschreibung und Geschichte von Amerika. Die **vereinten Staaten** von Nordamerika. Hamburg, Carl Ernst Bohn (aussi Hoffmann und Campe); 7 vol. pet. in-8, 1793-1816. ✠

Renferme au commencement de la description de chaque état : Quellen (ensemble environ 125 art.), Landkarten (ensemble environ 75 art.).

751. — A gazetteer of the **United States** abstracted from the universal gazetteer of the author; with enlargement of the principal articles. By J. E. Worcester, A. M. Andover : printed for the author by Flagg and Gould. 1818 ; v pp. et environ 370 pp. n. c. in-8. ✠

Renferme (Preface), pp. III-IV : .... recent publications... (environ 8 art.).

752. — A statistical, political, and historical account of the **United States of North America**; from the period of their first colonization to the present day. By **D. B. Warden**, late consul of the United States at Paris, &c. &c., Edinburgh : printed for Archibald Constable and Co. Edinburgh; Longman, Hurst, Rees, Orme, and Brown, and Hurst, Robinson, and Company, London, 1819 ; 3 vol. in-8. ✠

A la fin de la description de chaque état se trouve un catalogue des livres et cartes qui s'y rapportent ; ensemble environ 265 articles.

* Traduction française : Description statistique, historique et politique des **États-Unis** de l'Amérique Septentrionale, depuis l'époque des premiers établissements jusqu'à nos jours, par **D. B. Warden**, ancien consul américain à Paris, édition traduite sur celle d'Angleterre. Paris, Rey et Gravier, 5 vol. in-8, 1820. ✠

* **753.** — Cinco meses en los Estados-Unidos de la América del Norte desde el 20 de abril al 23 de setiembre de 1835. Diario del viage de D. **Ramon de la Sagra**, director del jardin botanico de la Habana y miembro de varias sociedades sabias nacionales y estrangeras. Paris, en la imprenta de Pablo Renouard, 1836; XL et 437 pp. in-8. ✠

Renferme, pp. XXVII-XL : Lista de los documentos reunidos En mi Viaje por los **Estados-Unidos**, y ordenados en doce gruesos volúmenes que serán depositados en la Bibliotheca real de Madrid, para uso del público, con las otras obras que se mencionan (213 et 8 art.).

754. — The literature of American local history; a bibliographical essay, by **Hermann E. Ludewig**.... New York : printed for the author by R. Craighead. 1846; xx et 180 pp. in-8 (environ 1351 art. relatifs aux **États-Unis**). ✠

755. — Catholic missions among the Indian Tribes of the United States, by John G. Shea. New York. E. Dunigan & Brother.

Sous-titre : — History of the Catholic Missions among the **Indian** tribes of the **United States**, 1529-1854. By John Gilmary Shea, author of " Discovery and exploration of the Mississippi ", member of the Historical Societies of New York, Illinois and Louisiana. New York : Edward Dunigan & Brother, 1855; 514 pp. in-8. ✠

Renferme, pp. 503-506 : Authorities used in the compilation of this work (environ 191 art.).

756. — Catalogue of the American Maps in the library of the British Museum at Christmas 1856 By **Henry Stevens** GMB MA FRGS Etc London printed by Charles Whittingham at the Chiswick Press MDCCCLXVI; 17 pp. in-8 (environ 250 art. presque uniquement consacrés aux **États-Unis**). ✠

757. — Catalogue of rare, useful and curious books, tracts, &c., in American literature, chiefly historical and descriptive of the **United States** : Selected as importan in every Private and Public Library, pretending to a Department of **American** History. On sale, at the prices annexed, by **Samuel G. Drake**.... Boston : Henry W. Dutton & Son, printers. January 1st, 1868; 72 pp. pet. in-4 (environ 1000 art.). ✠

758. — *Idem*,..... by Samuel G. Drake Boston October 15, 1869. No. VI, Quarto Series; 70 pp. pet. in-4 (environ 850 art.). ✠

759. — *Idem*, Boston, May 1, 1870. No. VII, Quarto series; 47 pp. pet. in-4 (environ 500 art.). ✠

760. — *Idem*, Boston : Henry W. Dutton & Son, printers. November 1870. No. VIII, Quarto series; 64 pp. pet. in-4 (environ 650 art.). ✠

761. — *Idem*, Boston : Henry W. Dutton & Son, printers. May 1871. No. IX, Quarto series; 60 pp. pet. in-4 (environ 600 art.). ✠

762. — *Idem*, Albany : Joel Munsell, printer, October, 1871; 66 pp. pet. in-4 (environ 700 art.). ✠

763. — *Idem*, Boston : David Clapp & Son, printers, September 1872. No. XI. Quarto series; 56 pp. pet. in-4 (environ 600 art.). ✠

764. — *Idem*, (catalogue précédent).... by **Samuel A. Drake**.... Boston : Samuel A. Drake. December 1st 1866; 92 pp. pet. in-4 (environ 1000 art.). ✠

* 765. — **United States coast** and geodetic survey. Catalogue of charts Carlile P. Patterson superintendent Washington government printing office 1880; 45 pp. in-4 (environ 478 art.). ✠

Editions précédentes : 1877, 29 pp. in-4 ;
      1875, 28 pp. in-4 ; ✠
      1872, 20 pp. in-4 ;
      1867, 18 pp. in-4 ;
      1853 (list), 1 p. gr. in-f°.

766. — Memorandum of Local Histories in the Library of the American Antiquarian Society, *s. a. a. l.* (Worcester, Massachusetts, 1870?); 30 pp. in-4 numérotées 1-15, verso

en blanc (environ 750 art. relatifs aux **Etats-Unis,** rangés par ordre alphabétique de localités). ✠

767. — Department of War, Corps of Engineers. List of publications of the Engineer Department, U. S. Army, including reports of explorations, &c., conducted under other branches of the department of war, exhibited at The International E hibition, 1876, at Philadelphia. Washington : Government printing office. 1876; 27 pp. in-8. ✠

Renferme environ 95 articles pour la bibliographie et 157 pour les cartes (**États-Unis**).

768. — (Boston public library.) Bulletins showing Titles of Books added to the Library, with Bibliographical notices, etc. Vol. III. Numbers 36 to 47 — Oct., 1875, to Oct., 1878. Boston : issued by the library; 2 et 438 pp. gr. in-8. ✠

Renferme (1878), pp. 72-75, 107-111, 141-142, 181-183, 212-214, 250-251, 275-278, 302-307, 336-342, 369-375, 422-429 : Check List of **American** Local History (*auctore* **Frederic Beecher Perkins**; près de 8000 articles se rapportant exclusivement aux Etats-Unis, rangés par ordre alphabétique de noms de localités; les 720 derniers articles sont compris dans le n° 1 ✠ [whole n° 48], janvier 1879, du vol. IV de la même publication).

Tirage à part : Boston : press of Rockwell & Churchill, 1876; 198 pp. gr. in-8 (150 ex.). ✠

769. — Gustav Körner. Das deutsche Element in den Vereinigten Staaten von Nord-Amerika, 1818-1848, Cincinnati : Wilde et Co., 1880; 416 pp. gr. in-8.

Renferme une bibliographie relative aux **Allemands aux Etats-Unis.**

★ **770.** — V. LXXXI. XVIII. American Topographs. Charles L. Woodward, New York; 72 pp. pet. in-4 (mai 1881; 1674 art. relatifs presque exclusivement aux **Etats-Unis**). ✠

771. — Catalogue of a Curious and Valuable collection

of original maps and plans of military positions held in the old French and revolutionary wars; with plans of different cities, and maps of the country. Most of these are Original Manuscripts, drawn at the time, by officers in the English army. ✠

Daté : Boston, Dec. 17, 1862; porte, p. 2 : Boston : printed by John Wilson and Son.

Renferme 101 art. de cartes du **Canada**, de la **Géorgie** et de la **région intermédiaire**. Collection formée par William Faden et cataloguée par Edward Everett Hale.

772. — The reader's handbook of the American revolution. 1861-1763 by Justin Winsor.... Boston : Houghton, Osgood and Company. 1880; v et 328 pp. pet. in-8. ✠

Renferme environ 45 art. ou groupes d'art. pour cartes et plans, pp. 55-58, 68-71, 116-117, 141, 149, 158-159, 162, 165, 167, 172, 189-190, 196-197, 210-211, 222, 228, 229, 236, 245, 250, 251, 255, 258-259, 302-303 (**Est des Etats-Unis**).

773. — The **New England** gazetteer; containing descriptions of all the states, counties and towns in New England : also descriptions of the principal mountains, rivers, lakes, capes, bays, harbors, islands, and fashionable resorts within that territory. Alphabetically arranged. By **John Hayward**,.... Fourth edition. Concord, N. H. : Israel S. Boyd and William White. Boston : John Hayward. 1839; environ 510 pp. n. c. in-8. ✠

Renferme (Preface), p. 4 (?) :..., maps and books on **New England** (environ 17 art.).

774. — Geschichte der Colonisation in **Neu-England**, von den ersten Niederlassungen daselbst im Jahre 1607 bis zur Einführung der Provinzialverfassung von Massachusetts im Jahre 1692. Nach den Quellen bearbeitet von **Talvj**. Nebst einer Karte von Neu-England im Jahre 1674. Leipzig : F. A. Brockhaus. 1847; xviii et 709 pp. in-8. ✠

Renferme (Vorrede), pp. ix-xii, une bibliographie de 11 art.

Talvj, pseudonyme de **Therese Adelgunde**[1] Louise Robinson, née von Jacob.

Idem : Talvi's history of the colonization of America. Edited by William Hazlitt, Esq. barrister-at-law.... In two volumes. London : T. C. Newby, 1851, 2 vol. pet. in-8. ✠

Renferme, t. I (Preface), pp. vii-xi : .... The principal sources of historical origin of the **United States** (11 art.).

775. — History of New England. By John Gorham Palfrey. Boston : Little, Brown, and Company ; 4 vol. gr. in-8, 1859-1875. ✠

Le t. I a pour sous-titre : History of New England during the Stuart dynasty, et renferme, pp. 95-97 : .... maps delineating the **New England coast**, of an earlier date than.... 1614 (environ 13 art.).

L'éd. de 1866 (New York, Hurd and Houghton, 2 vol. in-8) ne renferme pas cette liste.

Autre éd., Boston, H. C. Shepard, 1873, 4 vol. in-12.

776. — A catalogue of original documents in the English archives, relating to the early history of the State of **Maine** ... New York : privately printed. 1858. G. B. Teubner, Printer ; iv et 137 pp. gr. in-8. ✠

Auctore H. G. **Somerby**; publié par George Folsom; environ 210 art., 1601-1700.

777. — 1859. No. 4. Norton's literary letter. — The bibliography of the State of Maine, and other papers of interest; together with a catalogue of A Large Collection of Works upon bibliography and America. Charles B. Norton, New York. 1859; 72 pp. pet. in-4. ✠

Renferme, pp. 11-30 : Bibliography of the United States. I. Maine. A descriptive Catalogue of Books and Pamphlets

---

[1] Adelgunde ou Albertina.

relating to the history and statistics of **Maine** or portions of it. Prepared by **William Willis**, of Portland 1859 (environ 223 art.).

778. — The Historical Magazine, and notes and querie concerning the antiquities, history and biography of America. Vol. VII. Second Series. Morrisania, N. Y. Henry B. Dawson, 1870; 10 pp. n. c. et 416 pp. pet. in-4 (janvier-juin). ✠

Renferme (March 1870), pp. 145-182 : — I. — A descriptive catalogue of books and pamphlets relating to the history and statistics of **Maine** or portions of it. Prepared for this work, by the late Hon. William Willis, of Portland, 1869 (environ 1053 art.).

779. — New Series. No. 1. Norton's literary letter, comprising the bibliography of the State of New Hampshire, and other papers of interest; together with a catalogue of A Large Collection of Works upon bibliography and America. Charles B. Norton, New York. 1860; 45 pp. et 23 pp. n. c. pet. in-4. ✠

Renferme, pp. 9-30 : Bibliography of the United States. II. New-Hampshire. — A Descriptive Catalogue of Books and Pamphlets relating to the history and Statistics of **New Hampshire**, or portions of it. Prepared by **Samuel C Eastman**, of Concord, 1859 (environ 266 art.).

780. — New Series. No. 2. Norton's literary letter, comprising the bibliography of the State of Vermont, and other papers of interest, together with a catalogue of Rare and Early-Printed Works upon America. Charles B. Norton, New York, 1860 ; 44 pp. et 23 pp. n. c. pet. in-4. ✠

Renferme, pp. 13-33 : — Bibliography of the United States. III. Vermont. A Descriptive Catalogue of Books and Pamphlets relating to the history and statistics of **Vermont**, or portions of it. Prepared by Benjamin H. Hall, of Troy, N. Y., 1860 (environ 280 art.).

781. — Le journal *Argus and Patriot* de Montpelier, Vermont, renferme dans chacun de ses numéros hebdomadaires du 29 janvier 1879 au 22 septembre 1880 : Bibliography of **Vermont**, or a list of books and pamphlets, relating in any way to the State with biographical and other notes. Prepared by **M. D. Gilman**, Montpelier, Vt. (environ 6000 art. ; rédigé en collaboration avec Miss **M. E. Stone**). ✠

782. — A gazetteer of **Massachusetts** : containing a general view of the State, with an historical sketch of the principal events from its settlement to the present time, and notices of the several towns alphabetically arranged. By **Jeremiah Spofford**, Counsellor of the Massachusetts Medical Society. With a map of the State. Newburyport : published by Charles Whipple. 1828 ; 348 pp. in-12. ✠

Renferme, p. 6 : The following authorities have been used..... (environ 42 art.).

783. — Bibliography of the Local History of **Massachusetts**. By Jeremiah Colburn. Boston : Wm. Parsons Lunt. 1871 ; 6 pp. n. c. et 119 pp. in-8 (environ 2600 art.). ✠

Extrait du New England Historical and Genealogical Register, 1868-1871.

784. — Proceedings of the Massuchusetts Historical Society. 1855-1858. — Selected from the records. Boston : printed for the society. 1859 ; xi pp., 1 p. n. c. et 412 pp. in-8. ✠

Renferme, pp. 134-150 : Hutchinson's historical publications. By **Charles Deane**, Esq. (environ 16 art. intéressant les premiers temps du **Massachusetts**).

785. — Proceedings of the Massachusetts Historical Society. 1862-1863. Boston : printed for the society. 1863 ; xii et 503 pp. gr. in-8.

Renferme, pp. 37-40 : .... maps of **Boston** (environ 36 art. ; *auctore* **N. B. Smith**). ✠

786. — *Idem.* 1863-1864. Boston, 1864 ; xi pp., 2 pp. n. c. et 508 pp. gr. in-8. ✠

Renferme : pp. 361-362 : .... maps of **Boston** (6 art. ; *auctore* **Nathaniel B. Shurtleff**); pp. 475-477, 8 art. (*auctore* **Appleton**).

787. — A topographical and historical description of Boston. By **Nathaniel B. Shurtleff**. Boston : printed by request of the city council. 1871 ; 2 pp. n. c., ix et 720 pp. in-4 (porte, p. 2 n. c. : Alfred Mudge and Son, City printers). ✠

Renferme, pp. 91-105 : Chapter VI. Maps and plans of **Boston** (environ 36 art. ou groupes d'art.).

788. — Bibliography of **Charlestown**, Massachusetts, and **Bunker Hill**.... By James F. Hunnewell. Boston : James R. Osgood and Company. 1880; vii pp., 1 p. n. c. et 100 pp. in-8 (environ 1134 art.). ✠

Renferme, pp. 17-19 : Maps and plans (20 art., 1775-1827).

789. — Bibliography of **Rhode Island**. A catalogue of books and other publications relating to the State of Rhode Island, with notes, historical, biographical and critical. By **John Russell Bartlett**. Printed by order of the General Assembly. Providence: Alfred Anthony, 1864; iv et 287 pp. gr. in-8 environ 2000 art.). ✠

790. — The final report of John Romeyn Brodhead, agent of the **State of New York**, to procure and transcribe documents in Europe, relative to the **colonial history** of said State. Made to the Governor, 12th February, 1845. Albany : E. Mack, printer to the Senate. 1845 : 374 pp. in-8 (environ 5700 art.). ✠

791. — The literary world; A journal of Society, literature and art. Volume III. February-December, 1848. New York : E.A. & G.L. Duyckinck, 1848 ; 998 pp. in-4. ✠

Renferme, pp. 46-50 (n° 55 en date du 19 février 1848) : — Literature of the local history of **New York** (environ 179 art. relatifs à l'**Etat de New-York**). *Auctore* **Hermann E. Ludewig**.

Idem, tirage à part : — The literature of American local

history. By Hermann E. Ludewig. First Supplement : New York. [Extracted from the " Literary World ,, of Feb. 19, 1848.] Only thirty copies printed. New York : R. Craighead, Printer. 1848; 20 pp. in-8. ✠

* **792**. — Catalogue of maps and surveys, in the offices of the Secretary of State of the state engineer and surveyor and in the **New York State** Library. — Printed by order of the Assembly and under the direction of the Secretary of State. Albany, N. Y., Weed, Parsons and Company, 1851; 289 pp. in-8 (environ 3346 articles consacrés exclusivement à l'État de New-York). ✠

793. — Catalogue of maps and surveys, in the offices of the Secretary of State, State engineer and surveyor, and comptroller, and the New York State Library. Printed by order of the Assembly and under the direction of the Secretary of State, 1851, and revised, corrected and enlarged by order of the assembly and under the direction of the Secretary of State, by **David E. E. Mix**, C. E. Albany : printed by Charles van Bénthuysen. 1859.; 375 pp. in-8 (environ 5000 art. consacrés exclusivement à **l'Etat de New York**). ✠

794. — A bibliographical and historical essay on the Dutch books and pamphlets relating to **New-Netherland** and to the Dutch **West-India** Company and to its possessions in **Brazil, Angola,** etc., as also on the maps, charts, etc., of New-Netherland, with facsimiles of the map of New-Netherland by N. I. Visscher and of the three existing views of New-Amsterdam. Compiled from the Dutch public and private libraries, and from the collection of Mr. Frederik Muller in Amsterdam, by **G. M. Asher** L. L. D. Privat-Docent of Roman law in the University of Heidelberg. Amsterdam, Frederik Muller, 1854-67 ; LII et 246 pp. pet. in-4 (352 art.) ✠

Idem, ibid. ; LII, 234 pp. et 4 pp. n. c., gr. in-4 (357 et 12 art.). ✠

Idem, ibid.; LII, 234 pp. et 4 pp. n. c., pet. in-4 (357 et 12 art.). ✠

795. — A List of The Maps and Charts of **New-Netherland**, And of the views of **New-Amsterdam** by G. M. Asher. *Being a supplement to his Bibliographical Essay on New-Netherland*…… Amsterdam. Frederik Muller, New York. Ch. B. Norton. 1855 ; 22 pp., 2 pp. n. c. 23 pp., 1 p. n. c., pet. in-4 (31 et 6 art.). ✠

— *Idem, ibid.*, in-4 (31 et 6 art.). ✠

— *Idem, ibid.*, 22, 120 pp. et 4 pp. n. c., in-4 (117, 31 et 6 art.). ✠

796. — The historical magazine, and notes and queries, concerning antiquities, history and biography of America. Vol. II. Third series. Morrisania, N. Y. Henry B. Dawson. 1873; 4 pp. n. c. et 388 pp. in-4. ✠

Renferme (October), pp. 260-264 : …. maps of the various large estates on which the **city of New York** now stands (21 art.; *auctore* Henry B. Dawson).

797. — The Bibliography of **Long Island** by Henry Onderdonk Jr. Jamaica. L. I. 1866. ✠

Manuscrit en la possession de la bibliothèque Astor, à New-York; 64 pp. n. c. pet. in-4; environ 565 articles par ordre alphabétique de noms d'auteurs.

La bibliothèque publique de Boston (Etats-Unis) possède un double de ce manuscrit. ✠

798. — Antiquities of Long Island By Gabriel Furman to which is added a bibliography by Henry Onderdonk, Jr. Edited by Frank Moore. New York, J. W. Bouton, 1875 ; 478 pp. in-8. ✠

Renferme, pp. 435-469 : Bibliography of **Long Island**, Henry Onderdonk, Jr. (environ 550 art.).

799. — Second geological survey of **Pennsylvania** : 1875. Special report on the trap dykes and azoic rocks of southeastern Pennsylvania. By T. Sterry Hunt. Part I. Historical introduction. Harrisburg : published by the board of

commissioners for the second geological survey. 1878 ; xxi, 253 pp. et 3 pp. n. c. in-8. ✠

Renferme, pp. 1-3 n. c. : Second Geological Survey of **Pennsylvania**. Reports for 1874, 1875, 1876, 1877 and 1878 (liste d'environ 18 art. dressée par **John B. Pearse**).

800. — Second geological survey of **Pennsylvania** : 1875 to 1879. The geology of the oil regions of Warren, Venango, Clarion, and Butler counties, including surveys of the Garland and Panama conglomerates in Warren and Crawford, and in Chautauqua Co., N. Y., a discussion of the preglacial and postglacial drainage of the lake Erie county. By John F. Carll. With two indexes, 23 page plates, and an atlas of 22 sheets of maps, well-sections, and working drawings of well rig and tools. Harrisburg : published by the board of commissioners for the second geological survey. 1880; 2 pp. n. c., xxiv, 482 et 4 pp. in-8. ✠

Renferme, *in fine*, pp. 1-4 : Second geological survey of **Pennsylvania**. Reports for 1874, 1875, 1876, 1877, 1878, 1879 and 1880 (liste d'environ 35 art. dressée par **Wm. A. Ingham**).

801. — A bibliography of the **Baltimore** and **Ohio** rail road company 1827 to 1879 By John W. M. Lee..... privately printed by the Chiswick press, London : for the author, Baltimore : 1879; environ 149 pp. n. c. pet, in-4 (644 art. ; tiré à 50 exemplaires). ✠

802. — M. John Wesley Murray Lee, bibliothécaire de la société historique de Maryland, à Baltimore, a préparé en vue de la publication un catalogue d'environ 4000 ouvrages se rapportant à l'état de **Maryland** (1727-1880).

★ **803**. — The historie of travaile into **Virginia** Britannia; expressing the cosmographie and commodities of the country, togither with the manners and customes of the people. Gathered and observed as well by those who went first thither as collected by Willam Strachey, Gent., the first secretary of the colony. Now first edited from the original manuscript, in the British Museum by R. H. Major Esq., of the British Museum. London : printed for the Hakluyt Society, 1849; viii, xxxvi pp., 6 pp. n. c. et 203 pp. in-8. ✠

Renferme, dans l'introduction, pp. iii-iv, 14 art. concernant les voyages en Virginie de la fin du XVI° siècle.

804. — (Boston public library.) Bulletin showing... (*ut suprà* n° 768). ✠

Renferme, Bulletin. No. 43. October, 1877, pp. 269-273 : Early History of **Virginia** (environ 59 art. ou groupes d'art,; *auctore* Justin Winsor en collaboration avec Charles Deane, John Wingate Thornton, Samuel Foster Haven, George Henry Moore, William Frederick Poole, John Russell Bartlett et Robert A. Brock).

805. — Second geological survey of Pennsylvania. 1874-'5-'6. Historical sketch of geological explorations in Pennsylvania and other states by J. P. Lesley. With an appendix containing the annual reports of the state geologist to the board of commissioners. Harrisburg : Published by the Board of Commissioners for the second geological survey. 1876; 2 pp. n. c., 200 et xxvi pp. in-8. ✠

Renferme, pp. 198-200 : Chapter IV. A sketch of the History of other State Geological Surveys in the United States, and of their relations to that of Pennsylvania. **North Carolina** (7 art.).

806. — Ensayo cronologico, para la historia general de la **Florida**. Contiene los descubrimientos, y principales sucesos, acaecidos en este Gran Reino, à los Españoles, Franceses, Suecos, Dinamarqueses, Ingleses, y otras Naciones, entre sì, y con los Indios : cuias Costumbres, Genios, Idolatria, Govierno, Batallas y Astucias, se refieren : y los Viages da algunos Capitanes, y Pilotos, por el Mar de el Norte, à buscar Paso à Oriente, ö vnion de aquella Tierra, con Asia. Desde el año de 1512. que descubriò la Florida, Juan Ponce de Leon, hasta el de 1722. Escrito por Don

·Gabriel De Cardenas z Cano. Dedicado a Principe Nuestro Señor. Con Privilegio : En Madrid. En la Oficina Real, y à Costa de Nicolas Rodriguez Franco, Impresor de Libros, Año de CIƆIƆCCXXIII. Se hallar àn en su Casa, en la Calle de el Poço, y en Palacio; 40 pp. n. c., 366 pp. et 56 pp. n. c. gr. in-4. ✠

Auctore **Andres Gonzalez de Barcia**; renferme dans l'introduction, en 7 pp., n°s 32-38, environ 100 indications bibliographiques.

807. — Notes Bibliographiques et raisonnées sur les principaux ouvrages publiés sur La **Floride** et l'ancienne **Louisiane** depuis leur découverte jusqu'à l'époque actuelle. accompagées de trois cartes, de Guillaume Delisle publiées en 1703 et 1712. ✠

La préface est signée, p. 2 : **A. L. Boimare**, ancien libraire à la Nouvelle-Orléans. Paris, Septembre 1855.

Autographié ; 60 pp. pet. in-f° ; 190 art., 1557-1855 ; environ 144 auteurs ; les 33 derniers art., n°s 158-190, pp. 58-60, sont intitulés : Ouvrages publiés sur les différentes tribus indiennes de l'**Ouest des États-Unis**, leurs mœurs, origines, &[ca].

808. — Notes on the **Floridian** peninsula, its literary history, Indian tribes and antiquities. By **Daniel G. Brinton,** A. B. Philadelphia : Joseph Sabin. 1859 ; 202 pp. in-12. ✠

Renferme, pp. 13-91 : Chapter I. Literary history (environ 120 art. dont 30 pour les cartes).

★ **809.** — Histoire de la **Floride** française par **Paul Gaffarel** ancien élève de l'École normale supérieure, professeur à la faculté des lettres de Dijon. Paris, Firmin Didot et Cie, 1875 ; 4 pp. n. c., VII et 522 pp. in-8. ✠

Renferme, pp. 337-345 : Notice bibliographique (environ 45 articles ou groupes d'articles).

★ **810.** — Géologie pratique de la Louisiane par R. Thomassy, ancien élève de l'école impériale des Chartes, ancien membre du comité central de la Société de Géographie de Paris..... (Accompagné de 6 planches). Chez l'auteur à la Nouvelle-Orléans, et à Paris chez Lacroix et Baudry, 1860; LXVIII et 264 pp. in-4. ✠

Renferme, pp. 197-198 : Appendice A. Découverte des manuscrits de De la Salle (environ 6 art.); pp. 205-226 : Appendice C. Cartographie de l'ancienne **Louisiane** (environ 48 articles; 1544-1858).

811. — The American pioneer, a monthly periodical devoted to the objects of the Logan historical society; or to collecting and publishing sketches relative to the early settlement and successive improvement of the country. Vol. II. Cincinnati, O. : Edited and published by John S. Williams, 1843; 480 pp. in-8. ✠

Renferme, pp. 262-269, 314-323 : Historical references for the **valley of the Mississippi**. By J. M. Peck. Descriptive Catalogue (50 art.).

★ **812**. — Report on bridging the **Mississippi** River between Saint-Paul, Minn., and St. Louis, Mo., by brevet major general **G. K. Warren**, major of engineers; being appendix X 3 of the annual report of the chief of engineers for 1878. Washington : government printing office. 1878. XI et 201 pp. in-8 numérotées 925-1125. ✠

Renferme, pp. 1123-1125 : Maps used in compilation, etc. (environ 63 art.).

813. — France and England in America. A series of historical narratives. By Francis Parkman,... Part third. Boston : Litle, Brown, and Company 1880. ✠

Sous-titre : La Salle and the discovery of the Great West... Twelfth edition. Revised, with additions...; XXV pp., 3 pp. n. c. et 483 pp. in-8.

Renferme, pp. 449-458 : Appendix. — I. Early unpublished maps of the **Mississippi** and the **great lakes** (environ 18 art.).

Dans la 1ʳᵉ éd. (*idem*, 1869; xxi pp., 3 pp. n. c. et 425 pp. in-8 ✠), cette liste se trouve pp. 406-412.

814. — Twenty-swenth thousand. Historical collections of the **Great West**; containing narratives of the most important and interesting events in Western history — remarkable individual features — sketches of frontier life — descriptions of natural curiosities : to which is appended historical and descriptive sketches of Oregon, New Mexico, Texas, Minnesota, Utah and California. By **Henry Howe**, author of historical collections of Virginia; historical collections of Ohio. Illustrated with numerous engravings. Vol. I. Cincinnati. Published by Henry Howe, at E. Morgan & Co's. 1853; 440 pp. in-8. ✠

Renferme, p. 11 : Authorities (46 art.).

815. — Early maps of **Ohio** and the **West** by C. C. Baldwin, Secretary Western Reserve and Northern Ohio Historical Society. Cleveland O. Fairbanks, Benedict & Co., printers, 1875; 25 pp. gr. in-8. ✠

Renferme, pp. 23-25 : Maps in Possession of the Western Reserve and Northern Ohio Historical Society Including the **Lake Region** of North America to 1800 inclusive (environ 110 art.).

816. — A bibliography of the State of **Ohio**. Being a Catalogue of the Books and Pamphlets relating to the history of the State. With collations and bibliographical and critical notes, together with the prices at which many of the books have been sold at the principal public and private sales since 1860. And a complete index by subjects. By Peter G. Thomson. Cincinnati : Published by the Author. 1880, 436 pp. in-4 (plus de 1400 art.). ✠

817. — 46th. Congress 3d Session House of Representatives. Ex. Doc. 1,. pt. 2, vol. II. Annual report of the Chief of engineers, United States Army, to the Secretary of war for the year 1880. In three parts. Washington : government printing office 1880; 3 vol., ensemble vi, 2556 pp. et 16 pp. n. c. in-8. ✠

Renferme (Part III), pp. 2365-2458 : Surveys and explorations. Appendix OO. Survey of the **Northern** and **Northwestern Lakes**. Report of Major C. B. Comstock, corps of engineers. Bvt. Brig. Gen., U.S.A., officer in charge of the work for the fiscal year ending June 30, 1880 (donnant, pp. 2437-2458, une liste d'environ 807 cartes publiées et manuscrites);

pp. 2459-2499 : Appendix PP. Geographical and topographical surveys of the territory of the **United States west of the one hundredth meridian**, in the States and Territories of California, Colorado, Kansas, Nebraska, Nevada, Oregon, Texas, Arizona, Idaho, Montana, New Mexico, Utah, Washington and Wyoming. Report of Captain **George M. Wheeler**, corps of engineers, officer in charge of the work, for the fiscal year ending June 30, 1880; pp. 2495-2499 : The following atlas sheets and maps remain unpublished (environ 33 art.);

pp. 2500-2504 : Appendix QQ. Explorations and surveys military division of the **Missouri**. Report of Captain **James F. Gregory**, corps of engineers, for the fiscal year ending June 30, 1880 (donnant, pp. 2502-2504, une liste d'environ 80 cartes);

pp. 2543-2545 : Appendix TT. Explorations and surveys in the division of the **Pacific**. Report of Captain **William A. Jones**, corps of engineers for the fiscal year ending June 30, 1880 (environ 49 art. de cartes).

818. — The Historical Magazine, and notes and queries, concerning the antiquities, history and biography of America. Vol. VI. Second series. Morrisania, N. Y. Henry B. Dawson. 1869; 4 pp. n. c. et 380 pp. pet. in-4. ✠

Renferme, pp. 29-41 (n° de juillet 1869); — III. — A bibliography of the State of **Wisconsin**. By **D. S. Durrie**,

Esq., Librarian of the State Historical Society (environ 480 art.).

819. — Catalogue of the library of the State Historical Society of **Wisconsin**. — Prepared by **Daniel S. Durrie**, Librarian, and **Isabel Durrie**, Assistant. Madison. Published by order of the State 1873; 2 vol. gr. in-8, 718 et 639 pp. ✠

Renferme, t. I, pp. 559-568, environ 246 art. relatifs à l'Etat de **Wisconsin**.

820. — *Idem*, First Supplement, Madison, Wis.; E. B. Bolens, State printer 1875; 383 pp. gr. in-8 (renferme, pp. 373-378, environ 80 art.). ✠

821. — *Idem*, Vol. IV (*Second Supplement*.) Madison, Wis. David Atwood, printer and stereotyper, 1878; 750 pp. in-8 (renferme, pp. 731-740, environ 135 art.). ✠

822. — Bibliography of **Minnesota**. — From the Minnesota historical collections — Vol. III, part I. — By **J. Fletcher Williams** : Secretary of the Minnesota Historical Society; corresponding member of the historical societies of Pennsylvania and Virginia. Fifty copies separately printed. St. Paul : office of the Press Printing Company 1870; 65 pp. in-8 (environ 432 art.). ✠

823. — History of **Kansas** : from the first exploration of the Mississippi valley, to its admission in the Union : embracing a concise sketch of Louisiana : American slavery, and its onward march; the conflict of free and slave labor in the settlement of Kansas, and the overthrow of the latter with all other items of general interest : complete, consecutive and reliable. By **J. N. Holloway**, A. M. Lafayette, Ind : James, Emmons & Co., 1868; 584 pp. in-8. ✠

Renferme, pp. 580-584 : Works consulted in compiling this volume, and a brief notice of the territorial literature of **Kansas** (environ 24 art. ou groupes d'art.).

★ **824.** — Explorations and surveys for a railroad route rom the **Mississippi** river to the **Pacific** ocean. —

War department. — Memoir to accompany the map of the territory of the United States from the Mississippi river to the Pacific ocean, giving a brief account of each of the exploring expeditions since A.D. 1800, with a detailed description of the method adopted in compiling the general map. By lieut. **Gouverneur K. Warren**, corps of topographical engineers, U. S. A. Washington : 1859. ✠

Sous-titre : — 33d Congress, 2d Session. Senate. Ex. doc. No. 78. Reports of explorations and surveys, to ascertain the most practicable and economical route for a railroad from the Mississipi river to the Pacific ocean. Made under the direction of the secretary of war, in 1853-6. According to acts of Congress of March 3, 1853, May 31, 1854, and August 5, 1854. Volume XI. Washington : Beverley Tucker, printer, 1855 ; 120 et IV pp. in-4.

Donne la description et l'analyse d'environ 115 ouvrages ou cartes, manuscrits ou imprimés.

825. — Department of the Interior. United States geological survey of the Territories. F. V. Hayden, U. S. Geologist-in-charge. Miscellaneous publications. No. 1. List of elevations principally in that portion of the **United States west of the Mississippi** river. Fourth edition. Collated and arranged by **Henry Gannett**. M. E. Washington : government printing office. 1877 ; x et 164 pp. in-8. ✠

Renferme, pp. 163-164 : Notes on the hypsometric map. Notes concerning the hypsometric map of the United States (45 art.).

— *Idem*, 3ᵉ éd., 1875, 72 pp. in-8.
— *Idem*, 2ᵉ éd., 1873, 47 pp. in-8.
— *Idem*, 1ᵉ éd., 1872, 31 pp. in-12, *auctore* **C. Thomas**.

★ **826.** — Department of the Interior. — Catalogue of the publications of the U. S. Geological and Geographica Survey of the **Territories**. F. V. Hayden, United States Geologist. Third Edition. Revised to december 31, 1878.

Washington, Government printing office, 1879; 54 pp. in-8. (environ 376 art. dont 76 pour les cartes). ✠

★ — *Idem*, 2ᵉ éd., Washington, 1877. Revised to December 31ˢᵗ 1876; 38 pp. in-8. ✠

★ — *Idem*, 1ᵉ éd., Washington, 1874; 20 pp. in-8. ✠

827. — Engineer department, U. S. Army. List of reports and maps of the **United States** Geographical Surveys West of the 100ᵗʰ meridian. **George M. Wheeler**, first lieutenant, Corps of Engineers U. S. Army, in charge. Washington, Government printing office, 1878; 36 pp. in-8.

Renferme 22 articles pour la bibliographie et 86 pour les cartes. ✠

★ **828.** — 46th Congress, 2d Session. House of representatives. Ex. Doc. I, pt. 2, vol. II. Annual report of the chief of engineers to the secretary of war for the year 1879. In three parts. Part. III. Washington : government printing office, 1879; pp. 1891-2399 et 14 pp. n, c. in-8. ✠

Renferme, pp. 1977-2313 : Appendix OO. — Annual report of Captain **George M. Wheeler**, Corps of Engineers, U. S. A., for the fiscal year ending June 30, 1879. Geographical surveys of the Territory of the **United States west of the one hundredth meridian**, in the States and Territories of California, Colorado, Kansas, Nebraska, Nevada, Oregon, Texas, Arizona, Idaho, Montana, New Mexico, Utah, Washington, and Wyoming; pp. 2177-2183 : Publications made and in progress (environ 30 art. pour les livres et 74 pour les cartes).

★ **829.** — **Jules Remy**. Voyage au pays des Mormons. Paris, Dentu, 1860, 2 vol. in-8. ✠

Renferme, t. II, pp. 499-506 : Bibliographie mormonne (134 articles; 1830-1860).

— *Idem*, traduction anglaise : A journey to Great-Salt-Lake City, by **Jules Remy** and **Julius Brenchley**, M. A.; with a sketch of the history, religion, and customs of the Mormons, and an introduction on the religious movement in the United States. By Jules Remy. In two volumes. With Ten Steel Engravings and a Map. London : W. Jeffs, 1861 ; 2 vol. gr. in-8. ✠

Renferme, t. II, pp. 561-569 : **Mormon** bibliography (148 art.).

830. — The city of the Saints, and across the Rocky Mountains to California. By **Richard F. Burton**, author of " The Lake Regions of Central Africa ", etc. With illustrations. New York : Harper & Brothers, 1862; xii et 574 pp. in-8. ✠

Renferme, pp. 203-214 : A list of works published upon the subject of **Mormonism**.... (environ 188 art. dont un certain nombre concernant la région du **Grand Lac Salé**).

831. — The Rocky Mountain Saints : a full and complete history of the **Mormons** from the first vision of Joseph Smith ; including the history of the hand-cart emigration — the Mormon war — the Mountain-Meadow massacre — the reign of terror in Utah — the doctrine of human sacrifice — the political, domestic, social and theological influences of the Saints — the facts of polygamy — the colonization of the Rocky Mountains, and the development of the great mineral wealth of the Territory of Utah. By **T. B. H. Stenhouse**, twenty-five years a Mormon elder and missionary, and editor and proprietor of the Salt Lake Daily Telegraph. Illustrated with twenty-four full-page engravings, a steel plate frontispiece, an autographic letter of Brigham Young, and numerous wood cuts. New York : D. Appleton and Company, 1873; xxiv et 761 pp. in-8 (*idem*, London, *s. a.*). ✠

Renferme (Appendix), pp. 741-746 : II. Writers on Mormonism (environ 168 art.).

* **832.** — Bibliothica — Scallawagiana. Catalogue of a matchless collection of Books, Pamphlets, Autographs, Pictures, &c. relating to Mormonism and the **Mormons**. The 10 years' gathering of **Charles L. Woodward**, Who, enjoying superior facilities for their acquisition, has never let slip an oportunity — whether at public or private sale — of adding to their number. To be sold at vendue, Monday, January 19, 1880.... by Messrs. Bangs & Co. New York; 50 pp. in-8 (325 art.). ✠

833. — Coleccion de documentos inéditos para la historia de España, por D. Miguel Salvá y D. Pedro Sainz de Baranda, individuos de la Academia de la historia. Tomo XV Madrid. Imprenta de la viuda de Calero. 1849.

Sous-titre : — Examen histórico-critico de los viajes y descubrimientos apócrifos del capitan Lorenzo Ferrer Maldonado, de Juan de Fuca y del almirante Bartolomé de Fonte. Memoria comenzada por D. **Martin Fernandez de Mavarrete**, y arreglada y concluida por D. **Eustaquio Fernandez de Navarrete**. Año de 1848; 575 pp. in-8 carré. ✠

Renferme, pp. 225-227 : Memoria de los autores que hablan de las **Californias** y de su ensenada, y dan noticias de muchos descubrimientos, todos los cuales están en poder de los contenidos en el Memorial antecedente (environ 18 art. ou groupes d'art.)

★ **834.** — Exploration du territoire de l'**Orégon**, des **Californies** et de la **Mer Vermeille**, exécutée pendant les années 1840, 1841 et 1842, par M. **Duflot de Mofras**, attaché à la légation de France à Mexico ; ouvrage publié par ordre du roi, sous les auspices de M. le maréchal Soult, duc de Dalmatie, Président du Conseil, et de M. le Ministre des affaires étrangères. Paris, Arthus Bertrand, 1844, 2vol. in-8.

Renferme, t. II, pp. 485-500 : Bibliographie chronologique des ouvrages cités ou consultés (169 articles).

★ **835.** — Bibliografa (*sic*) **Californica ;** or notes and materials to aid in forming a more perfect bibliography of those countries anciently called *California* and lying within the limits of the Gulf of Cortez to the Arctic Seas, and West of the Rocky Mountains to the Pacific Ocean, compiled by **Alex. S. Taylor.**

Plus de 700 articles renfermés dans près de 25 colonnes du journal : Sacramento Daily Union, n° du 25 juin 1863 ✠; suite dans le n° du 13 mars 1866 du même journal.

836. — Bibliotheca Californiæ. A descriptive catalogue of books in the State library of California. Volume II.— General Library.... By **Ambrose P. Dietz**, A. M. Sacramento : D. W. Gelwicks, State printer 1871 ; vi pp., 2 pp. n. c. et 908 pp. gr. in-8. ✠

Renferme, pp. 687-789 : A list of books, tracts, pamphlets and other publications, together with maps, charts and plans now in the State library, relating to **California** and, incidentally to the adjoining States and Territories. From the earliest period of discovery to the present time. Embracing upwards of three hundred and twenty-five years (environ 900 art.).

837. — **Californien**. Land und Leute. Von **Robert Schlagintweit**. Mit illustrationen. Cöln und Leipzig, Eduard Heinrich Mayer....., 1874 ; xvi et 381 pp. in-8. ✠

Renferme, pp. 369-374 : Literatur (environ 38 art.).

838. — The native races of the **Pacific States** of **North America**. By Hubert Howe Bancroft. New York. D. Appleton and Company, 1874-1876 ; 5 vol. in-8. ✠

Renferme, t. I (xlix et 797 pp.), pp. xvii-xlix : Authorities quoted (environ 1300 art.).

839. — M. Hubert Howe Bancroft, Market Street, San Francisco, Californie, possède une bibliothèque d'environ 22 000 volumes, manuscrits, &c., relatifs principalement aux **régions occidentales de l'Amérique du Nord**. Aucun catalogue de cette collection n'a été publié jusqu'ici (7 février 1881).

★ **840.** — The Lands of the Southern Pacific Railroad Company of California : with general information on the Resources of **Southern California**. Jerome Madden, Land Agent of the S.P.R.R. Company, San Francisco, Cal. April 1st, 1880 ; 136 pp. in-8. ✠

Renferme, p. 135 : Further information (13 art.).

★ **841**. — Mapoteca Colombiana. Coleccion de los titulos de todos los mapas, planos, vistas, etc., relativos á la **América española, Brasil é Islas adyacentes**. Arreglada cronologicamente i precedida de una introduccion sobre la historia cartográfica de América por E. Uricoechea, M. D. Ph. D..... Londres : Trübner y C^{ia}, 1860; XVI et 215 pp. in-8 (environ 2255 art.). ✠

Epuisé. L'auteur, qui en préparait une édition nouvelle d'environ 3800 art. ✠, est mort à Beyrouth, Syrie, le 28 juillet 1880. Il songeait dès 1871 à publier le catalogue d'une collection d'environ 4000 ouvrages qu'il avait réunis de 1854 à 1868 concernant l'ancienne république de la **Nouvelle Grenade**, aujourd'hui États-Unis de **Colombie**.

842. Bibliotheca **Hispano-Americana**. A catalogue of Spanish books printed in Mexico, Guatemala, Honduras, the Antilles, Venezuela, Columbia, Ecuador, Peru, Chili, Uruguay and the Argentine Republic and of Portugueze books printed in Brazil followed by a collection of works on the aboriginal languages of America. On sale at the affixed prices by **Trübner Co.**, London, 1870; 184 pp. in-12. ✠

Environ 1300 art. intéressant l'histoire de l'**Amérique espagnole** et **portugaise**.

843. — Casa Denné Schmitz. Antigua libreria de **Denné** fundada en 1788. — Casa de Comision para España y las Américas. — Catálogo de libros antiguos y modernos sobre América... Paris, Denné, Enero de 1878; IV, 34 pp. et 2 pp. n. c. in-8. ✠

Renferme 388 art. dont 347 sur l'**Amérique espagnole**.

844. — Bibliografía **americana**. Estudios i catálogo completo i razonado de la biblioteca americana coleccionada por el Sr. Gregorio Beéche (cónsul jeneral de la República Arjentina en Chile) por **B. Vicuña Mackenna**.

Valparaiso : imprenta del Mercurio, 1879 ; xxvii et 802 pp. gr. in-8 (environ 11433 art. relatifs principalement à l'**Amérique espagnole**). ✠

845. — M. Benjamin Vicuña Mackenna a publié à Valparaiso en 1861 un catalogue de sa bibliothèque ; 3176 volumes intéressant principalement l'**Amérique espagnole**; in-4.

846. — Storia antica del Messico cavata da' migliori storici spagnuoli, e da' manoscritti, e dalle pitture antiche degl' Indiani : divisa in dieci libri e corredata di carte geografiche, e di varie figure : e dissertazioni sulla Terra, sugli Animali, e sugli abitatori del Messico. Opera dell' abate D. **Francesco Saverio Clavigero**. In Cesena MDCCLXXX. Per Gregorio Biasini, 4 vol. in-4. ✠

Renferme, t. I, pp. 6-21 : Notizia Degli Scrittori della Storia antica del **Messico** (bibliographie d'environ 40 auteurs).

Traduction anglaise par Charles Cullen (London, Printed for G. G. J. and J. Robinson, 1787, 2 vol. in-4 ✠) réimprimée à Philadelphie, 1804 et 1817. ✠

Traduction espagnole par J. Joaquin de Mora, Londres, 1826, 2 vol. gr. in-8, et Mexico, Lara, 1844, 2 vol. in-8.

847. — **Mexico**, Aztec, Spanish and Republican : a historical, geographical, political, statistical and social account of that country from the period of the invasion by the Spaniards to the present time ; with a view of the ancient Aztec empire and civilization ; a historicoal sketch of the late war : and notices of New Mexico and California by **Brantz Mayer**, formerly secretary of legation to Mexico In two volumes. Hartford : S. Drake and Company, 1853 ; 2 vol. in-8. ✠

Renferme, t. I, pp. 3-4 : Authorities used in the preparation of this work. I. Historical (environ 38 art.); II. Descriptive (environ 53 art.).

848. — Reisen in **Mexiko** in den Jahren 1845-1848 von

Carl Bartholomaeus Heller. Mit zwei Karten, sechs Holzschnitten und einer Lithographie. Leipzig, Wilhelm Engelmann, 1853; XXIV et 432 pp. in-8. ✠

Renferme, pp. XV-XVIII : Auswal (*sic*) älterer und neuerer Werke über die bereisten Länder (environ 91 art.).

849. — Catalogue d'un choix de livres relatifs à l'**Amérique** et particulièrement aux antiquités et à l'histoire naturelle du **Mexique** Dont la vente aura lieu les lundi 9, mardi 10 et mercredi 11 novembre 1857... Paris, H. Labitte, 1857; 32 pp. in-8 (280 art.). ✠

850. — Books on the conquest of **Peru** and **Mexico**. Cambridge : Welch & Co., 1860; in-8.

* **851.** — Rapport fait à la Commission scientifique du **Mexique** sur l'état actuel de la géographie de cette contrée et sur les études locales propres à en perfectionner la carte, par M. **Vivien de Saint-Martin**, membre de la commission. Paris, imprimerie impériale, 1865; 88 pp. gr. in-8. ✠

Renferme 101 articles de bibliographie, dont 40, pp. 19-22; 17, pp. 30-36 et 44 en notes.

Se trouve, pp. 240-328, dans : * Archives de la Commission scientifique du Mexique publiées sous les auspices du ministère de l'instruction publique. Tome premier. Paris, imprimerie impériale, 1865; 467 pp., gr. in-8. ✠

852. — M. Joseph Germain Magnabal, chef de division au ministère de l'instruction publique, à Paris, possède un catalogue manuscrit d'environ 500 art. recueillis pendant une mission qui lui a été donnée le 31 août 1864 par le ministre de l'instruction publique et qui avait pour objet la recherche dans les bibliothèques d'Espagne des manuscrits relatifs au **Mexique** et à l'**Amérique centrale**. Ce catalogue qui sera peut-être publié quelque jour se rapporte également aux autres **possessions espagnoles** dans les **deux Amériques** et aux **Philippines**. ✠ [1]

---

[1] Vu en manuscrit.

853. — Bibliotheca **Mexicana**. Catalogue d'une collection de livres rares (principalement sur l'histoire et la linguistique) réunie au Mexique par M***, attaché à la cour de l'empereur Maximilien — Dont la vente se fera le Mardi 3 novembre..... Paris, **Tross**, 1868; 8 pp. n. c., 47 pp. et 1 p. n. c. in-8 (234 articles). ✠

854. — Catalogue de la riche bibliothèque de D. **José Maria Andrade**. Livres manuscrits et imprimés. Littérature française et espagnole. Histoire de l'Afrique, de l'Asie, et de l'Amérique. 7000 pièces et volumes ayant rapport au **Mexique** ou imprimés dans ce pays. Dont la vente se fera lundi 18 janvier 1869 et jours suivants à Leipzig... 1869. Leipzig, List et Francke; Paris, librairie Tross; xii et 368 pp. in-8 (4484 art. dont 1386, n°s 2145-4480, pp. 164-368, relatifs au Mexique ou imprimés dans cet état). ✠

Cette bibliothèque avait appartenu à l'empereur Maximilien

855. — Biblioteca Mejicana. A Catalogue of an extraordinary Collection of Books & Manuscripts, almost wholly relating to the History and Literature of **North** and **South America**, particularly **Mexico**. To be sold by auction by Messrs. Puttick and Simpson, at their house, 47, Leicester Square, London, on Tuesday, June 1st, 1869, and 7 following days; 4 pp. n. c. et 312 pp. in-8.

Collection de 2962 articles (1544-1868) formée par le Dr **Berendt** et par le P. **Augustin Fischer**, confesseur de l'empereur Maximilien.

856. — Boletin de la Sociedad de Geografia y estadistica de la Republica Mexicana. Segunda época. Tomo II. Mexico, 1870; 794 pp. in-4.

Renferme comme addition : Materiales para una cartografia **Mexicana** por el ingeniero Lic. **Manuel Orozco y Berra**... Edicion de la Sociedad de geografia y estadistica. México. Imprenta del gobierno, 1871; xii, 337 pp. et 3 pp. n. c. in-4 (3445 articles). ✠

★ **857**. — Notice sur la Carte du Mexique au 300 000ᵉ (Dressée au dépôt de la guerre par M. **Niox**, capitaine d'état-major, d'après les levers du corps expéditionnaire et les renseignements recueillis par le bureau topographique. Paris. 1873). Paris, J. Dumaine, 1874; 22 pp. in-8. ✠

Renferme, pp. 19-22 : Principaux documents antérieurement publiés et consultés pour l'établissement de la carte du **Mexique** (environ 45 articles).

Extrait du Bulletin de la Société de Géographie. VIᵉ série, Tome VIII (Juillet), 1874, pp. 61-81. ✠

858. — No. 8-10. A Catalogue of choice, rare and curious books, selected from the stock of **Trübner**, and Co. London, August 1874 — January 1875; pp. 113-160, in-8.

Renferme : **Mexico** and the Mexican Confederation, chiefly printed in Mexico and Yucatan.

859. — **Mexico** en 1554 — Tres diálogos latinos que Francisco Cervántes Salazar escribió é imprimió en Mexico en dicho año. — Los reimprime, con traduccion castellana y notas, **Joaquin Garcia Icazbelceta** Individuo de Número de la Sociedad Mexicana de Geografía y Estadística, Miembro Correspondiente de las Reales Academias Española y de la Historia, de Madrid. México, Andrade y Morales. 1875; L pp., 2, pp. n. c. et 344 pp. in-8. ✠

Renferme, pp. 323-344 : Bibliografía. Autores y ediciones que se citan en la introduccion y notas (environ 216 art. dont un grand nombre relatifs à la géographie du **Mexique**).

★ **860**. — Bibliotheca Mexicana or a Catalogue of the library of rare books and important manuscripts relating to **Mexico** and other parts of **Spanish America** formed y the late Señor Don **José Fernando Ramirez** President of the late Emperor Maximilian's First Ministry comprising :... To be Sold by Auction by Messrs. Puttick and Simpson... London, 1880; IV et 165 pp. gr. in-8 (1290 art.; vente du 7-13 juillet 1880). ✠

★ **861**. — Bibliothèque **Mexico-Guatémalienne**, précédée d'un coup d'œil sur les études américaines dans leurs rapports avec les études classiques et suivie du tableau par ordre alphabétique des ouvrages de linguistique américaine contenus dans le même volume, rédigée et mise en ordre d'après les documents de sa collection américaine par M. **Brasseur de Bourbourg**. Paris, Maisonneuve et Cie, 1871; XLVII et 183 pp. in-8 (près de 500 articles). ✠

⋆ **862**. — Vol. I. New Series No.1. Proceedings of the American Antiquarian Society, at the annual meeting, held at Worcester, October 21, 1880. Worcester: press of Chas. Hamilton, 1881; XIII et 118 pp. in-8. ✠

Renferme, pp. 82-118 : Notes on the bibliography of **Yucatan** and **Central America**. By Ad. F. Bandelier (environ 360 art.).

863. — Centro-Amerika. Nach den gegenwärtigen Zuständen des Landes und Volkes, in Beziehung auf die Verbindung der beiden Oceane und im Interesse der deutschen Auswanderung bearbeitet von C. F. Reichardt. Mit 1 General- und 3 Special-Karten. Braunschweig, Friedrich Vieweg und Sohn, 1854; 6 pp. n. c., et 256 pp. in-8. ✠

Renferme, pp. 255-256 : Die neuere Literatur über **Centro-Amerika** (environ 21 art.); p. 256 : Die neueren Schriften über die **Verbindung der beiden Oceane** (environ 9 art.).

864. — Notes on **Central America**; particularly the states of **Honduras** and **San Salvador** : their geography, topography, climate, population, resources, productions, etc., etc., and the proposed Honduras inter-oceanic railway. By E. G. Squier, formerly chargé d'affaires, of the United States to the republics of Central America. With Original Maps and Illustrations. New York : Harper Brothers, 1855; 2 pp. n. c., XVI et 397 pp. in-8. ✠

Renferme, pp. 389-393 : (Miscellaneous Notes) E. Bibliography (environ 82 articles).

Réimprimé à Londres, 1856.

* La traduction espagnole par Leon Alvarado (Apuntamientos sobre Centro-America.... Traducidos del Ingles por un Hondureño. Paris, imp. de Gustavo Gratiot, 1856; 384 pp. in-8) renferme cette bibliographie, pp. 377-382.

La traduction allemande par Karl Andree (1856, xx et 426 pp. in-8) forme le tome VIII de la Hausbibliothek für Länder- und Völkerkunde herausgegeben von Karl Andree. Leipzig, C. B. Lorck, 13 vol. in-8, 1854-1857.

865. — The States of **Central America**; their geography, topography, climate, populations, resources, productions, commerce, political organization, aborigenes, etc., etc., comprising chapters on Honduras, San Salvador, Nicaragua, Costa Rica, Guatemala, Belize, the Bay Islands, the Mosquito Shore, and the Honduras Inter-oceanic railway. By **E. G. Squier**, formerly chargé d'affaires of the United States to the republics of Central America. With numerous Original Maps and Illustrations. New York : Harper & Brothers, 1858; 782 pp. in-8. ✠

Renferme (Miscellaneous Notes), pp. 766-774; H. Bibliography (environ 153 art., 1639-1858).

866. — Monograph of authors who have written on the Languages of **Central America** (*sic*), and collected vocabularies or composed works in the native dialects of that country. — By **E. G. Squier**, M.A., F.S.A..... &c., &c., &c. New York : C. B. Richardson & Co., 1861; 70 et 1 pp. pet. in-4. ✠

Mentionne environ 113 auteurs et 188 articles dont un grand nombre se rapportent à la géographie de l'**Amérique centrale.**

* **867.** — Wanderungen durch die mittel-amerikanischen Freistaaten Nicaragua, Honduras und San-Salvador. Mit Hinblick auf deutsche Emigration und deutschen Handel, von Dr. Carl Scherzer. Mit zwei Karten. Braunschweig, Westermann, 1857; xviii, 2 pp. n. c. et 516 pp. in-8. ✠

Renferme, pp. 510-512 : Bibliographisches Verzeichniss

der neueren und neuesten Werke und Abhandlungen über die **fünf Freistaaten Central Amerikas** (47 art.).

Cette bibliographie ne se retrouve pas dans la traduction anglaise, London : Longman, Brown, Green, Longmans & Robert, 1857, 2 vol. in-8. ✠

868. — Voyage dans l'**Amérique centrale** l'île de **Cuba** et le **Yucatan** par Arthur Morelet. Paris, Gide et J. Baudry, 1857; 2 vol. gr. in-8. ✠

Renferme, t. II, p. 324 : Note sur la carte du voyage (6 art.).

— *Idem*, Travels in **Central America**, including Accounts of some Regions unexplored since the conquest. From the French of the Chevalier Arthur Morelet, by Mrs. M. F. Squier. London, Trübner & Co., 1871 ; 430 pp. in-8.

— *Idem*, Reisen in **Central Amerika** von Arthur Morelet. In deutscher Bearbeitung von Dr. H. Hertz. Jena, Hermann Costenoble, 1872 ; x et 362 pp. in-8 ; renferme, pp. VII-VIII, une liste de 11 articles. ✠

869. — Dottings on the roadside, in **Panama, Nicaragua**, and **Mosquito**. By Bedford Pim, Captain R. N., and Berthold Seemann, Ph.D., F.L.S., F.R.G.S.,..... Illustrated with Plates and Maps. London : Chapman and Hall, 1869; XVI et 468 pp. in-8. ✠

Renferme, pp. 457-468 : Bibliography (1555-1868 ; en collaboration avec **Henry Jacobs**; environ 298 art. relatifs à l'**Amérique Centrale**).

870. — Bericht über die im höchsten Auftrage Seiner Königlichen Hoheit des Prinzen Carl von Preussen und Sr. Durchlaucht des Herrn Fürsten v. Schoenburg-Waldenburg bewirkte Untersuchung einiger Theile des **Mosquitolandes** erstattet von der dazu ernannten Commission. Mit zwei Karten und drei Abbildungen. Berlin, Alexander Duncker, 1845; 6 pp. n. c. et 275 pp. in-8. ✠

Renferme, pp. 5-7 : Erstes Capitel. Literatur (8 art.).

* **871.** — Notas geográficas y económicas sobre la república de Nicaragua, su historia, topografía, clima, con una lista bibliográfica la mas completa hasta el dia, de todos los libros y mapas relativos á la América Central en general y á Nicaragua en particular por **Pablo Lévy**, ingeniero... Paris, E. Denné Schmitz, 1873; xvi et 628 pp. in-4. ✠

Renferme, pp. 597-613: Bibliografía y cartografía. Apuntes para la formacion de una biblioteca **nicaragüense** (environ 1600 articles dont environ 82 pour les cartes, pp. 598-600).

872. — 43d Congress, 1st Session. Senate. Ex. Doc. No. 57. Reports of explorations and surveys for the location of a ship-canal between the Atlantic and Pacific oceans, through Nicaragua, 1872-'73. Under the direction of the Hon. Geo. M. Robeson, secretary of the navy. Washington : government printing office. 1874; 143 pp. in-4. ✠

Renferme, p. 142 : Authorities on the **Nicaragua** route (*auctore* **Joseph Everett Nourse**; environ 19 art.).

★ **873.** — Report on **Interoceanic Canals** and **Railroads** between the Atlantic and Pacific Oceans by Rear-Admiral Charles H. Davis, Superintendent of the Naval Observatory. Washington, Government printing office, 1867; 37 pp. in-8. ✠

Renferme, pp. 31-32 : Appendix No. II. Table showing the articles prepared for the report on interoceanic communication, in answer to the resolution of the Senate of the United States of March 19, 1866 (14 art. de cartes, coupes et profils); pp. 32-37 : Appendix No. III. — List of the principal authorities relating to projects of interoceanic communication through the American Isthmuses (environ 125 articles réunis par J. E. Nourse).

874. — MM. le professeur **Joseph Everett Nourse** et le lieutenant **John Thomas Sullivan** de la marine des Etats-Unis, préparent pour le *Bureau of navigation*, au ministère de la marine à Washington, un mémoire qui renfermera une bibliographie complète de la question du percement de l'**isthme américain**.

875. — Les Isthmes Américains. Projet d'une exploration géographique internationale des terrains qui semblent présenter le plus de facilités pour le percement d'un **canal maritime interocéanique**; par M. Léon Drouillet, ingénieur. Paris, Bureaux de l'Explorateur (12 Avril) 1876; III et 25 pp. in-8. ✠

Extrait du journal ★ *l'Explorateur* du 30 Mars 1876, III⁰ vol., n° 60, pp. 308-316. L'article est intitulé : L'Exploration de l'Isthme interocéanique; la bibliographie, pp. 310-311, porte pour titre : Liste des ouvrages dont nous avons fait la compilation pour nous éclairer sur l'état de la question et pour établir ce rapport (37 articles). ✠

876. — Ueber Madeira und die Antillen nach Mittelamerika. Reisedenkwürdigkeiten und Forschungen von **Jegór von Sivers**. Leipzig, Carl Fr. Fleischer, 1861; XII et 388 pp. in-8. ✠

Renferme, pp. 311-362 : Schriften über die **Antillen, Mittelamerika** und **Neuspanien** (environ 676 art.).

877. — Annuaire de la société météorologique de France. Tome cinquième. 1857. Deuxième partie. Bulletin des séances. Paris, au lieu des séances de la Société. — Mallet Bachelier; Victor Dalmont; 295 pp. gr. in-8. ✠

Renferme, pp. 245-250 : Revue bibliographique relative aux tremblements de terre des **Indes-Occidentales** (*auctore* André Poey; environ 90 art.).

878. — Notes on **Cuba**, containing an account of its history and early history; a description of the face of the country, its population, resources and wealth; its institutions, and the manners and customs of its inhabitants. With directions to travellers visiting the island. By a physician. Boston : James Munroe and Company. 1844; X et 359 pp. in-8. ✠

Auctore Dr F. Wurdiman; renferme (Preface), pp. v-vi :... various authentic sources (environ 13 art.).

879. — **Cuba,** die Perle der Antillen. Reisedenkwürdigkeiten und Forschungen von **Jegór von Sivers.** Leipzig, Carl. Fr. Fleischer, 1861; vii et 364 pp. in-8. ✠

Renferme, pp. 341-346 : Schriften über Cuba (environ 91 art. dont 6 pour les cartes).

880. — " La siempre fiel isla. " **Cuba** with Pen and Pencil. By **Samuel Hazard**.... Sold only by subscription. Hartford, Conn. : published by the Hartford publishing Company, Pitkin and Parker, Chicago, Ill.; Meeks Brothers, New York; Powers and Weeks, Cincinnati, Ohio; F. Dewing and Co., San Francisco; D. H. M' Ilvain and Co., St. Louis, Mo. 1871 ; xvi et 584 pp. in-8. ✠

Renferme, p. v : — List of Works pertaining to Cuba used or quoted in this volume (14 art.).

★ **881.** — **Saint-Domingue.** Etude et solution nouvelle de la question haïtienne. Par M. R. **Lepelletier de Saint-Remy,** Auditeur au Conseil d'État. Paris, Arthus Bertrand, 1846, 2 vol. in-8; lxxxiii et 374 pp; 6 pp. n. c. et 554 pp. ✠

Renferme, t. II, pp. 537-548 ; Annexe bibliographique (environ 45 art.).

882. — **Haïti** ses progrès son avenir avec un précis historique sur ses constitutions, le texte de la constitution actuellement en vigueur et une bibliographie d'Haïti par **A. Bonneau.** Paris, E. Dentu, 1862, 176 pp. in-8. ✠

Renferme, pp. 165-173 : Bibliographie d'Haïti (environ 59 art.).

883. — Santo Domingo, past and present; with a glance at Hayti. By **Samuel Hazard**, author of " Cuba with pen and pencil ". Map and numerous illustrations. New York : Harper & Brothers, 1873; xxix pp., 3 pp. n. c. et 511 pp. in-8. ✠

Renferme, pp. xxi-xxix : The bibliography of **Santo Domingo** and **Hayti** (environ 185 art.).

884. — Memorials of the discovery and early settlement of the **Bermudas** or **Somers** Islands 1515-1685 (le 2ᵉ vol. porte : 1511-1687) compiled from the colonial records and other original sources by Lieut.-Gen. Sir **J. H. Lefroy**, C.B., K.C.M.G., F.R.S...... sometime governor of the Bermudas. London, Longmans, Green, and Co.; 2 vol. gr. in-8, 1877-1879. ✠

Renferme, t. II, pp. xi-xvi : The literature of **Bermuda** (environ 33 art., 1526-1824).

★ **885.** — Volume Primo. — Rio de la Plata. — Entrerios. — Paraguay.

Sous-titre : Sulla America Meridionale. Lettere mediche del dottor **Paolo Mantegazza**... Milano, tip. e libr. di Giuseppe Chiusi, 1858. — Proprietà della Gazzetta Medica Italiana, Lombardia, Tolto dalle annate 1858 e 1859; 2 pp. n. c. et 379 pp. in-8. ✠

Renferme, pp. 344-371 : Nota quarta. — Appunti bibliografici sull' **America Meridionale** (412 art.).

★ **886.** — Compendio histórico del descubrimiento y colonizacion de la **Nueva Granada** en el siglo décimo sexto. Por el colonel **Joaquin Acosta**. Paris, 1848, imprenta de Beau, en San German en Laye; xvi et 460 pp. in-8. ✠

Renferme, pp. 428-443 : Documento n° 6. Catalogo De libros y manuscritos que se han tenido presentes al escribir este compendio, además de los que ya se han mencionado y se mencionarán despues (environ 140 articles).

887. — Catalogo de la biblioteca de la universidad de Caracas formado de orden del ilustre Americano, regenerador y presidente de los Estados Unidos de Venezuela general Guzman Blanco. Caracas. Imprenta de "La opinion nacional" por Fausto Teodoro de Aldrey, 1875; viii et 279 pp. in-4. ✠

Renferme environ 184 articles intéressant le **Vénézuela**,

ainsi répartis : pp. 89-94, 138 art.; pp. 97-98, 16 art.; pp. 270-271, 30 art.

888. — The land of Bolivar or war, peace, and adventure in the republic of Venezuela. By **James Mudie Spence**, F.R.G.S. member of the Alpine club. With Maps and Illustrations. In two volumes. London : Sampson Low, Marston, Searle, & Rivington, 1878; 2 vol. in-8. ✠

Renferme, t. II, pp. 271-293 : Q. Select list of books, pamphlets, maps, and manuscripts relating to **Venezuela** (246 art.).

889. — El Dorado; or **British Guiana** as a field for colonization. By the Rev. **W. T. Veness**. London : Cassell, Petter, and Galpin. Georgetown : Richardson and Co. New Amsterdam : G. P. Townsend. 1867; VII, 198 pp. et 1 p. n. c. in-8. ✠

Renferme *in fine*, p. n. c. : List of works referred to in this volume (17 art.).

890. — Catalogus der Surinaamsche koloniale bibliotheek. 1862. 'S Gravenhage, Martinus Nijhoff. 1862; VI pp., 2 pp. n. c. et 56 pp. in-8. ✠

Catalogue publié sous la direction de **C. Landré**.

Renferme, pp. 51-54 : L. Land en zeekaarten, plattegronden, teekeningen, portretten, enz. (51 art. dont environ 31 relatifs à la **Guyane hollandaise**).

Idem, catalogue précédent de même titre dressé par **Peter Marmus Netscher**, *ibid.*, 1859, VI pp., 2 pp. n. c. 59 pp. et 5 pp. n. c. in-8 (environ 512 art. dont un grand nombre relatifs à la Guyane hollandaise). ✠

★ **891.** — Notice historique sur la Guyane française par **H. Ternaux Compans**. Paris, Firmin Didot frères, 1843; VIII et 192, pp. in-8. ✠

Renferme, pp. 169-190 : Bibliographie de la **Guyane française** (166 art., 1557-1842); pp. 191-192 : Ouvrages du même auteur (21 articles).

892. — Publications de la société d'études pour la colonisation de la **Guyane française**. N° 4. — Extraits des auteurs et voyageurs qui ont écrit sur la Guyane, suivis du catalogue bibliographique de la Guyane, par **Victor de Nouvion**, secrétaire de la société d'études, etc., etc...... Paris, Imprimerie de Béthune et Plon, 1844; xcii et 616 pp. in-8. ✠

Renferme, pp. 579-616 : Catalogue bibliographique de la **Guyane** par ordre alphabétique des noms d'auteurs (bibliographie de 239 auteurs et 313 ouvrages).

893. — La France rendue florissante par la Guyane Par le comte **du Parc d'Avaugour**, ancien officier, Chevalier de Saint-Louis, et ancien Payeur du département du Jura, Chambellan de S. M. l'Empereur d'Autriche. Paris, Ledoyen, 1852; 48 pp. in-8. ✠

Renferme, pp. 41-48 ; — Liste de 320 auteurs qui ont écrit sur la **Guyane**.

* **894**. — **Guyane française,** ses limites vers l'Amazone, par **A. de Saint-Quantin**, Chef de bataillon du génie. Avec huit cartes explicatives. Extrait de la *Revue coloniale* (août et septembre 1858). Paris, imprimerie administrative de Paul Dupont, 1858; 112 pp. in-8. ✠

Renferme, pp. 105-107 : Table des principaux ouvrages cités dans le présent mémoire (environ 51 articles).

* **895**. — Bulletin de la société de géographie. Troisième série. Tome septième. Paris, Arthus Bertrand, 1847 ; 424 pp. in-8. ✠

Renferme (Mars), pp. 157-163 : Liste *des principaux Mémoires Itinéraires, Relations de voyages et autres documents qu'on trouve dans les six premiers volumes des Transactions de l'Institut historique et géographique du* **Brésil** *intitulé* : Revista Trimensal (56 art. ; *auctore* le vicomte de Santarem).

896. — Les Hollandais au **Brésil**, notice historique sur les Pays-Bas et le Brésil au XVII° siècle, par **P. M. Netscher**, Lieutenant de grenadiers dans l'armée royale des

Pays-Bas. (Avec portraits, fac-similés et carte.) La Haye, Belinfante frères. 1853; XXXII, 209 pp. et 1 p. n. c. gr. in-8. ✠

Renferme pp. XI-XXIV : Liste raisonnée des sources que nous avons consultées pour la composition de cet ouvrage (environ 52 art.).

897. — Geschichte von **Brasilien** von Heinrich Handelmann. Berlin, Julius Springer, 1860; XXIV et 989 pp. gr. in-8. ✠

Renferme, pp. 969-989 : Litteratur (plus de 260 articles).

* **898.** — L'empire du **Brésil** monographie complète de l'empire sud-américain ouvrage dédié à S. M. I. Dom Pedro II et orné d'un magnifique portrait de ce souverain par **V. L. Baril**, comte de **La Hure**. Paris Ferdinand Sartorius, 1862; XV et 576 pp. in-8. ✠

Renferme, pp. XIV-XV : ... ouvrages dont la lecture nous a été le plus profitable (12 art.).

899. — **Brazil** and the Brazilians portrayed in historical and descriptive sketches. By Rev. **James C. Fletcher**, and Rev. **D. P. Kidder**, D.D. Illustrated by one hundred and fifty engravings, Sixth edition, revised and enlarged. Boston : Little, Brown, and Company. London : Sampson, Low, Son & Co. 1866; VIII et 640 pp. gr. in-8. ✠

Renferme, pp. VI-VII : ... several works on the Brazilian empire (environ 12 art.).

900. — The Highlands of the **Brazil**. By Captain Richard F. Burton, F.R.G.S., etc. London : Tinsley Brothers, 1869; 2 vol. in-8. ✠

Renferme, t. I, pp. 13-18 : .... a list of the authors whose names I have used (environ 28 art.).

901. — Handbook of Brazil by **M. G. & E. T. Mulhall** (editors of the " Standard ") Buenos Ayres 1877; 232 pp. et 4 pp. n. c. in-8. ✠

Renferme, pp. 1-3 n. c. : Appendix — Works upon **Brazil** (environ 43 art.).

902. — Municipalidade do Rio de Janeiro. Catologo da bibliotheca municipal (publicação official) Rio de Janeiro typ. central de Brown & Evaristo, 1878; vii, 4 et 815 pp. in-8 (7893 art.). ✠

Auctore Affonso Herculano de Lima.

Renferme, pp. 626-635 : **Brasil** (82 art., n°ˢ 6095-6176); pp. 687-703 : Mappas soltos (148 art., n°ˢ 6740-6887, dont environ 111 relatifs au **Brésil**); pp. 704-707 : Viagens ao **Brasil** (31 art. n°ˢ 6888-6918); p. 804 : **Brasil** (7 art., n°ˢ 7710-7716).

903. — Bibliotheca Brasilica. Catalogue of an extensive collection of Ancient and Modern Books relating to the **Brazilian** Empire, from its first discovery in 1500 to the present time; and to the **neighbouring South American States**. On sale at the annexed prices, by Trübner and Co., London, 1879; 54 pp. in-8 (environ 1000 art.). ✠

904. — Esplorazione delle regioni equatoriali lungo il Napo ed il fiume delle Amazzoni frammento di un viaggio fatto nelle due Americhe negli anni 1846-47-48 da Gaetano Osculati ..... Seconda edizione corretta ed accresciuta, con carte geografiche e coll' aggiunta di nuove Tavole, rappresentanti Costumi e Vedute tolte dal vero dallo stesso Autore. Milano, fratelli Centenari e Comp., 1854; xiii et 344 pp. gr. in-8. ✠

Renferme, pp. 321-333 : Nota bibliografica commentata delle principali opere da consultarsi sulle regioni inaffiate dal rio delle **Amazzoni** e da suoi affluenti per cura di Ferdinando Denis (101 art.).

Cette bibliographie ne se retrouve pas dans l'édition précédente. Napoli, tip. Bernardoni, 1850; 320 pp. in-8. ✠

905. — Expeditions in to the valley of the **Amazons**, 1539, 1540, 1639. Translated and edited, with notes, by Clements R. Markham, F.R.G.S., author of 'Cuzco and Lima.' London : printed for the Hakluyt Society. 1859 ; 8 pp. n. c., lxiv et 190 pp. in-8. ✠

Renferme, p. 146 :... list of authorities.... with the time they each wrote (environ 23 art.).

906. — Selections from the various authors who have written concerning **Brazil**; more particularly respecting the Captaincy of **Minas Geraës,** and the gold mines of that province. By Barclay Mounteney.... London : Effingham Wilson, 1825 ; XII et 182 pp. in-8. ☩

Renferme, pp. 180-181 : Works which have been consulted, and from which the present selections have been made (environ 25 art.).

907. — Apontamentos Historicos, Geographicos, Biographicos, Estadisticos e Notociosos da Provincia de **S. Paulo** seguidos da chronologia dos acontecimentos mais notaveis desde a fundação da Capitania de S. Vicente até o anno de 1876 colligidos por **Manoel Eufrazio de Azevedo Marques** e publicados por deliberação do instituto historico e geographico brasileiro I et II volumes. Rio de Janeiro typographia universal de E. & H. Laemmert, 1879 ; 2 volumes en un ; XIV et 222 ; 298 pp. gr. in-4. ☩

Renferme, pp. XIII-XIV : Archivos e escriptos consultados para a organisação d'esta obra (environ 34 art.).

★ **908.** — Bulletin de la Société de Géographie rédigé avec le concours de la section de publication par les secrétaires de la commission centrale — Sixiéme série — Tome dix-huitième. Année 1879 Juillet-Décembre — Paris, Ch. Delagrave — 1879 ; 592 pp. in-8. ☩

Renferme, pp. 430-437 : Contributions à la cartographie de la province brésilienne de **Santa-Catharina** par le Dr **Henri Lange,** Membre correspondant de la Société de Géographie de Paris, etc. (17 art. de cartes et 5 art. de plans).

Ce travail se retrouve pp. 485-488 dans : Annalen der Hydrographie Herausgegeben von der Kais. Admiralität. Wien, 1878, VI, Heft XI.

909. — Il cristianesimo felice nelle missioni de' Padri

della Compagnia di Gesù nel **Paraguai**, descritto da Lodovico Antonio Muratori Bibliotecario del Sereniss. Sig. Duca di Modena. In Venezia. Presso Giambattista Pasquali. Con licenza de' Superiori e privilegio; 2 vol. pet. in-4, 1743-1749. ✠

Renferme, t. I (ai lettori), p. 5 n. c., environ 9 art. de bibliographie.

2ᵉ éd., *ibid.*, 1752, 12 pp. n. c., et 323 pp. in-12. ✠

Traduction française, Paris, Bordelet, 1754; 2 pp. n. c., xxiv, 402 pp. et 4 pp. n. c. pet. in-8. ✠

La liste ne se retrouve pas dans la traduction française, Paris, à la société catholique des bons livres, 1826; 4 pp. n. c. et 302 pp. in-12. ✠

Traduction anglaise d'après la traduction française, London : Printed for J. Marmaduke, 1759; xvi, 294 pp. et 2 pp. n. c. pet. in-8 ✠; *id.*, London : Printed for Jeffery and Sael, 1788; xvi, 294 pp. et 2 pp. n. c, pet. in-8. ✠

Traduction allemande, Wien, Prag und Triest, Johann Thomas Trattnern, 1758, 2 vol. in-8. ✠

910. — Histoire du **Paraguay**. Par le R. P. **Pierre François-Xavier de Charlevoix**, *de la Compagnie de Jésus*. A Paris chez Desaint & Saillant; David; Durand. M.DCC.LVI. Avec approbation & privilege du roi, 3 vol. in-4. ✠

Renferme, t. I, pp. 7-9 n. c. : Avertissement sur les cartes géographiques que M. Bellin a dressées pour l'Histoire du **Paraguay** (avec l'indication de 3 cartes précédentes).

Traduction anglaise, Dublin, 1769, 2 vol. in-8.

911. — Catalogue of Authors who have written on the **Rio de la Plata**, **Paraguay** and **Chaco**, collected by A. Dalrymple, 1807. London : Printed by Ballantine & Law. 1807. And Sold by F. Wingrave; Successor to Mr. Nourse; 2 pp. n. c. et 22 pp. in-4. ✠

Renferme environ 112 articles, 1534-1606; le 1ᵉʳ supplément, pp. 17-20, est intitulé : Advertisement, et daté : London 31ˢᵗ July, 1807 (11 art.); le 2ᵉ supplément, pp. 21-

22, est daté : N° 57, High Street, Marybone, 6th January, 1808 (7 art.).

912. — Voyage dans l'Amérique Méridionale, par don **Félix de Azara**, commissaire et commandant des limites espagnoles dans le Paraguay depuis 1781 jusqu'en 1801; Contenant la description géographique politique et civile du **Paraguay** et de la rivière de **la Plata**....., etc. publiés d'après les manuscrits de l'auteur, avec une notice sur sa vie et ses écrits, par **C. A. Walckenaer**; enrichis de notes par G. Cuvier.... Suivis de l'histoire naturelle des Oiseaux du Paraguay et de La Plata, par le même auteur, traduite, d'après l'original espagnol, et augmentée d'un grand nombre de notes par M. Sonnini; accompagnés d'un atlas de vingt-cinq planches. Paris, Dentu, 1809, 4 vol. in-8. ✠

Renferme, t. I, pp. 1-30, dans l'Introduction, environ 9 art., plus environ 11 art., pp. 26-27, dans la note portant : Je crois devoir joindre ici la liste des autres ouvrages sur le **Paraguay**, la rivière de **la Plata** et le **Chaco**, dont j'ai connaissance, et que M. Azara n'a pas jugé à propos de mentionner.

* **913.** — Die süd-amerikanischen Republiken **Argentina**, **Chile**, **Paraguay** und **Uruguay** nach dem Stande der geographischen Kenntniss in 1875. Nach originalen und offiziellen Quellen kartographisch dargestellt von A. Petermann. Nebst einem geographisch-statistischen Compendium von Prof. Dr H. Burmeister, Director des Museums in Buenos-Ayres. (Ergänzungsheft N° 39 zu Petermann's « Geographischen Mittheilungen ».) Gotha : Justus Perthes. 1875; 24 pp. in-4. ✠

Renferme, pp. 22-24 : Bemerkungen zur Karte. Von H. **Habenicht** (environ 20 art.).

* **914.** — Histoire physique, économique et politique du **Paraguay** et des établissements des Jésuites, par **L. Alfred Demersay**, ancien sous-préfet, chargé d'une mission scientifique dans l'Amérique méridionale..... ouvrage accompagné d'un atlas, de pièces justificatives et d'une bibliographie. Paris, L. Hachette et Cie 1864, 2 vol. in-8. ✠

. La bibliographie doit paraître dans le tome III.

915. — **Buenos Ayres** und die **Argentinischen Provinzen** Nach den neusten Quellen. Herausgegeben von **Karl Andree.** Leipzig, Carl B. Lorck, 1856; xx et 426 pp. in-8. ✠

Renferme pp. xiv-xv, 9 indications bibliographiques.

★ **916.** — Description géographique et statistique de la **Confédération argentine,** par V. Martin de Moussy, Docteur en Médecine..... Paris, Firmin Didot, frères, fils et Cie; 3 vol. in-8, 1860-1864 et atlas in f°, 1869 (20 pp. de texte et 30 cartes). ✠

Renferme, atlas, pp. 3-15 : Liste des documents principaux que nous avons consultés pour notre travail (environ 80 articles).

★ **917.** — Handbook of the River Plate Republics comprising Buenos Ayres and the Provinces of the Argentine Republic and the republics of Uruguay and Paraguay by **M. G.** and **E. T. Mulhall** proprietors and editors of the Buenos Ayres « Standard ». London, Edward Stanford, Buenos Ayres, M. G. and E. T. Mulhall, 1875; 8 et 432 pp. in-8. ✠

Renferme, pp. 407-408 : Works published on the **River Plate** (64 articles; 1559-1870).

★ — *Idem*, 1e éd., Buenos Ayres, *Standard* printing office, 1869, 2 vol. pet. in-4. ✠

Renferme, t. I, pp. 152-153, 55 articles (1559-1868).

918. — Reise in Chile, **Peru** und auf dem Amazonenstrome, während der Jahre 1827-1832 von Eduard Poeppig, Professor an der Universität zu Leipzig. Mit königlich württembergischem Privilegium. Leipzig, Friedrich Fleischer. J. C. Hinrichs, 2 vol. in-4, 1835-1836. ✠

Donne, t. II, p. viii, 5 indications relatives à la cartographie du **Pérou.**

★ **919**. — Histoire de l'Amérique méridionale au seizième siècle comprenant les découvertes et les conquêtes des Espagnols et des Portugais dans cette partie du monde par **Paul Chaix**... Première Partie **Pérou** avec cinq cartes géographiques. Genève, Joël Cherbuliez ; Paris, même maison, 1853, 2 vol. in-12. ✠

Renferme, t. I, pp. 339-344 : Catalogue des auteurs cités dans cet ouvrage (environ 120 art.).

920. — Geografia del **Peru**, obra postuma del D. D. **Mateo Paz Soldan**, corregida y aumentada por su hermano **Mariano Felipe Paz Soldan**..... Publicada a expensas del gobierno peruano, Siendo Presidente Constitucional el Libertador Grand Mariscal Ramon Castilla. Paris, Firmin Didot hermanos, hijos y Cª, 1862, ? vol in-4. ✠

Renferme, t. I, pp. 715-723 : Noticia bibliografica (environ 138 articles).

— *Idem*, traduction française par P. Arsène Mouqueron, avec la collaboration de Manuel Rouaud y Paz Soldan. Paris, Firmin Didot frères, fils Cⁱᵉ (d'autres exemplaires portent : M. A. Durand), 1863 ; 6 pp. n. c., xxxi et 538 pp. gr. in-8. ✠

Renferme, pp. 475-484 : Catalogue bibliographique (environ 153 art.).

921. — Works issued by The Hakluyt Society. The life and acts of Don Alonzo Enriquez de Guzman M.DCCC.LXII.

Sous-titre : — The life and acts of Don Alonzo Enriquez de Guzman, a knight of Seville, of the order of Santiago, A. D. 1518 to 1543. Translated from an original and inedited manuscript in the national library, at Madrid, with notes and an introduction, by **Clements R. Markham**, F.S.A., F.G.R.S., ... London : printed for the Hakluyt Society. M.DCCC.LXII ; xxv pp., 3 pp. n. c. et 168 pp. in-8. ✠

Renferme, pp. xix-xxi : ...... the authorities which are accessible to the general reader, and on which the history of Spanish discovery and conquest in **Peru** are founded (9 art. pour les livres et 3 pour les manuscripts).

922. — Voyage dans l'Amérique Méridionale (le Brésil la république orientale de l'Uruguay, la république Argentine, la Patagonie, la république du Chili, la république de Bolivia, la république du Pérou) exécuté pendant les années 1826, 1827, 1828, 1829, 1830, 1831, 1832 et 1833 par **Alcide d'Orbigny**...... Ouvrage dédié au Roi, et publié sous les auspices de M. le Ministre de l'Instruction Publique (commencé sous le ministère de M. Guizot). Tome troisième. 2ᵉ Partie : Géographie. Paris, P. Bertrand ; Strasbourg, V.ᵉ Levrault, 1846; xi et 270 pp. gr. in-4. ✠

Renferme pp. 244-249 : Chapitre IV. Indication des matériaux géographiques discutés pour la construction de la carte nº 4, intitulée : Carte générale de la république de **Bolivia** (40 art.).

923. — Archivo Boliviano. Coleccion de documentos relativos a la historia de **Bolivia**, durante la época colonial, con un catálogo de obras impresas y de manuscritos que tratan de esa parte de la América Meridional, publicados por **Vicente de Ballivian y Roxas**. Tomo Iº. Paris, A. Franck (F. Vieweg), 1872; xv et 536 pp. in-8 (n'aura pas de suite). ✠

Renferme, pp. 493-506 : Catalogo de manuscritos que tienen relacion con el alto Perú *Hoy Bolivia*, por orden de materias (environ 150 articles remontant à l'an 1545); pp. 507-535 : Catalogo de obras impresas (321 articles).

924. — Le Dʳ **José Rosendo Gutierrez** a publié en 1875(?) une bibliographie de tous les ouvrages publiés en **Bolivie** depuis 1825 ou relatifs à ce pays.

925. — **Bolivia** apuntes jeográficos, estadísticos, de costumbres descriptivos e históricos por **José Domingo Cortés** caballero de la orden de la Rosa del Brasil ex-director jeneral de las bibliotecas de Bolivia. Paris tipografia Lahure 1875 ; 6 pp. n. c. et 172 pp. in-12. ✠

Renferme, pp. 155-168 : Bibliografía (environ 123 art.).

★ **926**. — Estadística bibliográfica de la literatura chilena. — Obra compuesta en virtud de encargo especial del consejo de la universitad de Chile por el miembro de la misma universitad en la facultad de filosofía i humanidades Don **Ramon Briseño**. Santiago de Chile, imprenta chilena, 1862; 546 pp. in-4. ✠

Renferme, pp. 481-522 : Catálogo de las obras i documentos que, mas o menos, directa o indirectamente, tratan de **Chile**, sea que hayan publicado en el extrangero o que permanescan manuscritas (environ 520 articles).

★ **927**. — La **Patagonia** y las tierras australes del continente americano por **Vicente G. Quesada**. Buenos Aires, Mayo, 1875; 787 et 5 pp. in-4. ✠

Renferme (Apéndice), pp. 541-656 : Documentos (77 art., 1580-1872); pp. 657-787 : Bibliografía (191 art., 1646-1875).

928. — Adventures in **Patagonia** a Missionary's Exploring Trip by the Rev. **Titus Coan**, with an introduction by Rev. Henry M. Field, D.D. New York, Dodd, Mead & Company, 1880; XIV pp., 6 pp. absentes, 319 pp. et 3 pp. n. c. in-8. ✠

Renferme, *in fine*, pp. 2 et 3 n. c. : A list of writings relating to **Patagonia** (environ 31 art.).

OCÉANIE

929. — Stanford's compendium of geography and travel for general reading based on Hellwald's 'Die Erde und ihre Völker' Translated by A. H. Keane, M.A.I.

Sous-titre : Stanford's compendium of geography and travel based on Hellwald's 'Die Erde und ihre Völker' **Australasia** edited and extended by **Alfred R. Wallace**, F. R. G. S.,...... With ethnographical appendix by A. H. Keane, M. A. I. Maps and illustrations Second edition London Edward Stanford, 1880; xviii pp., 2 pp. n. c. et 672 pp. in-8. ✠

Renferme, pp. vii-viii : List of works used in preparing this volume (environ 77 art. ainsi répartis : **Australasia** and **New Zealand**, 38 ; **Malaysia**, 10 ; **Melanesia, Polynesia**, and **Mikronesia**, 29.). 1ᵉ éd., *ibid.*, 1879.

930. — Die ethnographisch-anthropologische Abtheilung des Museum Godeffroy in Hamburg. Ein Beitrag zur Kunde der Südsee-Völker. Hamburg, Friedrichsen, 1881 687 pp, in-4.

Renferme une bibliographie des races **malaises** et **polynésiennes** réunie par J. D. E. Schmeltz et R. Krause.

★ 931. — No. 5. Journal of the Straits Branch of the Royal Asiatic Society. — June 1880. — Published half-yearly. Singapore : Printed at the Government Printing Office. 1880. Agents of the Society : London, Trübner and Co., Paris, Ernest Leroux et Cie. ; 160 pp. in-8. ✠

Renferme, pp. 69-123 : A Contribution to **Malayan** Bibliography (*auctore* N. B. Dennys ; environ 492 articles).

★ 932. — Mémoire analytique pour servir d'explication à la carte générale des possessions néerlandaises dans le grand archipel indien par le baron G. F. von Derfelden de Hinderstein... Publié par ordre de S. M. le Roi des Pays-Bas, sous le ministère de Son Excellence Mʳ J. C. Baud... et par les soins du lieutenant de marine de 1ʳᵉ classe baron G. A. Tindal... La Haye, imprimerie de l'État, 1841 ; viii, 144 et vi pp. in-4. ✠

Renferme, pp. 82-112 : Notice des principaux rapports, mémoires, notes géographiques et cartes manuscrites et gravées qui ont servi à la confection de la carte générale de **l'Inde néerlandaise** (environ 315 articles).

933. — Natuur- en geneeskundig archief voor Neêrland's-Indië. Redactie : P. J. Godefroy, M. J. E. Muller, P. A. Fromm, P. Bleeker. Eerste jaargang. 1844. Batavia,

ter drukkerij van het bataviaasch genootschap. 1844; 12 pp. n. c., vi, 637 pp. et 1 p. n. c. in-8. ✠

Renferme, pp. 121-144 : Overzigt der literatuur over de natuurlijke geschiedenis van **Neêrlands Indië** (*auctore* Peter Bleeker; environ 220 art.) ; pp. 315-327 : Eerste supplement (environ 100 art.).

Idem, 1845 ✠, renferme, pp. 143-159 : Tweede-supplement (environ 179 art.) ; pp. 535-542 : Derde supplement (environ 67 art.).

Idem, 1846 ✠, renferme, pp. 113-117 : Vierde supplement (environ 44 art.).

Idem, 1847 ✠, renferme, pp. 110-122 ; Vijfde supplement (environ 100 art.).

934. — Catalogus eener belangrijke verzameling boeken, plaatwerken en kaarten, over de geschiedenis, aardrijkskunde, voortbrengselen, wetgeving en godsdienst van **Oost-Indië**, over de Oost-Indische Compagnie, enz. voorts van eenige dergelijke over **Japan** en **Zuid Afrika**. Allen voorhanden bij den boekhandelaar **Frederik Muller**, te Amsterdam. (September 1850.) ; 44 pp. in-8 (environ 556 art.). ✠

935. — Catalogus van boeken over **Indie**, voorhanden bij W. T. Thieme. Zutphen, 1859 ; in-8.

936. — N° 108. Décembre 1868. Livres anciens et modernes en vente aux prix marqués chez **Martinus Nijhoff** à la Haye. Ouvrages sur l'**Asie** et l'**Afrique**. (Y compris les possessions néerlandaises.) La Haye, Martinus Nijhoff. 1868 ; 100 pp. in-8 (1747 art.). ✠

Renferme, pp. 31-80 : L'**Inde Archipélagique (Possessions Néerlandaises** aux Indes) (899 art. n°ˢ 487-1385).

937. — Bibliotheca orientalis. Catalogus van boeken en handschriften betreffende de geschiedenis, land- en volkenkunde van **Nederlandsch Oost-Indië**, geschiedenis, godsdienst en regten der der oostersche volken enz., nage- laten door Mr. S. **Keyser**. 's Gravenhage, 1868; in-8.

938. — Verhandlingen van het Bataviaasch Genootschap van kunsten en wetenschappen. — Deel XXXVII. Batavia, Bruining en Wijt, 1875. Proeve eener **Ned. Indische** bibliographie (1659-1870) door Mr. J. A. van der Chijs. Phil. Theor. Mag. Litt. Hum. Doct.; vi et 325 pp. in-4 (environ 3 000 articles). ✠

★ **939**. — *Idem*, Deel XXXIX, 2ᵉ Stuk. Batavia, W. Bruining en Co., 's Hage, M. Nijhoff, 1880, in-4. ✠

Renferme, pp. ?-93¦ (100 pages) : Proeve eener **Ned. Indische** Bibliographie (1659-1870) door Mr. J. A. van der Chijs. Phil. Theor. Mag. Litt. Hum. Doct. — Vermeerderde en verbeterde herdruck voor de jaren 1659-1720, supplement en verbeteringen voor de jaren 1721-1870 (environ 670 art.).

940. — Flora van Nederlandsch Indië door **F. A. W. Miquel**. Eerste bijvoegsel. **Sumatra**, zijne plantenwereld en hare voortbrengselen. Met platen. Amsterdam, C. G. van der Post. Utrecht, C. van der Post Jr. Leipsig, Fried. Fleischer. 1860. ✠

Sous-titre : Flora Indiae batavae, auctore **F. A. Guil. Miquel**. Supplementum primum. Prodromus florae sumatranae. Accedunt Tabulae IV. Amstelædami, C. G. van der Post. Ultrajecti, C. van der Post Jr. Lipsiae, Frid. Fleischer. MDCCCXL; xxiv et 656 pp. gr. in-8.

Renferme, pp. xvii-xx : Literatuur (environ 48 art.).

La traduction allemande (*ibid.*, 1862, gr. in-8) renferme, pp. xvii-xx : Literatur.

941. — The journal of the Indian archipelago and Eastern Asia. Edited by J. R. Logan, F. G. S...... Vol. V. Singapore: printed for the editor by G. M. Frederick. 1851 ; 2 pp. n. c., vi et 740 pp. in-8. ✠

Renferme, pp. 15-25 : On the history of **Acheen**; pp. 23-25 :...... a few of the authors, European and native, who have written on the subject (environ 47 art,; *auctore* **T. Braddel**).

⋆ **942**. — De Residentiekaarten van Java en Madoera door **F. de Bas** Kapitein van den Generalen Staf met twee kaarten Uitgegeven van wege het Aardrijkskundig Genootschap. Amsterdam, C. F. Stemler, 1876; 31 pp. gr. in-4. ✠

Renferme, pp. 27-31 : Anhangsel. Opgave van eenige der merkwaardigste atlassen en algemeene kaarten van den Nederlandsch-Indischen archipel en der meest oorspronkelijke en best uitgevoerde kaarten van het eiland Java.

De **Nederlandsch-indische archipel** (21 articles); **Java** en **Madoera** (31 articles).

⋆ **943**. — **Bôrô-Boudour** dans l'île de Java dessiné par ou sous la direction de Mr F. C. Wilsen avec Texte descriptif et explicatif rédigé d'après les mémoires manuscrits et imprimés de MM. F. C. Wilsen, J. F. G. Brumund et autres documents et publié d'après les ordres de Son Excellence le ministre des colonies par le Dr. **C. Leemans**, directeur du musée public d'antiquités à Leide. Leide, E. J. Brill, 1874; LXIII et 696 pp. gr. in-8 et atlas in-folio. ✠

Renferme, pp. LI-LIII, 22 articles de bibliographie.

⋆ Original hollandais : Bôrô-Boedoer..... Leide, E. J. Brill, 1873; LIX et 667 pp. gr. in-8 et atlas in-folio. ✠

⋆ **944**. — The voyage of Sir Henry Middleton to **Bantam** and the **Maluco Islands**; being the second voyage set forth by the governor and company of merchants of London trading into the East-Indies. From the edition of 1606. Annotated and edited by **Bolton Corney**, M.R.S.L. London : printed for the Hakluyt Society, 1855; XI pp., 5 pp. n. c., 83, 52 et VIII pp. in-8. ✠

Renferme, *in fine*, pp. I-IV : List of authorities cited in the notes (environ 50 art.).

⋆ **945**. — **Neu-Guinea** und seine Bewohner von **Otto**

Finsch..... Mit einer Karte. Bremen, C. Ed. Müller, 1865; VIII et 185 pp. in-8. ✠

Renferme, p. VII : Literatur (12 et 1 articles).

★ **946**. — Bulletin de la Société de Géographie rédigé avec le concours de la section de publication par les secrétaires de la commission centrale. Sixième série. — Tome quatrième. Année 1872. Juillet-Décembre. Paris, Ch. Delagrave, 1872; 672 pp. in-8. ✠

Renferme, pp. 449-479 : Les connaissances actuelles sur la **Nouvelle-Guinée** par Jules Girard; pp. 478-479 : Bibliographie (environ 26 art.).

★ **947**. — Reizen naar **Nederlandsch Nieuw-Guinea** ondernomen op laast der regeering van Nederlandsch-Indië in de jaren 1871, 1872, 1875-1876 door de heeren P. van der Crab en J. E. Teydmann, J. G. Coorengel en A. J. Langeveldt van Hemert en P. Swaan met gescheid- en aardrijkskundige toelichtingen door P. J. B. C. Robidé van der Aa. Uitgegeven door het kon. instituut voor de taal-, land- en volkenkunde van Nederlandsch-Indië. Met kaarten. 'Sgravenhage. Martinus Nijhoff, 1879; XLII et 480 pp. gr. in-8. ✠

Renferme, pp. 378-394, une liste de 79 voyages de 1818 à 1877 avec indications bibliographiques.

948. — Geo-hydrographisches Memoir zur Erklärung und Erläuterung der reduzirten Karte von den **Philippinen** und **Sulu**-Inseln. (No. 13 von Berghaus'Atlas von Asia) Gotha, 1832, Justus Perthes; 4 pp. n. c. et 114 pp. in-4. ✠

Renferme, pp. 2-6, environ 18 art. pour les cartes.

949. — Reisen in den **Philippinen** von F. Jagor. Mit zahlreichen Abbildungen und einer Karte. Berlin, Weidmann, 1873; XVI et 381 pp. gr. in-8. ✠

Renferme, pp. 331-332 : Abgekürzt zitirte Schriften (environ 43 art.).

Cette bibliographie ne se retrouve pas dans la traduction

anglaise, London : Chapman and Hall, 1875; x et 370 pp. in-8. ✠

950. — Handbook to Australasia; being a brief Historical and Descriptive Account of **Victoria, Tasmania, South Australia, New South Wales, Western Australia,** and **New-Zealand** : edited by William Fairfax. With a map of the Australian colonies. Melbourne : printed and published by William Fairfax and Co., 1859 ; clx et 244 pp. in-12. ✠

Renferme, pp. 239-244 : List of works on Australia (environ 856 art.).

951. — Catalogue of the free public library, Sydney 1876. Reference department. Sydney : Thomas Richards, government printer. 1878; 2 pp. n. c., vi pp., 10 pp, n. c., 585 pp., 5 pp. n. c., 102 et 253 pp. gr. in-8. ✠

Inventory of the books in the free public library, Sydney, As arranged in the Presses, to 31st December, 1875.

Renferme, pp. 94-100 : **Australasia**, and **Islands of the Pacific** (environ 286 art.).

Le supplément [Inventory of the books in the free public library, Sydney, (Supplement.) 1st January to 31st December, 1876; 4 pp. n. c. 7 et 35 pp. gr. in-8] ✠ ne renferme que 9 articles sur le même sujet (p. 16).

951bis. — R. C. Walker. Works on **New South Wales.** Compiled at the Free Public Library, Sydney. Sydney, 1878, in-8.

★ **952**. — The story of New Zealand : past and present — savage and civilized. By **Arthur Thomson**, M.D., surgeon-major 58th regiment. In two volumes. London, John Murray, 1859; 2 vol. in-8, x et 331 pp. ; viii et 368 pp. ✠

Renferme, t. II, pp. 341-362 : Bibliography. Chronological catalogue of publications relative to **New Zealand**, several of which have been used as authorities though not particularly referred to (412 art., 1642-1859).

OCÉANIE. 249

***953**. — **Neu-Seeland** von Dr. Ferdinand von Hochstetter. Stuttgart, Cotta, 1863; xx et 556 pp.in-4. ✠

Renferme, pp. 547-555 : Literatur (environ 185 art. remontant à 1722).

Cette biographie ne se retrouve pas dans la traduction anglaise par Edward Sauter. Stuttgart. J. G. Cotta, 1867; xvi et 515 pp. in-4. ✠

954. — The Polynesian. New Series. Vol. I. No. 8, Saturday, July 13, 1844 (**James Jackson Jarves** editor).

Renferme : Catalogue of Works which relate to, or treat of, The **Hawaiian Islands** (82 art.).

***955**. — A Catalogue of works relating to the **Hawaiian** or **Sandwich** Islands by W. Harper Pease. Honolulu, printed by H. M. Whitney, 1862; 24 pp. in-8 (près de 250 articles remontant à 1784). ✠

* Ce catalogue est extrait des n°s 5 et 6 (pp. 34-39, 42-43; New Series, Vol. 11; Old Series, Vol. 19) des 1er mai et 2 juin 1862 du journal mensuel *The Friend* publié à Honoloulou par le Rév. S. C. Damon. ✠

***956**. — Catalogue d'ouvrages relatifs aux îles **Hawaii**. Essai de bibliographie Hawaiienne par **William Martin**, chargé d'affaires de Hawaii en France. Paris, Challamel aîné, 1867; 92 pp. in-12 (environ 460 articles dont 10 pour les cartes). ✠

***957**. — Hawaiian club papers. Edited by a Committee of the club. October 1868. Boston : press of Abner A. Kingman, 1868; 119 pp. in-8. ✠

Renferme, pp. 63-115 : A catalogue of works published at, or relating to the **Hawaiian Islands** (environ 725 articles); *auctore* W. T. Brigham en collaboration avec Sanford B. Dole et James F. Hunnewell.

***958**. — Bibliography of the **Hawaiian** Islands. Printed for James F. Hunnewell. Boston 1869. (Au verso : Edition of one hundred copies quarto. — Press of A. A. Kingman, Museum of Boston Society of Natural History.); 2 pp. n. c.,

17 pp., 3 pp. n. c. et 112 pp. numérotées 20-75, in-4 (environ 780 art.). ✠

* **959**. — Notes sur l'archipel **Hawaiien** (îles **Sandwich**) par Mʳ Henri Jouan. Cherbourg, imp. Bedelfontaine et Sybbert, 1872 (*sic*); 104 pp. in-8. Extrait des mémoires de la Société des Sciences naturelles de Cherbourg, t. XVII, 1873. ✠

Renferme, p. 9, 4 indications bibliographiques.

RÉGIONS POLAIRES

960. — Geschichte der Schifffahrten und Versuche welche zur Entdeckung des **nord östlichen** Weges nach Japan und China von verschiedenen Nationen unternommen wurden. Zum Behufe der Erdbeschreibung und Naturgeschichte dieser Gegenden entworfen von **Johann Christoph Adelung**. Halle, Johann Justinus Gebauer, 1768, gr. in-4.

Renferme une bibliographie.

961. — Voyages de la commission scientifique du nord, en Scandinavie, en Laponie, au Spitzberg et aux Feroë, pendant les années 1838, 1839 et 1840, sur la corvette La Recherche, commandée par M. Fabvre, Lieutenant de Vaisseau; Publiés par ordre du Roi sous la direction de M. Paul Gaimard, Président de la Commission scientifique du Nord. Relation du voyage par M. **Xavier Marmier**. Paris, Arthus Bertrand, 2 vol. in-8, *s. a.* ✠

Renferme, t. I, pp. ix-xii : Ouvrages relatifs à la **Norvège**, au **Spitzberg**, à la **Laponie** et au nord de la **Suède** (environ 57 art.).

962. — Island, Hvitramannaland, Grönland und Vinland oder der Nordmänner Leben auf **Island** und **Grönland** und deren Fahrten nach Amerika schon über 500 Jahre vor Columbus. Vorzüglich nach altscandinavischen Quellschriften für gebildete Leser von **Karl Wilhelmi**..... Mit einer Karte. Heidelberg, J. C. B. Mohr, 1842 ; x, 259 pp. et 3 pp. n. c. in-8. ✠

Renferme, pp. iv-viii, l'indication de 5 sources bibliographiques et d'environ 21 auteurs, plus un article de cartographie.

963. — Voyages of discovery and research within the **arctic regions,** from the year 1818 to the present time: under the command of the several naval officers employed by sea and land in the search of a North-West passage from the Atlantic to the Pacific ; with two attempts to reach the North Pole. Abridged and arranged from the official narratives with occasional remarks. By Sir **John Barrow**, Bart. F.R.S.,'An Æt. 82... With portrait and maps. London : John Murray, 1846 ; xiv et 530 pp. in-8. ✠

Renferme environ 16 art. de bibliographie en tête des chapitres.

Idem, New York : Harper & Brothers, 1846 ; xii et 359 pp. in-12. ✠

964. — The United States Grinnell Expedition in search of Sir John Franklin. A Personal Narrative by Elisha Kent Kane, M.D., U.S.N. New edition. Philadelphia : Childs & Peterson 1856 ; xix et 552 pp. in-8. ✠

Renferme, pp. ix-xii environ 27 art. relatifs aux **régions arctiques**, réunis par **Samuel Austin Allibone.**

Cette bibliographie se retrouve, p. 633 (*Sir John Franklin,* environ 27 art.), avec une suite, pp. 1006-1007 (*Elisha Kent Kane,* environ 33 art.), dans : — A critical dictionary of English literature, and British and American authors, Living and Deceased ; from the earliest accounts to the middle of the nineteenth century. Containing thirty thousand biographies and literary notices, with forty indexes of subjects. Philadelphia : Childs & Peterson. 1859-1871, 3 vol. in-4. ✠ (aussi J. B. Lippincott and Co., 3 vol. in-4, 1871-1872 et 1877 ✠).

965. — The North-West passage, and the plans for the

search of Sir John Franklin : by **John Brown**, F.R.G.S... London : E. Stanford, 1858 ; xii et 463 pp. in-8. ✠

Renferme, pp. 448-452 : List of works on **arctic** subjects (environ 246 art., 1706-1858).

* **966**. — A sequel to the North-West passage and plans for the search for Sir John Franklin. A review. By **John Brown**, F.R.G.S. London : E. Stanford, 1860 ; 2 pp. n. c. 4, 62 et 6 pp. in-8. ✠

Renferme, pp. 451-452 (*sic*) : List of works on **arctic** subjects (environ 51 articles).

967. — An arctic boat-journey in the autumn of 1854 by **Isaac I. Hayes** surgeon of the second Grinnell expedition edited, with an introduction and notes by Dr. **Norton Shaw**. London Richard Bentley, 1860 ; xliii et 379 pp. in-8. ✠

Renferme, pp. xxxvi-xliii : List of **arctic** works published since the departure of the Franklin expedition (environ 96 art., 1846-1860).

Cette liste ne se retrouve pas dans l'édition de Boston, Ticknor and Fields, 1867 ; xxiii pp., 1 p. n. c. et 387 pp. in-8.

968. — Bibliothek geographischer Reisen und Entdeckungen älterer und neuerer Zeit. Fünfter Band. Die Schwedischen Expeditionen nach Spitzbergen und Bären-Eiland Von O. Torell und A. E. Nordenskiöld. Jena, Hermann Costenoble. 1869. ✠

Sous-titre : — Die Schwedischen Expeditionen nach Spitzbergen und Bären-Eiland ausgeführt in den Jahren 1861, 1864 und 1868 unter Leitung von **O. Torell** und **A. E. Nordenskiöld**. Aus dem Schwedischen übersetzt von L. Passarge. Nebst 9 grossen Ansichten in Tondruck, 27 Illustrationen in Holzschnitt und einer Karte von Spitzbergen in Farbendruck. Jena, Hermann Costenoble. 1869 ; xiv. 2 pp. n. c. et 518 pp. gr. in-8.

Renferme, pp. 511-518 : Verzeichniss der Abhandlungen, welche sich auf die Resultate der schwedischen Expeditionen nach **Spitzbergen** gründen, sowie die hauptsächlichen Thiere und Pflanzen, so weit sie daselbst vorkommen (34 art.).

969. — South Kensington Museum Science handbooks. Special loan collection of scientific apparatus 1876.

Sous-titre : — South Kensington Museum. Handbook to the special loan collection of scientific apparatus 1876. Prepared at the request of the Lords of the Committee of Council on Education, and published for them by Chapman and Hall. [Sixth thousand.]; xxvii et 339 pp. in-8. ✠

Renferme, pp. 244-245 : III. — Collection of **Arctic** Maps. — List of Maps exhibited (55 art.; *auctore* **Clements R. Markham**).

★ **970**. — Die Literatur über die **Polar-Regionen** der Erde. Von Dr **Josef Chavanne**, Dr **Alois Karpf**, und **Franz Ritter von Le Monnier**. Herausgegeben von der K. K. Geographischen Gesellschaft in Wien. Wien, Verlag der Gesellschaft, 1878; xvi et 336 pp. in-8 (6617 art. de livres et cartes). ✠

— *Idem*, titre anglais : The literature of the polar-regions of the earth. By Dr J. Chavanne, Dr A. Karpf, F. chevalier de Le Monnier. Edited by the imp. roy. geographical society of Vienna. Vienna, E. Hölzel, 1878. ✠

★ **971**. — Narrative of the second arctic expedition made by Charles F. Hall : his voyage to Repulse Bay, sledge journeys to the straits of Fury and Hecla and to King William's Land, and residence among the Eskimos during the years 1864-'69. — Edited under the orders of the Hon. Secretary of the Navy, by Prof. **J. E. Nourse**, U. S. N. — U.S. Naval Observatory 1879. — Washington : Government printing office, 1879; 10 pp. n. c., l et 664 pp. in-4. ✠

Renferme, pp. : xlvi-xlvii : I. Chief **Arctic** Authorities from the revival of Arctic exploration, 1818 to 1845 (environ 23 art.); pp. xlviii-l : II. Chief English and French **Arctic** publications issued between the years 1845 and 1860 (environ 38 art.).

★ **972.**—Bihang till K. Svenska vet. Akad. Handlingar. Band. 2. N:o 18. — Redogörelse för den Svenska Polarexpeditionen år 1872-1873 af **A. E. Nordenskiöld** (Meddelad den 9 September 1874) Stockholm, 1875, P. A. Norstedt & Söner; 132 pp. in-8. ✠

Renferme, pp. 117-132 : Arbeten och uppsatser öfver de **svenska arktiska** expeditionerna (67 art., 1857-1874).

★ **973.** — The arctic voyages of Adolf Eric Nordenskjöld 1858-1879 with illustrations and maps. London, Macmillan and Co., 1879; xiv et 440 pp. gr. in-8 (*auctore* **Alexander Leslie**). ✠

Renferme, pp. 418-440 : Appendix II. List of books and memoirs relating to the **Swedish arctic** expeditions (150 art., 1857-1877).

La traduction allemande (Leipsig, F. A. Brockhaus, 1880; v et 443 pp. in-8) renferme, pp. 416-436 : Anhang II. Literatur der **schwedischen Polarexpeditionen** (193 articles). ✠

★ **974.** — **Nordenskiöld.** Notice sur sa vie et ses voyages par **Ch. Flahault**... (Avec un portrait et une carte lithographiée). Paris, K. Nilsson; 1880; 76 pp. in-8. ✠

Renferme, pp. 75-76 : Liste des principaux ouvrages à consulter pour l'étude des voyages de Nordenskiöld (15 art.).

975. — M. **Charles Carlyle Darwin**, attaché à la bibliothèque du Congrès, n° 322, C Street, à Washington, Etats-Unis, a réuni, en vue de la publication, environ 4000 articles de livres et cartes concernant les **régions arctiques.**

OCÉANS. — HYDROGRAPHIE

976. — Abrégé de navigation, historique et pratique, Où l'on trouve les principes de la Manœuvre & ceux du Pilotage, les méthodes les plus simples pour se conduire sur mer par longitudes & latitudes, avec des Tables horaires pour connoître le tems vrai par la hauteur du Soleil et des Etoiles dans tous les tems de l'année, & à toutes les latitudes jusqu'à 61°. Par **Jerome Lalande**.... A Paris, chez l'Auteur, au Collége de France; & chez Dezauche. 1793; 4 pp. n. c., 70 pp., 2 pp. n. c., 308, 97 et 64 pp. in-4. ✠

Renferme (pp. prél.) pp. 5-11 : Histoire de la **navigation** (environ 83 art.); pp. 11-19 : Catalogue des principaux livres de **marine** (environ 242 art. dont un grand nombre intéressant les **voyages sur mer**; 42 art., pp. 18-19, pour: Cartes marines et Routiers).

977. — Maritime geography and statistics, or a description of the Ocean and its coasts, maritime commerce, navigation, &c. &c. &c. — " Le Trident de Neptune est le Sceptre du Monde. " — By **James Hingston Tuckey**, *A commander in the Royal Navy*. In four volumes. London: Black, Parry, and Co., 1815 ; 4 vol. in-8. ✠

Renferme, t. I, pp. ix-xx : List of historical, statistical, **hydrographical**, and **nautical** works (environ 450 art.).

978. — Bibliografia di marina nelle varie lingue dell' Europa, o sia raccolta dei titoli dei libri nelle suddette lingue i quali trattano di quest' arte. Milano dall' I.R. stamperia — 1823 ; x et 212 pp. in 4 (*auctore* **Simone Stratico**; près de 2500 art. dont environ 120 sous la rubrique: Geografia e **carte marine**; p. 211, col. II et III). ✠

979. — Geographie physique de la **Mer Noire**, de l'intérieur de l'**Afrique** et de la **Méditerranée ;** par **A. Dureau-de-Lamalle**, fils, Accompagnée de deux cartes dressées par J. N. Buache, Membre de l'Institut de France et du Bureau des Longitudes ; représentant, l'une les changements arrivés aux Mers intérieures, l'autre l'intérieur de l'Afrique, et les routes qu'ont suivies dans leurs expéditions les conquérans Grecs et Romains. Paris, Dentu, 1807 ; 4 pp. n. c., x et 401 pp. in-8. ✠

Renferme, pp. 369-372 : Table des auteurs cités dans cet ouvrage (environ 205).

980. — The **Mediterranean** a memoir physical historical and nautical by Rear-Admiral **William Henry Smyth**, K.S.F., D.C.L.,..... London John W. Parker and Son 1854; xi et 519 pp. in-8. ✠

Renferme, pp. 394-405 : Catalogue of the survey (105 art. de cartes).

981. — Das **Mittelmeer**. Eine Darstellung seiner physischen Geographie nebst andern geographischen, historischen und nautischen Untersuchungen, mit Benutzung von Rear-Admiral Smyth's Mediterranean. Von Dr. **C. Böttger**, Professor am Gymnasium zu Dessau. Mit 6 Karten und Holzschnitten. Leipzig. Gustav Mayer. 1859; xv, 609 pp. et 2 pp. n. c. in-8. ✠

Renferme, pp. viii — environ 5 art. relatifs à la **Méditerranée**; pp. 446-452, la reproduction de la liste des cartes du contre-amiral **William Henry Smith** (105 art.); pp. 551-552 :..... den **Suez-Kanal** betreffende Literatur... (environ 19 art.).

982. — E. Taitbout de Marigny. Hydrographie de la **Mer Noire** et de la **Mer d'Azow**. Description topographique et archéologique de leurs côtes depuis les temps anciens jusqu'à nos jours. Trieste, 1856 (Leipzig, Haessel); vi et 170 pp. gr. in-8.

Renferme une cartographie de la Mer Noire et de la mer d'Azof.

983. — J. G. Kohl. Geschichte des **Golfstroms** und seiner Erforschung von den ältesten Zeiten bis auf den grossen amerikanischen Bürgerkrieg. Eine Monographie zur Geschichte der Oceane und der geographischen Entdeckungen. Bremen, Müller, 1868; xv et 224 pp. gr. in-8.

Renferme une bibliographie.

984. — An historical collection of the several voyages and discoveries in the **South Pacific Ocean**. By Alexander Dalrymple, Esq. London, printed for the author; And Sold by J. Nourse; T. Payne; and P. Elmsley; 2 vol. in-4, 1770-1771. ✠

Renferme, t. I, pp. 66 (?)-67 (?) : Voyages and the Authors consulted, all which are in my Possession (environ 43 art.); pp. 67 (?)-68 (?) : List of Authors which I have not been able to obtain (environ 25 art.).

985. — Corals and **coral islands.** By James D. Dana, LL.D.,..... New York : Dodd & Mead, 1872 ; 398 pp. in-8. ✠

Renferme, pp. 389-390 : List of works and memoirs referred to, and of abbreviations (environ 31 art.).

986. — Notes by a naturalist on the " Challenger ", being an account of various observations made during the voyage of H.M.S. " Challenger " round the world in the years 1872-1876, under the *Commands of Capt. Sir G. S. Nares, R.N., K.C.B., F.R.S., and Capt. F. T. Thomson, R. N.* By **H. N. Moseley**, M.A., F.R.S., fellow of Exeter College, Oxford, member of the scientific staff of H.M.S. " Challenger. " With. a Map, Two Coloured Plates, and numerous Woodcuts. London : Macmillan and Co. 1879 ; xvi et 620 pp. in-8. ✠

Renferme, pp. 601-606 : List of works and papers relating to the " **Challenger** " expedition (environ 84 art.).

PEUPLES ET NATIONS

987. — Histoire des **Bohémiens**, ou tableau des mœurs, usages et coutumes de ce peuple nomade ; suivie de recherches historiques sur leur origine, leur langage et leur première apparition en Europe. Par **H. M. G. Grellmann**. Trad. de l'Allemand sur la deuxième édition. Par M. J Paris, Joseph Chaumerot, Chaumerot jeune, 1810; 4 pp. n. c. et 354 pp. in-8. ✠

Renferme, pp. 348-354 : Notice des auteurs cités dans cet ouvrage (environ 195 art.).

Original allemand : Die **Zigeuner**, ein historisches Versuch über die Lebensart, Verfassung und Schicksale dieses Volkes in Europa. Dessau, Leipzig, 1783, gr. in-8.

Idem, 2ᵉ éd. : Historischer Versuch über die **Zigeuner**. Göttingen, Dieterich; Gotha, Ettinger, 1787, in-8.

Cette liste des auteurs se retrouve, pp. 247-255 dans la traduction anglaise de Mathew Raper : Dissertation on the Gipsies....., London : Printed for the editor, by G. Bigg, And to be had of P. Elmsley, and T. Cadell, and J. Sewell. 1787 ; 8 pp. n. c., xix, 255 pp. et 1 p. n. c. in-4. ✠

988. — Origine e vicende dei **Zingari** con documenti intorno le speciali loro proprieta' fisiche e morali, la loro religione, i loro usi e costumi, le loro arti e le attuali loro condizioni politiche e civili in Asia, Africa ed Europa con un saggio di grammatica e di vocabolario dell' arcano loro linguaggio di **Francesco Predari** Milano tipografia di Paolo Lampato 1841 ; xii, 274 pp. et 4 pp. n. c. in 8. ✠

Renferme, p. ·? n. c. : Fonti dalle quali traemmo le voci del presente vocabolario (environ 22 art.). D'autres indications bibliographiques se trouvent dans le reste du volume, en particulier pp. iv-vii, 34-35, etc.

989. — Die **Zigeuner** in Europa und Asien. Ethnographisch-linguistische Untersuchung, vornehmlich ihrer Herkunft und Sprache, nach gedruckten und ungedruckten Quellen von **A. F. Pott**. Halle, Ed. Heynemann; London, Williams & Norgate, 2 vol. in-8, 1844-1845. ✠

Renferme, t. I, pp. 1-26 : Quellen (50 art.).

990. — Journal of the American Oriental Society. Seventh volume. New Haven : for the American Oriental Society, Printed by E. Hayes. 1862. Sold by the Society's agents : New York : B. Westermann & Co.; London : Trübner & Co.; Paris : Benj. Duprat; Leipzig : F. A. Brockhaus; 2 pp. n. c., ii, 616 et lxxii pp. in-8. ✠

Renferme, pp. 143-270 : Article V. Memoir on the language of the **Gypsies**, as now used in the Turkish empire. By **A. G. Paspati**, A.M., M.D. Translated from the Greek by Rev. C. Hamlin, D.D., missionary of the A.B.C.F.M. at Constantinople. Presented to the Society May 17th, 1860 ;

pp. 152-155 :... the labors of the many learned men who have up to this day paid particular attention to the study of this idiom (environ 26 art.).

991. — Les derniers travaux relatifs aux **Bohémiens** dans l'Europe orientale par **Paul Bataillard** — Extrait de la *Revue critique*, n⁰ˢ 171 et 181, t. 2 de la 5ᵉ année (1870-1871), p. 191-218 et 277-323. Paris, F. Vieweg, 1872 ; 4 pp. n. c. et 80 pp. gr. in-8. ✠

Renferme, pp. 75-76 : Table des auteurs analysés, indiqués ou cités (environ 118 art.).

992. — *Vacat.*

993. — Ueber die Mundarten und die Wanderungen der **Zigeuner** Europa's. Von Dʳ **Franz Miklosich**. Wien, 1872. In Commission bei Karl Gerold's Sohn ; 3 parties, ensemble 191 pp. in-4. ✠

Renferme, 1ᵉ partie, pp. 54-59 : Literatur (environ 118 art.).

994. — Bulletin of the Boston public library. January, 1881. Vol. 4. No. 9. Whole No. 56 ; gr. in-8. ✠

Renferme, pp. 281-283 : Notes on the **Gypsies** (environ 90 art. ; *auctore* **Appleton Prentiss Clark Griffin**).

995. — A Catalogue of mostly Second-hand Books on the History, Languages, Religions, Antiquities, Literature, and Geography of the **Semitic, Iranian**, & **Tatar** Races, to be had of **Trübner** & Co. London, 1881 ; 2 et 65 pp. in-8.

VOYAGES. — VOYAGEURS. — GÉOGRAPHES

996. — Pvrchas his pilgrimage. Or relations of the world and the religions observed in all ages. And places discouered, from the Creation vnto this present. In foure Partes. This first containeth a Theological and Geographical Historie of **Asia, Africa**, and **America**, with the Islands Adiacent. Declaring the Ancient Religions before the Flovd, the Heathnish, Jewish and Saracenicall in all Ages since, in those parts professed, with their seuerall Opinions, Idols, Oracles, Temples, Priestes, Fasts, Feasts, Sacrifices, and Rites Religious : Their beginnings, Proceedings, Alterations, Sects, Orders and Successions. With briefe Descriptions of the Countries, Nations, States, Discoueries, Priuate and Pnblike Customes, and the most Remarkable Rarities of Nature, or Humane Industrie, in the same. By **Samvel Purchas**, Minister at Estwood in Essex. Unus Devs vna Ueritas. London, Printed by William Stansby for Henrie Fetherstone, 1613; 28 pp. n. c., 752 pp. et 20 pp. n. c. in-f°. ✠

Renferme, pp. 23-28 : I haue here mustered in thy view, Courteous Reader, those Authors which from mine own sight I haue mentioned in this Worke (environ 720 auteurs).

— *Idem*, 2ᵉ éd., *ibid.*, 1614; 28 pp. n. c., 918 pp. et 36 pp. n. c., renferme, pp. 21-28 prél. : *idem* (environ 1045 auteurs). ✠

— *Idem*, 3ᵉ éd., *ibid*, 1617 ; 40 pp. n. c., 1102 pp et 40 pp. n. c., renferme, pp. 31-38 : The catalogue of avthors (environ 1410 art.); 39 : The names of Manuscripts and Trauellers, and other Authors, not yet printed, here mentioned and followed (environ 116 art.). ✠

— *Idem*, 4ᵉ éd., *ibid.*, 5 vol. in-f°, 1625-1626, renferme, t. V, pp. 31-38 n. c. : The catalogve of the avthors (environ 1120 art.); pp. 39-40 : The names of manvscripts, travellers and other avthors, the most of which are published in our Bookes of Voyages, which together with this Impression is made publike (environ 169 art.). ✠

997. — Orbis maritimi sive rerum in mari et littoribvs gestarvm generalis historia. Authore **Clavdio Barthol. Morisoto** Diuionensi. Divione Apud Petrvm Palliot Ante Palatiū. Cum MDCXLIII priu.

Sous-titre : — Orbis maritimi sive rervm in mari et littoribvs gestarvm generalis historia : in qva Inuentiones nauium, earumdem partes, armamenta. Instructiones classium, **nauigationes**, prælia maritima, arma, stratagemata, trophæa, triumphi, naumachiæ. Vrbes & Coloniæ maritimæ, **periplus** Orbis Antiqui, & Noui.....; 26 pp. n. c., 725 pp. et 19 pp. n. c. in-f°. ✠

Renferme, pp. 23-25 : Avthorvm, qvi in hoc opere citantvr, nomina, Alphabetico ordine digesta (environ 445 auteurs).

998. — Universus terrarum orbis scriptorum calamo delineatus, hoc est auctorum fere omnium, Qui de **Europæ, Asiæ, Africæ** & **Americæ** Regnis, Provinçiis, Populis, Civitatibus, Oppidis, Arcibus, Maribus, Insulis, Montibus, Fluminibus, Fodinis, Balneis, publicis Hortis, & de Aliis tam super, quàm subtus Terram Locis; de illorum varia Apellatione, Situ, Distantia, Terminis; de Gentium quoque Moribus, Religione, Legibus, Medendi Usu, Habitu, Idiomate, & reliquis permultis ad dicta Loca Spectantibus Quovis Tempore, & Qualibet Lingua Scripserunt, cvm anno, loco, et forma editionis eorum uberrimus elenchus, Varias, & plurimas exhibens Scriptorum Bibliothecas, Ac totam Veterem, & Novam Geographiam Ordine Litterarum Dispositam, Tabulis etiam, & Figuris plerunque ob Oculos Positam, Sub Alphabeto Latino-Vernaculo, & Vernaculo-Latino, Summatim Continens. Studio, et labore **Alphonsi Lasor a Varea.** Cvi præmittuntur indices tres, Primus Auctorum, Secundus Notabilium, Tertius Bibliothecarum. — Patavii, M.DCCXIII, Ex Typographia olim Frambotti, nunc Jo : Baptistæ Conzatti. Superiorum permissu, et cum privilegio. 2 vol. in-f°. ✠

Dictionnaire géographique renfermant un grand nombre de bibliographies de pays ou de localités. L'*Index Bibliothecarum*, t. I, p. 67-68, ne mentionne pas moins de 51 bibliographies données dans l'ouvrage; l'*Index Auctorum*, t. I, pp. 1-60 mentionne environ 13750 auteurs.

D'après Graesse (Trésor, t. IV, p. 115), le nom de l'auteur était **Rafaello Savonarola.**

Deuxième édition sans nom d'auteur : Regnorum, provinciarum, civitatumque ac quorumque locorum **orbis terrarum** nomina latina, tùm juxtà antiquos quàm recentes geographos, duobus tomis exposita quibus congruum italica ut faciliùs inveniantur illa, quae impressa, imprimendaue sunt in omnibus voluminibus bibliothecæ universalis. (Venetiis) P. Coronelli, 1716, 2 vol. in-f°.

999. — Giro del mondo del dottor D. **Gio: Francesco Gemelli Careri.** Nuova edizione accresciuta, ricorretta, e divisa in nove volumi. Con un Indice de' viaggiatori, e loro Opere. Dedicata all' Illustrissimo Signor Stefano Messa cavaliere del S.R.I E Comissario dell' Armata di S.M.C.C. Venezia, MDCCXXIX. Presso Giovanni Malachin. A spese di Giulio Maffei. Con Licenza de' Superiori, e Privilegio, 9 vol. pet. in-8. ✠

Renferme, au commencement du 1ᵉʳ vol., environ 40 pp. n. c., dont 16 intitulées : Catalogo de' viaggiatori, e delle loro opere [environ 158 art. ainsi divisés : raccolte de' **viaggi** (11 art.), viaggi in diverse parti del **mondo** (24 art.), viaggi d'**Europa** (36 art.), viaggi d'**Asia** (23 art.), viaggi della **Palestina** (21 art.), viaggi di **Siam, Cina**, &c, (16 art.), viaggi d'**Africa** (12 art.), viaggi d'**America** (15 art.)].

Ce catalogue ne se trouve ni dans l'édition de Naples, G. Roselli, 1699-1704, 7 vol. in-8, ni dans celle de 1721, Naples, Nicola Parrino, 9 vol. pet. in-8 ✠, ni dans la traduction française par L. N. (Le Noble), Paris, Ganeau, 1727, 6 vol. pet. in-8. ✠

Autre édition française, traduction L. N. (Le Noble), Paris, 1719, 6 vol. in-8.

Traduction anglaise : A collection of Voyages and Travels. London, Awnsham and John Churchill, 1704, in-f°.

1000. — A collection of Voyages and Travels, some Now first printed from *Original Manuscripts*, others Now first Published in English. In six volumes. To which is prefixed An Introductory Discourse (supposed to be written by the Celebrated Mr. **Locke**) intitled, *The whole History of Navigation from its Original in this Time* Illustrated with near Three Hundred Maps and Cuts, curiously Engraved on Copper. The Third edition. London : Printed by assignment from Messrs. Churchill, For Henry Lintot; and John Osborn ; 6 vol. in-f°, 1744-1746. ✠

Renferme, t. I, pp. i-xxiii : The catalogue and Character of most Books of **Voyages** and **Travels** (environ 236 art.); pp. xxiii-xxix : Continuation of the Catalogue and Character of most Books of **Voyages** and **Travels** down to the present Time, added to this new Edition (environ 55 art.).

Cette collection publiée par Awnsham et John Churchill a été imprimée à Londres en 1704, 4 vol. in-f° ; *id.*, 1709-1710, 2 vol. in-4; *id.*, 1732, 6 vol. in-f°; *id.*, 1752, 6 vol. in-f°.

Le catalogue de John Locke se retrouve, t. X, pp. 357-512, dans :

The works of **John Locke**. A new edition corrected. In ten volumes. London : printed for Thomas Tegg; W. Sharpe and Son; G. Offer; G. and, J. Robinson; J. Evans and Co. : also R. Griffin and Co. Glasgow; and. J. Cumming, Dublin, 1823; 10 vol. in-8. ✠

Ce dernier ouvrage a eu 12 éditions, de 1714 (3 vol. in-f°) à 1824 (9 vol. in-8).

Le catalogue se retrouve encore dans : Histoire de la navigation, son commencement, son Progrès et ses Découvertes jusqu'à présent. Traduit de l'Anglois. Le commerce des Indes Occidentales. Avec Un Catalogue des meilleures Cartes Géographiques et des meilleurs Livres de **Voyages**, & le caractère de leurs Auteurs. A Paris, chez Étienne Ganeau. MDCCXXII. Avec Approbation et Privilège du Roy; 2 vol. in-12. ✠

Renferme, t. II, pp. 177-274 : Catalogue (environ 291 art.); pp. 275-316 : Catalogue des cartes de géographie (environ 378 art. relatifs principalement à l'**Europe**).

1001. — Gottlieb Heinrich Stuck's K. P. Kommissionsraths und Kaemmerers der Stadt Halle Verzeichnis von aeltern und neuern **Land-** und **Reisebeschreibungen** Ein Versuch eines Hauptstücks der geographischen Litteratur mit einen vollstaendigen Realregister und einer Vorrede von M. Iohann Ernst Fabri Inspector der Kœniglichen. Freytische und Secretair der Hallischen Naturforschenden Gesellschaft. Halle, 1784. In Iohann Christian Hendels Verlage; XVI, 2 pp. n. c. et 504 pp. in-8 (2062 art.) ✠

1002. — Le supplément (Nachtrag, *ibid.*, 1785; 80 pp. in-8), renferme 259 art., n⁰ˢ 2063-2321. ✠

1003. — Suite de même titre : .... Zweyter Theil mit vollstaendigem Realregister und einer Vorrede herausgegeben von **Heinrich Christian Weber** Kaemmerer der Stadt Halle.... Halle 1787. In Iohann Christian Hendels Verlage; VIII et 223, pp. et 1 p. n. c. in-8 (1130 art., n⁰ˢ 2323-3452). ✠

1004. — Voyage autour du monde, pendant les années 1790, 1791 et 1792, Par Etienne Marchand; précédé d'une introduction historique; auquel on a joint des recherches sur les terres australes de Drake, et un examen critique du voyage de Roggeween; avec cartes et figures : Par **C. P. Claret Fleurieu**, De l'Institut national des Sciences et des Arts, et du Bureau des Longitudes. A Paris, de l'imprimerie de la république; 4 vol. in-4, An VI-VIII (1798-1800). ✠

Renferme, t. III, pp. 383-398 : Liste générale des **voyageurs** et des auteurs cités Dans le Voyage de Marchand, dans les Recherches sur les Terres Australes de Drake, et dans l'Examen des Découvertes de Roggeween (environ 183 art.).

Cette liste ne se retrouve pas dans la traduction anglaise (London : printed for T. N. Longman and O. Rees; and T. Cadell, jun. and W. Dawies, 1801, 2 vol. in-8). ✠

1005. — The progress of maritime discovery, from the earliest period to the close of the eighteenth century, forming an extensive system of hydrography. By **James Stanier Clarke**, F. R. S. Domestic chaplain to THE PRINCE, and Vicar of Preston. London : Printed by A. Strahan, for T. Cadell, and W. Davies, 1803. ✠

Le 1er vol. qui a seul paru (ccxxx et 491 pp. in-4, et 263 pp. pour l'appendice), renferme, pp. ix-xix, une description de 25 collections de **voyages**. L'appendice renferme, pp. 171-202 : An explanatory catalogue of **voyages**, and geographical works by Mr. **Locke** (environ 240 art.).

★ **1006**. — Literatur der **älteren Reisebeschreibungen** Nachrichten von ihren Verfassern, von ihrem Inhalte, von ihren Ausgaben und Uebersetzungen. Nebst eingestreueten Anmerkungen über mancherley gelehrte Gegenstände. Von **Johann Beckmann**. Göttingen, Johann Friedrich Röwer, 2 vol. in-8, 1807-1809 (1808-1810) (108 articles principaux). ✠

★ **1007**. — Bibliothèque universelle des voyages ou Notice complète et raisonnée de tous les **Voyages anciens et modernes** dans les différentes parties du monde, publiés tant en langue française qu'en langues étrangères, classés par ordre de pays dans leur série chronologique ; avec des extraits plus ou moins rapides des Voyages les plus estimés de chaque pays, et des jugements motivés sur les Relations anciennes qui ont le plus de célébrité : par **G. Boucher de la Richarderie**, Ex-Juge en la Cour de Cassation, et Membre de la Société française de l'Afrique intérieure, instituée à Marseille. Paris, Strasbourg, Treuttel et Würtz, 1808, 6 vol. in-8 (environ 8000 art.). ✠

1008. — A general collection of the best and most interesting voyages and travels in all parts of the world; many of which are now first translated into English digested on a new plan. By **John Pinkerton**, author of Modern geography, &c. &c. Illustrated with plates. Volume the seventeenth. London : printed for Longman, Hurst, Rees, Orme, and

Brown; and Cadell and Davies. 1814; XXXIX et 472 pp. in-4. ✠

Renferme, pp. 1-255 : Catalogue of books of **voyages** and **travels** (environ 5000 art.).

Idem, ibid., 1808. 2 pp n. c. et 851 pp. in-4. ✠

1009. — A general history and collection of voyages and travels, arranged in systematic order : forming a complete history of the origin and progress of navigation, discovery, and commerce, by sea and by land, from the earliest ages to the present time. By Robert Kerr, F.R.S. & F.A.S. Edin. Illustrated by maps and charts. Vol. XVIII. William Blackwood, Edinburgh : and T. Cadell, London. 1824; 2 pp. n. c., VIII et 654 pp. in-8. ✠

Sous-titre : Historical sketch of the progress of discovery, navigation, and commerce from the earliest records to the beginning of the nineteenth century. By **William Stevenson**, Esq.

Renferme, pp. 529-628 : Catalogue of **voyages** and **travels** (885 art.).

1010. — The Library Companion : or, the young man's guide, and the old man's comfort, in the choice of a library. By the Rev. **T. F. Dibdin**, M.A., F.R.S. *Member of the Academies of Rouen and Utrecht*. Second edition.... London : printed for Harding, Triphook, and Lepard ; and J. Major. 1825; 2 vol. in-8; L et 900 pp. ✠

Renferme, pp. 376-489 : **Voyages** and **travels** (environ 216 auteurs). 1ᵉ éd., *ibid*, 1824.

1011. — Taschenbibliothek der wichtigsten und interessantesten **See-** und **Land-reisen**, von der Empfindung der Buchdruckerkunst bis auf unsere Zeiten. Verfasst von **Mehren** und herausgegeben von **Joach. Heinr. Jäck**. Nürnberg; Berlin, Bade, 87 vol. in-16, 1827-1836.

Une courte bibliographie accompagne chaque article.

1012. — Catalogue of books for MDCCXXXVII. Part V. Historical Literature : containing an extensive collection of works relating to antiquities and numismatics; voyages and travels; foreign history and topography; English, Scotish and Irish history, antiquities and topography; heraldry, genealogy and biography. On sale by **Thomas Rodd**. London : printed by Compton and Ritchie, 1837; iv et 366 pp. in-8. ✠

Renferme 7729 art. dont 800 (n°⁵ 256-1055) relatifs aux **voyages**, 520 (n°⁵ 1056-1576) relatifs à l'**Amérique** et 1248 (n°⁵ 2821-4068) à l'histoire et à la topographie de l'**Angleterre** et du **Pays de Galles**.

La partie de ce catalogue spécialement consacrée à la géographie et aux voyages (pp. 21-116, art. n°⁵ 399-2328) a été rééditée avec un autre titre : —

Catalogue of books, consisting of a collection of voyages and travels in various parts of the world : including an extensive series relating to the several countries of America. On sale, at the prices affixed, for ready money only, by Thomas Rodd. London : printed by Compton and Ritchie, MDCCCXLIII; 4 pp. n. c. et 96 pp. in-8 (pp. 21-116; 1930 art. n°⁵ 399-2328). ✠

Cette partie du catalogue se trouve insérée *in fine* dans :
New York considered and improved. Anno Domini 1695. ✠

Sous-titre : — A description of the province and city of New York; with plans of the city and several forts as they existed in the year 1695. By the Rev. John Miller. Now first printed from the original manuscript. (To which is added, a Catalogue of an extensive Collection of Books relating to America, on sale by the Publisher.) Thomas Rodd, London. — MDCCCXLIII; 4 pp. n. c., 43 pp.; 4 pp. n. c., 96 pp. (21-116), in-8.

1013. — Catalogue of books. Part. V. Historical Literature : consisting of antiquities; voyages and travels; history of various countries; English, Welsh, Scotish, and Irish topography and history; heraldry, family history and biography. On sale for ready money at the prices affixed, by **Thomas Rodd**, London : printed by Compton and Ritchie, 1843; iv et 480 pp. in-8 (10004 art.). ✠

Renferme, pp. 27-115, 1806 art., n°ˢ 523-2328 à l'article : **Voyages** and **Travels**.

1014. — **Voyageurs anciens et modernes** ou choix des relations des voyages les plus intéressants et les plus instructifs depuis le V° siècle avant Jésus-Christ jusqu'au XIX° siècle par **Ed. Charton**. Paris, Magasin Pittoresque, 4 vol. gr. in-8, 1854-1857. ✠

Bibliographie à la fin de chaque notice (environ 2370 art. de Hannon à La Pérouse).

— *Idem*, traduit en danois par H. Södring, Kjöbenhavn, Eibe, 4 vol. in-8, 1856-1859.

1015. — Observations et détails sur la Collection des **Grands** et **Petits Voyages** MDCCXLII. ✠

Anonyme, *auctore* l'abbé **de Rothelin**. Paris; 44 pp. petit in-4.

(Description de deux collections latines. Les voyages d'Amérique sont nommés les Grands Voyages parce que les volumes en sont plus grands et qu'ils contiennent plus de parties que ceux des Indes Orientales qui sont qualifiés du titre de Petits Voyages.)

1016. — Bibliographie instructive : ou traité de la connaissance des livres rares et singuliers. Contenant un Catalogue raisonné de la plus grande partie de ces Livres précieux, qui ont paru successivement dans la République des Lettres, depuis l'Invention de l'Imprimerie..... Disposé par ordre de Matières et de Facultés suivant le système Bibliographique généralement adopté; avec une Table générale des Auteurs, & un système complet de Bibliographie choisie, Par **Guillaume-François de Bure**, le Jeune, Libraire de Paris. Histoire. Tome premier. A Paris, Chez Guillaume-François De Bure le Jeune, M.DCC.LXVIII. Avec Approbation, & Privilège du Roi; XXIV et 631 pp. in-8 (le t. X et dernier, xxxii, 166 pp. et 2 pp. n. c., porte : A Paris, Chez Gogué & Née de la Rochelle, M.DCC.LXXXII). ✠

Renferme, pp. 66-187 : § 2. Collections de Voyages et relations (environ 116 art. relatifs aux voyages des **De Bry**).

1017. — Mémoire sur les collections de voyages des De Bry et de Thevenot.

Sous-titre : Mémoire sur la collection des **grands** et **petits voyages** et sur la collection des voyages de **Melchisedech Thevenot**; par A. G. Camus, membre de l'Institut national. Imprimé par l'ordre et aux frais de l'Institut. Paris, Baudouin, Frimaire an XI. (1802); 4 pp. n. c., iii pp., 1 p. n. c., 401 pp. et 2 pp. n. c. in-4; aussi pet. in-folio. ✠

Renferme, pp. 286-292 : Table des pièces qu'on doit rassembler pour obtenir la collection de Melchisedech Thevenot la plus complète possible (environ 90 art.); pp. 293-341 : Notice des pièces contenues dans la collection de Melchisedech Thevenot (55 art.).

1018. — Bibliotheca grenvilliana; or bibliographical notices of rare and curious books, formerly part of the library of the Right Hon. Thomas Grenville : by **John Thomas Payne** and **Henry Foss**. London : printed by William Nicol, 3 parties en 4 vol. in-4, 1842-1872. ✠

La 1re partie (t. I, 1842), renferme, pp. 184-194, une description des voyages de **De Bry** (environ 33 art.).

1019. — Manuel du libraire et de l'amateur de livres, contenant : 1° un nouveau dictionnaire bibliographique, Dans lequel sont décrits..... 2° une table en forme de catalogue raisonné, Où sont classés..... Par **Jacques-Charles Brunet**..... Cinquième édition originale, entièrement refondue et augmentée d'un tiers par l'auteur.... Paris, Firmin Didot frères, fils et Cie, 6 vol. gr. in-8, 1860-1865. ✠

Renferme, t. I, col. 1310-1363, une description de la collection des grands et petits voyages publiés par Johann Theodor **de Bry** et Johann Israel **De Bry** (environ 56 art.).

Cette description a été publiée séparément : —

Notice bibliographique sur la collection des grands et petits voyages de **de Bry** en latin et en allemand extraite du premier volume de la cinquième édition du Manuel du libraire et de l'amateur de livres par J.-Ch. Brunet — Paris, Firmin Didot frères, fils et Cie, 1860; 2 pp. n. c., II et 27 pp. sur 2 col. numérotées 1-54, gr. in-8. ✠

La traduction anglaise (A bibliographical description of the collection of " Grands voyages " of **de Bry**. Translated from Brunet's " Manuel du Libraire, " By Charles A. Cutter. — New York : privately printed. 1869; 61 pp. gr. in-8 ✠) se trouve, pp. 20-62, t. III, dans : A dictionary of Books relating to America, from its discovery to the present time. By Joseph Sabin. New York : J. Sabin et Sons, 1870 ✠ (v. *suprà*, n° 698).

1020. — Collation of the German **De Bry**, First editions; 3 pp. in-f°. ✠

Anonyme; *auctore* **Bernard Quaritch**; *s. a. a. l.*, Londres, 1870? (environ 266 art.).

1021. — A bibliographical description of a copy of the collection of the Great and small voyages of **De Bry** in the library of the late John Carter Brown of Providence by **John Russell Bartlett** Providence thirty copies printed for private distribution 1875; 97 pp. in-4 (environ 117 art.). ✠

Se retrouve, pp. 316-410 dans : — Bibliographical notices of rare and curious books.... (v. *suprà*, n° 693).

1022. — The Huth library. A catalogue of the printed books, manuscripts, autograph letters, and engravings, collected by **Henry Huth**, with collations and bibliographical descriptions.... Ellis and White, London. 1880; 5 vol. gr. in-8 (VII et 1830 pp.). ✠

Renferme, t. II, p. 404-454, une description bibliographique des voyages de **De Bry** (environ 85 art.).

Consulter sur le même sujet : —

1° — Bibliographical Essay on the collection of voyages and

travels, edited and published by **Levinus Hulsius** and his successors at Nuremberg and Francfort from anno 1598 to 1660. By **A. Asher**. London and Berlin. A. Asher. 1839; 8 pp. n. c. et 118 pp. pet. in-4. ✠

2° — Bibliographische Mittheilungen über die deutschen Ausgaben von **De Bry**'s Sammlungen der Reisen nach dem abend- und morgenländischen Indien. Aus dem " Serapeum " besonders abgedruckt. Leipzig, T. O. Weigel. 1845; 48 pp. in-8. ✠

Auctore **T. O. Weigel**. Cette étude se retrouve, avec additions, dans : Serapeum. Zeitschrift für Bibliothekwissenschaft, Handschriftenkunde und ältere Literatur herausgegeben von Dr. Robert Naumann. Leipzig, T. O. Weigel in-8; 1845, pp. 65-78, 81-92, 97-110; 1847, pp. 177-187. ✠

1023. — Contributions to a catalogue of The Lenox Library. No. I. Voyages of **Hulsius**, Etc. New York : printed for the trustees, 1877; 24 pp. pet. in-4 (environ 89 art.). ✠

Ce catalogue a été préparé, ainsi que les deux suivants, par **George Henry Moore** avec l'aide des notes de **James Lenox**.

***1024**. — Contributions to a catalogue of The Lenox Library. No. II. The **Jesuit** relations, Etc. New York : printed for the trustees, 1879; 19 pp. pet. in-4 (environ 135 art.) ✠

* **1025**. — Contributions to a catalogue of The Lenox Library. No. III. The voyages of **Thévenot**. New York : printed for the trustees, 1879; 20 pp. pet. in-4 (environ 153 art. ou pièces décrites). ✠

1026. —Histoire des découvertes et conquestes des **Portugais** dans le Nouveau Monde, Avec des figures en taille-douce, Par le R. P. Joseph François **Lafitau** de la Compagnie de Jésus. Paris, Saugrain Père; Jean-Baptiste Coignard, 1733, 2 vol. in-4. ✠

Renferme, t. I (préface), pp. i-xiii, environ 28 indications bibliographiques.

Autres éditions : Paris, *ibid.*, 1734, 4 vol. in-8 ✠; Paris, Amsterdam, J. Wetstein & G. Schmidt, 1736, 4 vol. in-8. ✠

1027. — Biblioteca maritima **española**, obra póstuma del excmo. señor D. **Martin Fernandez de Navarrete**, Director que fué del Depósito Hidrográfico y de la Academia de la Historia, etc. etc. Impresa de real órden. Madrid. Imprenta de la viuda de Calero, 1851, 2 vol. gr. in-8. ✠

Par ordre alphabétique de noms d'auteurs; intéressant pour les **voyages des Espagnols**.

1028. — M. Gius. Canale. Indicazione di opere e documenti sopra i **viaggi**, le navigazioni, le scoperte, le carte nautiche, il commercio, le colonie degl' **Italiani** nel medio evo, per una bibliografia nautica italiana. Lucca, Bacelli, 1861; 41 pp. in-8.

1029. — Storia dei viaggiatori italiani di **Gaetano Branca** — 1873 G. B. Paravia e comp. Roma — Torino — Firenze — Milano; viii et 500 pp. in-8. ✠

Renferme, pp. 1-20 : I. Bibliografia dei **viaggiatori italiani** (environ 113 art.).

★ **1030.** — Bibliografia dei **viaggiatori italiani** ordinata cronologicamente ed illustrata da **Pietro Amat di San Filippo** membro della Società Geografica Italiana. Roma, Salviucci, 1874; xxii et 145 pp. in-8 (environ 240 auteurs, 1246-1873). ✠

1031. — Studj bibliografici e biografici sulla Storia della Geografia in Italia. Pubblicati per cura della deputazione ministeriale istituita presso la Società Geografica Italiana. Roma. Tipografia Elzeviriana 1875 ; xvi, 12, 507 pp. et 3 pp. n. c. gr. in-4. ✠

Renferme, pp. 1-278; Parte prima. Biografia dei **Viaggiatori italiani** e bibliografia delle loro opere per cura Di **Pietro Amat di S. Filippo** (1240?-1870; environ 265, 114 et 17 auteurs); pp. 279-390 : Parte seconda. Mappamondi Carte Nautiche e Portolani del medioevo e dei secoli delle grandi scoperte marittime costruiti da italiani o trovati nelle Biblioteche d'Italia. Studi Di **Gustavo Uzielli** (351 et 21 art.); pp. 391-470 : Parte Terza. Opere Geografiche esistenti nelle principali biblioteche governative dell' Italia per cura Di **Enrico Narducci** (259 art.); pp. 477-494 : Titoli delle opere indicate abbreviatamente nello testo (environ 234 art.).

★ **1032**. — Grands et petits **géographes grecs** et **latins**; esquisse bibliographique des collections qui ont été publiées, entreprises ou projetées et revue critique du volume des petits géographes grecs avec notes et prolégomènes de M. Charles Müller, compris dans la bibliothèque des auteurs grecs de M. Ambroise Firmin Didot; par M. **d'Avezac**,... Paris, Arthus Bertrand, 1856; 154 pp. et 2 pp. n. c. in-8. ✠

Renferme, pp. 13-81 : Esquisse bibliographique des collections des géographes grecs et latins publiées, entreprises ou projetées (environ 60 art. ou groupe d'art.; 1482-1853).

L'Esquisse bibliographique est extraite des ★ Nouvelles Annales des Voyages, mars 1856, pp. 257-290, avril 1856, pp. 17-60. ✠

★ **1033**. — **Geographi græci** minores ex recensione et cum annotatione **Godofredi Bernhardy**. Volumen primum. Lipsiæ, MDCCCXXVIII, in libraria Weidmannia Impensis G. Reimeri; xxxviii et 1074 pp. in-8. ✠

Renferme, pp. xxxi-xxxviii : Index Codicum (environ 59 art.); pp. 1070-1072 : III. Index auctorum ab Eustathio Scholiisque laudatorum (environ 84 art.); pp. 1073-1074 : IV. Index auctorum, quos annotatio tractat (environ 54 art.).

1034. — The Publications of the Prince Society. Established May 25th, 1858. Voyages of the **Northmen** to **America**. Boston : printed for the society, By John Wilson and Son. 1877; 162 pp. pet. in-4. ✠

Sous-titre : — Voyages of the Northmen to America.

Including extracts from Icelandic sagas relating to Western voyages by Northmen in the tenth and eleventh centuries in an English translation by North Ludlow Beamish; with a synopsis of the historical evidence and the opinion of Professor Rafn as to places visited by the Scandinavians on the coast of America. Edited with an introduction by the Rev. **Edmund F. Slafter,** A.M. Boston : printed for the Prince Society. 1877.

Renferme, pp. 127-140 : Bibliographical (environ 34 art.).

★ **1035.** — Mémoire bibliographique sur les journaux des **navigateurs néerlandais** réimprimés dans les collections de De Bry et de Hulsius, et dans les collections hollandaises du XVIIe siècle, et sur les anciennes éditions hollandaises des journaux de navigateurs étrangers; la plupart en la possession de Frederik Muller à Amsterdam. — Rédigé par **P. A. Tiele,** Conservateur à la bibliothèque de l'Université de Leide. — Avec tables des voyages, des éditions et des matières. Amsterdam, Frederik Muller, 1867; XII, 372 pp. et 2 pp. n. c. in-8 (bibliographie de 1583 à 1668; environ 376 articles; 50 exemplaires gr. in-8). ☩

1036. — Bibliographische Adversaria. Eerste deel. 'S Gravenhage, Martinus Nijhoff. 1873-74; IV et 316 pp. pet. in-8. ☩

Renferme, pp. 33-47, 101-119, 197-212, 261-282 : Bouwstoffen voor eene bibliographie van **Nederlandsche reisebeschreivingen.** (*Auctore* P. A. Tiele; 232 art., 1253-1721.)

1037. — *Vacat.*

1038. — Bibliotheca scriptorum **Societatis Iesv.** Opus inchoatum a R. P. **Petro Ribadeneira,** Eiusdem Societatis Theologo, anno salutis 1602. Continuatum a R. P. **Philippo Alegambe** Ex eadem Societate, vsque ad annum 1642. Recognitum, & productum ad annum Iubilæi M.DC.LXXV. A Nathanaele Sotvello Eiusdem Presbytero.... Romæ, Ex Typographia Iacobi Antonij de Lazaris Varesij M.DC.LXXVI.

Svperiorvm permissv.; xxxvi, 982 pp. et 2 pp. n. c. in-f°. ✠

Renferme, pp. 908-911 : § IV. Indica, Siue De **Asia**, **Africa**, **America**, Historiæ Relationes (environ 157 auteurs).

— L'édition de 1643 (Antverpiæ, Apud Ioannem Mevrsivm, 24 pp. n. c. et 587 pp. pet. in-f°) renferme (Index Materiarvm. XI. Historia illvstrata), pp. 523-525 : § 4. **Indica** (environ 124 auteurs). ✠

— *Idem*, Romæ, 1686, in-f° (2237 auteurs).

1039. — *Vacat*.

1040. — Bibliographie historique de la **Compagnie de Jésus**, ou catalogue des ouvrages relatifs à l'histoire des Jésuites depuis leur origine jusqu'à nos jours par le P. **Auguste Carayon** de la même compagnie. Paris, Auguste Durand; London, Barthès and Lowell; Leipzig A. Franck, Alb. L. Herold; 1864; viii et 612 pp. in-4. ✠

Renferme, pp. 55-202 : Troisième partie comprenant l'histoire des missions (911 art. n°s 512-1422).

1041. — Bibliothèque des écrivains de la **Compagnie de Jésus**, ou notices bibliographiques 1° de tous les ouvrages publiés par les membres de la compagnie de Jésus depuis la fondation de l'ordre jusqu'à nos jours; 2° des apologies, des controverses religieuses, des critiques littéraires et scientifiques suscitées à leur sujet, par **Augustin de Backer** de la Compagnie de Jésus avec la collaboration d'**Aloïs de Backer** et de **Charles Sommervogel** de la même compagnie. Nouvelle édition refondue et considérablement augmentée. Liège, chez l'auteur A. de Backer; Paris, chez l'auteur C. Sommervogel; 3 vol. in-f° à trois colonnes, 1869-1876. ✠

Tiré à 200 exemplaires; imprimé à Liège; n'est pas dans le commerce; renferme, t. III, col. 1737-1878 : Appendice. Lettres des **Missions**.

Édition précédente, Liège, L. Grandmont Donders, 1853-1861, 7 vol. gr. in-8.

1042. — Saggio di bibliografia geografica storica etnografica **sanfrancescana** per fr. **Marcellino da Civezza** M. O. Prato, tip. Ranieri Guasti, 1879; xiv, 2 pp. n. c. et 698 pp. gr. in-8 (819 art. ou groupes d'art.). ✠

— *Idem*, 1ᵉ éd. : Storia universale delle missioni **francescane** per **Marcellino da Civezza**. Roma, tip. Tiberina, 5 vol. in-8, 1857-1859.

★ **1043.** — Géographie d'**Hérodote**, prise dans les textes grecs de l'auteur, et appuyée sur un examen grammatical et critique; avec Atlas Contenant la Géographie des trois grands Historiens de l'antiquité, et les Plans des batailles qu'ils ont décrites; et avec trois *index*. Par **J. B. Gail**, chevalier de plusieurs ordres, membre de l'Institut, conservateur de la bibliothèque du roi. De l'imprimerie royale. A Paris, chez MM. Treuttel et Würtz, Delalain, Dufart, etc. Gail neveu, *s. a.* (1823 ?), 2 vol. in-8 et atlas. ✠

Renferme, t. II, pp. 369-372 : IIIᵉ Index. Auteurs cités (environ 43).

1044. — The history of **Herodotus**. A new English version, edited with copious notes and appendices, illustrating the history and geography of Herodotus, from the most recent sources of information; and embodying the chief results, historical and ethnographical, which have been obtained in the progress of cuneiform and hieroglyphical discovery. By **George Rawlinson**, M. A. ... Assisted by Col. Sir **Henry Rawlinson**, K. C. B., and Sir **J. G. Wilkinson**, F. R. S. In four volumes. With maps and illustrations. London : John Murray, 4 vol. in-8, 1858-1860. ✠

Renferme, t. IV, pp. 489-501 : List of authors and editions quoted in the notes (environ 540 art.).

La liste se trouve t. IV, pp. 401-412, dans l'éd. de New-York, D. Appleton & Company, 4 vol. in-8, 1859-1860.

★ **1045.** — Examen critique des anciens historiens d'**Alexandre-le-Grand**, par M. **Sainte-Croix**, membre de l'Institut, etc. Seconde édition, considérablement augmentée et ornée de huit planches en taille-douce. Paris, Henri Grand, Bachelier, 1810; xxxii et 920 pp. in-4. ✠

Renferme, pp. 865-866 : Table des auteurs, corrigés, expliqués et inédits (52 art.).

* **1046.** — ΠΑΥΣΑΝΙΟΥ ΕΛΛΑΔΟΣ ΠΕΡΙΗΓΗΣΙΣ. — Description de la Grèce de **Pausanias**. Traduction nouvelle avec le texte grec collationné sur les manuscrits de la bibliothèque du roi par M. **Clavier**. — Dédié au roi, Paris, J. M. Eberhardt, 1814-1821, 6 vol. in-8. ✠

Renferme, t. I, pp. i-viii, 16 articles de bibliographie.

* **1047.** — **Pomponius Melæ** de sitv orbis libri tres ad plvrimos codices msstos vel denvo vel primvm consvltos aliorvmqve editiones recensiti cvm notis criticis et exegeticis vel integris vel selectis Hermolai Barbari, Ioach. Vadiani... conlectis præterea et adpositis doctorvm virorvm animadversionibvs additis svis a **Carolo Henrico Tzschvckio** A. M. scholæ regiæ Misnensis rectore, et societatis latinæ Ienensis socio. Partes Septem. Cvm I tabvla ænea. Lipsiæ, 1807-1806 (*sic*) svmptibvs Siegfried Lebrecht Crvsii, 7 vol. in-8. ✠

Renferme, t. I, p. 1 : Dissertatio de Pomponio Mela eiusque libro. Auctores præcipui, qui de eo exposuerunt (12 articles).

1048. — Historia matheseos universæ a mundo condito ad seculum P.C.N. XVI. Præcipuorum mathematicorum vitas, dogmata, scripta et manuscripta complexa. Accedit recensio elementorum, compendiorum et operum mathematicorum atque historia arithmetices ad nostra tempora autore **Jo. Christoph. Heilbronner**. Lipsiæ, Impensis Joh. Friderici Gleditschii, M D CCXLII; 8 pp. n. c., 924 pp. et environ 64 pp. n. c. ✠

Renferme, pp. 446-448, l'indication de 17 éditions de **Ptolémée**.

1049. — M. **Johann Georg Hagers**, Rect. zu Chemnitz, Geographischer Büchersaal zum Nutzen und Vergnügen der

Liebhaber der Geographie eröfnet. Chemnitz, bey Johann David Stössels Erben, 3 vol. in-12, 1764-1778. ✠

Renferme, t. II, pp. 284-312 : **Claudii Ptolemaei** Alexandrini Geographia (environ 59 art.); pp. 326-393, *idem*, environ 45 art.; t. II, pp. 438-538 : Nachricht von des **Pomponius Mela** Leben und dessen Geographie (environ 64 art.); t. III, pp. 243-295 : I. **Abulfedae** opus geographicum. Ex arabico latinum fecit Io. Iac. Reiske (17 art. de manuscrits); t. III, pp. 644-673 : I. Fortgesetzte Nachricht von **Vincenz**, von Beauvais, dessen **Speculo** und der darinnen befindlichen Erdbeschreibungen (avec une bibliographie de 18 art.).

1050. — Claudii Ptolemæi geographiæ libri octo. Græce et latine ad codicum manu scriptorum fidem edidit Dr. **Frid. Guil. Wilberg.** Fasciculus I. librum primum continens. Accedunt duæ tabulæ. Essendiæ, sumptibus et typis G. D. Bædeker. MDCCCXXXVIII; vi et 440 pp. in-4. ✠

Renferme, pp. v-vi : Codices graeci manu scripti, ad quorum fidem constituus hic prodit **Ptolemaei** geographiae liber primus, quosque.... (environ 14 art.).

★**1051.** — **Claudii Ptolemæi** Geographia. Edidit **Carolus Friedericus Augustus Nobbe**, rector schol. Nicol. et Univ. litt. Lips. professor. Editio stereotypa. Lipsiæ, sumptibus et typis Caroli Tauchnitii, 1843, 2 vol. in-16. ✠

Renferme, t. I, pp. x-xv : Ac primum quidem horum mihi copia fuit codicum (18 articles).

1052. — Recherches historiques, critiques et bibliographiques sur Americ Vespuce et ses voyages, par M. le vicomte **de Santarem**,..... Paris, Arthus Bertrand, *s. a.* (1841 ou 1842); 4 pp. n. c., xvi et 284 pp. in-8.

Renferme, pp. 173-174 : Vingt-cinq éditions de **Ptolémée** que nous avons consultées (environ 24 art.). ✠

La traduction anglaise par E. V. Childe (Boston : Charles C. Little & James Brown, 1850; 224 pp. in-8) renferme cette liste, pp. 159-160. ✠

1053. — Geographie du moyen age, étudiée par **Joachim Lelewel**. Accompagnée d'atlas et de cartes dans chaque volume. Bruxelles, V° et J. Pillet; 4 vol. in-8, 1852 et un vol. (Epilogue) 1857. ✠

Renferme, t. II, pp. 207-209 : Appendices. I. Les éditions de **Ptolémée** (environ 48 art.).

1054. — M. **James Carson Brevoort**, n° 36, Brevoort Place, Brooklyn, New-York, Etats-Unis, a préparé une liste manuscrite de 54 éditions des œuvres géographiques de **Ptolémée**, et une bibliographie de 5 auteurs qui ont traité de ces œuvres. ✠

1055. — M. **Justin Winsor**, bibliothécaire du collège de Harvard, à Cambridge, Massachusetts, Etats-Unis, a réuni, en vue de la publication, les titres d'environ 59 éditions de **Ptolémée**, 1462-1867, qui se trouvent dans les différentes bibliothèques publiques ou particulières des Etats-Unis. ✠

* **1056.** — C. **Iulii Solini** polyhistor ad optimas editiones collatus praemittitur notitia literaria accedit index Editio accurata Biponti Ex Typographia Societatis CIƆIƆCCXCIV (1794); xiv, 183 pp. et 30 pp. n. c. in-8. ✠

Renferme, pp. vii-xiv : Index editionum C. J. Solini polyhistoris Auctior **Fabricio Ernestiano** in tres ætates digestus (environ 46 art.).

* **1057.** — The itinerary of Rabbi **Benjamin of Tudela** translated and edited by **A. Asher**. London and Berlin, A. Asher and Co., 2 vol. in-8, 1840-1841. ✠

Renferme, t. I, pp. 1-26 : Bibliography (23 articles).

* **1058.** — The travels of **Marco Polo**, a Venitian, in the thirteenth century : being a description by that early traveller, of remarkable places and things in the Eastern parts of the world. Translated from the Italian, with notes by **William Marsden**, F. R. S., etc. With a map. London : printed for the author..., and sold by Longman, Hurst,

Rees, Orme and Brown; and Black, Kingsbury, Parbury and Allen, 1818 ; LXXX et 784 pp. in-4. ✠

Renferme (introduction), pp. LIV-LXXX : Accounts of versions and editions.

1059. — I viaggi di **Marco Polo**, Veneziano tradotti per la prima volta dall' originale francese di Rusticiano di Pisa e corredati d'illustrazioni e di documenti da **Vicenzo Lazari**, pubblicati per cura di Lodovico Pasini membro eff. e segretario dell' I. R. Istituto Veneto. Venezia, 1847; LXIV et 484 pp. in-8. ✠

Renferme, pp. 448-471 : Bibliografia. Sezione I. Testi a penna (47 art.); Sezione II. Testi a stampa (environ 60 art.).

1060. — The travels of **Marco Polo**, The Venetian. The translation of Marsden revised, with a selection of his notes. Edited by **Thomas Wright**, Esq. M.A., F.S.A. Etc. corresponding member of the Institute of France. London : Henry G. Bohn. 1854; XVIII et 508 pp. in-8. ✠

Renferme (Introduction), pp. XIV et XVII, 6 art. relatifs aux éditions de Marco Polo (1818-1847).

★**1061.** — Le livre de **Marco Polo** citoyen de Venise conseiller privé et commissaire impérial de Khoubilaï-Khaân: rédigé en français sous sa dictée par Rusticien de Pise : publié pour la première fois d'après trois manuscrits inédits de la Bibliothèque impériale de Paris, présentant la rédaction primitive du livre, revue par Marc Pol lui-même et donnée par lui, en 1307, à Thiébault de Cépoy, accompagnée des *variantes*, de l'*explication des mots hors d'usage*, et de *Commentaires géographiques et historiques* tirés des écrivains orientaux, principalement chinois, avec une carte générale de l'Asie ; par M. **G. Pauthier**. Première partie. Paris, Firmin Didot frères, fils et Cie, 1865; CLVI et 832 pp. gr. in-8. ✠

Renferme, pp. 808-818 : Index des auteurs et des ouvrages cités dans les notes (environ 500 art.).

★**1062.** — The book of Ser **Marco Polo**, the Venetian,

Concerning the Kingdoms and Marvels of the East : Newly Translated and edited, with notes, maps, and other illustrations. By Colonel **Henry Yule**, C.B., late of the Royal Engineers (Bengal),.... In two volumes. Second edition, revised. With the addition of new matter and many new illustrations. London, John Murray, 2 vol. in-8, 1875; XL et 444 pp.; XXI et 606 pp. ✠

Renferme, t. II, pp. 522-527 : Appendix H. — Bibliography of Marco Polo's Book. I. — Principal Editions (29 art., pp. 522-523) : II. — Titles of Sundry Books and Papers which treat of Marco Polo and his Book (56 art. pp. 523-527) : Appendix I. — Titles of Works which are cited by abbreviated References in this Book (160 art., pp. 527-533).

★ 1ᵉ éd., London, John Murray, 1871, 2 vol. in-8. ✠

1063. — The Voiage and Travaile of Sir **John Maundeville**, Kt. which treateth of the way to Jerusalem; and of the marvayles of Inde, with other ilands and countryes. Reprinted from the Edition of A.D. 1725. With an introduction, additional notes, and glossary, by **J. O. Halliwell**, Esq., F.S.A., F.R.A.S. London : Edward Lumley, 1839; XII et 326 pp. in-8. ✠

Décrit dans l'introduction, pp. III-VI, 19 éditions manuscrites de Maundeville en possession du British Museum, à Londres.

★**1064**. — The bondage and travels of **Johann Schiltberger**, a native of Bavaria, in Europe, Asia and Africa, 1397-1427. Translated from the Heidelberg MS. edited in 1859 by Professor Karl Friedrich Neumann, by Commander **J. Buchan Telfer**, R.N., F.S.A., F.R.G.S. With notes by professor P. Bruun, of the imperial university of South Russia, at Odessa; and a preface, introduction, and notes by the translator and editor. With a map. London, printed or the Hakluyt Society, 1879; XXXII, 263 et XV pp. gr. in-8. ✠

Renferme, pp. vii-xiv : Bibliography (23 articles, dont 4 pour les manuscrits).

1065. — Prinz **Heinrich der Seefahrer** und seine Zeit. Mit einer Einleitung über die Geschichte des portugiesischen Handels und Seewesens bis zum Anfange des 15. Jahrhunderts. Von **Gustav de Veer**...... Aus den Quellen dargestellt. Danzig. A. W. Kafemann. 1864; xx, 268 pp. et 6 pp. n. c. in-8. ✠

Renferme, pp. xvi-xviii : Verzeichniss der benutzten Werke (environ 124 art.).

1066. — The life of Prince **Henry of Portugal**, surnamed the navigator; and its results : comprising the discovery, within one century, of half the world. With new facts in the discovery of the Atlantic islands ; a refutation of French claims to priority in discovery; Portuguese knowledge (subsequently lost) of the Nile lakes; and the history of the naming of America. From Authentic Cotemporary Documents. By **Richard Henry Major**, F.S.A., F.R.S.L., etc.,...... Illustrated with portraits, maps, etc. London : A. Asher & Co.; and Berlin. 1868; 2 pp. n. c., lii et 487 pp. gr. in-8. ✠

Renferme, pp. 484-487 : List of principal books consulted (environ 120 art.).

Cette bibliographie ne se retrouve pas dans : The discoveries of Prince Henry the Navigator and their results; being the narrative of the discovery by sea, within one century, of more than half the world. By Richard Henry Major...... London : Sampson Low, Marston, Searle, & Rivington, 1877; x pp., 2 pp. n. c. et 326 pp. in-8. ✠

1067. — Diplomatische Geschichte des portugiesischen berühmten Ritters Martin Behaims. Aus Originalurkunden. Von **Christoph Gottlieb von Murr**..... Zweite, sehr vermehrte Ausgabe. Mit einer Kupfertafel. Gotha, Justus Perthes, 1801 ; 145 pp. in-8. ✠

Renferme, pp. 95-104 :..... ein Verzeichniss des ausländischen Schriftstellern, welche den Zeitraum erläutern, in welchem **Martin Behaim** lebte (environ 40 art.)

Cette bibliographie ne se trouve ni dans l'édition de 1778 (Nürnberg, bey Johann Eberhard Zeh; 144 pp. pet. in-8 ✠) ni dans la traduction française par le Citoyen H. J. Jansen [Strasbourg et Paris, Treuttel et Wurtz. An X (1802); VIII pp., 2 pp. n. c., 156 pp. et 2 pp. n. c. in-8 ✠].

1068. — Congrès international des américanistes — Compte rendu de la session Luxembourg 1877...... Luxembourg, Victor Brück; Paris, Maisonneuve & Cie, 2 vol. in-8. ✠

Renferme, t. I, pp. 397-534 : La découverte du Brésil par les Français, par **Paul Gaffarel**; p. 398 : Sur **Jean Cousin**, on peut consulter.... (4 art.).

* **1069**. — Divers voyages touching the discovery of America and the islands adjacent. Collected and published by Richard Hakluyt, Prebendary of Bristol, in the year 1582. Edited with notes and an Introduction by **John Winter Jones**, of the British Museum. London, printed for the Hakluyt Society, 1850; CXI, 171 et 6 pp. in-8. ✠

Renferme, pp. XLII-LXIII : « The names of certain late writers of Geographie, with the yeere wherein they wrote » et « The names of certaine late travaylers, both by sea and by lande, which also for the most part have written of their owne travayles and voyages (environ 114 articles de manuscrits et d'imprimés concernant 48 **voyageurs**, depuis **Ismail Ibn Ali Abulfeda** jusqu'à **Edward Heyes**).

* **1070**. — The commentaries of the great **Afonso Dalboquerque**, second viceroy of India. Translated from the Portuguese edition of 1774, With Notes and an Introduction by **Walter De Gray Birch**, F. R. S. L., senior assistant of the department of manuscripts in the British Museum... London, printed for the Hakluyt Society, 2 vol. in-8, 1875-1877. ✠

Renferme, t. I, pp. XLII-XLVI (To the reader), 19 articles.

1071. — Works issued by The Hakluyt Society. Select letters of Christopher Columbus, etc. M.DCCC.XLVII.

Sous-titre : — Select letters of **Christopher Columbus**, with other original documents relating to his four voyages to the New World. Translated and edited by R. H. Major, Esq. of the British Museum. London : printed for the Hakluyt Society. M.DCCC.XLVII; 8 pp. n. c., xc pp., 2 pp. n. c. et 240 pp. in-8. ✠

Renferme (introduction), pp. ii-viii :..... editions..... at present known (environ 10 art. relatifs à la première lettre de Christophe Colomb).

2ᵉ éd., *ibid.*, 1870; 8 pp. n. c., cxlii pp., 2 pp. n. c. et 254 pp. in-8 ✠ ; renferme, pp. cviii-cxlii : Bibliography (environ 12 art., pp. cviii-cxiv, se rapportant uniquement aux incunables).

1072. — The landfall of **Columbus** on his first voyage to America with a translation of the baron Bonefoux's history of his previous life also a chart showing his track from the landfall to Cuba and an outline of his subsequent voyages by **A. B. Becher**, Captain, R.N. F.R.A.S. Of the Hydrographic Office, Admiralty..... London : J. D. Potter, 1856; xxvi pp., 2 pp. n. c. et 376 pp. in-8. ✠

Renferme (Appendix), pp. 375-376 : Titles of some of the works referred to in the foregoing Pages (8 art.).

1073. — Nicolaus Syllacius De Insulis Meridiani atque Indici Maris Nuper Inventis. With a translation into English by the Rev. **John Mulligan**, A. M. New York, 1859 (102 ex..; *id.*, 1860, 152 ex.); xviii, 105 pp., 1 p. n. c. et lxii pp. in-f° et in-4. ✠

Renferme, pp. xxxv-lxii : Appendix B. Bibliographical notice of the early accounts of **Columbus'** voyages (29 art.; les ouvrages se trouvent dans la bibliothèque de feu **James Lenox**).

1074. — Lettre de Christophe Colomb sur la découverte du Nouveau-Monde, Publiée d'après la rarissime version latine conservée à la Bibliothèque impériale traduite en français, commentée et enrichie de notes puisées aux sources originales par **Lucien de Rosny**..... Paris. Jules Gay, 1865 ; 44. pp. in-8. ✠

Renferme, pp. 43-44 : Appendice bibliographique. Liste des principales éditions de la *lettre* de **Christophe Colomb** (environ 7 art.).

Extrait de la bibliographie américaine formant le t, I de a 2e série de la Revue Américaine publiée sous les auspices du Comité d'archéologie américaine.

★1075. — Notes on **Columbus**. New York Privately Printed MDCCCLXVI ; 4 pp. n. c., VIII et 228 pp. in-4. Cambridge : printed at the Riverside Press. ✠

Auctore H. **Harrisse** ; 99 exemplaires ; environ 253 articles.

1076. — Bibliography of Columbus' first letter. (75 copies printed, 50 of which only are for sale.)

Sous-titre : The bibliography of the first letter of **Christopher Columbus** describing his discovery of the new world. By **R. H. Major**, F.S.A., &c. Keeper of the Department of Maps and Charts in the British Museum, and Hon. Sec. of the Royal Geographical Society. London : Ellis & White, 1872 ; 4 pp. n. c., 61 pp. et 1 p. n. c. in-8. ✠

Renferme environ 12 art. se rapportant uniquement aux incunables.

1077. — **Columbus** : a bibliographical note from the Catalogue of the Ticknor Collection, now in press. Thirty copies printed. Boston : public library. 1876 ; 12 ff. gr. in-8 (en blanc au verso). ✠

Auctore **James Lyman Whitney** ; environ 60 art. ou groupes d'art. ; se retrouve, pp. 92-95 dans le catalogue de la collection Ticknor (v. *suprà*, n° 27).

1078. — **Amerigo Vespucci**. Hommage rendu à la justice, à la moralité et à la vérité historique en faveur d 1 nom Américain.

Sous-titre : — Amerigo Vespucci. Son caractère, ses

écrits (même les moins authentiques), sa vie et ses navigations, avec une carte indiquant les routes, par **F. A. de Varnhagen**, ministre du Brésil au Pérou, Chili et Ecuador, etc. Lima imprimerie du " Mercurio", 1865; 4 pp. n. c., 119 pp. et 1 p. n. c., pet. in-f°. ✠

Renferme, pp. 9-11 : § I. **Lettre de 1503**. — Etude bibliographique sur cette lettre (8 art.).

La deuxième partie de cet ouvrage est intitulée : Le premier voyage de Amerígo Vespucci définitivement expliqué dans ses détails par F, A. de Varnhagen...... ; v pp., 1 p. n. c. et 50 pp. pet. in-f°. ✠

Troisième et dernière partie du même ouvrage :

Nouvelles recherches sur les derniers voyages du navigateur florentin, et le reste des documents et éclaircissements sur lui. Avec les textes dans les mêmes langues qu'ils ont été écrits par F. A. de Varnhagen.....

En date de Vienne, janvier 1870 ; 2 pp. n. c., 57 pp. et 1 p. n. c. pet. in-f°. ✠

Renferme, p. 57 :... les éditions suivantes où il est question du mot *America* (7 art.).

★ **1079**. — The travels of **Ludovico di Varthema** in Egypt, Syria, Arabia Deserta and Arabia Felix, in Persia, India and Ethiopia, A. D. 1503 to 1508. Translated from the Italian edition of 1510, with a preface by **John Winter Jones**, Esq., F.S.A., And Edited, with notes and an introduction, by George Percy Badger... With a map. London : printed for the Hakluyt Society, 1863; 24 pp. n. c., cxxi, 7 pp. n. c. et 321 pp. in-8. ✠

Renferme, pp. III-XVI (Preface by the translator) : A list of the most important editions of this work (environ 24 art.).

★ **1080**. — Notes upon Russia : being a translation of the Earliest Account of that Country entitled Rerum Moscoviticarum Commentarii, by the Baron **Sigismund von Herberstein**, Ambassador from the Court of Germany to the grand prince Vasiley Ivanovitch in the years 1517 and 1526.

Translated and edited With notes and an Introduction by **R. H. Major**, of the British Museum. London, printed for the Hakluyt Society, 1851, 2 vol. in-8. ✠

Renferme, t. I, pp. iv-lxxxviii, une bibliographie consacrée à **Herberstein** et aux **voyageurs** (30) qui l'ont précédé (890-1504) ; pp. cxxxvii-cxlvii, une bibliographie des **Rerum Moscoviticarum Commentarii.**

1081. — **Lodovico Guicciardini,** Descrittione di tutti i Paesi Bassi. De oudste beschrijving der Nederlanden, in hare verschillende uitgaven en vertalingen beschwoud. Bibliographische studie door **P. A. M. Boele van Hensbroek** (Overgedrukt uit de Bijdragen en Mededeelingen van het Historisch Genootschap, gevestigd te Utrecht. I. Dl.). Gedrukt bij Kemink en Zoon te Utrecht; 92 pp. in-8 (1878). ✠

Décrit 33 éditions ou traductions des voyages de Guicciardini.

Extrait des *Bijdragen en Mededeelingen* de la société historique d'Utrecht.

1082. — The magazine of American history with notes and queries by John Austen Stevens Yorktown number January 1881. A. S. Barnes & Company. New York and Chicago; 80 pp. pet. in-4. ✠

Renferme, pp. 68-70 : Bibliography of **Verrazano** (par B. F. de Costa; environ 72 art.).

1083. — Letter of Hernando de Soto, and memoir of Hernando de Escalante Fontaneda. Translated from the Spanish, by **Buckingham Smith.** Washington: 1854; 67 pp. pet. in-f° ✠ (100 exemplaires).

Renferme, pp. 65-67 : Titles of books and other original writings that treat of the Expedition of **de Soto** (environ 11 art.).

1084. — Het kaartboek van **Abraham Ortelius.** ✠ *Auctore* **P. A. Tiele**; 39 pp. pet. in-8 (environ 32 art.).

Extrait de *Bibliographische Adversaria*, La Haye, novembre 1876?.

1085. — Petrus Martyr, der Geschichtsschreiber des Weltmeeres. — Eine Studie von **Hermann A. Schumacher**. — Mit einer Karte aus dem Jahre 1510. New-York: E. Steiger. Leipzig: B. Hermann. London : Sampson Low & Co. Madrid : J. Gaspar y Alba. Mailand : U. Hoepli. Paris : Hachette & Co. 1879; vii pp., 3 pp. n. c. et 152 pp. in-4. ✠

Renferme, pp. 85-152, un grand nombre d'indications bibliographiques relatives à Pierre Martyr, en particulier, pp. 86-89 : Biographien von **Petrus Martyr** (environ 19 art.).

★ **1086.** — The captivity of **Hans Stade** of Hesse, in A. D. 1547-1555, among the wild tribes of Eastern Brazil. Translated by Albert Tootal, Esq., of Rio de Janeiro, and annotated by Richard F. Burton. London, printed for the Hakluyt Society, 1874; 8 pp. n. c., xcvi et 169 pp. in-8. ✠

Renferme, pp. xcv-xcvi : Bibliography (21 art.; *auctore* **Clements Robert Markham**).

1087. — Voyage de Jacques Le Saige, de Douai à Rome, Notre-Dame-de-Lorette, Venise, Jérusalem et autres saints lieux. Nouvelle édition, Publiée par **H. R. Duthillœul**. Douai. Adam d'Aubers, imprimeur, 1851; xxv pp.; 3 pp. n. c., 219 pp. et 4 pp. n. c. in-4. ✠

Renferme, pp. v-xvi : **Jacques Le Saige** et les éditions de son livre.

1088. — **Henry Hudson** in Holland. An inquiry into the origin and objects of the voyage which led to the discovery of the Hudson River. With bibliographical notes. The Hague, The brothers Giunta d'Albani. 1859; 72 pp. in-8. ✠

Auctore **Hen. C. Murphy**. Renferme, pp. 66-72 : C. The Hudson tract of 1612, avec 6 indications bibliographiques.

★ **1089.** — **Henry Hudson** the navigator. The original documents in which his career is recorded collected, partly translated and annotated, with an introduction, by **G. M. Asher, LL. D.** London : printed for the Hakluyt Society,

1860; 4 pp., 10 pp. n. c., CCXVIII, 2 pp. n. c. et 292 pp. in-8. ✠

Renferme, pp. 258-278 : Bibliographical list, containing the books, maps, etc., etc., mentioned in the present work (environ 89 articles).

1090. — A true description of three voyages by the North-East towards Cathay and China, undertaken by the Dutch in the years 1594, 1595 and 1596, By **Gerrit de Veer**. Published at Amsterdam in the year 1598, and in 1609 translated into English by William Phillip. Edited by **Charles Beke**, Phil. D., F.S.A. London : printed for the Hakluyt Society, 1853 ; 6 pp. n. c., CLXII et 291 pp. in-8.✠

Renferme, pp. CXVIII-CXXXIX :.... various editions, abridgments, and summaries of **De Veer**'s work.... (environ 35 art.).

1091. — A list of the printed editions of the works of fray **Bartolomé de las Casas** Bishop of Chiapa Extracted from a Dictionary of Books relating to America by **Joseph Sabin**. New York, J. Sabin and Sons, 1870 ; 27 pp. gr. in-8 (63 art.). ✠

1092. — A List of the Editions of the works of **Louis Hennepin** and **Alonso de Herrera** Extracted from a Dictionary of Books relating to America By **Joseph Sabin** New York J. Sabin & Sons, 1876 ; 16 pp. in-8 (environ 50 art. dont 28 pour Hennepin et 22 pour Herrera). ✠

1093. — Band 12. Heft 7. Der Deutsche Pionier. — Erinnerungen aus dem Pionier-Leben der Deutschen in Amerika.... Cincinnati, Ohio : Herausgegeben vom Deutschen Pionier-Verein, in-8. ✠

Renferme (n° d'octobre 1880), pp. 268-270 : Abgekürztes Verzeichniss der **Hennepin** Ausgaben (41 art. ; *auctore* H. A. Raffermann).

★**1094.** — Bibliography of **Hennepin**'s works. By **John Gilmary Shea**. New York John G. Shea. 1880 ; 13 pp. in-8 (environ 36 art.). ✠

Cette bibliographie se retrouve, pp. 382-392 dans: A description of Louisiania, By Father Louis Hennepin, Recollect missionary. Translated from the edition of 1683, and compared with the Nouvelle Découverte, the La Salle documents and other contemporaneous papers. By John Gilmary Shea. New York: John G. Shea. 1880; 407 pp. gr. in-8. ✠

1095. — Cavelier De La Salle de Rouen par **Gabriel Gravier.** Paris, Maisonneuve et Cⁱᵉ, 1871; 123 pp. pet. in-4. ✠

Renferme, pp. 107-122: Bibliographie de **Cavelier de la Salle** (environ 89 art.).

1096. — Resources of the Pacific slope. A statistical and descriptive summary of the mines and minerals, climate, topography, agriculture, commerce, manufactures, and miscellaneous productions, of the States and Territories west of the Rocky Mountains. With a sketch of the settlement and exploration of Lower California. By J. Ross Browne, aided by a corps of assistants. New York: D. Appleton and Company, 1869; 678 et 200 pp. in-8. ✠

Renferme, *in fine*, pp. 1-200: A sketch of the settlement and exploration of Lower California. Historical Summary of Lower California from its discovery in 1532 to 1867: By **Alexander S. Taylor** (avec 4 art. de bibliographie concernant le P. **Francisco Javier Clavigero,** p. 165).

★ **1097.** — Bulletin de la Société de Géographie rédigé avec le concours de la section de publication par les secrétaires de la commission centrale. Sixième série. — Tome dix-septième. Année 1879. Janvier-Juin. Paris, Ch. Delagrave, 1879; 636 pp. in-8. ✠

Renferme, pp. 481-540 : **James Cook,** 27 octobre 1728-14 février 1779. Cartographie et bibliographie par James Jackson (10 et 417 art.).

1098. — Department of the Interior. United States Geological and geographical survey of the Territories. F. V. Hayden, U. S. Geologist-in-Charge. — An account of the various publications relating to the travels of **Lewis** and **Clarke**, with a commentary on the zoological results of their expedition. By Dr. **Elliott Coues** U.S.A. [Extracted from Bulletin of the geological and geographical survey of the territories, No. 6, second series.] Washington, February 8, 1876; 28 pp. in-8 numérotées 417-444. ✠

Renferme, pp. 417-430: An account of the various publications relating to the travels of **Lewis** and **Clarke** with a commentary on the zoological results of their expedition. By Dr. **Elliott Coues**, U.S.A. Part. I. Bibliographical (environ 18 art., 1806-1875).

1099. — The Humboldt library a catalogue of the library of Alexander von Humboldt with a bibliographical and biographical memoir By **Henry Stevens** GMB FSA etc London: Henry Stevens, 5th Nov. 1863; XII et 791 pp. gr. in-8 (11164 art.). ✠

Ouvrage inachevé; renferme, pp. 351-355, 49 art., n°⁸ 4723-4771, se rapportant aux travaux de **Friedrich Wilhelm Heinrich Alexander von Humboldt;** pp. 320-332, une liste des œuvres de ce voyageur, 153 art. n°⁸ 4563-4715.

★ **1100.** — Bibliografia della principessa **Elena Ghika Dora d'Istria** compilata da **Bartolomeo Cecchetti.** Venezia, tip. di P. Naratovitch, 1868; 35 pp. pet. in-4. ✠

Renferme, pp. 23-29 : Bibliografia della Principessa Dora d'Istria (1855-1868) (57 art.); pp. 31-35 : Biografia (56 publications concernant cette voyageuse).

La 7ᵉ éd. de ce travail se retrouve (environ 139 art. sous le titre : II. Bibliografia della principessa Dora d'Istria 1855-1873 — VII edizione), pp. 57-82 dans :

Bibliografia femminile italiana del XIX secolo per Oscar Greco. — Venezia presso i principali librai d'Italia, 1875; 533 pp. et 3 pp. n. c. pet. in-4. ✠

Une note de la p. 57 donne l'indication des éditions précédentes.

1101. — Die deutsche Schweiz und die Besteigung des Mönchs von der Gräfin **Dora d'Istria**. Verbesserte und vermehrte deutsche Originalausgabe. mit einer bibliographisch-iterarischen Notiz über **die Verfasserin**. Zürich, Meyer und Zeller, 1857; xxviii pp. in-8.

GÉNÉRALITÉS — DIVERS

1102. — Epitome de la Bibliotheca **oriental** i **occidental**, **Nautica** i **Geographica**. Al Excellentiss. Señor D. Ramiro Nuñez Perez Felipe de Guzman, Señor de la Casa de Guzman, Duque de Medina de las Torres, Marques de Toral i Monasterio, Conde de Parmacoello i Valdorce, Comendador de Valdepeñas, Gran Canciller de las Indias, Tesorero General de la Corona de Aragon i Consejo de Italia, Capitan de los cien Hijosdalgo de la guarda de la Real persona : Sumiller de Corps. Por el Licenciado **Antonio de Leon**, Relator del Supremo i Real Consejo de las Indias. Con Priuilegio. En Madrid, Por Iuan Gonzalez. Año de M.DCXXIX; 43 ff. n. c., 186 et xii pp., 1 f. n. c. pet. in-4. ✠

Renferme environ 1400 articles ainsi répartis : pp. 1-60 : Biblioteca **oriental** (430 art.); (pp. 46-49 : Titulo XII. Historias de la **Abasia** i **Etiopia** [27 art.]); pp. 60-136 : Biblioteca **occidental** (450 art.) pp. 137-152: Biblioteca **nautica** (145 art.); pp. 153-186 : Biblioteca **geografica** (280 art.); pp. i-xii : Appendice (95 art.).

1103. — Epitome de la Bibliotheca Oriental y Occidental, Nautica y Geografica : de Don **Antonio de Leon Pinelo**, del Consejo de su Mag. en la Casa de la Contratacion de Sevilla, y Coronista Maior de las Indias, añadido, y enmendado, nuevamente, en que se contienen los escritores de las **Indias Orientales**, y **Occidentales**, y Reinos convecinos **China, Tartaria, Japon, Persia, Armenia, Etiopia**, y otras partes..... Con privilegio. En Madrid, Francisco Martinez Abad, 3 vol. in-fº, 1737-1738. ✠

Réédition du précédent par **Andrés Gonzalez de Barcia Carballido y Zuniga.**

1104. — Bibliotheca historica. Instructa a B. Burcardo Gotthelf Struvio aucta a B. Christi. Gottlieb Budero nunc vero a Ioanne Georgio Meuselio ita digesta, amplificata et emendata, ut paene novum opus videri possit. Lipsiæ, apud Heredes Weidmanni et Reichium, 11 vol. in-8, 1782-1802. ✠

Renferme, vol. I, part. II : **Asie** ; vol. II : **Asie, Afrique;** vol. III : **Afrique, Amérique, Océanie, Grèce;** vol. IV: **Italie, Rome.**

1105. — Neueste Länder-und Völkerkunde. Ein geographisches Lesebuch für alle Stände. Weimar, Geographisches Institut, 22 vol. in-8, 1806-1821.

Renferme à la fin de la descriqtion de **chaque contrée** une bibliographie d'une importance variable par **Theophil Friedrich Ehrmann, Georg Hassel, Heinrich Schorch, Friedrich Ludwig Lindner, Christian Carl André.**

1106. — Allgemeine Encyklopädie der Wissenschaften und Künste in alphabetischer Folge von genannten Schriftstellern bearbeitet und herausgegeben von **J. S. Ersch** und **J. G. Gruber.** Mit Kupfern und Charten. Leipzig: F.A. Brockhaus, 154 vol. in-4, 1818-1880. ✠

Renferme une bibliographie à la fin de la plupart des articles **géographiques.**

1107. — Bibliotheca **historico-geographica** oder Verzeichniss aller brauchbaren, in älterer und neuerer Zeit, besonders aber vom Jahre 1750 bis zur Mitte des Jahres 1824 in Deutschland erschienenen Bücher über Geschichte, Geographie und Hülfswissenschaften, oder über Welt-, Völker-, Menschen-, Cultur-, Literatur-, Wissenschafts- und allgemeine Religionsgeschichte, Lebensbeschreibungen, politische und historische Erd-, Länder und Städtebeschreibungen, Statistik, Reisebeschreibungen, Völker-, Alterthums und allgemeine Bücherkunde, Mythologie, Chronologie,

Numismatik, Genealogie, Heraldik und Diplomatik. Herausgegeben von **Theodor Christian Friedrich Enslin**. Berlin und Landsberg a. d. W. 1825. Im Verlage des Herausgebers; ii, 398 pp. et 2 pp. n. c. in-8 (environ 8000 art.). ✠

1107 *bis*. — Die Geschichte der Methodologie der Erdkunde. In ihrer ersten Grundlage, vermittelst einer historisch-kritischen Zusammenstellung der Literatur der **Methodologie der Erdkunde**, bearbeitet von **Johann Gottfried Lüdde**.... Leipzig, J. C. Hinrichs, 1849; xiv et 130 pp. i-8 (387 art.). ✠

* **1108**. — Handbuch der Geographie und Statistik für die gebildeten Stände begründet durch Dr C. G. D. Stein und Dr Ferd. Hörschelmann, neu bearbeitet unter Mitwirkung mehrerer Gelehrten von Dr **J. E. Wappäus**. Siebente Auflage. Leipzig, 11 parties en 4 vol. gr. in-8 (9 vol. par pagination), 1855-1868. ✠

Renferme cartographie et bibliographie en tête des chaitres.

1109. — **Gaetano Branca**. Bibliografia geografica dei paesi **non europei**. Milano, 1865 ?.

* **1110**. — Bibliotheca **geographica**. Verzeichniss der seit der Mitte des vorigen Jahrhunderts bis zu Ende des Jahres 1856 in Deutschland erschienenen Werke über Geographie und Reisen mit Einschluss der Landkarten, Pläne und Ansichten. Herausgeben von **Wilhelm Engelmann**. Mit einem ausführlichen Sach-Register. Leipzig, Wilhelm Engelmann; Paris, Friedrich Klincksieck, 1857-1858 ; 1225 pp. en 2 parties gr. in-8, (environ 20 000 articles). ✠

1111. — M. Jules Geslin, 10, rue Toullier, à Paris, a réuni les titres d'environ 10 000 ouvrages publiés de 1865 à 1874, tant en France qu'à l'étranger, sur la **géographie**. Cette bibliographie qui fait en quelque sorte suite à la précédente, ne parait pas devoir être publiée. ✠

1112. — Bibliotheca orientalis, ou liste complète des livres, brochures, essais ou journaux publiés dans l'année sur l'histoire et la géographie, les religions, les antiquités, les littératures et les langues de l'**Orient**, par **Ch. Friederici**. Leipzig, Otto Schulze; London, Trübner and Co.; Paris, E. Leroux; New York, Westermann and Co. ✠

Aussi titre allemand et anglais; 5 fasciscule annuels : 1876, 1727 art.; 1877, 1654 art.; 1878, 2084 art.; 1879, 966 art.; 1880, 1007 art. relatifs à **l'Asie**, à **l'Afrique** et à **l'Océanie**.

1113. — Géographie. Voyages. Ethnographie. Vues et plans de villes. Histoire de la mission, etc. Catalogue d'une belle collection d'ouvrages relatifs à l'**Amérique** et aux **autres parties du monde** en vente aux prix marqués chez **T. O. Weigel**. Leipzig, 1877; 120 pp. in-8. (1774 art. dont 553 relatifs à l'Amérique). ✠

★ **1114.** — N° 154. Mars 1877. Livres anciens et modernes en vente aux prix marqués chez **Martinus Nijhoff** à la Haye, Raamstraat, 49. Géographie, ethnographie et histoire de l'**Asie**, de l'**Afrique**, de l'**Amérique** et de l'**Océanie**. La Haye, Martinus Nijhoff, 1877; 68 pp. in-8. ✠

Renferme 1267 articles; pp. 9-25 : Asie et le Lévant (*sic*) n°s 135-435; pp. 25-44 : Possessions néerlandaises aux Indes Occidentales, n°s 436-806; pp. 44-53 : Afrique, n°s 807-974; pp. 53-63 : Amérique, n°s 975-1194; pp. 63-65 : Océanie, n°s 1195-1225.

1115. — **Ch. Leclerc**. Catalogue d'une belle collection d'ouvrages relatifs à la géographie, à l'histoire et aux voyages des pays orientaux (**Asie, Afrique** et **Océanie**). Paris, Maisonneuve, in-8.

En préparation (novembre 1880); renfermera environ 2000 articles.

1116. — Catalogue of the manuscripts in the Spanish language in the British Museum by don **Pascual de Gayangos** London : printed by order of the trustees, 2 vol. gr. in-8, 1875-1877. ✠

Renferme, t. I, pp. 186-193: Descriptions of, and travels

through, **Spain** (7 art. ou groupes d'art.); t. I, pp. 340-405 : Provincial history and topography (environ 79 art. ou groupes d'art relatifs à l'**Espagne**); t. II, pp. 279-306 : Works and tracts relating to **Asia, Africa** and **America**, (29 art. ou groupes d'art. se rapportant aussi à l'**Océanie**); t. II, pp. 307-528 : Spanish settlements in **America** (environ 197 art. ou groupes d'art.).

★**1117**. — Elementos de jeografia física por **Diego Barros Arana**. Obra destinada a la enseñanza del ramo en el instituto nacional, i aprobada por la universidad. Segunda edicion, revisada i completada. Santiago, Raymond i Servat, 1874; xx et 362 pp. pet. in-4. ✠

Renferme, pp. xi-xx : Obras que han sido consultadas particularmente, i que pueden servir a los jóvenes que deseen esanchar sus conocimientos de **jeografía física** (environ 80 art.).

1118. — Lehrbuch der **alten Geographie** von Heinrich **Kiepert**. Berlin, Dietrich Reimer. 1878; xvi et 544 pp. in-8. ✠

Renferme, pp. 13-14: Neuere Litteratur (environ 8 art.).

1119. — Géographie du **moyen age**, étudiée par **Joachim Lelewel**. Accompagné d'atlas et de cartes dans chaque volume.... Epilogue. Bruxelles, Vᵉ et J. Pilliet. 1857; 4 pp. n. c., viii et 308 pp. in-8 (forme le tome V de la Géographie du moyen age, étudiée.... *ibid.*, 5 vol. in-8). ✠

Renferme, pp. 271-279: Cartes géographiques, atlas, ouvrages accompagnés de cartes, qu'en dernier lieu je réunis dans mon laboratoire (environ 175 art. ou groupes d'art. intéressant l'histoire de la cartographie géographique).

1120. — The world in the middle ages: an historical geography, with accounts of the origin and development, the institutions and literature, the manners and customs of the natives in Europe, Western Asia, and Northern Africa, from the close of the fourth to the middle of the fifteenth century. By **Adolphus Louis Kœppen**, professor of history and German literature in Franklin and Marshall College, Pennsylvania. Accompanied by complete historical and geographical indexes, and six colored maps from the historical atlas of Charles Spruner, LL.D., Captain of Engineers in the kingdom of Bavaria. New York: D. Appleton and Company, London, 1854; 4 pp. n. c., 282 pp. gr. in-4 et 6 cartes. ✠

Renferme, p. 214: List of authors on the History and **Geography of the Middle Ages,** whose Works have been consulted in the compilation of the present Manual (environ 70 auteurs).

Cette liste se retrouve pp. 783-786 dans une autre édition du même ouvrage *ibid.*, New York, 1854, 2 vol. ensemble XVIII et 851 pp. in-8. ✠

1121. — Geographisches Jahrbuch. IV. Band 1872. Unter Mitwirkung.... herausgegeben von E. Behm. Gotha. Justus Perthes. 1872; VI, 554 et 4 pp. pet. in-8 carré. ✠

Renferme, pp 212-272: Einblick in die Literatur zur Geschichte der Erdkunde zur **Historischen Erdkunde** und zur Kulturgeographie (environ 115 art. ou groupes d'art.; *auctore* **Julius Spörer**); pp. 542-552: Anhang. Nachtrag zu J. Spörer: " Zur historischen Erdkunde ", Abschnitt IV, s. 214-272 (environ 43 art. ou groupes d'art.).

1122. — Geschichte und Litteratur der **Geognosie**, ein Versuch von **Chistian Keferstein**. Halle, Johann Friedrich Lippert, 1840; XIV et 281 pp. in-8 (environ 3000 art.). ✠

1123. — **Geognostische** Karten unseres Jahrhunderts Zusammengestellt von **Bernhard Cotta**, Professor der Geognosie in Freiberg. Freiberg, J. G. Engelhardt, 1850; 60 pp. in-8 (571 articles). ✠

1124. — Anzeiger für Bibliographie und Bibliothekwissenschaft Jahrgang 1850. Herausgegeben von Dr. **Julius Petzholdt**,..... Halle, H.W. Schmidt. 1851; 2 pp. n. c., 373 pp. et 1 p. n. c. in-8. ✠

Renferme, pp. 288-295 : **Geognostische** Karten unseres

Jahrhunderts. Zusammengestellt von Bernhard Cotta....;
pp. 291-295 : Nachträge und Ergänzungen (environ 73 art.).

1125. — Beiträge zur Geschichte der Geologie von **Bernhard von Cotta**. — Erste Abtheilung : Geologisches Repertorium. Leipzig, J. J. Weber, 1877. ✠

Sous-titre : Geologisches Repertorium mit einem vollständigen Index ; VIII, 2 pp. n. c. et 400 pp. in-8.

Renferme, pp. 10-346 : Literatur der **Geologie** (environ 3000 art.; 1546-1876); pp. 396-400 : Nachtrag. In den Monaten November und December 1876, nach Abdruck des Index, erschienen ferner (52 art.).

1126. — Bibliotheca rerum **metallicarum**. Verzeichniss der bis Mitte 1856 in Deutschland über Bergbau, Hütten- und Salinenkunde und verwandte Zweige erschienenen Bücher Karten und Ansichten. Mit Sachregister. Zweite verbesserte und vermehrte Auflage. Eisleben, Georg Reichardt, 1857; XXXII et 164 pp. pet. in-8 (environ 2000 articles). ✠

La 1ʳᵉ éd. a paru en trois fascicules, 1840, 1841, 1852.

La 3ᵉ éd., Eisleben, 1864, XXIV et 111 pp., comprend environ 1200 articles dont 9 pour l'article : Reisen, p. XXII, et 64 pour l'article : Karten und Abbildungen, pp. 104-110. ✠

1127. — Explication d'une seconde édition de la **Carte géologique de la terre**, par Jules Marcou. Zurich, J. Wurster et Co.; London, Edward Stanford; Paris, F. Savy; Milan, Naples, Pise, Ulrico Hoepli, 1875; 224 pp. in-4. ✠

Renferme, pp. 217-222 : Liste des auteurs cités (env. 630).

1128. — A description of active and extinct volcanos, of earthquakes, and of thermal springs; with remarks on the causes of these phenomena, the character of their respective products, and their influence upon the past and present condition of the globe. By **Charles Daubeny**, M.D., F.R.S..... Second edition, greatly enlarged. London : Richard and John E. Taylor, 1848; XXIII pp., 1 p. n. c. et 743 pp. in-8. ✠

Renferme, pp. 729-741 : Works relating to **Volcanos**

(bibliographie d'environ 382 auteurs); p. 742 : **Earthquakes** (25 auteurs); pp. 742-743 : **Thermal waters** (23 auteurs); p. 743 : **Pseudovolcanic phænomena** (8 auteurs).

1129. — Bibliographie **séismique** par M. Alexis Perrey (3376 articles).

Se trouve dans : Mémoires de l'Académie impériale des sciences, des arts et des lettres de Dijon. Section des sciences, 1855, pp. 1-112; 1856, pp. 182-253; 1861, pp. 87 192; 1862, pp. 2-53. ✠

1130. — Illustrations of the earth's surface. **Glaciers**. By **Nathaniel Southgate Shaler**, professor of palæontology, and **William Morris Davis**, instructor in Geology, in Harvard University. Boston : James R. Osgood, and Company, 1881 ; vi et 196 pp. gr. in-4 (plus 25 planches accompagnées d'autant de feuilles de texte). ✠

Renferme, pp. 177-191 : List of works on glaciers and glaciation (environ 709 art. dont 62 pour les périodiques, 49 pour les régions arctiques, 34 pour les régions antarctiques, 191 pour l'Amérique du Nord et 373 pour l'Europe).

1131. — Thesaurus literaturae botanicae omnium gentium inde a rerum botanicarum initiis ad nostra usque tempora, quindecim millia operum recencens. Curavit **G. R. Pritzel**. Lipsiae : F. A. Brockhaus, 1851 ; viii et 547 pp. in-4. ✠

Renferme, pp. 392-397 : **Itinera** (environ 410 art.); pp. 398-400 : **Geographia plantarum** (environ 184 art.); pp. 400-420 : **Florae** (environ 1750 art. rangés par ordre géographique).

— *Idem, ibid.*, 1872 ; iv, 576 et 2 pp. n. c. in-4. ✠

Continué par Karl Jessen; renferme pp. 458-506 : **Botanica geographica** (environ 4000 art.).

1132. — **Tropical** agriculture. A treatise on the culture, preparation, commerce, and consumption of the principal products of the vegetable kingdom. By **P. L. Sim-**

monds, F.R.C.I.,.... London, New York : E. & F.N. Spon, 1877; xvi et 515 pp. in-8. ✠

Renferme, pp. xv-xvi: Bibliography (environ 61 art. intéressant les pays qui produisent le thé, le café, la canne à sucre, etc.).

1133. — Library of Harvard University. Bibliographical Contributions. Edited by Justin Winsor, librarian. No. 9. The **floras** of **different countries**. By George Lincoln Goodale, professor of botany in Harvard University. Republished from the Bulletin of the Library of Harvard University, Numbers 10, 11, and 12. Cambridge, Mass. : University press; John Wilson and Son. 1879; 12 pp. in-4 (environ 274 art. rangés par ordre géographique). ✠

***1134.** — Geographisches Jahrbuch II. Band, 1868. Unter Mitwirkung von..... herausgegeben von E. Behm.... Gotha. Justus Perthes. 1868; viii, 488 et cxiv pp. pet. in-8 carré. ✠

Renferme, pp. 220-250 : Bericht über die Fortschritte unserer Kenntniss von der **geographischen Verbreitung der Thiere**. Von Ludwig K. Schmarda (avec une bibliographie d'environ 245 art., pp. 238-250).

* — *Idem*, 1870, renferme, pp. 211-268 : *idem* (environ 269 art.). ✠

* — *Idem*, 1872, renferme, pp. 58-120 : *idem* (environ 250 art.). ✠

* — *Idem*, 1874, renferme, pp. 97-143 : *idem* (environ 258 art.). ✠

* — *Idem*, 1876, renferme, pp. 65-146 : *idem* (environ 355 art.). ✠

* — *Idem*, 1878, renferme, pp. 76-163 : *idem* (environ 249 art.). ✠

* — *Idem*, 1880, renferme, pp. 147-206 : *idem* (environ 183 art.). ✠

1135. — Recherches bibliographiques sur les **pronostics du temps**. (Extrait du Bulletin du Bibliophile belge, t. VI, p. 335-340.) Bruxelles, typ. Sacré- Savary et Cⁱᵉ. 1849 ;

8 pp. in-8 (environ 15 art. ; *auctore* **Xavier Heuschling**). ✠

★ **1136**.—The Journal of the Royal Geographical Society. Volume the twenty-fifth 1855. Edited by Norton Shaw. London, John Murray; cxxxii et 346 pp. in-8. ✠

Renferme, pp. 291-328 : XXI. A Chronological Table comprising 400 Cyclonic Hurricanes which have occurred in the West-Indies and in the North Atlantic within 362 years from 1493 to 1855; with a Bibliographical List of 450 Authors, Books, etc. and Periodicals, where some interesting accounts may be found especially on the West and East Indian **Hurricanes**. By **Andrés Poey**, Esq., of Havanna. Communicated by Dr. Shaw.

Bibliographie d'environ 450 art., pp. 313-328, traduite en français par M. le Commandant Le Gras et publiée en 1862 par le Dépôt des cartes et plans du Ministère de la Marine (n° 348). Paris, Bossange.

1137.—Bibliographie cyclonique. Catalogue comprenant 1008 ouvrages, brochures, écrits qui ont paru jusqu'à ce jour sur les ouragans et les **tempêtes** cycloniques, Par **André Poëy**, Directeur de l'Observatoire physico-météorologique de la Havane..... 2ᵉ éd., corrigée et considérablement augmentée (Extrait des *Annales hydrographiques* 1865). Paris, impr. adm. de Paul Dupont, 1866; 96 pp. in-8. ✠

Se retrouve dans : Annales hydrographiques. Tome vingt-huitième. Année 1865. Paris, 1866, pp. 305-396. ✠

1138. — Le journal „ Scientific Roll and Magazine of Systematized Notes " conducted by **Alexander Ramsay**, London, Bradbury, Agnew and Co., renferme, dans son premier numéro (1881), une bibliographie de la **climatologie**.

★ **1139**. — Recueil de rapports sur les progrès des lettres et des sciences en France. Rapport sur les progrès de l'**anthropologie**, par M. de Quatrefages, membre de l'Institut, professeur au Museum. Publication faite sous les auspices du Ministère de l'instruction publique. Paris, imp. impériale, 1867; 570 pp. in-4. ✠

Renferme, pp. 528-564 : Indications bibliographiques (environ 425 art.).

1140. — Sitzungsberichte der kaiserlichen Akademie der Wissenschaften. Mathematisch-naturwissenschaftliche Classe. Zweiundzwanzigster Band. Wien, in Commission bei Karl Gerold's Sohn. 1857. ✠

Sous-titre : — Sitzungsberichte...., Jahrgang 1856. Heft I-III....., ; vii et 751 pp. gr. in-8.

Renferme, pp. 561-568 : Ueber die geologischen Karten Europa's und über grosse geologische Karten überhaupt. Von dem w. M. Dr. **A Boué**; p. 568, l'indication d'environ 14 cartes **nosologiques**.

1141. — Dictionnaire encyclopédique des sciences médicales publié sous la direction de MM. les docteurs Raige-Delorme et A. Dechambre par MM. les docteurs Axenfeld... Paris, P. Asselin, Sr de Labé; Victor Masson et fils. Tome premier A-ADE, 1864; xlviii et 759 pp. gr. in-8. ✠

En cours de publication; 52 1/2 volumes parus; aura environ 80 volumes ; renferme à la fin de la plupart des articles concernant la géographie une bibliographie **géographique** et médicale

1142. — Index-catalogue of the library of the surgeon-general's office, United States army. Authors and subjects. Vol. I. A - Berlinski. With a list of abbreviations of titles of periodicals indexed. Washington : government printing office 1880; vi et 880 pp. in-4 (18090 art.). ✠

Auctore **John Shaw Billings** en collaboration avec **Henry Crissey Yarrow** et **James R. Chadwick**. Renferme de nombreuses indications bibliographiques intéressant la **géographie médicale**.

1143. — The statesman's year-book statistical and historical manual of the states of the civilized world for the year 1881 by **Frederick Martin** eighteenth annual publication revised after official returns London Macmillan and Co. 1881; xxxvi et 784 pp. in-8. ✠

Renferme à la fin des notices **statistiques de chaque pays** : Books of reference (environ 1465 art.; publications officielles et non officielles).

Périodique annuel depuis 1864.

1144. — Bijdragen tot de taal- land- en volkenkunde van Nederlandsch-Indië. Uitgegeven door het koninklijk instituut voor de taal- land- en volkenkunde van Nederlandsch-Indië. Vierde volgreeks. Vierde deel. 3ᵉ stuk. 'S Gravenhage, Martinus Nijhoff. 1880: pp. 373-564, in-8. ✠

Renferme : pp. 482-511 : Akademische verhandelingen over koloniale onderwerpen; pp. 487-508 : Nu volge mijne lijst (*auctore* J. K. W. Quarles van Ufford; 153 art. relatifs aux **colonies de toutes les nations**).

1145. — Egli Nomina geographica.

Sous-titre : Nomina geographica. Versuch einer allgemeinen geographischen **onomatologie** von Dr. J. J. Egli privatdocent an der Universität und dem eidg. Polytechnicum in Zürich. Leipzig. Friedrich Brandstetter, 1872; vii, 283 et 644 pp. gr. in-8. ✠

Renferme, pp, 1-12 : Literatur (environ 304 art.) et pp. 282-283 : Zusätze und Berichtigungen (environ 25 art.)

ADDENDA

1146. — Collection des guides-Joanne. Itinéraire descriptif historique et artistique de l'Espagne et du Portugal par **A. Germond de Lavigne** de l'Académie espagnole. Troisième édition revue et complétée contenant une carte routière...... Paris, Hachette et Cie, 1880; 4 pp. n. c., CXL et 740 pp. in-8. ✠

Renferme, pp. CXXXIV-CXXXVI : Bibliographie. Principaux ouvrages consultés. **Espagne** (environ 82 art.), **Portugal** (environ 25 art.).

1147. — Bibliografía mineral **hispano-americana**.

Sous-titre :. Apuntes para una biblioteca española de libros, folletos y artículos, impresos y manuscritos, relativos al conocimiento y explotacion de las riquezas minerales y á las ciencias auxiliares. Comprenden la mineralogía y geología en todas sus aplicaciones; la hidrogeología; la química analítica, docimástica y metalúrgica; la legislacion y estadística mineras; memorias é informes acerca de estos ramos del saber humano, concernientes á la península y á nuestras antiguas y actuales posesiones de ultramar. Acompañados de reseñas biográficas y de un ligero resúmen de la mayor parte de las obras que se citan, por D. **Eugenio Maffei** y D. **Ramon Rua Figueroa**, ingenieros del cuerpo de minas. Madrid : imprenta de J. M. Lapuente, 1872, 2 vol. in-8 (4996 art.). ✠

1148. — Bibliografía militar de **España** por el Excmo. Señor D. **José Almirante** brigadier de ingenieros. Madrid, imprenta y fundicion de Manuel Tello, 1876; CXXX pp., 2 pp. n. c. et 988 pp. in-4. ✠

Renferme, pp. 958-959 : Geografía (environ 275 art.).

1149. — Ensayo de un catálogo sistemático y crítico de algunos libros, folletos y papeles así impresos como manuscriptos que tratan en particular de **Galicia** por Don José **Villa-Amil y Castro**..... Madrid, imp. T. Fortanet, 1875 ; XXIV, 309 pp. et 2 pp. n. c. in-8 (528 art. dont 96 pour la géographie, n°s 40-135, pp. 18-70). ✠

1150. — Ministero d'agricoltura, industria e commercio. Ufficio Centrale di Statistica — Bibliografia statistica **italiana** compilata per occasione della IX sessione del congresso internazionale di statistica. Roma, regia tipografia. 1876 ; 84 pp. in-8 (environ 911 art.). ✠

Renferme, pp. 16-22 : III. Geografia statistica e condizioni naturali dei paesi (environ 64 art.).

1151. — Collection des guides-Joanne. Itinéraire descriptif, historique et archéologique de l'Orient par le Dr **Emile Isambert**…. Première partie. **Grèce** et **Turquie d'Europe** contenant 11 cartes et 23 plans. Deuxième édition. Paris, Hachette et Cie, 1873; 4 pp. n. c., LXXXIII pp., 1 p. n. c. et 1084 pp. pet. in-8. ✠

Renferme, pp. LXXVII-LXXXIII : Bibliographie (environ 216 art.).

1152. — Repertorium ad literaturam **Daciæ** archæologicam et epigraphicam composuit **Carolus Torma** edidit commissio acad. scient. hung. archæologica. Budapest typis societatis Franklin 1880. ✠

Sous-titre : Repertórium **Dacia** régiség-és felirattani irodalmához összeallitotta **Torma Károly** kiadta a m. tud. akadémia archæologiai bizottsága Budapest Franklin-társulat nyomdája 1880 ; XXIX pp., 3 pp. n. c. et 191 pp. in-8. (1288 art.).

1153. — Краткій статистическій и библіографическій обзоръ литературы русскаго отечествовѣдѣнія за 1859-1868 гг. Составилъ В. И. Межовъ. Court aperçu statistique et bibliographique des ouvrages relatifs à la connaissance de la **patrie russe**, pour les années 1859-1868. Par **V. I. Méjoff**. Saint-Pétersbourg, imp. Bézobrazoff, 1870 ; 26 pp. in-8 (environ 259 art., pp. 15-24). ✠

1154. — Библіографическій указатель книгъ и журнальныхъ статей относящихся до Южно-Русскаго края. Съ 1858-1860 гг. (**V. I. Mejoff**. Indicateur bibliographique des livres et articles de journaux relatifs à la **Russie méridionale** 1858-1860) s. a. a. l. (St-Pétersbourg, 1861?); 27 pp. in-8 (332 art.). ✠

1155. — Библографія вопроса объ улучшеніи быта

помѣщичьихъ крестьянъ въ Южнорусскомъ краѣ. Съ 1857-1860 г. (Bibliographie de la question de l'amélioration du sort des paysans appartenant aux propriétaires fonciers dans la **Russie méridionale**. De 1857 à 1860. Saint-Pétersbourg, 1861) (Environ 60 art.; *auctore* **Vl. Méjoff**). ✠

1156. — Erläuterungen zur Wandkarte von **Asien**. Entworfen und gezeichnet von Dr **Josef Chavanne**. Mit drei Karten enthaltend 1. Die Haupt-Stromgebiete Asiens. Die Wärmevertheilung in Asien. 2. Vertheilung von Wald, Steppe und Wüste in Asien. Die Regenzonen und Vertheilung des Niederschlages. 3. Uebersicht der wichtigsten und neuesten Reiserouten. Wien. 1881. Eduard Hölzel; 17 pp. in-8. ✠

Renferme, pp. 4-16 : ... benützte Quellenmaterial (environ 92 noms d'auteurs et 280 art. de cartes).

* **1157.** — Catalogue de livres orientaux et d'ouvrages relatifs à l'Orient en vente aux prix marqués chez **A. Asher & Co.** à Berlin. Berlin, A. Asher & Co. (Albert Cohn & D. Dollin) 1863; 2 pp. n. c., 44 pp. et 6 pp. n. c. in-8 (730 et 96 art.). ✠

Renferme, pp. 33-44 : Ouvrages relatifs à l'**Orient** (192 art. nos 539-730).

1158. — Mémoires de la société géologique de France — Deuxième série. — Tome septième. III. Géologie de l'ile de **Chypre** par M. **Albert Gaudry**. Paris, au local de la société et chez F. Savy, 1862; 166 pp. numérotées 149-314, 39 planches et carte, in-4. ✠

Renferme, pp. 151-154 : Bibliographie (environ 28 art.).

* **1159.** — **Cyprus**; its resources and capabilities, with hints for tourists. By **E. G. Ravenstein**, F.R.G.S., F.S.S. With maps and plans. London, Liverpool, George Philip & Son, 1878; 55 pp. pet. in-8. ✠

Renferme, p. III : Readers... will find the following works of special service (7 art.).

* **1160.** — Mémoire analytique sur la carte de l'**Asie**

Centrale et de l'**Inde**, construite d'après le Si-yu-ki (mémoires sur les contrées occidentales) et les autres relations chinoises des premiers siècles de notre ère, pour les voyages de Hiouen-Thsang dans l'Inde, depuis l'année 629 jusqu'en 645 par M. **Vivien de Saint-Martin**. Paris. Imprimé par autorisation de l'empereur à l'imprimerie impériale. 1858; 4 pp. n. c. et 178 pp. in-8. ✠

Renferme, pp. 4-6 : ... la liste de celles (des cartes) qui nous ont principalement servi à établir le tracé de la nôtre (7 art.).

* **1161**, — General report on the operations of the great trigonometrical survey of India during 1872-73, Prepared for submission to the Government of India. By Colonel J. T. Walker, R.E., F.R.S., &c. Superintendent of the Survey. Dehra Doon : printed at the office of the Superintendent G. T. Survey. M. J. O'Connor. 1873; 34, 78 et xiii pp. gr. in-4. ✠

Renferme, pp. i-xiii : Notes on the Maps of **Central Asia** and **Turkestan**, which have been compiled and published in the Office of the Great Trigonometrical Survey of India, under the superintendence of Colonel **J. T. Walker**, R.E. (p. ii, 6 art.; pp. iv-v, 28 art.).

1162. — Collecção de monumentos ineditos para a historia das conquistas dos Portuguezes, em Africa, Asia e America publicada de ordem da classe de sciencias moraes e politicas, e bellas lettras da academia real das sciencias de Lisboa e sob a direcção de Rodrigo José de Lima Felner socio effectivo da mesma academia. Obra subsidiada pelo governo de Portugal.

Sous-titre : — Lendas da **India** por Gaspar Correa publicadas de ordem da classe de sciencias moraes, politicas e bellas lettras de academia real das sciencias de Lisboa e sob a direcção de **Rodrigo José de Lima Felner**..... Lisboa na typographia da academia real das sciencias; 4 vol. in-4, 1858-1861. ✠

Renferme (tomo I, livro primeiro, noticia preliminar), p. xxvi : Os livros portuguezes impressos, concernentes á Historia da **India** de que Gaspar Correa poderia ter tido conhecimento.... (environ 13 art.).

1163. — Journal of the Asiatic society of Bengal. Vol. XLII. Part I. (History, Literature, &c.) (Nos. I to IV. — 1873 : with ten plates.) Edited by The Honorary Secretaries. Calcutta : Printed by G. H. Rouse, Baptist Mission Press. 1873 ; iv pp., 4 pp. n. c., 364, xxxvi et 8 pp. gr. in-8. ✠

Renferme (n° III), pp. 193-208 : Authorities for the History of the **Portuguese in India**. — By T. W. Tolbort, B.C.S. (environ 100 art., 1498-1663).

1164. — Bulletin du comité agricole et industriel de la Cochinchine —Troisième série — Tome premier. Numéro II — Année 1879. Paris, imp. Victor Goupy et Jourdan. ✠

Renferme, pp. 247-317 : Bibliographie **annamite**. Livres, recueils périodiques, manuscrits, cartes et plans parus depuis 1666 publiée par le Comité agricole et industriel de la Cochinchine — Nota. — Ce travail est le complément et la suite de la *Bibliographie annamite*, par M. Barbié du Bocage (Paris, Challamel) qui s'arrête en 1865 (environ 1000 art.).

1165. — Collection des guides Joanne. Itinéraire descriptif, historique et archéologique de l'Orient par le Dr Emile Isambert..... Deuxième partie Malte, **Egypte**, **Nubie**, **Abyssinie**, Sinaï contenant 6 cartes, 19 plans et 4 gravures. Deuxième édition. Paris, Hachette et Cie, 1878 ; liv pp., 2 pp. n. c. et 771 pp. in-8. ✠ — :

Renferme, pp. xlix-lii : Bibliographie (environ 109 art.).

1166. — A Geological Map of the United States and the British provinces of North America ; with an explanatory text....... by **Jules Marcou**. — Boston : Gould & Lincoln, 1853 ; x et 92 pp. gr. in-8.

Renferme, pp. 89-92 : Appendix B. List of books on the Geology of **North America** (67 art.).

★ **1167**. — Bulletin de la société géologique de France. Tome Douzième. Deuxième Série. 1854 à 1855. Paris, au lieu des séances de la société. 1855; 1363 pp. et 2 pp. n. c. in-8. ✠

Renferme, pp. 813-936 : Résumé explicatif d'une carte géologique des États-Unis et des provinces anglaises de l'**Amérique du Nord**, avec un profil géologique allant de la vallé du Mississipi aux côtes du Pacifique, et une planche de fossiles, par **Jules Marcou**; pp. 930-936 : Liste des livres et mémoires qui ont été consultés pour faire ce travail et auxquels je renvoie comme références (environ 111 art.).

Tirage à part, 1856; 124 pp. in-8.

1168. — Geology of North America; with two Reports on the prairies of Arkansas & Texas, the Rocky Mountains of New Mexico, and the Sierra Nevada of California by **Jules Marcou**. Zurich, Zürcher and Furrer, and Paris, F. Klincksieck, 1858; VIII et 144 pp. gr. in-4.

Renferme (Chapter X), pp. 122-143 : List of Maps and memoirs on the geology of **North America** (349 art.).

1169. — M. le Dr Pfaff, de Copenhague, doit publier prochainement une bibliographie du **Groenland danois**.

★ **1170**. — La nueva línea de fronteras. Memoria especial presentada al H. Congreso Nacional por el ministro de la guerra. Dr. D. Adolfo Alsina, 1877. Buenos Aires, Imprenta del Porvenir, 1877; 160, XXXI, 373 et 2 pp. gr. in-8. ✠

Renferme, p. 306 : Los materiales que han servido de base á la construccion del plano mencionado son los siguentes (4 art. de cartes des frontières méridionales de la République **Argentine**; *auctore* Jórdan **Wysocki**).

★ **1171**. — Portulan de la mer Noire et de la mer d'Azov

ou description des côtes de ces deux mers à l'usage des navigateurs. Par **E. Taitbout de Marigny**. Odessa. Imprimerie de la ville. 1830; 4 pp. n. c., v, viii et 170 pp. pet. in-8. ✠

Renferme, p. 11 : Cartes dressées à différentes époques pour la navigation de la **mer Noire** (4 art.).

1172. — Les grands hommes de la **France. Navigateurs**. Par Ed. Gœpp..... et E. L. Cordier. 3ᵉ édition revue et corrigée accompagnée de deux cartes imprimées en couleur. Bougainville. La Pérouse. D'Entrecasteaux. Dumont-d'Urville. Paris, P. Ducrocq, 1878; 413 et 3 pp. n. c. in-8. ✠

Renferme, pp. 403-413 : Bibliographie (environ 77 art.).
Idem, 1873, *ibid.*, 421 pp. in-8 et 425 pp. gr. in-8.
Idem, 1874, *ibid.*, 381 pp. in-8.

1173. — Библіографія еврейскаго вопроса въ Россіи, съ 1855 по 1875 годъ. Составилъ В. И. Межовъ. Отдѣльные оттиски изъ « Еврейской библіотеки ». (Bibliographie de la question **juive** en Russie de 1855 à 1875. Par **V. I. Méjoff**. Tirages à part de la « Bibliothèque Juive ») St.-Pétersbourg, imp. A. E. Landau, 1875; 69 pp. in-8 (environ 1500 art.). ✠

Renferme, pp. 59-68 : VII. географія, этнографія и статистика (environ 229 art.).

1174. — Essai sur l'histoire de la **cosmographie** et de la **cartographie** pendant le moyen-age, et sur les progrès de la géographie après les grandes découvertes du XVᵉ siècle, pour servir d'introduction et d'explication à l'atlas composé de mappemondes et de portulans, et d'autres documents géographiques, depuis le VIᵉ siècle de notre ère jusqu'au XVIIᵉ par le vicomte **de Santarem** ... Tome troisième. Paris, impr. Maulde et Renou, 1852; lxxvi et 647 pp. in-8. ✠

Renferme, pp. 565-646 : Table méthodique et raisonnée par ordre alphabétique des auteurs et des matières.

1175. — Bibliographie des siences médicales Bibliographie—Biographie—Histoire—Epidémies—Topographie—Endémies par **Alphonse Pauly**, de la Bibliothèque nationale, chargé du Catalogue des Sciences médicales. Dédié à l'association générale des médecins de France. Paris, Tross, 1874; 4 pp. n. c., 879 pp. à 2 col. numérotées 1-1758 et environ 68 pp. n. c. gr. in-8. ✠

Renferme, col. 1325-1360 : Histoire des épidémies limitées à certaines localités (environ 227 art.); col. 1367-1411 : Epidémies de peste limitées à certaines localités (environ 334 art.); col. 1413-1419 : Epidémies de suette limitées à certaines localités (environ 39 art.); col. 1420-1425 : Epidémies de typhus limitées à certaines localités (environ 33 art.); col. 1431-1454 : Epidémies de fièvre jaune limitées à certaines localités (environ 184 art.); col. 1467-1556 : Epidémies de choléra limitées à certaines localités (environ 645 art.); col. 1555-1758 : **Géographie médicale** (environ 1527 art.).

1176. — Etudes géologiques sur les **Baléares**. Première partie Majorque et Minorque par **Henri Hermite** Paris F. Savy 1879; 362 pp. in-8. ✠

Renferme, pp. 355-357 : Index bibliographique (23 art.)

1177. — Bibliographie des ouvrages relatifs aux Pélerinages, aux Miracles, au Spiritisme et à la Prestidigitation imprimés en France et en Italie l'an du Jubilé 1875. Turin **Jean Gay** 1876; 70 pp. pet. in-4 (format in-12); 300 ex. ✠

Renferme, pp. 7-48 : Bibliographie des ouvrages relatifs aux **pélerinages** et aux miracles (environ 252 art.); pp. 54-70 : Bibliographie des ouvrages relatifs au spiritisme et à la prestidigitation (environ 86 art.).

TABLE DES MATIÈRES[1]

Europe

Nombre d'articles	SUJETS	Numéros des articles
24	Europe en général	1-24
3	Péninsule ibérique	25-27
12	Portugal	28-39
13	Espagne	40-52
7	Pyrénées	53-59
3	Colonies françaises	60-62
16	Alpes, glaciers, Vaudois, Tessin	63-78
20	Italie en général	79-98
12	Italie du nord	99-110
53	Italie péninsulaire, îles voisines de l'Italie	111-163
3	Malte	164-166
20	Grèce, Turquie, etc.	167-186
19	Pays slaves méridionaux	187-205
12	Orient autrichien	206-217
56	Russie	218-273
5	Silésie, Lusace	274-278
15	Pays scandinaves	279-293
10	Danemark, Islande	294-303
5	Suède	304-308
3	Norvège	309-311
40	Pays-Bas	312-351
2	Colonies anglaises	352-353

Asie

Nombre d'articles	SUJETS	Numéros des articles
14	Asie, Orient, en général	354-367
11	Asie Mineure, Chypre, Syrie	368-378
60	Palestine, Sinaï	379-438
3	Assassins, Druses	439-441
3	Arabie	442-444
2	Assyrie	445-446

---

[1] Les colonies sont le plus souvent réunies à la métropole.

8	Caucase..	447-454
17	Iran, Touran, Asie centrale........................	455-471
20	Inde...	472-491
6	Inde transgangétique.................................	492-497
20	Chine...	498-517
8	Japon...	518-525
6	Sibérie...	526-531

Afrique

10	Afrique en général...................................	532-541
4	Afrique occidentale..................................	542-545
39	Afrique septentrionale..............................	546-584
7	Afrique orientale.....................................	585-591
12	Iles voisines de l'Afrique...........................	592-603

Amérique

129	Amérique en général (géologie, 723-727).....	604-732
1	Catalogues de ventes................................	733
5	Alaska, Groenland....................................	734-738
11	Possessions anglaises de l'Amérique du nord.	739-749
21	États-Unis en général................................	750-770
39	Etats-Unis région orientale........................	771-809
31	Etats-Unis, région occidentale....................	810-840
5	Amérique espagnole..................................	841-845
15	Mexique...	846-860
16	Amérique centrale....................................	861-876
8	Antilles, Bermudes...................................	877-884
1	Amérique méridionale...............................	885
9	Vénézuéla, Guyanes..................................	886-894
14	Brésil...	895-908
9	Paraguay, Uruguay, La Plata.......................	909-917
11	Pérou, Bolivie, Chili, Patagonie..................	918-928

Océanie

2	Océanie en général...................................	929-930
14	Malaisie..	931-944
5	Nouvelle-Guinée, Philippines.....................	945-949
4	Australie, Nouvelle-Zélande.......................	950-953
6	Iles Hawaii..	954-959
16	**Régions polaires**...................................	960-975
11	**Océans, Hydrographie**...........................	976-986
9	**Peuples et nations**................................	987-995

Voyages, Voyageurs, Géographes

19	Voyages en général...	996-1014
11	Collections de de Bry et de Hulsius......................	1015-1025
12	Voyageurs groupés par nationalités.....................	1026-1037
5	Voyageurs appartenant à des ordres religieux........	1038-1042
59	Voyageurs et géographes considérés individuellement...	1043-1101

Généralités, Divers

15	La terre en général, plusieurs régions de la terre........	1102-1116
29	Sujets divers..	1117-1145
32	.... *ADDENDA*	1146-1177

APPENDICE

A LA TABLE DES MATIÈRES

donnant l'indication de quelques-uns des sujets qui auraient pu être désignés par des numéros différents de ceux qui leur ont été assignés.

Europe

Espagne (P. de Gayangos)...	n°s 1116
Possessions espagnoles (Magnabal)..................................	852
Colonies françaises (Challamel).......................................	552
Grèce (de Chateaubriand)...	387
Turquie, provinces danubiennes (Marmier)......................	398
Turquie (Ware)..	219
Mer Caspienne (Günther Wahl).......................................	456
Russie, Pologne (Sobolewski)..	733(100)
Relations des Russes avec la Chine (Dudgeon)...............	509
Crimée, guerre d'Orient (de Vaudouard).........................	556
Suède, Danemark (Coxe)...	220
Suède, Norvège, Laponie (Marmier)................................	961
Islande (Wilhelmi)...	962
Pays-Bas (Muller)..	733(80)

Pêcheries hollandaises, anglaises et scandinaves (Mulder Bosgoed).. n°⁵ 23
Colonies anglaises 60
Colonies anglaises (Lauts)... 351

Asie

Asie (Nijhoff)... 936
Asie (Markham).. 483
Asie.. 484
Orient (Maurice).. 472
Possessions anglaises (Saunders)................................. 480
Possessions anglaises.. 481
Asie centrale, Thibet, Turkestan (Schlagintweit)............... 479
Arabie pétrée (Rüppel).. 584
Madian (Burton).. 442
Arabie (Gay).. 536
Perse (von Thielmann).. 453
Indes orientales (de Saulcy)...................................... 423
Inde, Cochinchine, Japon (Challamel)............................ 513
Inde, Japon (Hoskiær).. 514
Inde britannique, Chine, Japon (Nijhoff)........................ 344
Siam (Varenius).. 518
Siam... 505
Tonkin, Siam, Cochinchine, Japon (Duprat)...................... 503
Chine (Gosche)... 356
Chine, Japon (Muller).. 342
Japon (Muller)... 934
Japon (Nijhoff).. 510
Sibérie (Buhle).. 226
Sibérie orientale (Grewingk)..................................... 734
Sibérie orientale (Dall).. 735
Sibérie orientale (Dall, Baker).................................. 736
Scythie asiatique 230

Afrique

Afrique (Ternaux Compans)... 354
Afrique (Nijhoff).. 936
Angola (Asher)... 794
Côte de Guinée (Nijhoff)... 344
Afrique intérieure (Dureau de Lamalle)........................... 979
Egypte (Blomme).. 537
Egypte (Challamel)... 367
Egypte (Gosche).. 356

APPENDICE A LA TABLE DES MATIÈRES. 317

Egypte (Marmier)... nᵒˢ 398
Egypte (Trübner).. 446
Canal de Suez (Böttger)..................................... 981
Afrique méridionale (Muller)................................ 934
Cap de Bonne-Espérance (Nijhoff)............................ 344
Iles voisines de l'Afrique (Hassenstein).................... 589

Amérique

L'Amérique avant Colomb (Rafn)......................... 638
— (Wilhelmi)....................... 962
— (Jones).......................... 106
— (Solberg)........................ 293
— (Winsor)......................... 719
— (Watson)......................... 729
Canada (Bossange)... 733(18)
Canada (Todd).. 658
États-Unis (Jedidiah et Richard Morse)..................... 616
États-Unis (O'Callaghan)................................... 741
Nouvelle-Suède, Nouvelle-Néerlande (Müller)................ 733(79)
Maryland, Mexique, Amérique Centrale (Mayer)............... 733(74)
Amérique espagnole (Cushing)............................... 733(29)
Mexique (Kingsborough)..................................... 733(62)
Brésil (Asher)... 794
Pérou.. 850

Océanie

Océanie (Sobolewski)....................................... 733(100)
Archipel indien (Hamilton)................................. 473
Possessions hollandaises (Nijhoff)......................... 482
Batavia (Wilson)... 475
Philippines (Leclerc)...................................... 699
Philippines (Leclerc)...................................... 701

Régions polaires

Groenland (White, Nicholson)............................... 727

Océans, Hydrographie [1]

Bibliothèque nautique (de Léon)............................ 1102
Iles de la Mer Tyrrhénienne (Thiébaut de Berneaud)......... 117
Mer Caspienne.. 230
Mer Caspienne (Günther Wahl)............................... 456

[1] Voir aussi aux *Voyages*.

318 LISTE PROVISOIRE, ETC.

Hydrographie russe (Sokoloff)..................................	nos 237
Golfe Persique (Gay)...	536
Côtes des États-Unis (Patterson)...............................	765
Côtes du N. E. des États-Unis (Palfrey).......................	775

Peuples et nations

Ibères (Dartley)...	52
Vaudois (Gilly)..	73
Vaudois (Muston)...	74
Slaves (Safarik)..	187
Origines russes (de Hammer)...................................	232
Serbes (Novakovitch)..	201
Wendes (Pjech)..	277
Wendes (Jenc)...	278
Allemands aux États-Unis (Körner)............................	769
Scandinaves (Pougens)...	281
Hollandais au Brésil (Netscher)................................	896
Assassins (de Hammer)..	439
Druses (Robinson)..	440
Druses (Guys)..	441
Mongols (de Hammer)...	466
Mongols (Howorth)...	467
Chinois en Amérique (Griffin)..................................	721
Africains du sud (Fritsch).......................................	591
Indiens d'Amérique (Bancroft).................................	838
— (Boimare)...............................	807
— (Drake)..................................	733(34)
— (Field)...................................	714
— (Knapp)..................................	720
— (Shea)....................................	755
— (Pilling, Powell).......................	731
Mormons (Remy)..	829
— (Burton)..	830
— (Stenhouse)..	831
— (Woodward)...	832
Malais, Polynésiens (Schmeltz, Krause)......................	930

Voyages, voyageurs

Voyages (Muller)..	651
De Bry (Sobolewski)..	733(100)
De Bry, Hulsius (Muller)..	652
Portugais, Espagnols (Whitney)................................	27
Portugais (de Figaniere)...	23

APPENDICE A LA TABLE DES MATIÈRES.

Espagnols en Amérique (P. de Gayangos)	n°s 1116
Français en Amérique (Duyckinck)	694
Italiens en Égypte (Lumbroso)	577
Relations russes avec la Chine (Dudgeon)	509
Scandinaves en Terre Sainte (Riant)	420
Hollandais au Brésil (Netscher)	896
Anglais en Amérique (Winsor)	719
L'Amérique avant Colomb (Rafn)	638
— (Wilhelmi)	962
— (Jones)	1069
— (Solberg)	293
— (Winsor)	719
— (Watson)	729
Missions catholiques, Indiens de l'Amérique du Nord (Shea)	755
Jésuites en Amérique (O'Callaghan)	741
Jésuites en Amérique (Moore)	1024
Missions protestantes en Chine (Wylie)	507
Odoric, Ibn Batouta, Goës (Yule)	506
Pigafetta (Hutchinson)	540
Middleton (Corney)	944
de La Salle (Thomassy)	810
Livingstone (Hassenstein)	589
Nordenskiöld (Leslie)	973
Nordenskiöld (Flahault)	974

Divers

Glaciers (Agassiz)	71
Glaciers (Dollfus-Ausset)	72

TABLE DES AUTEURS

Aa (Pierre Jean Baptiste Charles Robidé van der), 947.
Aar (Ermanno, 156.
Abella (Manuel), 612).
Achiardi (Antonio d'), 116.
Acosta (Joaquin), 886.
Adamson (John), 32.
Adelung (Friederich von), 228, 234.
Adelung (Johann Christoph), 960.
Adrichom (Christian), 380.
Agassiz (Jean Louis Rodolphe), 71.
Aitsinger[1] (Michel), 379.
Alcedo y Bexarano (Antonio de), 613, 614.
Alegambe (Filippo), 1038.
Alesandrescu-Urechia (V.), 198.
Alexander (William Lindsay), 394.
Allan (John), 733 (1).
Allen (Carl Ferdinand), 295.
Allen (Edward George), 677, 678, 679, 680, 681, 682.
Alleyne Nicholson (Henry), 727.
Allibone (Samuel Austin), 964.
Almirante (José), 1148.
Alofsen (Salomon), 733 (2), 733 (3).
Alsina (Adolfo), 1170.
Althaus (Julius), 24.

Amat di San Filippo (Pietro), 1030, 1031.
Andrade (José Maria), 613, 854.
André (Christian Carl), 1105.
Andreae (V.), 502.
Andree (Karl), 915.
Anonyme, 4, 22, 51, 60, 61, 62, 87, 92, 93, 96, 200, 214, 222, 230, 240, 244, 248, 252, 271, 302, 305, 306, 314, 316, 329, 339, 341, 353, 366, 374, 375, 449, 481, 484, 486, 491, 501, 505, 586, 655, 656, 657, 659, 747, 766, 767, 792, 850, 870, 887, 951, 1039, 1126, 1150, 1164.
Antonelli (Giuseppe), 105.
Appleton, 786.
Arana (Diego Barros), 1117.
Arconati Visconti (Giammartino), 425.
Arkstée (Hendrik Kornelis), 336.
Armbruster (J. M. C.), 212, 213
Armieux (Louis Léon Cyrille), 558.
Arnold (Friedrich August), 431.
Asher (Adolf), 218, 1022, 1057.
Asher (Georg M.), 650, 794, 795, 1089, 1157.
Aspinwall (Thomas), 617, 636, 733 (4, 104).
Assas (Manuel de), 48.
Aurivillius (Pehr Fabian), 304.

[1] Aitsinger ou Eytsinger.

Avaugour (du Parc d'), 893.
Avellana (Miguel), 41.
Avezac-Macaya (Marie Armand Pascal d'), 1032.
Azara (Felix de), 912.
Azevedo Marques (Manoel Eufrazio de), 907.
Baccarini (A.), 94.
Bachiene (Willem Albert), 382.
Backer (Aloïs de), 1041.
Backer (Augustin de), 1041.
Baden (Gustav Ludvig), 284.
Badger (George Percy), 444.
Baedeker (Karl), 432, 575.
Baer (Joseph), 218.
Baer (Karl Ernst von), 235.
Baker (Marcus), 736.
Balaguer y Merino (Andrés), 50.
Baldamus (Eduard), 18, 19, 20.
Baldwin (Charles Candee), 815.
Ball (John), 65, 66, 67.
Ballivian y Roxas (Vicente de), 923.
Bancroft (Hubert Howe), 838, 839.
Bandelier (Ad. F.), 862.
Bangs, 733 (5, 6, 7, 8, 9, 10, 11, 12, 13, 14).
Bangs, Merwin & Co., 733 (11, 12, 13).
Banks (Joseph), 298.
Barbié du Bocage (Victor Amédée), 190, 497, 594.
Barcia Carballido y Zuniga Andres Gonzalez de), 806, 1103.
Barclay Mounteney, 906.
Baril de La Hure (V.) 898.
Baring (Thomas), 571.
Baring-Gould (Sabine), 301.
Barker-Webb (Philip), 600.
Barlow (Samuel Lathan Mitchill), 690.
Barney (Charles Gorham), 733 (15).
Barrantes (Vicente), 46, 47.

Barros Arana (Diego), 1117.
Barrow (John), 963.
Bartlett (John Russell), 641, 692, 693, 719, 789, 804, 1021.
Bas (F. de), 942.
Bassi (Alessandro), 410.
Bataillard (Paul), 991.
Bazin (Antoine Pierre Louis), 500.
Bazounoff (Alexandre Fédorovitch), 218.
Beamish Murdoch, 748.
Becher (Alexander Bridport), 1072.
Beckmann (Johann), 1006.
Bedford Pim (Bedford Capperton Trevylian Pim), 869.
Beéche (Gregorio), 844.
Beijers (Jan Leendert), 318, 346.
Beke (Charles Tilstone), 1090.
Bellecombe (André Ursule Casse de), 496.
Bellermann (Johann Joachim), 384.
Beloch (Julius), 140.
Benkert (Karl Maria), 215.
Berchtold (Leopold), 1.
Berendt, 855.
Berg (Ernst von), 247.
Berghaus (Heinrich Karl Wilhelm), 376, 492, 948.
Bergmann (J. T.), 312.
Bernardes Branco (Manuel), 34, 39 bis.
Berneaud (Arsenne Thiébaut de), 117.
Bernhardy (Gottfried), 1033.
Berra (Manuel Orozco y), 856.
Berthelot (Sabin), 600.
Bexarano (Antonio de Alcedo y), 613, 614.
Beyer (Ottomar), 218.
Bianconi (Giovanni Giuseppe), 89.
Billings (John Shaw), 1142.
Birch (Walter de Gray), 1070.
Bladé (Jean-François), 58.
Blanco (Pedro Pablo), 48.

Bleeker (Pieter), 933.
Blomme (Arthur), 537.
Bodel Nijenhuis (J. T.), 312, 320, 320 bis, 340.
Boehmer (George H.), 728.
Boele von Hensbroek (Pieter Andreas Martin), 1081.
Böttger (C.), 981.
Boimare (A. L.), 807.
Boisgelin de Kerdu (Pierre Marie Louis de), 165, 283.
Bolton Corney, 944.
Bonar (Horatius), 412.
Bond (L. Montgomery), 733 (16).
Bonneau (Alexandre), 882.
Boon (E. P.), 733 (17).
Bory de Saint-Vincent (Jean Baptiste Georges Marie[1]), 182, 599.
Bosgoed (Dirk Mulder), 23, 330, 331.
Bossange (Hector), 689, 733 (18).
Botten-Hansen (Paul), 309.
Boucher de la Richarderie (Gilles), 1007.
Boudewijnse (Johannes), 347, 348.
Boué (Ami), 1140.
Boulinière (Pierre Toussaint de La), 53.
Bourbourg (Charles Etienne Brasseur de), 861.
Bourguignat (Jules René), 557.
Bouton (James Warren), 684.
Bove (Vicenzo), 141.
Braddel (T.), 941.
Brady (Henry Austin), 733 (19).
Branca (Gaetano), 86, 1029, 1109.
Branco (Manuel Bernardes), 34, 39 bis.
Brasseur de Bourbourg (Charles Etienne), 861.

Brenchley (Julius), 829.
Bretschneider (E.), 515.
Brevoort (James Carson), 719, 1054.
Brigham (William Tufts), 957.
Brinley (George), 733 (20).
Brinton (Daniel Garrison), 808.
Briseño (Ramon), 926.
Brock (Robert A.), 804.
Brockhaus (Friedrich Arnold), 218, 364, 695.
Brodhead (John Romeyn), 790.
Brosselard (Charles), 550.
Brosset (Marie Félicité), 448.
Brown (John), 965, 966.
Brown (John Carter), 613, 692, 693.
Browne (J. Ross), 1096.
Bruce (James T.), 733 (21).
Brünnich (Martinus Thrane), 280.
Brunet (Jacques-Charles), 1019.
Buchan Telfer (John), 1064.
Buckingham Smith (Thomas), 1083.
Büsching (Anton Friedrich), 30.
Buhle (Johann Gottlieb), 226, 227.
Buist (George), 476.
Bumstead (George), 667, 668.
Bure (Guillaume-François de), 1016.
Burgess (James), 487.
Burton (Richard Francis), 303, 424, 442, 545, 588, 830, 900.
Burton (William Evans), 733 (22).
Buxton (Thomas Fowell), 540.
Calvary (S.), 733 (79).
Camden Hotten (John), 587, 686, 733 (57).
Camus (Armand Gaston), 1017
Canale (Michele Giuseppe), 1028.

---

[1] Marie ou Marcellin.

Canina (Luigi), 133, 137.
Capponi (Vittorio), 123.
Carayon (Auguste), 1040.
Cardenas z Cano (Gabriel De)[1], 806.
Careri (Giovanni Francesco Gemelli), 999.
Carette (Antoine Ernest Hippolyte), 559.
Carll (John Benjamin Franklin), 800.
Carrasco (Francisco de P.), 730.
Carson Brevoort (James), 719, 1054.
Cartailhac (Emile), 359.
Carter Brown (John), 692, 693.
Casse de Bellecombe (André Ursule), 496.
Castro (João Bautista[2] de), 34.
Castro (Manuel Fernandez de), 43.
Cavanna (Guelfo), 98.
Cecchetti (Bartolomeo), 1100.
Chadwick (James Read), 1142.
Chaix (Paul), 919.
Challamel (Pierre Joseph), 367, 513, 552, 553.
Charlevoix (Pierre François Xavier de), 519, 739, 910.
Charton (Edouard Thomas), 1014.
Chateaubriand (François Auguste de), 387.
Chavanne (Josef), 564, 970, 1156.
Chijs (Jacobus Anne van der), 938, 939.
Christern (Friedrich Wilhelm), 661.
Churchill (Awnsham), 1000.
Churchill (John), 1000.
Cicogna (Emmanuele Antonio), 106.
Civezza (Marcellino da), 1042.
Clamageran (Jean Jules), 555.

Claret de Fleurieu (Charles Pierre), 1004.
Clark (Robert), 705, 706, 707, 708, 709, 710, 711.
Clarke (James Stanier), 1005.
Clavier (Etienne), 1046.
Clavijero (Francisco Javier), 846.
Cleary, 733 (63).
Clogston (William), 733 (23).
Coan (Titus), 928.
Cocchi (Igino), 118.
Colburn (Jeremiah), 783.
Coleti (Giacomo), 80.
Coleti (Giovanni Antonio), 80.
Compans (Henri Ternaux-), 354, 637, 733 (92), 891.
Comstock (Cyrus Ballou), 817.
Cooke (Anthony Charles), 437.
Cooley, Keese & Hill, 733 (24).
Cordier (Emile L.), 1172.
Cordier (Henri), 358, 494, 512.
Corner (William H.), 733 (25).
Corney (Bolton), 733 (26), 944.
Correa (Gaspar), 1162.
Correnti (Cesare), 579.
Cortés (José Domingo), 925.
Corwin (E. B.), 733 (27).
Cosson (Ernest Saint-Charles), 562, 563.
Costa (Benjamin Franklin De), 704, 1082.
Cotta (Bernhard von), 1123, 1125.
Coues (Elliot), 1098.
Coxe (William), 220, 526.
Cozzo (Giuseppe Salvo-), 161
Credner (Friedrich August), 208.
Crousse (Franz), 184.
Crowninshield (Edward Augustus), 733 (28).
Curtius (Ernst), 181.
Cushing (Caleb), 733 (29).

---

[1] Pseudonyme d'Andres Gonzalez de Barcia Carballido y Zuniga.
[2] Bautista ou Baptista.

Czvittinger (David), 210.
Dall (William Healy), 735, 736.
Dalrymple (Alexander), 911, 984.
Dana (James Dwight), 985.
Dapper (Olif¹), 533.
Darling (James), 408.
Dartley, 52.
Darwin (Charles Carlyle), 975.
Daubeny (Charles Giles Bridle), 1128.
Davis (Charles Henry), 873.
Davis (John Francis), 499.
Davis (William J.), 733 (30).
Davis (William Morris), 1130.
Dawson (Henry Barton), 796.
Dawson (John William), 749.
Day (Francis), 489.
Deane (Charles), 719, 784, 804.
de Bas (F.), 942.
Dechambre (A.), 1141.
Decken (H. von), 16.
Decken (Carl Claus von der), 589.
Decker (Carl von), 2, 551.
De Costa (Benjamin Franklin), 704, 1082.
Deeth (Sylvanus G.), 733 (31, 32).
De Gray Birch (Walter), 1070.
Delorme (Jacques Raige), 1141.
Demarsy (Arthur), 59, 125, 373, 566.
Demersay (L. Alfred), 914.
Denis (Jean Ferdinand), 904.
Denné (Emile), (Denné Schmitz), 843.
Dennys (Nicholas Belfield), 508, 931.
Depping (Guillaume Joseph), 569.
de Rothesay (Stuart), 733 (110).
Desjardins (Ernest), 138.
de Veer (Gustav), 1065.

Dibdin (Thomas Frognall), 1010
Dickeson (Montroville Wilson), 733 (33).
Diefenbach (Georg Anton Lorenz), 186.
Dietz (Ambrose P.), 836.
Dodge (William), 712, 713.
Dole (Sanford Ballard), 957.
Dollfus-Ausset (Daniel), 72.
Dora d'Istria², 1101.
Doubrovine, 451.
Drake (Charles Frederick Tyrwhitt), 424.
Drake (Samuel Adams), 764.
Drake (Samuel Gardner), 684, 733 (34, 35), 757, 758, 759, 760, 761, 762, 763.
Drouillet (Léon), 875.
Dubois de Jancigny (Adolphe Philibert), 520.
Duc (Louis Antoine Léouzon Le), 308.
Dudgeon (John), 509.
Duflot de Mofras (Eugène), 834.
Dufossé (Emile), 717.
Dugit (Ernest), 175, 176.
Duprat (Benjamin), 477, 503.
Dureau de Lamalle (Adolphe Jules César Auguste), 979.
du Rieu (W. N.), 349.
Duro (Cesáreo Fernandez-), 547.
Durrie (Daniel Steele), 818, 819, 820, 821.
Durrie (Isabel), 819, 820, 821.
Duthillœul (H. R.), 1087.
Duval (Jules), 560.
Duyckinck (Evert Augustus), 694.
Eastman (Samuel Coffin), 779.
Eastwick (Edward Backhouse) 478.
Ebel (S. Wilhelm), 300.

---

¹ Olivier.
² Pseudonyme d'Elena, princesse Koltzoff Massalsky, née Ghika.

TABLE DES AUTEURS.

Ebeling (Christoph Daniel), 750.
Eekhoff (W.), 340.
Eeltjes, 350.
Egli (Johann Jacob), 1145.
Ehrmann (Theophil Friedrich), 1105.
Ekama (Cornelis), 338.
Engelmann (Wilhelm), 1110.
Enslin (Theodor Christian Friedrich), 1107.
Ernestianus (Fabricius), 1056.
Ersch (Johann Samuel), 1106.
Estreicher (Karl), 269.
Etzel (Anton von), 738.
Eytsinger[1] (Michel), 379.
Faden (William), 771.
Fairfax (William), 950.
Faribault (George Barthélemy), 740.
Favre (Ernest), 454.
Felner (Rodrigo José De Lima), 1162.
Fergusson (James), 487.
Fernandez de Castro (Manuel), 43.
Fernandez de Navarrete (Eustaquio), 833.
Fernandez de Navarrete (Martin), 833, 1027.
Fernandez-Duro (Cesáreo), 547.
Field (Thomas Warren), 714, 733, (36, 37).
Figaniere (Jorge Cesar de), 33.
Figueroa (Ramon Rua), 1147.
Finotti (Joseph M.), 733 (38).
Finsch (Otto), 529, 945.
Fischer (Augustin), 855.
Fisher (James B.), 733 (39).
Flahault (Charles), 974.
Flaux (Armand de), 297.
Fletcher (James Cooley), 899.
Fleurieu (Charles Pierre Claret de), 1004.
Fokker (G. A.), 333.

Folsom (George), 776.
Fontane (Marius), 580.
Fortia d'Urban (Agricol Joseph François Xavier Pierre Esprit Simon Paul Antoine de), 75.
Foss (Henry), 1018.
Fouqué (F.), 174.
Fowle (William F.), 733 (40).
Fræhn (Christianus Martinus), 458, 459.
Fraggio (Joaquin), 612.
Fraissinet (Edouard), 523.
Franck (A.), 363, 691.
Frank (E.) 218.
Frasso (Pedro), 609.
Friederici (Karl), 1112.
Frilley (G.), 191.
Fritsch (Gustav), 591.
Fuldener (Joh. Jac.), 274.
Furchheim (Federigo), 153.
Furman (Gabriel), 733 (41), 798.
Furrer (K.), 429.
Fustèr (Justo Pastor), 621.
Gaffarel (Paul), 598, 809, 1068.
Gage (William Leonhard), 421.
Gail (Jean Baptiste), 1043.
Gaimard (Paul), 285, 961.
Gaj (Ljudevito), 199.
Galiani (Ferdinando), 147.
Gannett (Henry), 825.
Garcia (Gregorio), 608.
Garrigue (Rudolph Peter), 661.
Gastaldi (Bartolomeo), 90.
Gaudry (Albert), 1158.
Gauttier (Edouard), 490.
Gay (Jean), 536, 1177.
Gayangos (Pascual de), 1116.
Geiger (John), 502.
Geisheim (F.), 413.
Gemelli Careri (Giovanni Francesco), 999.
Georg (H.), 68, 69, 70.
George (C.), 9.
George (William), 715, 716.

---

[1] Eytsinger ou Aitsinger.

Germond de Lavigne (Léopold Alfred Gabriel), 1146.
Geslin (Jules), 1111.
Ghika, Koltzoff Massalsky (Elena), 1101; v. Dora d'Istria.
Gilbert (William K.), 733 (42).
Gilly (William Stephen), 73.
Gilman (Marcus Davis), 781.
Girard (Charles), 723, 724.
Girard (Jules), 946.
Giuliari (Giambattista Carlo), 101.
Giustiniani (Lorenzo), 139.
Gjörwell (Carl Christoffer), 304.
Goepp (Edouard), 1172.
Golovin (Ivan), 450.
Goodale (George Lincoln), 1133.
Goodwin (William Frederick), 733 (43).
Gordon (R.), 493.
Gosche (Richard), 355, 356.
Gould (Sabine Baring-), 301.
Gowan (William), 640.
Gråberg von Hemsö (Jakob), 549.
Grandidier (Alfred), 596.
Gratz (Lorenz Clem.), 414.
Gravier (Gabriel), 1095.
Gray Birch (Walter De), 1070.
Greco (Luigi), 157, 158.
Greco (Oscar), 1100.
Green (William), 733 (44).
Greene (Albert Gorton), 733 (45).
Gregory (Caspar René), 429.
Gregory (James F.), 817.
Grellmann (M. Heinrich Moritz Gottlieb), 987.
Grenville (Thomas), 1018.
Grewingk (Constantin), 734.
Griffin (Appleton Prentiss Clark), 721, 994.
Griffis (William Elliot), 525.
Griswold (Almon W.), 733 (46, 47).
Grohmann (Paul), 64.

Gruber (Johann Gottfried), 1106.
Guérin (Victor), 565.
Günther-Wahl (Samuel Friedrich), 456.
Gurley (H.), 733 (48, 49, 50, 95, 96).
Gurley & Hill, 733 (48).
Gutierrez (José Rosendo), 924.
Guys (Henri), 441.
Habenicht (H.), 913.
Haerpfer (Fr.), 218.
Hager (Johann Georg), 383, 1049.
Halde (Jean Baptiste du), 498.
Hale (Edward Everett), 719, 771.
Hall (Benjamin Homer), 780.
Hall (Fitzedward), 733 (51).
Halliwell (James Orchard), 1063.
Hamilton (Walter), 473, 474.
Hamilton (William John), 593.
Hammer-Purgstall (Joseph von), 232, 439, 457, 466.
Handelmann (Heinrich), 897.
Hansen (Paul Botten-), 309.
Harmand (Jules), 495.
Harmer (Thomas), 385.
Harrisse (Henry), 690, 696, 697, 743, 1075.
Hartmann (Robert), 576.
Hartwell Horne (Thomas), 388.
Hassel (Johann Georg Heinrich), 1105.
Hassenstein (Bruno), 589.
Hastie (Peter), 733 (52).
Haven (Samuel Foster), 719, 804.
Hayden (Ferdinand Vandeveer), 826, 1098.
Hayes (Isaac Israel), 967.
Haym (Niccola Francesco), 79.
Hayward (John), 773.
Hazard (Samuel), 880, 883.
Heckenhauer (J. J.), 365.
Heilbronner (Johann Christoph), 1048.

Heine (Wilhelm), 524.
Heller (Carl Bartholomaeus), 848.
Hemsö (Jakob Grâberg von), 549.
Hengel (van), 350.
Hensbroek (P. A. N. Boele van), 1081.
Herbert (Heinrich), 209.
Hermite (Henri), 1176.
Hérold (Albert L.), 363.
Herrera (Antonio de), 607.
Herrmann (Friedrich), 548.
Heuschling (Xavier), 1135.
Hill (Horatio), 733 (24, 48, 53).
Hingmann (J. H.), 319.
Hoare (Richard Colt), 83.
Hochstetter (Ferdinand von), 953.
Hoffman (F. S.), 733 (54).
Hoffmann (F. L.), 416.
Holliday (George H.), 733 (55).
Holloway (John N.), 823.
Homer (Arthur), 611.
Hooykaas (J. C.), 349.
Horne (Thomas Hartwell), 388.
Hoskiær (V.), 514.
Hosmer (Zelotes), 733 (56).
Hotten (John Camden), 587, 686, 733 (57).
Howe (Henry), 814.
Howe, Leonard & Co., 733 (58).
Howorth (Henry H.), 467.
Hubbard (Samuel G.), 733 (59).
Hübbe-Schleiden (W.), 543.
Hughes (A. W.), 471.
Humphrey (Henry B.), 733 (60).
Hunnewell (James Frothingham), 788, 957, 958.
Hunt (Thomas Sterry), 799.
Hunter (Frederick Mercer), 443.
Hure (V. Baril de La), 898.
Hutchinson (Margarite), 540.
Huth (Henry), 1022.

Icazbelceta (Joaquin Garcia), 859
Ingham (William Armstrong), 800.
Inghirami (Francesco), 115.
Isambert (Emile), 1151, 1165.
Istria (Dora d'), 1101; v. Dora d'Istria.
Iterson (W. J. D. van), 332.
Jackson (James), 1097.
Jacobs (Henry), 869.
Jäck (Joachim Heinrich), 1011.
Jagor (F.), 949.
Jancigny (Adolphe Philibert Dubois de), 520.
Jarves (James Jackson), 954.
Jegór von Sivers, 876, 879.
Jenc (K. A.), 278.
Jessen (Karl), 1131.
Joanne (Adolphe), 54, 1146, 1151, 1165.
Johnson (James Y.), 603.
Jolowicz (Heinrich), 573, 574.
Jolowicz (Joseph), 262, 263, 264, 265, 266, 267, 268.
Jomard (Edme François), 285.
Jones (John Winter), 1069, 1079.
Jones (William Albert), 817.
Jouan (Henri), 959.
Kan (Cornelius Marius), 538, 539.
Kane (Elisha Kent), 964.
Karpf (Alois), 970.
Keese, 733 (24).
Keferstein (Christian), 1122.
Kennelly (D. J.), 488.
Kennett (White), 606.
Kerr (Robert), 1106.
Kertbeny (Karoly M.)[1], 215.
Keyser (S.), 937.
Khitrovo (V. N.), 426.
Kiaer (A. N.), 310.
Kidder (Daniel Parish), 899.
Kiepert (Heinrich), 1118.
Kind (Karl Theodor), 170.
Kindermann (J. C.), 733 (61).
King (Edward, lord Kingsborough), 733 (62).

---

[1] Pseudonyme de Karl Maria Benkert.

Kingsborough (Edward King, lord), 733 (62).
Kitto (John), 392, 393, 394, 395.
Klose (Theodor), 296.
Knapp (Arthur Mason), 720.
Köhler (Karl Franz), 212, 213, 218.
Kœppen (Adolphus Louis), 1120.
Köppen (Peter von), 259.
Körner (Gustav), 769.
Kohl (Johann Georg), 683, 983.
Koltzoff Massalsky ; v. Dora d'Istria.
Korff (Modeste A. de), 239, 246, 255, 256.
Kossowicz (Cajetan), 460.
Kotschy (Theodor), 371.
Krause (R.), 930.
Krebel (R.), 236.
Kruse (Friedrich Carl Hermann), 169.
Kuhn (C. H.), 317.
Kuhn (Ernst), 357.
Labanoff de Rostoff (Alexandre), 231.
Labitte (Henri), 849.
La Boulinière (Pierre Toussaint de), 53.
Lacroix (Louis), 173.
Laet (Ioannes de), 604.
Lafitau (Joseph François), 1026.
La Hure (V. Baril de), 898.
La Lande (Joseph Jérome Le François de), 81, 976.
Lalanne (Marie Ludovic Chrétien), 397.
Lamalle (Adolphe Jules César Auguste Dureau de), 979.
La Marmora (Albert Ferrero de), 111.
Landré (C.), 890.
Lange (Henry), 908.

Lantsheer (M. F.), 334.
Laorty Hadji[1], 409.
Lasaux (Arnold von), 162.
Lasor a Varea (Alphonse)[2], 998.
Lastri (Proposto Marcantonio), 82.
Latimer & Cleary, 733 (63).
Latrie (Jacques Marie Joseph Louis de Mas), 370.
Lauts (G.), 351.
Lavigne (Léopold Alfred Gabriel Germond de), 1146.
Law (William John), 77.
Lazari (Vicenzo), 1059.
Lear (Edward), 85.
Leavitt (George A.), 733 (64, 65, 66, 67, 68, 69).
Leavitt, Strebeigh & Co., 733 (67, 68, 69).
Lebègue (J. Albert), 177.
Leclerc (Charles), 699, 700, 701, 1115.
Leclercq (Jules), 601.
Le Duc (Louis Antoine Léouzon), 308.
Lee (John Wesley Murray), 801, 802.
Leemans (Conrad), 943.
Lefroy (John Henry), 884.
Leigh, Sotheby & Co., 733 (70).
Lejean (Guillaume), 185.
Lelewel (Joachim), 1053, 1119.
Lemaire (J.), 35.
Lemay (Léon Pamphile), 660.
Lemoce de Vaudouard (Alphonse), 556.
Le Monnier (Franz von), 197, 970.
Lenox (James), 1023, 1024, 1025, 1073.
Leon (Antonio de Leon Pinelo), 1102, 1103.

---

[1] Pseudonyme du baron Taylor.
[2] Pseudonyme de Rafaello Savonarola.

Leonard, 733 (58).
Léouzon Le Duc (Louis Antoine), 308.
Lepelletier de Saint-Remy (R.), 881.
Lequeutre (Alphonse), 57.
Lerche (P.), 463.
Leroux (Ernest), 360.
Lesley[1] (Peter), 805.
Leslie (Alexander), 973.
Leupe (P. A.), 319.
Leutholf (Job), 585.
Lévy (Paul), 871.
Leyburn (G. W.), 172 bis.
Leyden (John), 534.
Libbie (Charles), 733 (71).
Lichtenthal (Pietro), 84.
Liepmannssohn (Leo), 218.
Lima (Affonso Herculano de), 902.
Lima Felner (Rodrigo José de), 1162.
Liman (Hermann), 218.
Linde (Antonius van der), 337.
Lindner (Friedrich Ludwig), 167, 1105.
Lindsay Alexander (William), 394.
Lindsay Swift, 469.
Locke (John), 1000, 1005.
Lorck (Carl B.), 286, 287, 288, 289, 290.
Ludewig (Ernst Hermann)[2], 733 (72), 754, 791.
Ludolf (Job), 585.
Lüdde (Johann Gottfried), 1107 bis.
Lumbroso (Giacomo), 577.
Mac Clintock (John), 422.
Mackenna (Benjamin Vicuña), 844, 845.
Madden (Jerome), 840.
Maestri (Pietro), 91.
Maffei (Eugenio), 1147.
Magnabal (Joseph Germain), 852.

Maillard (L.), 597.
Majone (Domenico), 142.
Major (Richard Henry), 803, 1066, 1071, 1076, 1080.
Mallada (Lucas), 49.
Malte-Brun (Victor Adolphe), 190, 523.
Manescau (J.), 56.
Mantegazza (Paolo), 885.
Marchand (Etienne), 1004.
Marcou (Jules), 1127, 1166, 1167, 1168.
Marey-Monge (Guillaume Stanislas), 561.
Mariette-Bey (Auguste Edouard), 581.
Marigny (E. Taitbout de), 982, 1171.
Mariotti (André), 470.
Markham (Clements Robert), 483, 485, 905, 921, 969, 1086.
Marmier (Xavier), 189, 299, 398, 961.
Marmora (Alberto Ferrero della), 111.
Marques (Manoel Eufrazio de Azevedo), 901.
Marsden (William), 1058.
Marsh (Othniel Charles), 725.
Marsy (Arthur de), 59, 125, 373, 566; v. Demarsy.
Martin (Frederick), 1143.
Martin (William), 956.
Martin de Moussy (Jean Antoine Victor), 916.
Martius (Karl Friedrich Philipp von), 642, 733 (73).
Mas Latrie (Jacques Marie Joseph Louis de), 370.
Mason (Otis T.), 728.
Massalsky ; v. Dora d'Istria.
Maunoir (Charles), 21, 190.
Maurice (Thomas), 472.
Mayer (Brantz), 733 (74), 847.

[1] Connu sous le nom de J. Peter Lesley.
[2] A partir de 1846, Ludewig a interverti l'ordre de ses prénoms.

Mayer (J.), 261.
Mehren, 1011.
Meiners (Christoph), 225.
Meisner (Heinrich), 433.
Méjoff (Vladimir I.), 249, 250, 258, 464, 1153, 1154, 1155, 1173.
Menzies (William), 733 (75).
Meusel (Johann Georg), 1104.
Miansarof (Michel Mesropovitch), 452.
Michaud (Joseph François), 361, 362.
Middendorff (Alexander Theodor von), 530.
Miklosich (Franz), 993.
Milioutine, 528.
Miller (John), 1012.
Minati (Carlo), 120.
Minieri Riccio (Camillo), 127.
Minzloff (Charles Rodolphe), 241, 242, 243, 255.
Miquel (F. A. Willem), 940.
Mira (Giuseppe M.), 160.
Miro (José), 733 (76).
Mittermaier (Karl), 602.
Mix (David E. E.), 793.
Molins (A. Elias de), 50.
Möllendorff (Otto F. von), 511, 516.
Möllendorff (P. G.), von), 511.
Mofras (Eugène Duflot de), 834.
Mojsisovicz von Mojsvar (Edmund), 64.
Mondello (Fortunato), 163.
Montelius (Oscar), 307.
Montero (Francisco Maria), 45.
Moore (George Henry), 719, 804, 1023, 1024, 1025.
Morelet (Arthur), 868.
Moreni (Domenico), 114.
Morgan (Henry James), 742.
Morisot (Claude Barthélemy), 997.
Mormile (Giuseppe), 141.
Morrell (Thomas H.), 733 (77, 78).

Morse (Jédidiah), 615, 616.
Morse (Richard), 616.
Moseley (H. N.), 986.
Motta (Emilio), 78.
Mounteney (Barclay), 906.
Moussy (Jean Antoine Victor Martin de), 916.
Müller (Carl Wilhelm), 224.
Müller (Gerhard Friedrich), 221.
Müller (J. G.), 666.
Müller (Karl Ottfried), 180.
Müller (Th,), 733 (79).
Münster (Hermann Friedrich). 107, 108, 109.
Münster (M.), 107, 108, 109.
Mulder Bosgoed (Dirk), 23, 330, 331.
Mulhall (Edward Thomas), 901, 917.
Mulhall (Michael G.), 901, 917.
Muller (Frederik), 218, 245, 253, 292, 315, 324, 325, 326, 327, 342, 343, 521, 650, 651, 652, 653, 654, 733 (80), 934.
Mulligan (John), 1073.
Munk (Salomon), 396.
Muñoz (Juan Bautista), 621.
Muñoz y Romero (Tomas), 48.
Munsell (Joel), 687, 733 (81, 82).
Muratori (Lodovico Antonio), 909.
Murdoch (Beamish), 748.
Murphy (Henry Cruse), 639, 719, 1088.
Murr (Christoph Gottlieb von), 1067.
Murray (Hugh), 534.
Murray (John), 112, 135, 291, 311.
Muston (Alexis), 74.
Nagtglas (Frederik), 335.
Narbone (Alessio), 159.
Narducci (Enrico), 129, 130, 134, 1031.
Navarrete (Eustaquio Fernandez de), 833.

TABLE DES AUTEURS.

Navarrete (Martin Fernandez de), 833, 1027.
Netscher (Pieter Marmus), 890, 896.
Nicholson (Henry Alleyne), 727.
Nijenhuis (J. T. Bodel), 312, 320, 320 bis, 340.
Nijhoff (Martinus), 17, 218, 321, 322, 323, 344, 345, 482, 510, 702, 936, 1114.
Niox (Gustave Léon), 857.
Nobbe (Friedrich August), 1051.
Nordenskiöld (Nils Adolf Eric), 968, 972.
Noroff (Abraham Serguiéévitch de), 419.
Norton (Charles Benjamin), 670, 671, 672, 673, 674, 675, 676.
Norton Shaw, 967.
Nourse (Joseph Everett), 872, 873, 874, 971.
Nouvion (Victor de), 892.
Novakovitch (Stojan). 201.
Nyenhuis; v. J. T. Bodel Nijenhuis.
Nyerup (Rasmus), 282.
Obédénare (M. Georgiade), 204.
O' Callaghan (Edmund Bailey), 741.
Odell (Andrew J.), 733 (83).
Odobescu (D. Alexandre), 203.
Oesfeld (Carl Wilhelm von), 3.
Ogilby (John), 532, 605.
Oldhuis (B. W. A. E. Sloet tot), 332.
Oliveyra (Francisco Xavier d'), 29.
Onderdonk (Henry), 797, 798.
Oppert (Ernst), 517.
Orbigny (Alcide Dessalines d'), 922.
Orléans de Rothelin (Charles d'), 1015.
Orozco y Berra (Manuel), 856.
Osculati (Gaetano), 904.
O' Shea (Henry), 42.
Padiglione (Carlo), 124.

Pagès (Léon), 522.
Palfrey (John Gorham), 775.
Palmieri (Luigi), 149, 150.
Pantanelli (Dante), 121.
Parascandolo (Adolfo), 128.
Parc d'Avaugour (du), 893.
Parkman (Francis), 813.
Paspati (A. G.), 990.
Patterson (Carlile Pollock), 765
Paulitschke (Philipp), 592.
Pauly (Alphonse), 1175,
Pauthier (Jean Pierre Guillaume), 1061.
Payer (Hugo), 217.
Payne (John Thomas), 1018.
Paz Soldan (Mariano Felipe), 920.
Paz Soldan (Mateo), 920.
Pazienti, 102, 103, 104.
Pearse (John Barnard), 799.
Pease (William Harper), 955.
Peck (John Mason), 811.
Peirce (Benjamin), 635.
Penn (William), 733 (89).
Perkins (Frederic Beecher), 768.
Pereira da Silva (F. M.), 39.
Perrey (Alexis), 1129.
Petzholdt (Julius), 206, 416, 1124.
Pfaff, 1169.
Phillips (Samuel R.), 733 (84).
Phiseldek (Christoph Schmidt-), 223.
Picot (Emile), 205.
Piesse (Louis), 554.
Pigorini (Luigi), 93.
Pilling (James Constantine), 731.
Pim (Bedford Capperton Trevylian), 869.
Pinelo (Antonio de Leon), 1102, 1103.
Pinkerton (John), 298, 1008.
Pinto de Sousa (José Carlos), 31.
Pjech (J. B.), 277.
Poeppig (Eduard), 918.
Poey (Poëy) (André), 877, 1136, 1137.

Ponomareff (S.), 427.
Poole (William Frederick), 804.
Potocki (Jean), 260.
Pott (August Friedrich), 989.
Pougens (Charles), 281.
Poulson (Charles A.), 733 (85).
Powell (John Wesley), 731.
Prager (R. L.), 218.
Predari (Francesco), 99, 988.
Presuhn (Emil), 154, 155.
Pricot de Sainte-Marie (J. B. E.), 188, 196, 567, 568.
Prime (Frederick), 726.
Pritzel (G. A.), 1131.
Purchas (Samuel), 996.
Purgstall (Joseph von Hammer-), 232, 439, 457, 466.
Putters (P. L.), 328.
Puttick & Simpson, 733 (86, 87, 88, 89, 90, 91).
Quaritch (Bernard), 1020.
Quarles van Ufford (J. K. W.), 1144.
Quatrefages de Bréau (Jean Louis Armand de), 1139.
Quérard (Joseph Marie), 202.
Quesada de Moncayo (Vicente Genaro de), 927.
Raetzel[1], 733 (92).
Raffermann (H. A.), 1093.
Rafinesque - Schmalz (Constantine Samuel), 619, 620.
Rafn (Carl Christian), 638.
Raige Delorme (Jacques), 1141.
Ramirez (José Fernando), 860.
Ramon Briseño, 926.
Ramon de la Sagra, 753.
Ramsay (Alexander), 1138.
Randolph (J. W.), 669.
Ranghiaschi (Luigi), 131, 132.
Raulin (Félix Victor), 168.
Raumer (Karl Georg von), 415.

Ravenstein (Ernst Georg), 531, 541, 1159.
Ravioli (Camillo), 129.
Rawlinson (George), 455, 582, 1044.
Rawlinson (Henry Creswicke), 465, 1044.
Reichardt (C. F.), 863.
Reid (Thomas?), 611.
Remy (Jules), 829.
Renou (Emilien), 546.
Rey (Emmanuel Guillaume), 377, 378.
Rey (Henri), 544.
Riant (Paul), 420.
Ribadeneira (Pedro de), 1038.
Riccio (Camillo Minieri), 127.
Rice (John A.), 733 (93).
Rich (Obadiah), 622, 623, 624, 625, 626, 627, 628, 629, 630, 631, 632, 633, 634, 733 (86, 90).
Richarderie (Gilles Boucher de la), 1007.
Richter (Oscar), 218.
Riemann (Othon), 178.
Rieu (W. N. du), 349.
Rignon (Fulgence), 417.
Ritter (Karl), 400, 421.
Robertson (William), 610.
Robidé van der Aa (Pierre Jean Baptiste Charles), 947.
Robinson (Edward), 389, 390, 391, 440.
Robinson (Therese Aldegunde[2] Louise von Jacob), 774; v. Talvj.
Roche (Richard W.), 733 (94).
Rodd (Thomas), 1012, 1013.
Röhricht (Reinhold), 433.
Roettger (Karl), 254.
Rohlfs (Gerhard), 570.
Romero (Tomas Muñoz y), 40.
Rommel (Christoph), 447.
Rosenberg, 216.

---

[1] Pseudonyme de Ternaux Compans.
[2] Adelgunde ou Albertina.

Rosendo Gutierrez (José), 924.
Rosenmüller (Ernst Friedrich Karl), 386.
Rosenthal (Ludwig), 218, 352.
Rosny (Lucien de), 1074.
Rostoff (Alexandre Labanoff de), 231.
Roth (Justus Ludwig Adolf), 152.
Rothelin (Charles d'Orléans de), 1015.
Rothesay (Stuart de), 733 (110).
Roxas (Vicente de Ballivian y), 923.
Royal, Gurley & Co., 733 (95, 96).
Rua Figueroa (Ramon), 1147.
Rüppel (Eduard), 584.
Rye (Edward Caldwell), 590.
Sabell (Eduard), 218.
Sabin (Joseph), 698, 1019, 1091, 1092.
Safarik (Pawel Josef), 187.
Sagra (Ramon de la), 753.
Saint-Martin (Louis Vivien de), 368, 403, 851, 1160.
Saint-Quantin (A. de), 894.
Saint-Remy (R. Lepelletier de), 881.
Saint-Vincent (Jean Baptiste Georges Marie [1] Bory de), 182, 599.
Sainte-Croix (Guillaume Emmanuel Joseph Guilhem de Clermont Lodève), 1045.
Sainte-Marie (J. B. E. Pricot de), 188, 196, 567, 568.
Salkeld (John), 722.
Salvo-Cozzo (Giuseppe), 161.
Sampayo (Agostinho de Mendoza Falcão de Sampaio Coutinho e Povoas), 26.
Sandford (F. R.), 44.
Sandrog, 218.

San Filippo (Pietro Amat di), 1030, 1031.
Santarem, de Barros y Sousa (Manoel Francisco de), 542, 895, 1052, 1174.
Sassenay (Fernand de), 372.
Saulcy (Louis Félicien Joseph Caignart de), 423.
Saunders (Trelawny), 480.
Savonarola (Rafaello), 998.
Scacchi (Arcangelo), 151, 152.
Schaefer (Arnold Dietrich), 172.
Schafarik, 187 ; v. Safarik.
Scheffer (J. H.), 330.
Scheint (Daniel G.), 207.
Schelechoff (Grigori), 527.
Scherzer (Karl von), 867.
Schlagintweit (Adolf von), 63, 479.
Schlagintweit (Robert von), 479, 837.
Schlagintweit-Sakünlünski (Hermann von), 63, 479.
Schleiden (W. Hübbe-), 543.
Schleiden (Mathias Jakob), 578.
Schletter, 218.
Schmarda (Ludwig Karl), 1134.
Schmauss (Johann Jacob), 28.
Schmeizel (Martin), 211.
Schmeltz (J. D. E.), 930.
Schmidt (Emil), 463.
Schmidt (H. W.), 11, 12, 13, 14, 15, 218.
Schmidt-Phiseldek (Christoph), 223.
Schorch (Heinrich), 1105.
Schultz (Fr. W.), 431.
Schumacher (Hermann A.), 1085.
Schwab (Moïse), 369, 461.
Seddall (Henry), 166.
Seelhorst (A. von), 10.
Seemann (Berthold), 869.
Selwyn (Alfred R. C.), 745.
Senden (G. H. van), 401.

---

[1] Marie ou Marcellin.

Serrurier (L.), 510.]
Sewell (William Henry), 434.
Sforza (Giovanni), 113.
Shaler (Nathaniel Southgate), 1130.
Shaw (Norton), 967.
Shea (John Dawson Gilmary)[1], 755, 1094,
Shurtleff (Nathaniel Bradstreet), 786, 787.
Sibbern (Nicolas Peter), 279.
Sibree (James), 595.
Silva (F. M. Pereira da), 39
Simmonds (Peter Lund), 1132.
Simpson; v. Puttick & Simpson.
Sivers (Jegór von), 876, 879.
Skutsch (Hugo), 275, 276.
Slafter (Edmund Farwell), 1034.
Sloet tot Oldhuis (B.W.A.E.), 332.
Smets (A. H.), 733 (97).
Smith (Alfred Russell), 647, 648, 649.
Smith (Eli), 389, 390.
Smith (George), 445.
Smith (H. A.), 733 (98, 99).
Smith (John Russell), 643, 644, 645, 646, 647, 648.
Smith (N. B.), 785.
Smith (Thomas Buckingham), 1083.
Smith (William), 418.
Smitmer (Franz Paul von), 164, 164 bis.
Smyth (William Henry), 980, 981.
Sobolewski (Serge), 733 (100).
Socin (Albert), 357, 430, 432.
Sokoloff (Alexandre), 237.
Sokoloff (Pierre), 229.
Solberg (Ludwig Thorwald), 293.
Soldan (Mariano Felipe Paz), 920.
Soldan (Mateo Paz), 920.
Somerby (Horatio Gates), 776.

Sommervogel (Charles), 1041.
Soria (F.), 143.
Sotheby, 733 (70, 101).
Sotheby & Wilkinson, 733, (101).
Sousa (José Carlos Pinto de), 31.
Sparks (Jared), 613, 733 (102).
Spence (James Mudie), 888.
Spörer (Julius), 1121.
Spofford (Jeremiah), 782.
Squier (Ephraim George), 733 (103), 864, 865, 866.
Stargardt (J. A.), 218.
Stark (Karl Bernhard), 402.
Stebnitsky (Hiéronyme Ivanovitch), 462.
Stefani (Carlo de), 119.
Steiner, 218.
Steinwenter (Arthur), 583.
Stenhouse (T. B. H.), 831.
Sterry Hunt (Thomas), 799.
Stevens (Henry), père, 662, 663, 664, 733 (104, 105).
Stevens (Henry), fils, 665, 733 (106, 107, 108), 756, 1099.
Stevenson (William), 1009.
Stewart (Charles John), 399.
Stone (Mary E.), 781.
Stratico (Simone), 978.
Strebeigh, 733 (67, 68, 69).
Strong (George Templeton), 733 (109).
Strong (James), 422.
Stuart de Rothesay, 733 (110).
Stuck (Gottlieb Heinrich), 1001, 1002, 1003.
Stuckenberg (Johann Christian), 238.
Sullivan (John Thomas), 874.
Summer (James), 504.
Sumner (Charles), 737.
Sweetser (Matthew Foster), 744.
Swift (Lindsay), 469.

---

[1] Connu dans ses publications françaises sous le nom de Jean Gilles Marie Shea.

TABLE DES AUTEURS. 335

Sydow (Emil von), 5, 7, 6, 8.
Taitbout de Marigny (E.), 982, 1171.
Talvj[1], 774.
Targioni-Tozzetti (Ad.), 97.
Taussig (E.), 218.
Taylor (Alexander S.), 835, 1096.
Taylor (Isidore Justin Severin), 409.
Telfer (John Buchan), 1064.
Ternaux (Henri Ternaux Compans), 354, 637, 733 (92), 891.
Tettel (Emil), 197.
Thaarup (Frederik), 294.
Thiébaut de Berneaud (Arsenne), 117.
Thielmann (Max von), 453.
Thieme (W. T.), 935.
Thieury (Jules), 88.
Thomas (Cyrus), 825.
Thomassy (Marie Joseph Raymond), 810.
Thomson (Arthur), 952.
Thomson (Peter Gibson), 718, 816.
Thonnelier (Jules), 360.
Thornton (John Wingate), 804.
Tiele (P. A.), 313, 1035, 1036, 1084.
Tindal (G. A.), 932.
Tobler (Titus), 404, 405, 406, 407, 421, 438.
Todd (Alpheus), 658.
Tolbort (T. W.), 1163.
Torell (Otto Martin), 968.
Torma (Károly), 1152.
Torre (Giovanni Maria della), 144, 145, 146.
Tozzetti (Ad. Targioni-), 97.
Tracy (Edward H.), 733 (52).
Trelawny Saunders, 480.

Trömel (Paul Friedrich), 685.
Troil (Uno von), 298.
Tross (Edwin), 703, 853.
Trübner (Nicolas), 36, 37, 38, 446, 842, 858, 903, 995.
Trumbull (J. Hammond), 733 (20).
Tschertkow (A. D.), 233.
Tuckey (James Hingston), 977.
Turner (William John), 590.
Tuthill (William T.), 733 (111).
Twiss (Richard), 25.
Tyrwhitt Drake (Charles Frederick), 424.
Tzschuk (Karl Heinrich), 1047.
Ufford (J. K. W. Quarles van), 1144.
Ukert (Friedrich August), 76.
Unger (Franz), 371.
Urban (Agricol Joseph François Xavier Pierre Esprit Simon Paul Antoine de Fortia d'), 75.
Urechi (Gregoire), 205.
Urechia (V. Alesandrescu-), 198.
Uricoechea (Ezequiel), 841.
Uzielli (Gustavo), 1031.
Valentinelli (Giuseppe), 110, 192, 193, 194, 195.
Valentini (Domenico), 126.
Varea (Alfonso Lasor a)[2], 998.
Varen[3] (Bernhard), 518.
Vargas (Miguel), 51.
Varnhagen (Francisco Adolfo de), 1018.
Vasenius (Gustaf Valfrid), 273.
Vaudouard (Alphonse Lemoce de), 556.
Vaussenat (C. X.), 55.
Veer (Gustav de), 1065.
Velde (Charles William Meredith van de), 411.
Veness (W. T.), 889.

[1] Pseudonyme de Therese Adelgunde Louise Robinson, née von Jacob.
[2] Pseudonyme de Rafaello Savonarola.
[3] Varen ou Varenius.

Veralli (Giuseppe), 100.
Vermiglioli (Giovanni Battista), 122.
Vessélofski (C.), 251.
Vessine (L.), 257.
Veth (P. J.), 538, 539.
Vetrani (Antonio?), 148.
Vicuña Mackenna (Benjamin), 844, 845.
Villa-Amil y Castro (José), 1149.
Visconti (Giammartino Arconati), 425.
Vivien de Saint-Martin (Louis), 368, 403, 851, 1160.
Wachsmuth (Curt), 183.
Wahl (Samuel Friedrich Günther-), 456.
Walckenaer (Charles Athanase), 912.
Walker (John Thomas), 1161.
Walker (R. C.), 951 bis.
Wallace (Alfred Russell), 929.
Wappäus (Johann Eduard), 535, 1108.
Warden (David Baillie), 617, 618, 733 (53), 752.
Ware (Henry), 219.
Warmholtz (Karl Gustaf), 304.
Warren (Gouverneur Kemble), 812, 824.
Waterman (Thomas), 733 (112).
Watson (John M.), 746.
Watson (Paul Barron), 729.
Watts (Robert), 606.
Webb (Philip Barker-), 600.
Weber (Heinrich Christian), 1003.
Weigel (Theodor Oswald), 218, 1022, 1113.
Welch & Co., 850.
Welford (Charles), 641, 733 (113, 114).
Wheeler (George Montague), 817, 827, 828.
White (Charles Abiathar), 727.

White Kennett, 606.
White (Robert), 603.
Whiteman (William A.), 733 (115).
Whitney (James Lyman), 27, 1077.
Wiebel (K. W. M.), 179.
Wiggin (John Kimball), 733, (116).
Wight (Andrew), 733, (117).
Wilberg (Friedrich Wilhelm), 1050.
Wildik (de), 35.
Wilhelmi (Karl), 962.
Wilkinson, 733 (101).
Wilkinson (John Gardner), 1044.
Williams (George), 435.
Williams (J. Fletcher), 822.
Williams (S Wells), 501.
Willis (William), 688, 777, 778.
Wilson (Horace Hayman), 475.
Winkelmann (Eduard), 272.
Winsor (Justin), 719, 732, 772, 804, 1055, 1133.
Wislocki (Wladislaw), 270.
Wlahovitj (Jovan), 191.
Wolff (Ph.), 428.
Woodward (Charles Lowell), 770, 832.
Woodward (William Elliot), 733, (118).
Worcester (Joseph Emerson), 751.
Wordsworth (Christopher), 171.
Wright (James Osborne), 690.
Wright (Thomas), 1060.
Wurdiman (F.), 878.
Wylie (Alexander), 507.
Wynne (Thomas H.), 733 (119).
Wysocki (Jordan), 1170.
Yarrow (Henry Crissey), 1142.
Yule (Henry), 506, 1062.
Zezi (Pietro), 95, 136.
Zimmermann (Carl), 436.
Zimmermann (Carl), 468.

TABLE DES PÉRIODIQUES [1]

Amsterdam. Tijdschrift van het aardrijkskundig genootschap, n°ˢ 538, 539.
Bagnères-de-Bigorre. Bulletin de la société Ramond, 55.
Batavia. Natuur- en geneeskundig archief voor Nederlandsch Indië, 933.
Batavia. Verhandlingen van het bataviaasch genootschap van kunsten en wetenschappen, 938, 939
Belgrade. Glasnik serpskog outchénog droutchtva, 115.
Berlin. Militair Wochenblatt, 6.
Berlin. Registrande der geographisch-statistischen Abtheilung des Grossen Generalstabes, 22.
Berlin. Zeitschrift für Kunst, Wissenschaft und Geschichte des Krieges, 2.
Boston. Bulletin of the Boston public library, 219, 469, 719, 720, 721, 768, 804, 994.
Boston. New England historical and genealogical register, 688.
Boston Proceedings of the Massachusetts historical society, 784, 785, 786.
Boston Publications of the Prince society, 1034.
Bruxelles. Bulletin du bibliophile belge, 1135.
Bucharest. Annalele societatei academice, 198.
Budapest. Magyar könyo-szemle, 214.
Cambridge (Massachusetts). Bulletin of the library of Harvard University, 1133.
Canton. The Chinese repository, 501.
Cherbourg. Mémoires de la société des sciences naturelles, 959.
Calcutta. Journal of the asiatic society of Bengal, 1163.
Cincinnati. The American pioneer, 811.
Cincinnati. Der deutsche Pionier, 1093.
Constantine. Recueil des notices et mémoires de la société archéologique de Constantine, 567.
Copenhague. Bulletin et comptes rendus de la Société littéraire islandaise, 302.
Cracovie. Rocznik towarzystwa naukowego krakowskiego, 261.
Cracovie. Przewodnik bibliograficzny, 270.

---
[1] Plusieurs publications ont été assimilées aux périodiques en vue de faciliter les recherches.

Dijon. Mémoires de l'académie impériale des sciences, des arts et des lettres, 1129.
Dorpat. Das Inland, 271.
Dresde. Neuer Anzeiger für Bibliographie und Bibliothekwissenschaft, 206. 407, 416.
Easton. Transactions of the American institute of mining engineers, 726.
Florence. Archivio storico italiano, 156.
Florence. Antologia, 549.
Florence. Bolletini del quarto congresso internazionale degli orientalisti, 366.
Fou-tchéou. Chinese recorder and missionary journal, 509.
Gotha. Petermann's geographische Mittheilungen, 5, 913.
Gotha. Jahrbücher für deutsche Theologie, 428.
Gotha. Geographisches Jahrbuch, 7, 1121, 1134.
Grenoble. Bulletin de l'académie delphinale, 176.
Halle. Anzeiger für Bibliographie und Bibliothekwissenschaft, 1124.
Hambourg. Magazin für die neue Historie und Geographie, 30
Helsingfors. Suomalaisen kirjallisuuden, 273.
Honoloulou. The Polynesian, 954.
Honoloulou. The friend, 955.
La Haye. Bibliographische Adversaria, 1036, 1084.
La Haye. Bijdragen tot de taal- land- en volkenkunde van Nederlandsch-Indië, 1144.
Leipsick. Bibliotheca orientalis, 1112.
Leipsick Zeitschrift des deutschen Palaestina-Vereins, 430.
Leipsick. Zeitschrift der deutschen morgenländischen Gesellschaft, 355, 356, 357.
Leipsick. Theologische Literaturzeitung, 429.
Leipsick. Serapeum, 1022.
Londres. Proceedings of the royal geographical society. 97, 590.
Londres. Journal of the royal geographical society, 593, 1136.
Londres. Alpine Journal, 64.
Londres. Chinese and Japanese repository, 504.
Londres. The Athenæum, 374.
Londres. The bookseller, 375.
Londres. Notes and queries, 434.
Londres. The statesman's year-book, 1143.
Londres. The library journal, 729.
Luxembourg. Congrès international des américanistes, 1068.
Lyon. Congrès provincial des orientalistes, 359.
Madrid. Boletin de la sociedad geográfica, 547.
Madrid. Boletin de la comision del mapa geológico de España, 43.
Madrid. Revista de ciencias históricas, 50.
Mexico. Boletin de la sociedad de geografia y estadística de la república mexicana, 856.
Milan. Gazzetta medica italiana, 885.

Modène. Atti e memorie delle regie diputazioni di storia patria, 113.
Montpelier (Vermont). Argus and Patriot, Morrisania, 781.
Morrisania (New-York). The historical magazine, 778, 796, 818.
Munich. Zeitschrift des deutschen Alpenvereins, 64.
Munich. Zeitschrift des deutschen und œsterreichischen Alpenvereins, 64.
Naples. Annali del reale osservatorio vesuviano, 150.
Naples. Il Pontano, 151.
New-Haven. Journal of the American oriental society, 990.
New-Haven. The American journal of science and arts, 723, 725.
New-York. The literary world, 791.
New-York. Norton's literary letter, 671, 672, 673, 674, 675, 777, 779, 780.
New-York. Proceedings of the New York historical society, 741.
New-York. The magazine of American history, 1082.
New-York. The library journal, 729.
New-York. The international review, 172 bis.
Palerme. Archivio storico siciliano, 161.
Paris. Bulletin de la société de géographie, 190, 378, 544, 560, 563, 857, 895, 908, 946, 1097.
Paris. Revue de géographie, 372, 598.
Paris. L'explorateur, 875.
Paris. Journal officiel, 569.
Paris. Polybiblion, 59, 125, 373.
Paris. Le Quérard, 202.
Paris. Comptes-rendus de l'académie des sciences, 562.
Paris. Revue coloniale, 894.
Paris. Revue maritime et coloniale, 62.
Paris. Nouvelles annales des voyages, 403, 1032.
Paris. Bulletin de la société géologique de France, 1167.
Paris. Mémoires de la société géologique de France, 1158.
Paris. Bulletin du comité agricole et industriel de la Cochinchine, 1164.
Paris. Annales hydrographiques, 1137.
Paris. Annuaire de la société météorologique de France, 877.
Paris. Annales du commissariat général de la Terre Sainte, 417.
Paris. Revue critique d'histoire et de littérature, 991.
Paris. Bibliothèque de l'école des Chartes, 397.
Paris. Publications de l'école des langues orientales vivantes, 205, 512, 515.
Paris. Bulletin bibliographique algérien et oriental (..... et des colonies françaises), 552.
Paris. Revue américaine, 1074.
Paris. Americana. Bulletin trimestriel, 717.
Paris. Journal des sciences militaires, 21.
Paris. Chinese and Japanese repository, 504.
Rome (Florence). Bolletino della società geografica, 129, 579.
Rome. Bolletino del regio comitato geologico d'Italia, 121.
Rome. Atti della reale accademia dei Lincei, 130.

Rome. Annali dell' instituto di corrispondenza archeologica, 137.
Sacramento. Sacramento daily union, 835.
St-Pétersbourg. Bulletin (Izvestia) de la société impériale de géographie russe, 258.
St-Pétersbourg. Mémoires (Sapiski) de la société impériale de géographie russe, 462.
St-Pétersbourg. Verhandlungen der mineralogischen Gesellschaft, 734.
St-Pétersbourg. Mémoires (Sapiski) du département hydrographique du ministère de la marine, 237.
St-Pétersbourg. Russische Revue, 463.
St-Pétersbourg. Bulletin scientifique publié par l'académie impériale des sciences, 448.
St-Pétersbourg. Beiträge zur Kenntniss des russischen Reiches, 234, 235.
Sienne. Cronaca del regio liceo di Siena, 121.
Singapour. Journal of the Straits branch of the royal Asiatic society, 931.
Singapour. The journal of the Indian archipelago and Eastern Asia, 941.
Stockholm. K. Svenska vet. akad. handlingar, 972.
Tiflis. Mémoires (Sapiski) de la Société impériale de géographie russe (section du Caucase), 449.
Turin. Cosmos, 577.
Utrecht. Bijdragen en mededeelingen van het historisch genootschap, 1081.
Venise. Atti del regio istituto veneto di scienze lettere ed arti, 102, 103, 104.
Vienne. Mittheilungen des œsterreichischen Alpen-Vereines, 64.
Vienne. Jahrbuch des œsterreichischen Touristen-Club, 64.
Vienne. Sitzungsberichte der kaiserlichen Akademie der Wissenschaften, 1140.
Washington. Annual report of the chief of engineers, 817, 828.
Washington. Annual report of the board of regents of the Smithsonian institution, 728.
Washington. Bulletin of the geological and geographical survey of the territories, 1098.
Worcester. Proceedings of the American antiquarian society, 862.
? Casopis macicy serbskejo, 278.
? Luzican, 277.
? Messager (Viestnik) d'Europe, 230.
? Recueil sibérien (Sibirsky sbornik), 528.

FIN

www.ingramcontent.com/pod-product-compliance
Lightning Source LLC
Chambersburg PA
CBHW050732170426
43202CB00013B/2264